Odyssee

HOMER

Odyssee

Aus dem Griechischen
von Johann Heinrich Voß

Mit einem Nachwort,
einer Zeittafel zur mykenischen Zeit
und zur Geschichte des Odyssee-Textes
bis zum Hellenismus,
Anmerkungen und
bibliographischen Hinweisen
von Marion Giebel

Weltbild

Collectors Concept by arrangement with Worth Press Ltd, U.K.

Vollständige Übertragung der Odyssee

Besuchen Sie uns im Internet:
www.weltbild.de

Genehmigte Lizenzausgabe für Verlagsgruppe Weltbild GmbH,
Steinerne Furt, 86167 Augsburg

Übersetzung: Johann Heinrich Voß
Umschlaggestaltung: Studio Höpfner-Thoma, Gräfelfing
Umschlagmotiv: Bartholomäus Spranger,
Kunsthistorisches Museum Wien/Artothek
Gesamtherstellung: Imago Publishing, Shen Zhen
Printed in China

ISBN 978-3-8289-9420-1

2012 2011 2010 2009
Die letzte Jahreszahl gibt die aktuelle Lizenzausgabe an.

Inhalt

ERSTER GESANG

Ratschluß der Götter, daß Odysseus, welchen Poseidon verfolgt, von Kalypsos Insel Ogygia heimkehre. Athene, in Mentes' Gestalt, den Telemachos besuchend, rät ihm, in Pylos und Sparta nach dem Vater sich zu erkundigen und die schwelgenden Freier aus dem Hause zu schaffen. Er redet das erstemal mit Entschlossenheit zur Mutter und zu den Freiern. Nacht.

Sage mir, Muse, die Taten des vielgewanderten Mannes,
Welcher so weit geirrt, nach der heiligen Troja Zerstörung,
Vieler Menschen Städte gesehn und Sitte gelernt hat,
Und auf dem Meere so viel' unnennbare Leiden erduldet,
Seine Seele zu retten und seiner Freunde Zurückkunft.
Aber die Freunde rettet' er nicht, wie eifrig er strebte;
Denn sie bereiteten selbst durch Missetat ihr Verderben:
Toren! welche die Rinder des hohen Sonnenbeherrschers
Schlachteten; siehe, der Gott nahm ihnen den Tag der Zurückkunft.
Sage hievon auch uns ein weniges, Tochter Kronions.
Alle die andern, so viel' dem verderbenden Schicksal entflohen,
Waren jetzo daheim, dem Krieg entflohn und dem Meere:
Ihn allein, der so herzlich zur Heimat und Gattin sich sehnte,
Hielt die unsterbliche Nymphe, die hehre Göttin Kalypso,
In der gewölbeten Grotte, und wünschte sich ihn zum Gemahle.
Selbst da das Jahr nun kam im kreisenden Laufe der Zeiten,
Da ihm die Götter bestimmt, gen Ithaka wiederzukehren,
Hatte der Held noch nicht vollendet die müdende Laufbahn,
Auch bei den Seinigen nicht. Es jammerte seiner die Götter;

Nur Poseidon zürnte dem göttergleichen Odysseus
Unablässig, bevor er sein Vaterland wieder erreichte.
Dieser war jetzo fern zu den Äthiopen gegangen:
Äthiopen, die zwiefach geteilt sind, die äußersten Menschen,
Gegen den Untergang der Sonnen und gegen den Aufgang:
Welche die Hekatombe der Stier' und Widder ihm brachten.
Allda saß er, des Mahls sich freuend. Die übrigen Götter
Waren alle in Zeus', des Olympiers, Hause versammelt.
Unter ihnen begann der Vater der Menschen und Götter;
Denn er gedachte bei sich des tadellosen Ägisthos,
Den Agamemnons Sohn, der berühmte Orestes, getötet;
Dessen gedacht er jetzo und sprach zu der Götter Versammlung:
Welche Klagen erheben die Sterblichen wider die Götter!
Nur von uns, wie sie schrein, kommt alles Übel; und dennoch
Schaffen die Toren sich selbst, dem Schicksal entgegen, ihr Elend.
So nahm jetzo Ägisthos, dem Schicksal entgegen, die Gattin
Agamemnons zum Weib, und erschlug den kehrenden Sieger,
Kundig des schweren Gerichts! Wir hatten ihn lange gewarnet,
Da wir ihm Hermes sandten, den wachsamen Argosbesieger,
Weder jenen zu töten, noch um die Gattin zu werben.
Denn von Orestes wird einst das Blut Agamemnons gerochen,
Wann er, ein Jüngling, nun, des Vaters Erbe verlanget.
So weissagte Hermeias; doch folgte dem heilsamen Rate
Nicht Ägisthos, und jetzt hat er alles auf einmal gebüßet.
Darauf antwortete Zeus' blauäugichte Tochter Athene:
Unser Vater Kronion, der herrschende Könige Herrscher,
Seiner verschuldeten Strafe ist jener Verräter gefallen.
Möchte doch jeder so fallen, wer solche Taten beginnet!
Aber mich kränkt in der Seele des weisen Helden Odysseus
Elend, welcher so lang, entfernt von den Seinen, sich abhärmt
Auf der umflossenen Insel, der Mitte des wogenden Meeres.
Eine Göttin bewohnt das waldumschattete Eiland,

Atlas' Tochter, des Allerforschenden, welcher des Meeres
Dunkle Tiefen kennt und selbst die ragenden Säulen
Aufhebt, welche die Erde vom hohen Himmel sondern.
Dessen Tochter hält den ängstlich harrenden Dulder,
Immer schmeichelt sie ihm mit sanft liebkosenden Worten,
Daß er des Vaterlandes vergesse. Aber Odysseus
Sehnt sich, auch nur den Rauch von Ithakas heimischen Hügeln
Steigen zu sehn, und dann zu sterben! Ist denn bei dir auch
Kein Erbarmen für ihn, Olympier? Brachte Odysseus
Nicht bei den Schiffen der Griechen in Trojas weitem Gefilde
Sühnender Opfer genug? Warum denn zürnest du so, Zeus?
  Ihr antwortete drauf der Wolkenversammler Kronion:
Welche Rede, mein Kind, ist deinen Lippen entflohen?
O wie könnte doch ich des edlen Odysseus vergessen?
Sein, des weisesten Mannes, und der die reichlichsten Opfer
Uns Unsterblichen brachte, des weiten Himmels Bewohnern?
Poseidaon verfolgt ihn, der Erdumgürter, mit heißer
Unaufhörlicher Rache, weil er den Kyklopen geblendet,
Polyphemos, den Riesen, der unter allen Kyklopen
Stark wie ein Gott sich erhebt. Ihn gebar die Nymphe Thoosa,
Phorkys' Tochter, des Herrschers im wüsten Reiche der Wasser,
Welche Poseidon einst in dämmernder Grotte bezwungen.
Darum trachtet den Helden der Erderschüttrer Poseidon
Nicht zu töten, allein von der Heimat irre zu treiben.
Aber wir wollen uns alle zum Rat vereinen, die Heimkehr
Dieses Verfolgten zu fördern; und Poseidaon entsage
Seinem Zorn: denn nichts vermag er doch wider uns alle,
Uns unsterblichen Göttern allein entgegen zu kämpfen!
  Drauf antwortete Zeus' blauäugige Tochter Athene:
Unser Vater Kronion, der herrschenden Könige Herrscher,
Ist denn dieses im Rate der seligen Götter beschlossen,
Daß in sein Vaterland heimkehre der weise Odysseus,
Auf! so laßt uns Hermeias, den rüstigen Argosbesieger,

Senden hinab zu der Insel Ogygia, daß er der Nymphe
Mit schönwallenden Locken verkünde den heiligen Ratschluß
Von der Wiederkehr des leidengeübten Odysseus.
Aber ich will gen Ithaka gehen, den Sohn des Verfolgten
Mehr zu entflammen und Mut in des Jünglings Seele zu gießen,
Daß er zu Rat berufe die hauptumlockten Achäer,
Und den Freiern verbiete, die stets mit üppiger Frechheit
Seine Schafe schlachten und sein schwerwandelndes Hornvieh;
Will ihn dann senden gen Sparta und zu der sandigen Pylos,
Daß er nach Kundschaft forsche von seines Vaters Zurückkunft,
Und ein edler Ruf ihn unter den Sterblichen preise.
Also sprach sie und band sich unter die Füße die schönen
Goldnen ambrosischen Sohlen, womit sie über die Wasser
Und das unendliche Land im Hauche des Windes einherschwebt;
Faßte die mächtige Lanze mit scharfer eherner Spitze,
Schwer und groß und stark, womit sie die Scharen der Helden
Stürzt, wenn im Zorn sich erhebt die Tochter des schrecklichen Vaters.
Eilend fuhr sie hinab von den Gipfeln des hohen Olympos,
Stand nun in Ithakas Stadt, am Tore des Helden Odysseus,
Vor der Schwelle des Hofs, und hielt die eherne Lanze,
Gleich dem Freunde des Hauses, dem Fürsten der Taphier Mentes.
Aber die mutigen Freier erblickte sie an des Palastes
Pforte, wo sie ihr Herz mit Steineschieben ergötzten,
Hin auf Häuten der Rinder gestreckt, die sie selber geschlachtet.
Herold' eilten umher und fleißige Diener im Hause:
Jene mischten für sie den Wein in den Kelchen mit Wasser,
Diese säuberten wieder mit lockern Schwämmen die Tische,
Stellten in Reihen sie hin und teilten die Menge des Fleisches.
Pallas erblickte zuerst Telemachos, ähnlich den Göttern.
Unter den Freiern saß er mit traurigem Herzen, denn immer

Schwebte vor seinem Geiste das Bild des trefflichen Vaters:
Ob er nicht endlich käme, die Freier im Hause zerstreute
Und, mit Ehre gekrönt, sein Eigentum wieder beherrschte.
Dem nachdenkend, saß er bei jenen, erblickte die Göttin,
Und ging schnell nach der Pforte des Hofs, unwillig im Herzen,
Daß ein Fremder so lang an der Türe harrte; empfing sie,
Drückt' ihr die rechte Hand und nahm die eherne Lanze,
Redete freundlich sie an und sprach die geflügelten Worte:
Freue dich, fremder Mann! Sei uns willkommen; und hast du
Dich mit Speise gestärkt, dann sage, was du begehrest.
Also sprach er und ging; ihm folgete Pallas Athene.
Als sie jetzt in den Saal des hohen Palastes gekommen,
Trug er die Lanz' in das schöngetäfelte Speerbehältnis,
An die hohe Säule sie lehnend, an welcher noch viele
Andere Lanzen stunden des leidengeübten Odysseus.
Pallas führt' er zum Thron und breitet' ein Polster ihr unter,
Schön und künstlich gewirkt; ein Schemel stützte die Füße.
Neben ihr setzt' er sich selbst auf einen prächtigen Sessel,
Von den Freiern entfernt, daß nicht dem Gaste die Mahlzeit
Durch das wüste Getümmel der Trotzigen würde verleidet,
Und er um Kundschaft ihn von seinem Vater befragte.
Eine Dienerin trug in der schönen goldenen Kanne,
Über dem silbernen Becken, das Wasser, beströmte zum Waschen
Ihnen die Händ', und stellte vor sie die geglättete Tafel.
Und die ehrbare Schaffnerin kam und tischte das Brot auf,
Und der Gerichte viel' aus ihrem gesammelten Vorrat.
Hierauf kam der Zerleger und bracht in erhobenen Schüsseln
Allerlei Fleisch, und setzte vor sie die goldenen Becher.
Und ein geschäftiger Herold versorgte sie reichlich mit Weine.
Jetzo kamen auch die mutigen Freier und saßen
All' in langen Reihen auf prächtigen Thronen und Sesseln.
Herolde gossen ihnen das Wasser über die Hände;

Aber die Mägde setzten gehäufte Körbe mit Brot auf;
Jünglinge füllten die Kelche bis oben mit dem Getränke.
Und sie erhoben die Hände zum leckerbereiteten Mahle.
Und nachdem die Begierde des Tranks und der Speise gestillt war,
Dachten die üppigen Freier auf neue Reize der Seelen,
Auf Gesang und Tanz, des Mahles liebliche Zierden.
Und ein Herold reichte die schöngebildete Harfe
Phemios hin, der an Kunst des Gesangs vor allen berühmt war,
Phemios, der bei den Freiern gezwungen wurde zu singen.
Prüfend durchrauscht' er die Saiten und hub den schönen Gesang an.
Aber Telemachos neigte das Haupt zu Pallas Athene,
Und sprach leise zu ihr, damit es die andern nicht hörten:
Lieber Gastfreund, wirst du mir auch die Rede verargen?
Diese können sich wohl bei Saitenspiel und Gesange
Freun, da sie ungestraft des Mannes Habe verschwelgen,
Dessen weißes Gebein vielleicht schon an fernem Gestade
Modert im Regen, vielleicht von den Meereswogen gewälzt wird.
Sähen sie jenen einmal zurück in Ithaka kommen,
Alle wünschten gewiß sich lieber noch schnellere Füße,
Als noch größere Last an Gold und prächtigen Kleidern.
Aber es war sein Verhängnis, so hinzusterben; und keine
Hoffnung erfreuet uns mehr, wenn auch zuweilen ein Fremdling
Sagt, er komme zurück. Der Tag ist auf immer verloren!
Aber verkündige mir und sage die lautere Wahrheit:
Wer, wes Volkes bist du? und wo ist deine Geburtsstadt?
Und in welcherlei Schiff kamst du? wie brachten die Schiffer
Dich nach Ithaka her? was rühmen sich jene für Leute?
Denn unmöglich bist du doch hier zu Fuße gekommen!
Dann erzähle mir auch aufrichtig, damit ich es wisse:
Bist du in Ithaka noch ein Neuling oder ein Gastfreund
Meines Vaters? Denn unser Haus besuchten von jeher

Viele Männer, und er mocht auch mit Leuten wohl umgehn.
Drauf antwortete Zeus' blauäugichte Tochter Athene:
Dieses will ich dir alles, und nach der Wahrheit, erzählen.
Mentes, Anchialos' Sohn, des kriegserfahrenen Helden,
Rühm ich mich und beherrsche die ruderliebende Taphos,
Jetzo schifft ich hier an, denn ich steure mit meinen Genossen
Über das dunkle Meer zu unverständlichen Völkern,
Mir in Temesa Kupfer für blinkendes Eisen zu tauschen.
Und mein Schiff liegt außer der Stadt am freien Gestade,
In der rheithrischen Bucht, an des waldichten Neïon Fuße.
Lange preisen wir, schon von den Zeiten unserer Väter,
Uns Gastfreunde. Du darfst nur zum alten Helden Laërtes
Gehn und fragen, der jetzt, wie man sagt, nicht mehr in die Stadt kommt,
Sondern in Einsamkeit auf dem Lande sein Leben vertrauret,
Bloß von der Alten bedient, die ihm sein Essen und Trinken
Vorsetzt, wann er einmal vom fruchtbaren Rebengefilde,
Wo er den Tag hinschleicht, mit müden Gliedern zurückwankt.
Aber ich kam, weil es hieß, dein Vater wäre nun endlich
Heimgekehrt; doch ihm wehren vielleicht die Götter die Heimkehr.
Denn noch starb er nicht auf Erden, der edle Odysseus,
Sondern er lebt noch wo in einem umflossenen Eiland
Auf dem Meere der Welt; ihn halten grausame Männer,
Wilde Barbaren, die dort mit Gewalt zu bleiben ihn zwingen.
Aber ich will dir anitzt weissagen, wie es die Götter
Mir in die Seele gelegt und wie's wahrscheinlich geschehn wird;
Denn kein Seher bin ich, noch Flüge zu deuten erleuchtet.
Nicht mehr lange bleibt er von seiner heimischen Insel
Ferne, nicht lange mehr, und hielten ihn eiserne Bande;
Sinnen wird er auf Flucht, und reich ist sein Geist an Erfindung.
Aber verkündige mir und sage die lautere Wahrheit:
Bist du mit dieser Gestalt ein leiblicher Sohn von Odysseus?

Wundergleich bist du ihm an Haupt und Glanze der Augen!
Denn oft haben wir so uns zu einander gesellet,
Eh er gen Troja fuhr mit den übrigen Helden Achaias.
Seitdem hab ich Odysseus, und jener mich nicht gesehen.
Und der verständige Jüngling Telemachos sagte dagegen:
Dieses will ich dir, Freund, und nach der Wahrheit erzählen.
Meine Mutter, die sagt es, er sei mein Vater; ich selber
Weiß es nicht: denn von selbst weiß niemand, wer ihn gezeuget.
Wär ich doch lieber der Sohn von einem glücklichen Manne,
Den bei seiner Habe das ruhige Alter beschliche!
Aber der Unglückseligste aller sterblichen Menschen
Ist, wie man sagt, mein Vater; weil du mich darum befragest.
Drauf antwortete Zeus' blauäugichte Tochter Athene:
Nun, so werden die Götter doch nicht den Namen des Hauses
Tilgen, da solchen Sohn ihm Penelopeia geboren.
Aber verkündige mir und sage die lautere Wahrheit:
Was für ein Schmaus ist hier und Gesellschaft? Gibst du ein Gastmahl
Oder ein Hochzeitsfest? Denn keinem Gelag' ist es ähnlich!
Dafür scheinen die Gäste mit zu unbändiger Frechheit
Mir in dem Saale zu schwärmen. Ereifern müßte die Seele
Jedes vernünftigen Manns, der solche Greuel mit ansäh'!
Und der verständige Jüngling Telemachos sagte dagegen:
Fremdling, weil du mich fragst und so genau dich erkundest;
Ehmals konnte dies Haus vielleicht begütert und glänzend
Heißen, da jener noch im Vaterlande verweilte:
Aber nun haben es anders die grausamen Götter entschieden,
Welche den herrlichen Mann vor allen Menschen verdunkelt!
Ach! ich trauerte selbst um den Tod des Vaters nicht so sehr,
Wär' er mit seinen Genossen im Lande der Troer gefallen,
Oder den Freunden im Arme, nachdem er den Krieg vollendet.
Denn ein Denkmal hätt' ihm das Volk der Achäer errichtet,
Und so wäre zugleich sein Sohn bei den Enkeln verherrlicht.

Aber er ward unrühmlich ein Raub der wilden Harpyien;
Weder gesehn noch gehört verschwand er, und ließ mir zum Erbteil
Jammer und Weh! Doch jetzo bewein ich nicht jenen allein mehr;
Ach! es bereiteten mir die Götter noch andere Leiden.
Alle Fürsten, so viel' in diesen Inseln gebieten,
In Dulichion, Same, der waldbewachsnen Zakynthos,
Und so viele hier in der felsichten Ithaka herrschen:
Alle werben um meine Mutter, und zehren das Gut auf.
Aber die Mutter kann die aufgedrungne Vermählung
Nicht ausschlagen, und nicht vollziehn. Nun verprassen die Schwelger
All mein Gut, und werden in kurzem mich selber zerreißen!
Und mit zürnendem Schmerz antwortete Pallas Athene:
Götter, wie sehr bedarfst du des langabwesenden Vaters,
Daß sein furchtbarer Arm die schamlosen Freier bestrafe!
Wenn er doch jetzo käm' und vorn in der Pforte des Saales
Stünde, mit Helm und Schild und zwoen Lanzen bewaffnet;
So an Gestalt, wie ich ihn zum erstenmale gesehen,
Da er aus Ephyra kehrend von Ilos, Mermeros' Sohne,
Sich in unserer Burg beim gastlichen Becher erquickte!
Denn dorthin war Odysseus im schnellen Schiffe gesegelt,
Menschentötende Säfte zu holen, damit er die Spitze
Seiner gefiederten Pfeile vergiftete. Aber sie gab ihm
Ilos nicht, denn er scheute den Zorn der unsterblichen Götter;
Aber mein Vater gab ihm das Gift, weil er herzlich ihn liebte:
Wenn doch in jener Gestalt Odysseus den Freiern erschiene!
Bald wär ihr Leben gekürzt, und ihnen die Heirat verbittert!
Aber dies ruhet im Schoße der seligen Götter,
Ob er zur Heimat kehrt und einst in diesem Palaste
Rache vergilt oder nicht. Dir aber gebiet ich, zu trachten,
Daß du der Freier Schar aus deinem Hause vertreibest.

Lieber, wohlan! merk auf und nimm die Rede zu Herzen:
Fordere morgen zu Rat die Edelsten aller Achäer,
Rede vor der Versammlung, und rufe die Götter zu Zeugen.
Allen Freiern gebeut, zu dem Ihrigen sich zu zerstreuen;
Und der Mutter: verlangt ihr Herz die zwote Vermählung,
Kehre sie heim in das Haus des wohlbegüterten Vaters.
Dort bereite man ihr die Hochzeit und statte sie reichlich
Ihrem Bräutigam aus, wie lieben Töchtern gebühret.
Für dich selbst ist dieses mein Rat, wofern du gehorchest:
Rüste das trefflichste Schiff mit zwanzig Gefährten, und eile,
Kundschaft dir zu erforschen vom langabwesenden Vater,
Ob dir's einer verkünde der Sterblichen, oder du Ossa,
Zeus' Gesandte, vernehmest, die viele Gerüchte verbreitet.
Erstlich fahre gen Pylos und frage den göttlichen Nestor,
Dann gen Sparta, zur Burg Menelaos', des bräunlichgelockten,
Welcher zuletzt heim kam von den erzgepanzerten Griechen.
Hörst du, er lebe noch, dein Vater, und kehre zur Heimat,
Dann, wie bedrängt du auch seist, erduld' es noch ein Jahr lang.
Hörst du, er sei gestorben und nicht mehr unter den Menschen,
Siehe, dann kehre wieder zur lieben heimischen Insel,
Häufe dem Vater ein Mal und opfere Totengeschenke
Reichlich, wie sichs gebührt, und gib einem Manne die Mutter.
Aber hast du dieses getan und alles vollendet,
Siehe, dann denk umher und überlege mit Klugheit,
Wie du die üppige Schar der Freier in deinem Palaste
Tötest, mit heimlicher List, oder öffentlich! Fürder geziemen
Kinderwerke dir nicht, du bist dem Getändel entwachsen.
Hast du nimmer gehört, welch ein Ruhm den edlen Orestes
Unter den Sterblichen preist, seitdem er den Meuchler Ägisthos
Umgebracht, der ihm den herrlichen Vater ermordet?
Auch du, Lieber, denn groß und stattlich bist du von Ansehn,
Halte dich wohl, daß einst die spätesten Enkel dich loben!
Ich will jetzo wieder zum schnellen Schiffe hinabgehn,

Und den Gefährten, die mich, vielleicht unwillig, erwarten.
Sorge nun selber für dich, und nimm die Rede zu Herzen.
  Und der verständige Jüngling Telemachos sagte dagegen:
Freund, du redest gewiß mit voller, herzlicher Liebe,
Wie ein Vater zum Sohn, und nimmer werd ichs vergessen.
Aber verweile bei uns noch ein wenig, wie sehr du auch eilest;
Lieber, bade zuvor und gib dem Herzen Erfrischung,
Daß du mit froherem Mut heimkehrest und zu dem Schiffe
Bringest ein Ehrengeschenk, ein schönes köstliches Kleinod,
Zum Andenken von mir, wie Freunde Freunden verehren.
  Drauf antwortete Zeus' blauäugichte Tochter Athene:
Halte nicht länger mich auf; denn dringend sind meine Geschäfte.
Dein Geschenk, das du mir im Herzen bestimmest, das gib mir,
Wann ich wiederkomme, damit ich zur Heimat es bringe;
Und empfange dagegen von mir ein würdiges Kleinod.
  Also redete Zeus' blauäugichte Tochter, und eilend
Flog wie ein Vogel sie durch den Kamin. Dem Jünglinge goß sie
Kraft und Mut in die Brust, und fachte des Vaters Gedächtnis
Heller noch an wie zuvor. Er empfand es im innersten Herzen,
Und erstaunte darob; ihm ahndete, daß es ein Gott war.
  Jetzo ging er zurück zu den Freiern, der göttliche Jüngling.
Vor den Freiern sang der berühmte Sänger, und schweigend
Saßen sie all' und horchten. Er sang die traurige Heimfahrt,
Welche Pallas Athene den Griechen von Troja beschieden.
  Und im oberen Stock vernahm die himmlischen Töne
Auch Ikarios' Tochter, die kluge Penelopeia.
Eilend stieg sie hinab die hohen Stufen der Wohnung,
Nicht allein, sie wurde von zwo Jungfrauen begleitet.
Als das göttliche Weib die Freier jetzo erreichte,
Stand sie still an der Schwelle des schönen gewölbeten Saales;
Ihre Wangen umwallte der feine Schleier des Hauptes,
Und an jeglichem Arm stand eine der stattlichen Jungfraun.

Tränend wandte sie sich zum göttlichen Sänger und sagte:
  Phemios, du weißt ja noch sonst viel' reizende Lieder,
Taten der Menschen und Götter, die unter den Sängern
      berühmt sind;
Singe denn davon eins vor diesen Männern, und schweigend
Trinke jeder den Wein. Allein mit jenem Gesange
Quäle mich nicht, der stets mein armes Herz mir durchbohret.
Denn mich traf ja vor allen der unaussprechlichste Jammer!
Ach, den besten Gemahl bewein' ich und denke beständig
Jenes Mannes, der weit durch Hellas und Argos berühmt ist!
  Und der verständige Jüngling Telemachos sagte dagegen:
Meine Mutter, warum verargst du dem lieblichen Sänger,
Daß er mit Liedern uns reizt, wie sie dem Herzen entströmen?
Nicht die Sänger sind des zu beschuldigen, sondern allein
      Zeus,
Welcher die Meister der Kunst nach seinem Gefallen begeistert.
Zürne denn nicht, weil dieser die Leiden der Danaer singet;
Denn der neueste Gesang erhält vor allen Gesängen
Immer das lauteste Lob der aufmerksamen Versammlung:
Sondern stärke vielmehr auch deine Seele, zu hören.
Nicht Odysseus allein verlor den Tag der Zurückkunft
Unter den Troern; es sanken mit ihm viel' andere Männer.
Aber gehe nun heim, besorge deine Geschäfte,
Spindel und Webstuhl, und treib an beschiedener Arbeit
Deine Mägde zum Fleiß! Die Rede gebühret den Männern,
Und vor allen mir; denn mein ist die Herrschaft im Hause!
  Staunend kehrte die Mutter zurück in ihre Gemächer,
Und erwog im Herzen die kluge Rede des Sohnes.
Als sie nun oben kam mit den Jungfraun, weinte sie wieder
Ihren trauten Gemahl Odysseus, bis ihr Athene
Sanft mit süßem Schlummer die Augenlider betaute.
  Aber nun lärmten die Freier umher in dem schattichten Saale,
Denn sie wünschten sich alle, mit ihr das Bette zu teilen.

Und der verständige Jüngling Telemachos sprach zur Versammlung:
Freier meiner Mutter, voll übermütiges Trotzes,
Freut euch jetzo des Mahls, und erhebt kein wüstes Getümmel!
Denn es füllt ja mit Wonne das Herz, dem Gesange zu horchen,
Wenn ein Sänger wie dieser die Töne der Himmlischen nachahmt!
Morgen wollen wir uns zu den Sitzen des Marktes versammeln,
Daß ich euch allen dort freimütig und öffentlich rate,
Mir aus dem Hause zu gehen! Sucht künftig andere Mähler;
Zehret von euren Gütern, und laßt die Bewirtung umgehn.
Aber wenn ihr es so bequemer und lieblicher findet,
Eines Mannes Hab ohn' alle Vergeltung zu fressen,
Schlingt sie hinab! Ich werde die ewigen Götter anflehn,
Ob euch nicht endlich einmal Zeus eure Taten bezahle,
Daß ihr in unserm Haus auch ohne Vergeltung dahinstürzt!
Also sprach er; da bissen sie ringsumher sich die Lippen,
Über den Jüngling erstaunt, der so entschlossen geredet.
Aber Eupeithes' Sohn Antinoos gab ihm zur Antwort:
Ei! dich lehren gewiß, Telemachos, selber die Götter,
Vor der Versammlung so hoch und so entschlossen zu reden!
Daß Kronion dir ja die Herrschaft unseres Eilands
Nicht vertraue, die dir von deinem Vater gebühret!
Und der verständige Jüngling Telemachos sagte dagegen:
O Antinoos, wirst du mir auch die Rede verargen?
Gerne nähm ich sie an, wenn Zeus sie schenkte, die Herrschaft!
Oder meinst du, es sei das Schlechteste unter den Menschen?
Wahrlich, es ist nichts Schlechtes, zu herrschen; des Königs Haus wird
Schnell mit Schätzen erfüllt, er selber höher geachtet!
Aber es wohnen ja sonst genug achäische Fürsten
In dem umfluteten Reiche von Ithaka, Jüngling' und Greise;
Nehm es einer von diesen, wofern Odysseus gestorben!

Doch behalt ich für mich die Herrschaft unseres Hauses
Und der Knechte, die mir der edle Odysseus erbeutet!
Aber Polybos' Sohn Eurymachos sagte dagegen:
Dies, Telemachos, ruht im Schoße der seligen Götter,
Wer das umflutete Reich von Ithaka künftig beherrschet;
Aber die Herrschaft im Haus und dein Eigentum bleiben dir sicher!
Komme nur keiner und raube dir je mit gewaltsamen Händen
Deine Habe, so lange noch Männer in Ithaka wohnen!
Aber ich möchte dich wohl um den Gast befragen, mein Bester.
Sage, woher ist der Mann? und welches Landes Bewohner
Rühmt er sich? wo ist sein Geschlecht und väterlich Erbe?
Bracht er dir etwa Botschaft von deines Vaters Zurückkunft?
Oder kam er hieher in seinen eignen Geschäften?
Warum eilt' er so plötzlich hinweg, und scheute so sichtbar
Unsre Bekanntschaft? Gewiß, unedel war seine Gestalt nicht!
Und der verständige Jüngling Telemachos sagte dagegen:
Hin, Eurymachos, ist auf immer des Vaters Zurückkunft!
Darum trau ich nicht mehr Botschaften, woher sie auch kommen,
Kümmre mich nie um Deutungen mehr, wen auch immer die Mutter
Zu sich ins Haus berufe, um unser Verhängnis zu forschen!
Dies war ein taphischer Mann, mein angeborener Gastfreund.
Mentes, Anchialos' Sohn, des kriegserfahrenen Helden,
Rühmt er sich, und beherrscht die ruderliebende Taphos.
Also sprach er; im Herzen erkannt er die heilige Göttin.
Und sie wandten sich wieder zum Tanz und frohen Gesange
Und belustigten sich, bis ihnen der Abend herabsank.
Als den Lustigen nun der dunkle Abend herabsank,
Gingen sie alle heim, der süßen Ruhe zu pflegen.
Aber Telemachos ging zu seinem hohen Gemache
Auf dem prächtigen Hof, in weitumschauender Gegend:

Dorthin ging er zur Ruh mit tiefbekümmerter Seele.
Vor ihm ging mit brennenden Fackeln die tüchtige Alte
Eurykleia, die Tochter Ops', des Sohnes Peisenors,
Welche vordem Laërtes mit seinem Gute gekaufet,
In jungfräulicher Blüte, für zwanzig Rinder; er ehrte
Sie im hohen Palast, gleich seiner edlen Gemahlin,
Aber berührte sie nie, aus Furcht vor dem Zorne der Gattin.
Diese begleitete ihn mit brennenden Fackeln; sie hatt ihn
Unter den Mägden am liebsten, und pflegt' ihn, als er ein Kind war.
Und er öffnete jetzt die Türe des schönen Gemaches,
Setzte sich auf sein Lager, und zog das weiche Gewand aus,
Warf es dann in die Hände der wohlbedächtigen Alten.
Diese fügte den Rock geschickt in Falten, und hängt' ihn
An den hölzernen Nagel zur Seite des zierlichen Bettes,
Ging aus der Kammer, und zog mit dem silbernen Ringe die Türe
Hinter sich an, und schob den Riegel vor mit dem Riemen.
Also lag er die Nacht, mit feiner Wolle bedecket,
Und umdachte dic Reise, die ihm Athene geraten.

ZWEITER GESANG

Am Morgen beruft Telemachos das Volk und verlangt, daß die Freier sein Haus verlassen. Antinoos verweigert's. Ein Vogelzeichen von Eurymachos verhöhnt. Telemachos bittet um ein Schiff, nach dem Vater zu forschen; Mentor rügt den Kaltsinn des Volks, aber ein Freier trennt spottend die Versammlung. Athene, in Mentors Gestalt, verspricht dem Einsamen Schiff und Begleitung. Die Schaffnerin Eurykleia gibt Reisekost. Athene erhält von Noëmon ein Schiff und bemannt es. Am Abend wird die Reisekost eingebracht, und Telemachos, ohne Wissen der Mutter, fährt mit dem scheinbaren Mentor nach Pylos.

Als die dämmernde Frühe mit Rosenfingern erwachte,
Sprang er vom Lager empor, der geliebte Sohn von Odysseus,
Legte die Kleider an, und hängte das Schwert um die Schulter,
Band die schönen Sohlen sich unter die zierlichen Füße,
Trat aus der Kammer hervor, geschmückt mit göttlicher Hoheit,
Und gebot den Herolden, schnell mit tönender Stimme
Zur Versammlung zu rufen die hauptumlockten Achäer.
Tönend riefen sie aus, und flugs war alles versammelt.
Als die Versammelten jetzt in geschlossener Reihe sich drängten,
Ging er unter das Volk, in der Hand die eherne Lanze,
Nicht allein, ihn begleiteten zween schnellfüßige Hunde.
Siehe, mit himmlischer Anmut umstrahlt' ihn Pallas Athene,
Daß die Völker alle dem kommenden Jünglinge staunten.
Und er saß auf des Vaters Stuhl, ihm wichen die Greise.
Jetzo begann der Held Ägyptios vor der Versammlung,
Dieser gebückte Greis von tausendfacher Erfahrung.
Dessen geliebter Sohn war samt dem edlen Odysseus
Gegen die Reisigen Trojas im hohlen Schiffe gesegelt,
Antiphos, tapfer und kühn; den hatte der arge Kyklope
In der Höhle zerfleischt, und zum letzten Schmause bereitet.
Noch drei andere hatt er: der eine, Eurynomos, lebte
Unter den Freiern, und zween besorgten des Vaters Geschäfte;
Dennoch bejammert' er stets des verlorenen Sohnes Gedächtnis.
Tränend begann der Greis und redete vor der Versammlung:
Höret mich jetzt, ihr Männer von Ithaka, was ich euch sage!
Keine Versammlung ward und keine Sitzung gehalten,
Seit der edle Odysseus die Schiffe gen Troja geführt hat.
Wer hat uns denn heute versammelt? welcher der Alten
Oder der Jünglinge hier? und welche Sache bewog ihn?
Höret' er etwa Botschaft von einem nahenden Kriegsheer,

Daß er uns allen verkünde, was er am ersten vernommen?
Oder weiß er ein andres zum Wohl des Landes zu raten?
Bieder scheinet er mir und segenswürdig! Ihm lasse
Zeus das Gute gedeihn, so er im Herzen gedenket!
Sprachs; und Telemachos, froh der heilweissagenden Worte,
Saß nicht länger; er trat, mit heißer Begierde zu reden,
In die Mitte des Volks. Den Zepter reichte Peisenor
Ihm in die Hand, der Herold, mit weisem Rate begabet,
Und er wandte zuerst sich gegen den Alten und sagte:
Edler Greis, nicht fern ist der Mann, gleich sollst du ihn kennen:
Ich versammelte euch; mich drückt am meisten der Kummer!
Keine Botschaft hört ich von einem nahenden Kriegsheer,
Daß ich euch allen verkünde, was ich am ersten vernommen;
Auch nichts anderes weiß ich zum Wohl des Landes zu raten,
Sondern ich rede von mir, von meines eigenen Hauses
Zwiefacher Not. Zuerst verlor ich den guten Vater,
Euren König, der euch mit Vaterliebe beherrschte.
Und nun leid ich noch mehr: mein ganzes Haus ist vielleicht bald
Tief ins Verderben gestürzt, und all mein Vermögen zertrümmert!
Meine Mutter umdrängten mit ungestümer Bewerbung
Freier, geliebte Söhne der Edelsten unseres Volkes.
Diese scheuen sich nun, zu Ikarios' Hause zu wandeln,
Ihres Vaters, daß Er mit reichem Schatze die Tochter
Gäbe, welchem er wollte, und wer ihm vor allen gefiele;
Sondern sie schalten von Tage zu Tag in unserm Palaste,
Schlachten unsere Rinder und Schaf' und gemästeten Ziegen
Für den üppigen Schmaus, und schwelgen im funkelnden Weine
Ohne Scheu; und alles wird leer; denn es fehlt uns ein solcher
Mann, wie Odysseus war, die Plage vom Hause zu wenden!
Wir vermögen sie nicht zu wenden, und, ach, auf immer

Werden wir hilflos sein und niemals Tapferkeit üben!
Wahrlich, ich wendete sie, wenn ich nur Stärke besäße!
Ganz unerträglich begegnet man mir, ganz wider die Ordnung
Wird mir mein Haus zerrüttet! Erkennt doch selber das Unrecht,
Oder scheuet euch doch vor andern benachbarten Völkern,
Welche rings uns umwohnen, und bebt vor der Rache der Götter,
Daß sie euch nicht im Zorne die Übeltaten vergelten!
Freunde, ich fleh euch bei Zeus, dem Gott des Olympos, und Themis,
Welche die Menschen zum Rat versammelt, und wieder zerstreuet:
Haltet ein, und begnügt euch, daß mich der traurigste Kummer
Quält! Hat etwa je mein guter Vater Odysseus
Euch vorsätzlich beleidigt, ihr schöngeharnischten Griechen,
Daß ihr mich zum Vergelt vorsätzlich wieder beleidigt,
Warum reizet ihr diese? Mir wäre besser geraten,
Wenn ihr selber mein Gut und meine Herden hinabschlängt!
Tätet ihrs, so wäre noch einst Erstattung zu hoffen!
Denn wir würden so lange die Stadt durchwandern, so flehend
Wiederfordern das Unsre, bis alles wäre vergütet!
Aber nun häuft ihr mir unheilbaren Schmerz auf die Seele!

Also sprach er im Zorn und warf den Zepter zur Erde,
Tränenvergießend, und rührte die ganze Versammlung zum Mitleid.
Schweigend saßen sie all' umher, und keiner im Volke
Wagte Telemachos' Rede mit Drohn entgegen zu wüten.
Aber Eupeithes' Sohn Antinoos gab ihm zur Antwort:

Jüngling von trotziger Red und verwegenem Mute, was sprachst du
Da für Lästerung aus? Du machtest uns gerne zum Abscheu!
Aber es haben die Freier an dir des keines verschuldet;

Deine Mutter ist schuld, die Listigste unter den Weibern!
Denn drei Jahre sind schon verflossen, und bald auch das vierte,
Seit sie mit eitlem Wahne die edlen Achäer verspottet!
Allen verheißt sie Gunst, und sendet jedem besonders
Schmeichelnde Botschaft; allein im Herzen denket sie anders!
Unter anderen Listen ersann sie endlich auch diese:
Trüglich zettelte sie in ihrer Kammer ein feines
Übergroßes Geweb und sprach zu unsrer Versammlung:
Jünglinge, die ihr mich liebt, nach dem Tode des edlen Odysseus,
Dringt auf meine Vermählung nicht eher, bis ich den Mantel
Fertig gewirkt (damit nicht umsonst das Garn mir verderbe!),
Welcher dem Helden Laërtes zum Leichengewande bestimmt ist,
Wann ihn die finstere Stunde mit Todesschlummer umschattet:
Daß nicht irgend im Lande mich eine Achäerin tadle,
Läg er uneingekleidet, der einst so vieles beherrschte!
Also sprach sie mit List, und bewegte die Herzen der Edlen.
Und nun webete sie des Tages am großen Gewebe;
Aber des Nachts dann trennte sie's auf beim Scheine der Fackeln.
Also täuschte sie uns drei Jahr' und betrog die Achäer.
Als nun das vierte Jahr im Geleite der Horen herankam,
Und mit dem wechselnden Mond viel' Tage waren verschwunden,
Da verkündet' uns eine der Weiber das schlaue Geheimnis,
Und wir fanden sie selbst bei der Trennung des schönen Gewebes.
Also mußte sie's nun, auch wider Willen, vollenden.
Siehe, nun deuten die Freier dir an, damit du es selber
Wissest in deinem Herzen, und alle Achäer es wissen!
Sende die Mutter hinweg, und gebeut ihr, daß sie zum Manne
Nehme, wer ihr gefällt, und wen der Vater ihr wählet.

Aber denkt sie noch lange zu höhnen die edlen Achäer,
Und sich der Gaben zu freun, die ihr Athene verliehn hat,
Wundervolle Gewande mit klugem Geiste zu wirken,
Und der erfindsamen List, die selbst in Jahren der Vorwelt
Keine von Griechenlands schönlockigen Töchtern gekannt hat,
Tyro nicht, noch Alkmene, und nicht die schöne Mykene
(Keine von allen war der erfindsamen Penelopeia
Gleich an Verstand!): so soll ihr doch diese Erfindung nicht glücken!
Denn wir schmausen so lange von deinen Herden und Gütern,
Als sie in diesem Sinne beharrt, den jetzo die Götter
Ihr in die Seele gegeben! Sich selber bringet sie freilich
Großen Ruhm, dir aber Verlust an großem Vermögen!
Eher weichen wir nicht zu den Unsrigen oder zu andern,
Ehe sie aus den Achäern sich einen Bräutigam wählet!
  Und der verständige Jüngling Telemachos sagte dagegen:
Ganz unmöglich ist mir's, Antinoos, die zu verstoßen,
Die mich gebar und erzog; mein Vater leb in der Fremde,
Oder sei tot! Schwer würde mir auch des Gutes Erstattung
An Ikarios sein, verstieß' ich selber die Mutter.
Denn hart würde gewiß ihr Vater mich drücken, und härter
Noch die göttliche Rache, wenn von uns scheidend die Mutter
Mich den grausen Erinnyen verfluchte! dann wär ich ein Abscheu
Aller Menschen! – O nein! ich kann ihr das nicht gebieten!
Haltet ihr euch dadurch in eurem Herzen beleidigt,
Nun so geht aus dem Haus, und sucht euch andere Mähler!
Zehret von eurem Gut, und laßt die Bewirtungen umgehn!
Aber wenn ihr es so bequemer und lieblicher findet,
Eines Mannes Hab ohn alle Vergeltung zu fressen,
Schlingt sie hinab! Ich werde die ewigen Götter anflehn,
Ob euch nicht endlich einmal Zeus eure Taten bezahle,
Daß ihr in unserm Haus auch ohne Vergeltung dahinstürzt!

Also sprach er, da sandte der Gott weithallender Donner
Ihm zween Adler herab vom hohen Gipfel des Berges.
Anfangs schwebten sie sanft einher im Hauche des Windes,
Einer nahe dem andern, mit ausgebreiteten Schwingen;
Jetzo über der Mitte der stimmenvollen Versammlung,
Flogen sie wirbelnd herum und schlugen stark mit den Schwingen;
Schauten auf aller Scheitel herab, und drohten Verderben,
Und zerkratzten sich selbst mit den Klauen die Wangen und Hälse;
Und sie wandten sich rechts und stürmten über die Stadt hin.
Alle staunten dem Zeichen, das ihr Augen gesehen,
Und erwogen im Herzen das vorbedeutete Schicksal.
Unter ihnen begann der graue Held Halitherses,
Mastors Sohn, berühmt vor allen Genossen des Alters,
Vogelflüge zu deuten und künftige Dinge zu reden;
Dieser erhub im Volk die Stimme der Weisheit und sagte:
Höret mich jetzt, ihr Männer von Ithaka, was ich euch sage!
Aber vor allen gilt die Freier meine Verkündung!
Ihre Häupter umschwebt ein schreckenvolles Verhängnis!
Denn nicht lange mehr weilet Odysseus fern von den Seinen;
Sondern er nahet sich schon und bereitet Tod und Verderben
Diesen allen; auch droht noch vielen andern das Unglück,
Uns Bewohnern der Hügel von Ithaka! Laßt uns denn jetzo
Überlegen, wie wir sie mäßigen; oder sie selber
Mäßigen sich, und gleich! zu ihrer eigenen Wohlfahrt!
Euch weissaget kein Neuling, ich red aus alter Erfahrung!
Wahrlich, das alles geht in Erfüllung, was ich ihm damals
Deutete, als die Argeier in hohlen Schiffen gen Troja
Fuhren, mit ihnen zugleich der erfindungsreiche Odysseus:
Nach unendlicher Trübsal, entblößt von allen Gefährten,
Allen Seinigen fremd, würd er im zwanzigsten Jahre
Wieder zur Heimat kehren. Das wird nun alles erfüllet!

Aber Polybos' Sohn Eurymachos sagte dagegen:
Hurtig nach Hause mit dir, o Greis, und deute das Schicksal
Deinen Söhnen daheim, daß ihnen kein Übel begegne!
Dieses versteh ich selber, und besser als du, zu deuten!
Freilich schweben der Vögel genug in den Strahlen der Sonne,
Aber nicht alle verkünden ein Schicksal! Wahrlich, Odysseus
Starb in der Fern'! Oh, wärest auch du mit ihm ins Verderben
Hingefahren! Dann schwatztest du hier nicht soviel von der Zukunft,
Suchtest nicht Telemachos' Groll noch mehr zu erbittern,
Harrend, ob er vielleicht dein Haus mit Geschenken bereichre!
Aber ich sage dir an, und das wird wahrlich erfüllet!
Wo du den Jüngling dort, kraft deiner alten Erfahrung,
Durch dein schlaues Geschwätz aufwiegelst, sich wild zu gebärden,
Dann wird er selber zuerst noch tiefer sinken in Drangsal,
Und im geringsten nichts vor diesen Männern vermögen.
Und du sollst es, o Greis, mit schwer kränkender Buße
Uns entgelten, damit du es tief in der Seele bereuest!
Aber Telemachos höre statt aller nun meinen Rat an:
Zwing er die Mutter zum Hause des Vaters wiederzukehren!
Dort bereite man ihr die Hochzeit und statte sie reichlich
Ihrem Bräutigam aus, wie lieben Töchtern gebühret!
Eher werden gewiß der Achäer Söhne nicht abstehn,
Penelopeia zu drängen; denn siehe! wir zittern vor niemand,
Selbst vor Telemachos nicht, und wär er auch noch so gesprächig!
Achten auch der Deutungen nicht, die du eben, o Alter,
So in den Wind hinschwatztest! Du wirst uns nur immer verhaßter!
Unser schwelgender Schmaus soll wieder beginnen, und niemals
Ordnung im Hause bestehn, bis jene sich den Achäern
Wegen der Hochzeit erklärt; wir wollen in steter Erwartung,

Künftig wie vor, um den Preis wetteifern, und nimmer zu andern
Weibern gehen, um die jedwedem zu werben erlaubt ist!
Und der verständige Jüngling Telemachos sagte dagegen:
Hör, Eurymachos, hört, ihr andern glänzenden Freier!
Hierum werd ich vor euch nicht weiter flehen noch reden,
Denn das wissen ja schon die Götter und alle Achäer.
Aber gebt mir ein rüstiges Schiff und zwanzig Gefährten,
Welche mit mir die Pfade des weiten Meeres durchsegeln.
Denn ich gehe gen Sparta und zu der sandigen Pylos,
Um nach Kunde zu forschen vom langabwesenden Vater,
Ob mir's einer verkünde der Sterblichen, oder ich Ossa,
Zeus' Gesandte, vernehme, die vielen Gerüchte verbreitet.
Hör ich, er lebe noch, mein Vater, und kehre zur Heimat,
Dann, wie bedrängt ich auch sei, erduld ichs noch ein Jahr lang.
Hör ich, er sei gestorben und nicht mehr unter den Menschen,
Siehe, dann kehr ich wieder zur lieben heimischen Insel,
Häufe dem Vater ein Mal und opfere Totengeschenke
Reichlich, wie sichs gebührt, und geb einem Manne die Mutter.
Also sprach der Jüngling und setzte sich. Jetzo erhub sich
Mentor, ein alter Freund des tadellosen Odysseus,
Dem er, von Ithaka schiffend, des Hauses Sorge vertrauet,
Daß er dem Greise gehorcht' und alles in Ordnung erhielte.
Dieser erhub im Volk die Stimme der Weisheit und sagte:
Höret mich jetzt, ihr Männer von Ithaka, was ich euch sage!
Künftig befleiße sich keiner der zepterführenden Herrscher,
Huldreich, mild und gnädig zu sein, und die Rechte zu schützen;
Sondern er wüte nur stets und frevle mit grausamer Seele!
Niemand erinnert sich ja des göttergleichen Odysseus
Von den Völkern, die er mit Vaterliebe beherrschte!
Aber ich eifere jetzt nicht gegen die trotzigen Freier,
Die so gewaltsame Taten mit tückischer Seele beginnen;
Denn sie weihen ihr Haupt dem Verderben, da sie Odysseus'

Habe wie Räuber verprassen und wähnen, er kehre nicht wieder.
Jetzo schelt ich das übrige Volk, daß ihr alle so gänzlich
Stumm dasitzt, und auch nicht mit Einem strafenden Worte
Diese Freier, die wenigen, zähmt, da euer so viel' sind.
 Aber Euenors Sohn Leiokritos sagte dagegen:
Mentor, du Schadenstifter von törichtem Herzen, was sprachst du
Da für Lästerung aus und befahlst, uns Freier zu zähmen?
Schwer, auch mehreren, ist der Kampf mit schmausenden Männern!
Wenn auch selbst Odysseus, der Held von Ithaka, käme
Und die glänzenden Freier, die seine Güter verschmausen,
Aus dem Palaste zu treiben gedächte, so würde sich dennoch
Seine Gemahlin nicht, wie sehr sie auch schmachtet, der Ankunft
Freun! Ihn träfe gewiß auf der Stelle das Schreckenverhängnis,
Wenn er mit mehreren kämpfte! Du hast nicht klüglich geredet!
Aber wohlan! ihr Männer, zerstreut euch zu euren Geschäften!
Diesem beschleunigen wohl Halitherses und Mentor die Reise,
Welche von alters her Odysseus' Freunde gewesen!
Aber ich hoffe, er sitzt noch lang und spähet sich Botschaft
Hier in Ithaka aus; die Reise vollendet er niemals!
Also sprach der Freier, und trennte schnell die Versammlung.
Alle zerstreuten sich, ein jeder zu seinen Geschäften;
Aber die Freier gingen zum Hause des edlen Odysseus.
 Und Telemachos ging beiseit ans Ufer des Meeres,
Wusch in der grauen Flut die Händ' und flehte Athenen:
 Höre mich, Gott, der du gestern in unserm Hause erschienest
Und mir befahlst, im Schiffe das dunkle Meer zu durchfahren
Und nach Kunde zu forschen vom langabwesenden Vater:
Himmlischer, siehe! das alles verhindern nun die Achäer,
Aber am meisten die Freier voll übermütiger Bosheit!
 Also sprach er flehend. Ihm nahte sich Pallas Athene,

Mentorn gleich in allem, sowohl an Gestalt wie an Stimme.
Und sie redet' ihn an und sprach die geflügelten Worte:
Jüngling, du mußt dich hinfort nicht feige betragen noch töricht!
Hast du von deinem Vater die hohe Seele geerbet,
Bist du, wie jener einst, gewaltig in Taten und Worten,
Dann wird keiner die Reise dir hindern oder vereiteln.
Aber bist du nicht sein Samen und Penelopeiens,
Dann verzweifl' ich, du wirst niemals dein Beginnen vollenden.
Wenige Kinder nur sind gleich den Vätern an Tugend,
Schlechter als sie die meisten, und nur sehr wenige besser.
Wirst du dich aber hinfort nicht feige betragen noch töricht,
Und verließ dich nicht völlig der Geist des großen Odysseus,
Dann ist Hoffnung genug, du wirst das Werk noch vollenden.
Darum kümmre dich nicht das Sinnen und Trachten der Freier:
Toren sind sie und kennen Gerechtigkeit weder noch Weisheit,
Ahnden auch nicht einmal den Tod und das schwarze Verhängnis,
Welches schon naht, um sie alle an Einem Tage zu würgen.
Aber dich soll nichts mehr an deiner Reise verhindern.
Ich, der älteste Freund von deinem Vater Odysseus,
Will dir rüsten ein hurtiges Schiff und dich selber begleiten.
Gehe nun wieder nach Haus und bleib in der Freier Gesellschaft;
Dann bereite dir Zehrung und hebe sie auf in Gefäßen:
Wein in irdischen Krügen, und Mehl, das Mark der Männer,
In dichtnähtigen Schläuchen. Ich will jetzt unter dem Volke
Dir Freiwillige sammeln zu Ruderern. Viel' sind der Schiffe
An der umfluteten Küste von Ithaka, neue bei alten;
Hiervon will ich für dich der trefflichsten eines erlesen.
Hurtig rüsten wir dieses und steuren ins offene Weltmeer.
Also sprach Athenaia, Kronions Tochter; und länger
Säumte Telemachos nicht; er gehorchte der Stimme der Göttin,
Und ging wieder nach Hause mit tiefbekümmertem Herzen.

Allda fand er die Schar der stolzen Freier: im Hofe
Streiften sie Ziegen ab und sengten gemästete Schweine.
Und Antinoos kam ihm lachend entgegen gewandelt,
Faßte Telemachos' Hand und sprach mit freundlicher Stimme:
Jüngling von trotziger Red und verwegenem Mute, sei ruhig
Und bekümmre dich nicht um böse Taten und Worte!
Laß uns, künftig wie vor, in Wollust essen und trinken:
Dieses alles besorgen dir schon die Achäer, ein schnelles
Schiff und erlesne Gefährten, damit du die göttliche Pylos
Bald erreichst und Kunde vom trefflichen Vater erforschest!
Und der verständige Jüngling Telemachos sagte dagegen:
Oh, wie ziemte mir das, Antinoos, unter euch Stolzen
Schweigend am Mahle zu sitzen, und ruhig im Taumel der Freude?
Ist es euch nicht genug, ihr Freier, daß ihr so lange
Meine köstlichen Güter verschwelgt habt, da ich ein Kind war?
Jetzt da ich größer bin, und tüchtig, Anderer Reden
Nachzuforschen, und höher der Mut im Busen mir steiget,
Werd ich streben, auf euch des Todes Rache zu bringen,
Ob ich gen Pylos geh' oder hier in Ithaka bleibe!
Reisen will ich, und nichts soll meinen Entschluß mir vereiteln,
Im gedungenen Schiffe! Denn weder Schiffe noch Rudrer
Hab ich in meiner Gewalt: so schien es euch freilich am besten!
Also sprach er und zog die Hand aus der Hand des Verräters
Leicht. Die Freier im Saale bereiteten emsig die Mahlzeit.
Und sie spotteten seiner und redeten höhnende Worte.
Unter dem Schwarme begann ein übermütiger Jüngling:
Wahrlich, Telemachos sinnt recht ernstlich auf unsre Ermordung!
Gebt nur acht: er holet sich Hilf aus der sandigen Pylos
Oder sogar aus Sparta! Er treibts mit gewaltigem Eifer!
Oder er lenkt auch jetzo nach Ephyras fruchtbarem Lande
Seine Fahrt und kauft sich tötende Gifte; die mischt er

Heimlich in unseren Wein, dann sind wir alle verloren.
Und von neuem begann ein übermütiger Jüngling:
Aber wer weiß, ob dieser nicht auch mit dem Leben die Schiffahrt
Fern von den Seinen bezahlt, umhergestürmt wie Odysseus?
Denkt, dann macht' er uns hier noch sorgenvollere Arbeit!
Teilen müßten wir ja das ganze Vermögen, und räumen
Seiner Mutter das Haus und ihrem jungen Gemahle!
Aber Telemachos stieg ins hohe weite Gewölbe
Seines Vaters hinab, wo Gold und Kupfer gehäuft lag,
Prächtige Kleider in Kasten und Fässer voll duftenden Öles.
Allda standen auch Tonnen mit altem balsamischem Weine,
Welche das lautre Getränk, das süße, das göttliche, faßten,
Nach der Reihe gelehnt an die Mauer, wenn jemals Odysseus
Wieder zur Heimat kehrte, nach seiner unendlichen Trübsal.
Fest verschloß das Gewölbe die wohleinfugende Türe,
Mit zween Riegeln verwahrt. Die Schaffnerin schaltete drinnen
Tag und Nacht und bewachte die Güter mit sorgsamer Klugheit,
Eurykleia, die Tochter Ops', des Sohnes Peisenors.
Und Telemachos rief sie hinein ins Gewölbe und sagte:
Mütterchen, eil und schöpfe mir Wein in irdene Krüge,
Mild und edel, den besten nach jenem, welchen du schonest
Für den duldenden König, den göttergleichen Odysseus,
Wenn er einmal heimkehret, dem Todesschicksal entronnen.
Hiermit fülle mir zwölf und spünde sie alle mit Deckeln.
Ferner schütte mir Mehl in dichtgenähete Schläuche;
Zwanzig Maße gib mir des feingemahlenen Mehles.
Aber tu es geheim, und lege mir alles zusammen.
Denn am Abende komm ich und hol es, wenn sich die Mutter
In ihr oberes Zimmer entfernt und der Ruhe gedenket.
Denn ich gehe gen Sparta und zu der sandigen Pylos,
Um nach Kunde zu forschen von meines Vaters Zurückkunft.
Also sprach er. Da schluchzte die Pflegerin Eurykleia;

Lautwehklagend begann sie und sprach die geflügelten Worte:
Liebes Söhnchen, wie kann in dein Herz ein solcher Gedanke
Kommen? Wo denkst du denn hin in die weite Welt zu gehen,
Starb der edle Odysseus bei unbekannten Barbaren!
Und sie werden dir gleich, wenn du gehst, nachstellen, die Meuchler!
Daß sie dich töten mit List, und alles unter sich teilen!
Bleibe denn hier und sitz auf dem Deinigen! Lieber, was zwingt dich,
Auf der wütenden See in Not und Kummer zu irren?
Und der verständige Jüngling Telemachos sagte dagegen:
Mütterchen, sei getrost! ich handle nicht ohne die Götter.
Aber schwöre mir jetzo, es nicht der Mutter zu sagen,
Ehe der elfte Tag vorbei ist oder der zwölfte,
Oder mich jene vermißt und hört von meiner Entfernung:
Daß sie nicht durch Tränen ihr schönes Antlitz entstelle.
Also sprach er; da schwur sie bei allen unsterblichen Göttern.
Als sie es jetzo gelobt und vollendet den heiligen Eidschwur,
Schöpfte sie ihm alsbald des Weines in irdene Krüge,
Schüttete ferner das Mehl in dichtgenähete Schläuche.
Und Telemachos ging in den Saal zu der Freier Gesellschaft.
Aber ein Neues ersann die heilige Pallas Athene:
In Telemachos' Bildung erscheinend, eilte sie ringsum
Durch die Stadt und sprach mit jedem begegnenden Manne,
Und befahl, sich am Abend beim rüstigen Schiffe zu sammeln.
Hierauf bat sie Phronios' Sohn, den edlen Noëmon,
Um ein rüstiges Schiff; und dieser versprach es ihr willig.
Und die Sonne sank, und Dunkel umhüllte die Pfade.
Siehe, nun zog die Göttin das Schiff in die Wellen, und brachte
Alle Geräte hinein, die Rüstung segelnder Schiffe;
Stellt' es darauf am Ende der Bucht. Die tapfern Gefährten
Standen versammelt umher, und jeden ermahnte die Göttin.
Und ein Neues ersann die heilige Pallas Athene:

Eilend ging sie zum Hause des göttergleichen Odysseus,
Übertauete sanft mit süßem Schlafe die Freier,
Machte die Säufer berauscht, und den Händen entsanken die Becher.
Müde wankten sie heim durch die Stadt, und konnten nicht länger
Sitzen, da ihnen der Schlaf die Augenlider bedeckte.
Aber Telemachos rief die heilige Pallas Athene
Aus dem Saale hervor des schöngebauten Palastes,
Mentorn gleich in allem, sowohl an Gestalt wie an Stimme:
Jetzo, Telemachos, sitzen die schöngeharnischten Freunde
Alle am Ruder bereit, und harren nur deiner zur Abfahrt.
Laß uns zu Schiffe gehn, und die Reise nicht länger verschieben!
Als sie die Worte geredet, da wandelte Pallas Athene
Eilend voran; und er folgte den Schritten der wandelnden Göttin.
Und da sie jetzo das Schiff und des Meeres Ufer erreichten,
Fanden sie an dem Gestade die hauptumlockten Genossen.
Unter ihnen begann Telemachos' heilige Stärke:
Kommt, Geliebte, mit mir, die Zehrung zu holen. Sie liegt schon
Alle beisammen im Haus; und nichts argwöhnet die Mutter,
Noch die übrigen Mägde; nur Eine weiß das Geheimnis.
Also sprach er und eilte voran; sie folgten dem Führer,
Brachten alles und legten's im schöngebordeten Schiffe
Nieder, wie ihnen befahl der geliebte Sohn von Odysseus.
Und Telemachos trat in das Schiff, geführt von Athenen.
Diese setzte sich hinten am Steuer; nahe der Göttin
Setzte Telemachos sich. Die andern lösten die Seile,
Traten dann selber ins Schiff und setzten sich hin auf die Bänke.
Einen günstigen Wind sandt' ihnen Pallas Athene,
Leise streifte der West das rauschende dunkle Gewässer.
Aber Telemachos trieb und ermahnte die lieben Gefährten,

Schnell die Geräte zu ordnen. Sie folgeten seinem Befehle:
Stellten den fichtenen Mast in die mittlere Höhle des Bodens,
Richteten hoch ihn empor, und banden ihn fest mit den Seilen;
Spannten die weißen Segel mit starkgeflochtenen Riemen.
Hochauf wölbte der Wind das volle Segel, und donnernd
Wogte die purpurne Flut um den Kiel des gleitenden Schiffes;
Schnell durchlief es die Wogen in unaufhaltsamer Eile.
Als sie nun die Geräte des schwarzen Schiffes befestigt,
Stellten sie Kelche hin, bis oben mit Weine gefüllet.
Und sie gossen des Weins für alle unsterblichen Götter,
Aber am meisten für Zeus' blauäugichte Tochter Athene,
Welche die ganze Nacht und den Morgen die Wasser beschiffte.

DRITTER GESANG

Telemachos, von Nestor, der am Gestade opfert, gastfrei empfangen, fragt nach des Vaters Rückkehr. Nestor erzählt, wie er selber und wer sonst von Troja gekehrt sei, ermahnt den Telemachos zur Tapferkeit gegen die Freier, und rät ihm, bei Menelaos sich zu erkundigen. Der Athene, die als Adler verschwand, gelobt Nestor eine Kuh. Telemachos von Nestor beherbergt. Am Morgen, nach vollbrachtem Opfer, fährt er mit Nestors Sohne Peisistratos nach Sparta, wo sie den anderen Abend ankommen.

Jetzo erhub sich die Sonn' aus ihrem strahlenden Teiche
Auf zum ehernen Himmel, zu leuchten den ewigen Göttern
Und den sterblichen Menschen auf lebenschenkender Erde.
Und die Schiffenden kamen zur wohlgebaueten Pylos,
Neleus' Stadt. Dort brachten am Meergestade die Männer
Schwarze Stiere zum Opfer dem bläulichgelockten Poseidon.
Neun war der Bänke Zahl, fünfhundert saßen auf jeder;

Jede von diesen gab neun Stiere. Sie kosteten jetzo
Alle der Eingeweide, und brannten dem Gotte die Lenden.
Jene steurten ans Land und zogen die Segel herunter,
Banden das gleichgezimmerte Schiff, und stiegen ans Ufer.
Auch Telemachos stieg aus dem Schiffe, geführt von der Göttin.
Ihn erinnerte Zeus' blauäugichte Tochter Athene:
  Jetzo, Telemachos, brauchst du dich keineswegs zu scheuen!
Darum bist du die Wogen durchschifft, nach dem Vater zu forschen,
Wo ihn die Erde verbirgt und welches Schicksal ihn hinnahm.
Auf denn! und gehe gerade zum Rossebändiger Nestor,
Daß wir sehen, was etwa sein Herz für Rat dir bewahre.
Aber du mußt ihn flehn, daß er die Wahrheit verkünde.
Lügen wird er nicht reden; denn er ist viel zu verständig!
  Und der verständige Jüngling Telemachos sagte dagegen:
Mentor, wie geh ich doch, und wie begrüß ich den König?
Unerfahren bin ich in wohlgeordneten Worten;
Und ich scheue mich auch, als Jüngling den Greis zu befragen!
  Drauf antwortete Zeus' blauäugichte Tochter Athene:
Einiges wird dein Herz dir selber sagen, o Jüngling;
Anderes wird dir ein Gott eingeben. Ich denke, du bist nicht
Ohne waltende Götter geboren oder erzogen.
  Als sie die Worte geredet, da wandelte Pallas Athene
Eilend voran; und er folgte den Schritten der wandelnden Göttin.
Und sie erreichten die Sitze der pylischen Männer, wo Nestor
Saß mit seinen Söhnen, und rings die Freunde zur Mahlzeit
Eilten, das Fleisch zu braten und andres an Spieße zu stecken.
Als sie die Fremdlinge sahn, da kamen sie alle bei Haufen,
Reichten grüßend die Händ' und nötigten beide zum Sitze.
Nestors Sohn vor allen, Peisistratos, nahte sich ihnen,
Nahm sie beid' an der Hand und hieß sie sitzen am Mahle,
Auf dickwollichten Fellen, im Kieselsande des Meeres,

Seinem Vater zur Seit' und Thrasymedes, dem Bruder;
Legte vor jeden ein Teil der Eingeweide, und schenkte
Wein in den goldenen Becher, und reicht' ihn mit herzlichem Handschlag
Pallas Athenen, der Tochter des wetterleuchtenden Gottes:
Bete jetzt, o Fremdling, zum Meerbeherrscher Poseidon,
Denn ihr findet uns hier an seinem heiligen Mahle.
Hast du, der Sitte gemäß, dein Opfer gebracht und gebetet,
Dann gib diesem den Becher mit herzerfreuendem Weine
Zum Trankopfer. Er wird doch auch die Unsterblichen gerne
Anflehn; denn es bedürfen ja alle Menschen der Götter.
Aber er ist der jüngste, mit mir von einerlei Alter;
Darum bring ich dir zuerst den goldenen Becher.
Also sprach er, und reicht' ihr den Becher voll duftenden Weines
Und Athene ward froh des gerechten verständigen Mannes,
Weil er ihr zuerst den goldenen Becher gereichet;
Und sie betete viel zum Meerbeherrscher Poseidon:
Höre mich, Poseidaon, du Erdumgürter! verwirf nicht
Unser frommes Gebet; erfülle, was wir begehren!
Nestorn kröne vor allen und Nestors Söhne mit Ehre;
Und erfreue dann auch die andern Männer von Pylos
Für ihr herrliches Opfer mit reicher Wiedervergeltung!
Mich und Telemachos laß heimkehren als frohe Vollender
Dessen, warum wir hieher im schnellen Schiffe gekommen!
Also betete sie und erfüllte selber die Bitte,
Reichte Telemachos drauf den schönen doppelten Becher.
Ebenso betete jetzt der geliebte Sohn von Odysseus.
Als sie das Fleisch nun gebraten und von den Spießen gezogen,
Teilten sie's allen umher und feirten das prächtige Gastmahl.
Und nachdem die Begierde des Tranks und der Speise gestillt war,
Sprach der gerenische Greis, der Rossebändiger Nestor:

Jetzo ziemt es sich besser, die fremden Gäste zu fragen,
Wer sie sei'n, nachdem sie ihr Herz mit Speise gesättigt.
Fremdlinge, sagt, wer seid ihr? von wannen trägt euch die Woge?
Habt ihr wo ein Gewerb, oder schweift ihr ohne Bestimmung
Hin und her auf der See, wie küstenumirrende Räuber,
Die ihr Leben verachten, um fremden Völkern zu schaden?
Und der verständige Jüngling Telemachos sagte dagegen,
Ohne Furcht; denn ihm goß Athene Mut in die Seele,
Daß er nach Kundschaft forschte vom langabwesenden Vater
Und sich selber ein gutes Gerücht bei den Menschen erwürbe:
Nestor, Neleus' Sohn, du großer Ruhm der Achäer,
Fragst, von wannen wir sei'n; ich will dir alles erzählen.
Siehe, von Ithaka her am Neïon sind wir gekommen,
Nicht in Geschäften des Volks, im eigenen; dieses vernimm jetzt.
Meines edlen Vaters verbreiteten Ruhm zu erforschen,
Reis' ich umher, Odysseus', des leidengeübten, der ehmals,
Sagt man, streitend mir dir, die Stadt der Troer zerstört hat.
Von den übrigen allen, die einst vor Ilion kämpften,
Hörten wir doch, wie jeder dem grausamen Tode dahinsank;
Aber von jenem verbarg sogar das Ende Kronion.
Niemand weiß uns den Ort zu nennen, wo er gestorben:
Ob er auf festem Lande von feindlichen Männern vertilgt sei
Oder im stürmenden Meere von Amphitritens Gewässern.
Darum fleh ich dir jetzo, die Knie umfassend, du wollest
Seinen traurigen Tod mir verkündigen; ob du ihn selber
Ansahst, oder vielleicht von einem irrenden Wandrer
Ihn erfuhrst: denn ach! zum Leiden gebar ihn die Mutter!
Aber schmeichle mir nicht, aus Schonung oder aus Mitleid.
Sondern erzähle mir treulich, was deine Augen gesehen.
Flehend beschwör ich dich, hat je mein Vater Odysseus
Einen Wunsch dir gewährt mit Worten oder mit Taten,
In dem troischen Lande, wo Not euch Achäer umdrängte:
Daß du, dessen gedenkend, mit jetzo Wahrheit verkündest!

Ihm antwortete drauf der Rossebändiger Nestor:
Lieber, weil du mich doch an jene Trübsal erinnerst,
Die wir tapfern Achäer im troischen Lande geduldet,
Wann wir jetzt mit den Schiffen im dunkelwogenden Meere
Irrten nach Beute umher, wohin Achilleus uns führte,
Jetzt um die große Stadt des herrschenden Priamos kämpften:
Dort verloren ihr Leben die tapfersten aller Achäer!
Dort liegt Äas, ein Held gleich Ares, dort auch Achilleus,
Dort sein Freund Patroklos, an Rat den Unsterblichen ähnlich,
Dort mein geliebter Sohn Antilochos, tapfer und edel,
Rüstig vor allen Achäern im Lauf und rüstig im Streite!
Und wir haben auch sonst noch viele Leiden erduldet!
Welcher sterbliche Mensch vermöchte sie alle zu nennen?
Bliebest du auch fünf Jahr' und sechs nacheinander und forschtest
Alle Leiden von mir der edlen Achäer, du würdest
Überdrüssig vorher in deine Heimat zurückgehn.
Denn neun Jahre hindurch erschöpften wir, ihnen zu schaden,
Alle Listen des Kriegs, und kaum vollbrachte es Kronion!
Da war keiner im Heere, der sich mit jenem an Klugheit
Maß; allübersehend erfand der edle Odysseus
Alle Listen des Kriegs, dein Vater; woferne du wirklich
Seines Geschlechtes bist. – Mit Staunen erfüllt mich der Anblick!
Auch dein Reden gleichet ihm ganz; man sollte nicht glauben,
Daß ein jüngerer Mann so gut zu reden verstünde!
Damals sprachen wir nie, ich und der edle Odysseus,
Weder im Rat verschieden, noch in des Volkes Versammlung:
Sondern Eines Sinns ratschlagten wir beide mit Klugheit
Und mit Bedacht, wie am besten das Wohl der Achäer gediehe.
Als wir die hohe Stadt des Priamos endlich zerstöret,
Gingen wir wieder zu Schiff; allein Gott trennte die Griechen.
Damals beschloß Kronion im Herzen die traurigste Heimfahrt
Für das argeiische Heer; denn sie waren nicht alle verständig,

Noch gerecht; drum traf so viele das Schreckenverhängnis.
Siehe, des mächtigen Zeus blauäugichte Tochter entzweite,
Zürnender Rache voll, die beiden Söhne von Atreus.
Diese beriefen das Heer zur allgemeinen Versammlung,
Aber verkehrt, nicht der Ordnung gemäß, da die Sonne sich neigte;
Und es kamen, vom Weine berauscht, die Söhne der Griechen.
Jetzo trugen sie vor, warum sie die Völker versammelt.
Menelaos ermahnte das ganze Heer der Achäer,
Über den weiten Rücken des Meers nach Hause zu schiffen.
Aber sein Rat mißfiel Agamemnon gänzlich: er wünschte,
Dort das Volk zu behalten und Hekatomben zu opfern,
Daß er den schrecklichen Zorn der beleidigten Göttin versöhnte.
Tor! er wußte nicht, daß sein Beginnen umsonst war!
Denn nicht schnell ist der Zorn der ewigen Götter zu wandeln.
Also standen sie beid' und wechselten heftige Worte;
Und es erhuben sich die schöngeharnischten Griechen
Mit unendlichem Lärm, geteilt durch zwiefache Meinung.
Beide ruhten die Nacht, voll schadenbrütendes Grolles;
Denn es bereitete Zeus den Achäern die Strafe des Unfugs.
Frühe zogen wir Hälfte die Schiff' in die heilige Meersflut,
Brachten die Güter hinein und die schöngegürteten Weiber.
Aber die andere Hälfte der Heerschar blieb am Gestade
Dort, bei Atreus' Sohn Agamemnon, dem Hirten der Völker.
Wir indes in den Schiffen entruderten eilig von dannen,
Und ein Himmlischer bahnte das ungeheure Gewässer.
Als wir gen Tenedos kamen, da opferten alle den Göttern,
Heimverlangend; allein noch hinderte Zeus die Heimfahrt;
Denn der Zürnende sandte von neuem verderbliche Zwietracht.
Einige lenkten zurück die gleichberuderten Schiffe,
Angeführt von dem tapfern erfindungsreichen Odysseus,
Daß sie sich Atreus' Sohn Agamemnon gefällig erwiesen.
Aber ich flohe voraus mit dem Schiffsheer, welches mir folgte;

Denn es ahndete mir, daß ein Himmlischer Böses verhängte.
Tydeus' kriegrischer Sohn floh auch und trieb die Gefährten.
Endlich kam auch zu uns Menelaos, der bräunlichgelockte,
Als wir in Lesbos noch ratschlagten wegen der Laufbahn:
Ob wir oberhalb des bergichten Chios die Heimfahrt
Lenkten auf Psyria zu und jene zur Linken behielten;
Oder unter Chios, am Fuße des stürmischen Mimas.
Und wir baten den Gott, uns ein Zeichen zu geben; und dieser
Deutete uns und befahl, gerade durchs Meer nach Euböa
Hinzusteuren, damit wir nur schnell dem Verderben entflöhen.
Jetzo blies ein säuselnder Wind in die Segel der Schiffe;
Und sie durchliefen in Eile die Pfade der Fische und kamen
Nachts vor Geraistos an. Hier brannten wir Poseidaon
Viele Lenden der Stiere zum Dank für die glückliche Meerfahrt.
Jetzt war der vierte Tag, als in Argos mit seinen Genossen
Landete Tydeus' Sohn, Diomedes, der Rossebezähmer.
Aber ich setzte den Lauf nach Pylos fort, und der Fahrwind
Hörte nicht auf zu wehn, den uns der Himmlische sandte.
Also kam ich, mein Sohn, ohn alle Kundschaft, und weiß nicht,
Welche von den Achäern gestorben sind oder noch leben.
Aber so viel ich hier im Hause sitzend erkundet,
Will ich, wie sichs gebührt, anzeigen und nichts dir verhehlen.
Glücklich kamen, wie's heißt, die streitbaren Myrmidonen,
Angeführt von dem trefflichen Sohne des großen Achilleus;
Glücklich auch Philoktetes, der glänzende Sohn des Pöas.
Auch Idomeneus brachte gen Kreta alle Genossen,
Welche dem Krieg entflohn, und keinen raubte das Meer ihm.
Endlich von des Atriden Zurückkunft habt ihr Entfernten
Selber gehört, wie Ägisthos den traurigsten Tod ihm bereitet.
Aber wahrlich, er hat ihn mit schrecklicher Rache gebüßet!
Oh, wie schön, wenn ein Sohn von einem erschlagenen Manne
Nachbleibt! Also hat jener am Meuchelmörder Ägisthos
Rache geübt, der ihm den herrlichen Vater ermordet!

Auch du, Lieber, denn groß und stattlich bist du von Ansehn,
Halte dich wohl, daß einst die spätesten Enkel dich preisen!
Und der verständige Jüngling Telemachos sagte dagegen:
Nestor, Neuleus' Sohn, du großer Ruhm der Achäer,
Schreckliche Rache hat jener geübt, und weit in Achäa
Wird erschallen sein Ruhm, ein Gesang der spätesten Enkel.
O beschieden auch mir so viele Stärke die Götter,
Daß ich den Übermut der rasenden Freier bestrafte,
Welche mir immer zum Trotz die schändlichsten Greuel ersinnen!
Aber versagt ward mir ein solches Glück von den Göttern,
Meinem Vater und mir! Nun gilt nichts weiter, als dulden!
Ihm antwortete drauf der Roßbändiger Nestor:
Lieber, weil du mich doch an jenes erinnerst; man sagt ja,
Daß um deine Mutter ein großer Haufe von Freiern,
Dir zum Trotz, im Palaste so viel' Unarten beginne.
Sprich, erträgst du das Joch freiwillig, oder verabscheun
Dich die Völker des Landes, gewarnt durch göttlichen Ausspruch?
Aber wer weiß, ob jener nicht einst, ein Rächer des Aufruhrs,
Kommt, er selber allein, oder auch mit allen Achäern.
Liebte sie dich so herzlich, die heilige Pallas Athene,
Wie sie einst für Odysseus, den hochberühmten, besorgt war
In dem troischen Lande, wo Not uns Achäer umdrängte
(Niemals sah ich so klar die Zeichen göttlicher Obhut,
Als sich Pallas Athene für ihren Geliebten erklärte!);
Liebte sie dich so herzlich und waltete deiner so sorgsam:
Mancher von jenen vergäße der hochzeitlichen Gedanken!
Und der verständige Jüngling Telemachos sagte dagegen:
Edler Greis, dies Wort wird schwerlich jemals vollendet;
Denn du sagtest zu viel! Erstaunen muß ich! O nimmer
Würde die Hoffnung erfüllt, wenn auch die Götter es wollten!
Drauf antwortete Zeus' blauäugichte Tochter Athene:

Welche Rede, o Jüngling, ist deinen Lippen entflohen?
Leicht bringt Gott, wenn er will, auch Fernverirrte zur Ruhe!
Und ich möchte doch lieber nach vielem Jammer und elend
Spät zur Heimat kehren und schaun den Tag der Zurückkunft,
Als heimkehrend sterben am eigenen Herde, wie jener
Durch Ägisthos' Verrat und seines Weibes dahinsank.
Nur das gemeine Los des Todes können die Götter
Selbst nicht wenden, auch nicht von ihrem Geliebten, wenn jetzo
Ihn die finstere Stunde mit Todesschlummer umschattet.
Und der verständige Jüngling Telemachos sagte dagegen:
Mentor, rede nicht weiter davon, wie sehr wir auch trauren!
Jener wird nimmermehr heimkehren, sondern es weihten
Ihn die Unsterblichen längst dem schwarzen Todesverhängnis.
Jetzo will ich Nestorn um etwas anderes fragen,
Ihn, der vor allen Menschen Gerechtigkeit kennet und Weisheit.
Denn man saget, er hat drei Menschenalter beherrschet;
Darum scheinet er mir ein Bild der unsterblichen Götter.
Nestor, Neleus' Sohn, verkünde mir lautere Wahrheit!
Wie starb Atreus' Sohn, der große Held Agamemnon?
Wo war denn Menelaos? Und welchen listigen Anschlag
Fand der Meuchler Ägisthos, den stärkeren Mann zu ermorden?
War er etwa noch nicht im achäischen Argos, und irrte
Unter den Menschen umher, daß der sich des Mordes erkühnte?
Ihm antwortete drauf der Rossebändiger Nestor:
Gerne will ich, mein Sohn, dir lautere Wahrheit verkünden.
Siehe, du kannst es dir leicht vorstellen, wie es geschehen ist.
Hätt er Ägisthos noch lebendig im Hause gefunden,
Als er von Ilion kehrte, der Held Menelaos Atreides:
Niemand hätte den Toten mit lockerer Erde beschüttet;
Sondern ihn hätten die Hund' und die Vögel des Himmels gefressen,
Liegend fern von der Stadt auf wüstem Gefild, und es hätte

Keine Achäerin ihn, den Hochverräter, beweinet.
Während wir andern dort viel' blutige Schlachten bestanden,
Saß er ruhig im Winkel der rossenährenden Argos,
Und liebkoste dem Weib Agamemnons mit süßem Geschwätze.
Anfangs hörte sie zwar den argen Verführer mit Abscheu,
Klytämnestra, die edle; denn sie war gut und verständig.
Auch war ein Sänger bei ihr, dem Agamemnon besonders,
Als er gen Ilion fuhr, sein Weib zu bewahren vertraute.
Aber da sie die Götter in ihr Verderben bestrickten,
Führt' Ägisthos den Sänger auf eine verwilderte Insel,
Wo er ihn zur Beute dem Raubgevögel zurückließ;
Führte dann liebend das liebende Weib zu seinem Palaste;
Opferte Rinder und Schaf' auf der Götter geweihten Altären,
Und behängte die Tempel mit Gold und feinem Gewebe,
Weil er das große Werk, das unverhoffte, vollendet.
Jetzo segelten wir zugleich von Ilions Küste,
Menelaos und ich, vereint durch innige Freundschaft.
Aber am attischen Ufer, bei Sunions heiliger Spitze,
Siehe, da ward der Pilot des menelaischen Schiffes
Von den sanften Geschossen Apollons plötzlich getötet,
Haltend in seinen Händen das Steuer des laufenden Schiffes,
Phrontis, Onetors Sohn, der vor allen Erdebewohnern
Durch der Orkane Tumult ein Schiff zu lenken berühmt war.
Also war Menelaos, wie sehr er auch eilte, verzögert,
Um den Freund zu begraben und Totengeschenke zu opfern.
Aber da nun auch jener, die dunkeln Wogen durchsegelnd,
Seine gerüsteten Schiffe zum hohen Gebirge Maleia
Hatte geführt, da verhängte der Gott weithallender Donner
Ihm die traurigste Fahrt, sandt ihm lautbrausende Stürme,
Und hoch wogten, wie Berge, die ungeheuren Gewässer.
Plötzlich zerstreut' er die Schiffe; die meisten verschlug er gen
Kreta,
Wo der Kydonen Volk des Iardanos Ufer umwohnet.

An der gortynischen Grenz', im dunkelwogenden Meere,
Türmt sich ein glatter Fels den drängenden Fluten entgegen,
Die der gewaltige Süd an das linke Gebirge vor Phästos
Stürmt, und der kleine Fels hemmt große brandende Fluten.
Noch die Männer, die Schiffe zerschlug an den Klippen die Brandung.
Aber die übrigen fünfe der blaugeschnäbelten Schiffe
Wurden von Sturm und Woge zum Strom Ägyptos getrieben.
Allda fuhr Menelaos bei unverständlichen Völkern
Mit den Schiffen umher, viel Gold und Schätze gewinnend.
Unterdessen verübte zu Haus Ägisthos die Schandtat,
Bracht Agamemnon um, und zwang das Volk zum Gehorsam.
Sieben Jahre beherrscht' er die schätzereiche Mykene.
Aber im achten kam zum Verderben der edle Orestes
Von Athenä zurück, und nahm von dem Meuchler Ägisthos
Blutige Rache, der ihm den herrlichen Vater ermordet;
Brachte dann mit dem Volk ein Opfer bei dem Begräbnis
Seiner abscheulichen Mutter und ihres feigen Ägisthos.
Eben den Tag kam auch der Rufer im Streit Menelaos
Mit unendlichen Schätzen, so viel die Schiffe nur trugen.
Auch du, Lieber, irre nicht lange fern von der Heimat,
Da du alle dein Gut und so unbändige Männer
In dem Palaste verließest, damit sie nicht alles verschlingen,
Deine Güter sich teilend, und fruchtlos ende die Reise!
Aber ich rate dir doch, zu Atreus' Sohn Menelaos
Hinzugehen, der neulich aus fernen Landen zurückkam,
Von entlegenen Völkern, woher kein Sterblicher jemals
Hoffen dürfte zu kommen, den Sturm und Woge so weithin
Über das Meer verschlugen, woher auch selbst nicht die Vögel
Fliegen können im Jahre: so furchtbar und weit ist die Reise!
Eil und gehe sogleich im Schiffe mit deinen Gefährten!
Oder willst du zu Lande, so fordere Wagen und Rosse,
Meine Söhne dazu: sie werden dich sicher gen Sparta

Führen, der prächtigen Stadt Menelaos', des bräunlichgelockten.
Aber du mußt ihm flehn, daß er die Wahrheit verkünde.
Lügen wird er nicht reden; denn er ist viel zu verständig!
Also sprach er. Da sank die Sonn', und Dunkel erhob sich.
Drauf antwortete Zeus' blauäugichte Tochter Athene:
Wahrlich, o Greis, du hast mit vieler Weisheit geredet.
Aber schneidet jetzo die Zungen und mischet des Weines,
Daß wir Poseidaon und allen unsterblichen Göttern
Opfern und schlafen gehn; die Stunde gebeut uns zu ruhen;
Denn schon sinket das Licht in Dämmerung. Länger geziemt sichs
Nicht, am Mahle der Götter zu sitzen, sondern zu gehen.
Also die Tochter Zeus', und jene gehorchten der Rede.
Herolde gossen ihnen das Wasser über die Hände;
Jünglinge füllten die Kelche bis oben mit dem Getränke,
Teilten dann rechts herum die vollgegossenen Becher.
Und sie verbrannten die Zungen und opferten stehend des Weines.
Als sie ihr Opfer vollbracht und nach Verlangen getrunken,
Machte Athene sich auf und Telemachos, göttlich von Bildung,
Wieder von dannen zu gehn zu ihrem geräumigen Schiffe.
Aber Nestor verbot es mit diesen strafenden Worten:
Zeus verhüte doch dieses und alle unsterblichen Götter,
Daß ihr jetzo von mir zum schnellen Schiffe hinabgeht,
Gleich als wär ich ein Mann in Lumpen oder ein Bettler,
Der nicht viele Mäntel und weiche Decken besäße,
Für sich selber zum Lager und für besuchende Freunde!
Aber ich habe genug der Mäntel und prächtigen Decken!
Wahrlich, nimmer gestatt ich des großen Mannes Odysseus
Sohne, auf dem Verdeck des Schiffes zu ruhen, solang ich
Lebe, und dann auch werden noch Kinder bleiben im Hause,
Einen Gast zu bewirten, der meine Wohnung besuchet!
Drauf antwortete Zeus' blauäugichte Tochter Athene:

Edler Geist, du hast sehr wohl geredet, und gerne
Wird Telemachos dir gehorchen, denn es gebührt sich!
Dieser gehe denn jetzo mit dir zu deinem Palaste,
Dort zu ruhn. Allein ich muß zum schwärzlichen Schiffe
Gehen, unsere Freunde zu stärken und alles zu ordnen.
Denn von allen im Schiffe bin ich der einzige Alte;
Jünglinge sind die andern, die uns aus Liebe begleiten,
Allesamt von des edlen Telemachos blühendem Alter.
Allda will ich die Nacht am schwarzen gebogenen Schiffe
Ruhn, und morgen früh zu den großgesinnten Kaukonen
Gehen, daß ich die Schuld, die weder neu noch gering ist,
Mir einfordre. Doch diesen, den Gastfreund deines Palastes,
Send im Wagen gen Sparta, vom Sohne begleitet, und gib ihm
Zum Gespanne die schnellsten und unermüdlichsten Rosse.
Also redete Zeus' blauäugichte Tochter und schwebte,
Plötzlich ein Adler, empor; da erstaunte die ganze Versammlung.
Wundernd stand auch der Greis, da seine Augen es sahen,
Faßte Telemachos' Hand und sprach mit freundlicher Stimme:
Lieber, ich hoffe, du wirst nicht feige werden noch kraftlos;
Denn es begleiten dich schon als Jüngling waltende Götter!
Siehe, kein anderer wars der himmelbewohnenden Götter,
Als des allmächtigen Zeus siegprangende Tochter Athene,
Die auch deinen Vater vor allen Achäern geehrt hat!
Herrscherin, sei uns gnädig, und krön uns mit glänzendem Ruhme,
Mich und meine Kinder und meine teure Genossin!
Dir will ich opfern ein jähriges Rind, breitstirnig und fehllos,
Unbezwungen vom Stier und nie zum Joche gebändigt;
Dieses will ich dir opfern, mit Gold die Hörner umzogen!
Also sprach er flehend; ihn hörete Pallas Athene.
Und der gerenische Greis, der Rossebändiger Nestor,
Führte die Eidam' und Söhne zu seinem schönen Palaste.

Als sie den hohen Palast des Königs jetzo erreichten,
Setzten sich alle in Reihn auf prächtige Thronen und Sessel.
Und den Kommenden mischte der Greis von neuem im Kelche
Süßen balsamischen Wein; im elften Jahre des Alters
Wählte die Schaffnerin ihn und löste den spündenden Deckel.
Diesen mischte der Greis und flehete, opfernd des Trankes,
Viel zu der Tochter des Gottes mit wetterleuchtendem Schilde.
Als sie ihr Opfer vollbracht und nach Verlangen getrunken,
Gingen sie alle heim, der süßen Ruhe zu pflegen.
Aber Telemachos hieß der Rossebändiger Nestor
Dort im Palaste ruhn, den Sohn des edlen Odysseus,
Unter der tönenden Hall', im schöngebildeten Bette.
Neben ihm ruhte der Held Peisistratos, welcher allein noch
Unvermählt von den Söhnen in Nestors Haus zurückblieb.
Aber er selber schlief im Innern des hohen Palastes,
Und die Königin schmückte das Ehbett ihres Gemahles.
  Als nun die dämmernde Frühe mit Rosenfingern erwachte,
Da erhub sich vom Lager der Rossebändiger Nestor,
Ging hinaus und setzte sich auf gehauene Steine,
Vor der hohen Pforte des schöngebauten Palastes,
Weiß und glänzend wie Öl. Auf diesen pflegte vor alters
Neleus sich hinzusetzen, an Rat den Unsterblichen ähnlich.
Aber er war schon tot und in der Schatten Behausung.
Nun saß Nestor darauf, der gerenische Hüter der Griechen,
Seinen Stab in der Hand. Da sammelten sich um den Vater,
Eilend aus den Gemächern, Echephron, Stratios, Perseus
Und Aretos, der Held, und der göttliche Thrasymedes.
Auch der sechste der Brüder, Peisistratos, eilte zu Nestor.
Und sie setzten den schönen Telemachos neben den Vater.
Unter ihnen begann der Rossebändiger Nestor:
  Hurtig, geliebteste Kinder, erfüllt mir dieses Verlangen,
Daß ich vor allen Göttern Athenens Gnade gewinne,
Welche mir sichtbar erschien am festlichen Mahle Poseidons!

Gehe denn einer aufs Feld, damit in Eile zum Opfer
Komme die Kuh, geführt vom Hirten der weidenden Rinder.
Einer gehe hinab zu des edlen Telemachos' Schiffe,
Seine Gefährten zu rufen, und lasse nur zween zur Bewahrung.
Einer heiße hieher den Meister in Golde Laërkes
Kommen, daß er mit Gold des Rindes Hörner umziehe.
Aber ihr übrigen bleibt hier allesamt, und gebietet
Drinnen im hohen Palaste den Mägden, ein Mahl zu bereiten,
Und uns Sessel und Holz und frisches Wasser zu bringen.
   Also sprach er, und emsig enteilten sie alle. Die Kuh kam
Aus dem Gefild, es kamen vom gleichgezimmerten Schiffe
Auch Telemachos' Freunde, es kam der Meister in Golde,
Alle Schmiedegeräte, der Kunst Vollender, in Händen,
Seinen Hammer und Amboß und seine gebogene Zange,
Auszubilden das Gold. Es kam auch Pallas Athene
Zu der heiligen Feier. Der Rossebändiger Nestor
Gab ihm Gold; und der Meister umzog die Hörner des Rindes
Künstlich, daß sich die Göttin am prangenden Opfer erfreute.
Stratios führte die Kuh am Horn und der edle Echephron.
Aber Aretos trug im blumigen Becken das Wasser
Aus der Kammer hervor, ein Körbchen voll heiliger Gerste
In der Linken. Es stand der kriegrische Thrasymedes,
Eine geschliffene Axt in der Hand, die Kuh zu erschlagen.
Perseus hielt ein Gefäß, das Blut zu empfangen. Der Vater
Wusch zuerst sich die Händ' und streute die heilige Gerste,
Flehte dann viel zu Athenen und warf in die Flamme das
      Stirnhaar.
   Als sie jetzo gefleht und die heilige Gerste gestreuet,
Trat der mutige Held Thrasymedes näher und haute
Zu; es zerschnitt die Axt die Sehnen des Nackens, und kraftlos
Stürzte die Kuh in den Sand. Und jammernd beteten jetzo
Alle Töchter und Schnür' und die ehrenvolle Gemahlin
Nestors, Eurydike, die erste von Klymenos' Töchtern.

Aber die Männer beugten das Haupt der Kuh von der Erde
Auf; da schlachtete sie Peisistratos, Führer der Menschen.
Schwarz entströmte das Blut, und der Geist verließ die Gebeine.
Jene zerhauten das Opfer, und schnitten, nach dem Gebrauche,
Eilig die Lenden aus, umwickelten diese mit Fette,
Und bedeckten sie drauf mit blutigen Stücken der Glieder.
Und sie verbrannte der Greis auf dem Scheitholz, sprengte darüber
Dunkeln Wein; und die Jüngling' umstanden ihn mit dem Fünfzack.
Als sie die Lenden verbrannt und die Eingeweide gekostet,
Schnitten sie auch das übrige klein und steckten's an Spieße,
Drehten die spitzigen Spieß' in der Hand und brietens mit Vorsicht.
Aber den blühenden Jüngling Telemachos badet' indessen
Polykaste, die schöne, die jüngste Tochter des Nestor.
Als sie ihn jetzo gebadet und drauf mit Öle gesalbet,
Da umhüllte sie ihm den prächtigen Mantel und Leibrock.
Und er stieg aus dem Bad, an Gestalt den Unsterblichen ähnlich,
Ging und setzte sich hin bei Nestor, dem Hirten der Völker.
Als sie das Fleisch nun gebraten und von den Spießen gezogen,
Setzten sie sich zum Mahle. Die edlen Jünglinge schöpften
Aus dem Kelche den Wein und verteilten die goldenen Becher.
Und nachdem die Begierde des Tranks und der Speise gestillt war,
Sprach der gerenische Greis, der Rossebändiger Nestor:
Eilt, geliebteste Kinder, und bringt schönmähnichte Rosse,
Spannt sie schnell vor den Wagen, Telemachos' Reise zu fördern!
Also sprach er; ihn hörten die Söhne mit Fleiß und gehorchten.
Eilend spannten sie vor den Wagen die hurtigen Rosse.
Aber die Schaffnerin legt' in den Wagen die köstliche Zehrung,

Brot und feurigen Wein und göttlicher Könige Speisen.
Und Telemachos stieg auf den künstlichgebildeten Wagen.
Nestors mutiger Sohn Peisistratos, Führer der Menschen,
Setzte sich neben ihn und hielt in den Händen die Zügel;
Treibend schwang er die Geißel, und willig enteilten die Rosse
In das Gefild, und verließen die hochgebauete Pylos.
Also schüttelten sie bis zum Abend das Joch an den Nacken.
Und die Sonne sank, und Dunkel umhüllte die Pfade.
Und sie kamen gen Pherä, zur Burg des edlen Diokles,
Welchen Alpheios' Sohn Orsilochos hatte gezeuget,
Ruhten bei ihm die Nacht und wurden freundlich bewirtet.
Als die dämmernde Frühe mit Rosenfingern erwachte,
Rüsteten sie ihr Gespann und bestiegen den prächtigen Wagen,
Lenkten darauf aus dem Tore des Hofs und der tönenden Halle.
Treibend schwang er die Geißel, und willig enteilten die Rosse,
Und durchliefen behende die Weizenfelder, und jetzo
War die Reise vollbracht: so flogen die hurtigen Rosse.
Und die Sonne sank, und Dunkel umhüllte die Pfade.

VIERTER GESANG

Menelaos, der seine Kinder ausstattet, bewirtet die Fremdlinge und äußert mit Helena teilnehmende Liebe für Odysseus. Telemachos wird erkannt. Aufheiterndes Mittel der Helena und Erzählungen von Odysseus. Am Morgen fragt Telemachos nach dem Vater. Menelaos erzählt, was ihm der ägyptische Proteus von der Rückkehr der Achäer und dem Aufenthalt des Odysseus bei der Kalypso geweissagt. Die Freier beschließen, den heimkehrenden Telemachos zwischen Ithaka und Samos zu ermorden. Medon entdeckt's der Penelopeia. Sie fleht zur Athene und wird durch ein Traumbild getröstet.

Und sie erreichten im Tale die große Stadt Lakedämon,
Lenkten darauf zur Burg Menelaos', des ehregekrönten.
Und Menelaos feirte mit vielen Freunden die Hochzeit
Seines Sohnes im Hause und seiner lieblichen Tochter.
Diese sandt er dem Sohne des Scharentrenners Achilleus.
Denn er gelobte sie ihm vordem im troischen Lande;
Und die himmlischen Götter vollendeten ihre Vermählung.
Jetzo sandt er sie hin, mit Rossen und Wagen begleitet,
Zu der berühmten Stadt des Myrmidonenbeherrschers.
Aber dem Sohne gab er aus Sparta die Tochter Alektors,
Megapenthes, dem starken, den ihm in späterem Alter
Eine Sklavin gebar. Denn Helenen schenkten die Götter
Keine Frucht, nachdem sie die liebliche Tochter geboren,
Hermione, ein Bild der goldenen Aphrodite.
Also feierten dort im hochgewölbeten Saale
Alle Nachbarn und Freunde des herrlichen Menelaos
Fröhlich am Mahle das Fest. Es sang ein göttlicher Sänger
In die Harfe sein Lied. Und zween nachahmende Tänzer
Stimmten an den Gesang und dreheten sich in der Mitte.
Aber die Rosse hielten am Tore des hohen Palastes,
Und Telemachos harrte mit Nestors glänzendem Sohne.
Siehe, da kam Eteoneus hervor und sahe die Fremden,
Dieser geschäftige Diener des herrlichen Menelaos.
Schnell durchlief er die Wohnung und brachte dem Könige Botschaft,
Stellte sich nahe vor ihn und sprach die geflügelten Worte:
Fremde Männer sind draußen, o göttlicher Held Menelaos,
Zween an der Zahl, von Gestalt wie Söhne des großen Kronions!
Sage mir, sollen wir gleich abspannen die hurtigen Rosse,
Oder sie weiter senden, damit sie ein andrer bewirte?
Voll Unwillens begann Menelaos, der bräunlichgelockte:
Ehmals warst du kein Tor, Boëthos' Sohn Eteoneus;
Aber du plauderst jetzt wie ein Knabe so törichte Worte!

Wahrlich, wir haben ja beid' in Häusern anderer Menschen
So viel Gutes genossen, bis wir heimkehrten! Uns wolle
Zeus auch künftig vor Not bewahren! Drum spanne die Rosse
Hurtig ab, und führe die Männer zu unserem Gastmahl!
Also sprach er; und schnell durcheilete jener die Wohnung,
Rief die geschäftigen Diener zusammen, daß sie ihm folgten.
Und nun spannten sie vom Joche die schäumenden Rosse,
Führten sie dann in den Stall und banden sie fest an die Krippen,
Schütteten Hafer hinein, mit gelblicher Gerste gemenget,
Stellten darauf den Wagen an eine der schimmernden Wände,
Führten endlich die Männer hinein in die göttliche Wohnung.
Staunend sahn sie die Burg des göttergesegneten Königs.
Gleich dem Strahle der Sonn' und gleich dem Schimmer des Mondes
Blinkte die hohe Burg Menelaos', des ehregekrönten.
Und nachdem sie ihr Herz mit bewunderndem Blicke gesättigt,
Steigen sie beide zum Bad in schöngeglättete Wannen.
Als sie die Mägde gebadet und drauf mit Öle gesalbet,
Und mit wollichtem Mantel und Leibrock hatten bekleidet,
Setzten sie sich auf Throne bei Atreus' Sohn Menelaos.
Eine Dienerin trug in der schönen goldenen Kanne,
Über dem silbernen Becken, das Wasser, beströmte zum Waschen
Ihnen die Händ', und stellte vor sie die geglättete Tafel.
Und die ehrbare Schaffnerin kam und tischte das Brot auf,
Und der Gerichte viel' aus ihrem gesammelten Vorrat.
Hierauf kam der Zerleger und bracht in erhobenen Schüsseln
Allerlei Fleisch, und setzte vor sie die goldenen Becher.
Beiden reichte die Hände der Held Menelaos und sagte:
Langt nun zu und eßt mit Wohlgefallen, ihr Freunde!
Habt ihr euch dann mit Speise gestärkt, dann wollen wir fragen,
Wer ihr seid. Denn wahrlich, aus keinem versunknen Geschlechte

Stammt ihr, sondern ihr stammt von edlen zeptergeschmückten
Königen her; denn gewiß, Unedle zeugen nicht solche!
Also sprach er, und reichte das fette gebratene Rückgrat
Von dem Rinde den Gästen, das ihm zur Ehre bestimmt war.
Und sie erhoben die Hände zum leckerbereiteten Mahle.
Und nachdem die Begierde des Tranks und der Speise gestillt war,
Neigte Telemachos sein Haupt zum Sohne des Nestor,
Und sprach leise zu ihm, damit es die andern nicht hörten:
Schaue doch, Nestoride, du meines Herzens Geliebter,
Schaue den Glanz des Erzes umher in der hallenden Wohnung,
Und des Goldes und Ambras und Elfenbeines und Silbers!
Also glänzt wohl von innen der Hof des olympischen Gottes!
Welch ein unendlicher Schatz! Mit Staunen erfüllt mich der Anblick!
Seine Rede vernahm Menelaos, der bräunlichgelockte,
Wandte sich gegen die Fremden und sprach die geflügelten Worte:
Liebe Söhne, mit Zeus wetteifre der Sterblichen keiner;
Ewig besteht des Unendlichen Burg und alles, was sein ist!
Doch von den Menschen mag einer mit mir sich messen an Reichtum,
Oder auch nicht! Denn traun! nach vielen Leiden und Irren
Bracht ich ihn in den Schiffen am achten Jahre zur Heimat;
Ward nach Kypros vorher, nach Phönike gestürmt und Ägyptos,
Sahe die Äthiopen, Sidonier dann und Erember,
Libya selbst, wo schon den Lämmern Hörner entkeimen.
Denn es gebären dreimal im Laufe des Jahres die Schafe.
Nimmer gebricht es dort dem Eigner und nimmer dem Hirten,
Weder an Käse noch Fleisch noch süßer Milch von der Herde,
Welche das ganze Jahr mit vollen Eutern einhergeht.
Also durchirrt ich die Länder und sammelte großes Vermögen.
Aber indessen erschlug mir meinen Bruder ein andrer

Heimlich, mit Meuchelmord, durch die List des heillosen Weibes:
Daß ich gewiß nicht froh dies große Vermögen beherrsche!
Doch dies habt ihr ja wohl von euren Vätern gehöret,
Wer sie auch sei'n. Denn viel, sehr vieles hab ich erlitten,
Und mein prächtiges Haus voll köstlicher Güter zerrüttet!
Könnt ich nur jetzo darin mit dem dritten Teile der Güter
Wohnen, und lebten die Männer, die im Gefilde vor Troja
Hingesunken sind, fern von der rossenährenden Argos!
Aber dennoch, wie sehr ich sie alle klag und beweine
(Oftmals hab ich hier so in meinem Hause gesessen,
Und mir jetzo mit Tränen das Herz erleichtert, und jetzo
Wieder geruht; denn bald ermüdet der starrende Kummer!);
Dennoch, wie sehr ich traure, bewein ich alle nicht so sehr,
Als den Einen, der mir den Schlaf und die Speise verleidet,
Denk ich seiner! Denn das hat kein Achäer erduldet,
Was Odysseus erduldet' und trug! Ihm selber war Unglück
Von dem Schicksal bestimmt, und mir unendlicher Jammer,
Seinethalben, des langabwesenden, weil wir nicht wissen,
Ob er leb oder tot sei. Vielleicht beweinen ihn jetzo
Schon Laërtes der Greis und die keusche Penelopeia
Und Telemachos, den er als Kind im Hause zurückließ!
  Also sprach er und rührte Telemachos, herzlich zu weinen.
Seinen Wimpern entstürzte die Träne, als er vom Vater
Hörte; da hüllt' er sich schnell vor die Augen den purpurnen Mantel,
Fassend mit beiden Händen; und Menelaos erkannt ihn.
Dieser dachte darauf umher in zweifelnder Seele,
Ob er ihn ruhig ließe an seinen Vater gedenken,
Oder ob er zuerst ihn fragt' und alles erforschte.
  Als er solche Gedanken in zweifelnder Seele bewegte,
Wallte Helena her aus der hohen duftenden Kammer,
Artemis gleich an Gestalt, der Göttin mit goldener Spindel.

Dieser setzte sofort Adraste den zierlichen Sessel,
Und Alkippe brachte den weichen wollichten Teppich.
Phylo brachte den silbernen Korb, den ehmals Alkandre
Ihr verehrte, die Gattin des Polybos, welcher in Thebä
Wohnte, Ägyptos' Stadt voll schätzereicher Paläste.
Dieser gab Menelaos zwo Badewannen von Silber,
Zween dreifüßige Kessel und zehn Talente des Goldes.
Aber Helenen gab Alkandre schöne Geschenke,
Eine goldene Spindel im länglichgeründeten Korbe,
Der, aus Silber gebildet, mit goldenem Rande geschmückt war.
Diesen setzte vor sie die fleißige Dienerin Phylo,
Angefüllt mit geknäueltem Garn, und über dem Garne
Lag die goldene Spindel mit violettener Wolle.
Helena saß auf dem Sessel, ein Schemel stützte die Füße.
Und sie fragte sogleich den Gemahl nach allem und sagte:
Wissen wir schon, Menelaos, du göttlicher, welchen Geschlechtes
Diese Männer sich rühmen, die unsere Wohnung besuchen?
Irr ich, oder ahndet mir wahr? Ich kann es nicht bergen!
Niemals erschien mir ein Mensch mit solcher ähnlichen Bildung,
Weder Mann, noch Weib (mit Staunen erfüllt mich der Anblick!),
Als der Jüngling dort des edelgesinnten Odysseus
Sohne Telemachos gleicht, den er als Säugling daheimließ,
Jener Held, da ihr Griechen, mich Ehrvergeßne zu rächen,
Hin gen Ilion schifftet, mit Tod und Verderben gerüstet!
Ihr antwortete drauf Menelaos, der bräunlichgelockte:
Ebenso denke auch ich, o Frau, wie du jetzo vermutest.
Denn so waren die Händ' und so die Füße des Helden,
So die Blicke der Augen, das Haupt und die lockichten Haare.
Auch gedacht ich jetzo des edelgesinnten Odysseus,
Und erzählte, wie jener für mich so mancherlei Elend

Duldete; siehe, da drang aus seinen Augen die Träne,
Und er verhüllete schnell mit dem Purpurmantel sein Antlitz.
Und der Nestoride Peisistratos sagte dagegen:
Atreus' Sohn, Menelaos, du göttlicher Führer des Volkes,
Dieser ist wirklich der Sohn Odysseus', wie du vermutest.
Aber er ist bescheiden, und hält es für unanständig,
Gleich, nachdem er gekommen, so dreist entgegen zu schwatzen
Deiner Rede, die uns, wie eines Gottes, erfreuet.
Und mich sandte mein Vater, der Rossebändiger Nestor,
Diesen hieher zu geleiten, der dich zu sehen begehrte,
Daß du ihm Rat erteiltest zu Worten oder zu Taten.
Denn viel leidet ein Sohn des langabwesenden Vaters,
Wenn er, im Hause verlassen, von keinem Freunde beschützt wird:
Wie Telemachos jetzt! Sein Vater ist ferne, und niemand
Regt sich im ganzen Volke, von ihm die Plage zu wenden!
Ihm antwortete drauf Menelaos, der bräunlichgelockte:
Götter, so ist ja mein Gast der Sohn des geliebtesten Freundes,
Welcher um meinetwillen so viele Gefahren erduldet!
Und ich hoffte, dem Kommenden einst vor allen Argeiern
Wohlzutun, hätt uns der Olympier Zeus Kronion
Glückliche Wiederkehr in den schnellen Schiffen gewähret!
Eine Stadt und ein Haus in Argos wollt ich ihm schenken
Und ihn aus Ithaka führen mit seinem ganzen Vermögen,
Seinem Sohn und dem Volk, und räumen eine der Städte,
Welche Sparta umgrenzen, und meinem Befehle gehorchen.
Oft besuchten wir dann als Nachbarn einer den andern,
Und nichts trennt' uns beid' in unserer seligen Eintracht,
Bis uns die schwarze Wolke des Todes endlich umhüllte!
Aber ein solches glück mißgönnte mir einer der Götter,
Welcher jenem allein, dem Armen, raubte die Heimkehr!
Also sprach er und rührte sie alle zu herzlichen Tränen.
Argos' Helena weinte, die Tochter des großen Kronions,

Und Telemachos weinte, und Atreus' Sohn Menelaos.
Auch Peisistratos konnte sich nicht der Tränen enthalten;
Denn ihm trat vor die Seele des edlen Antilochos Bildnis,
Welchen der glänzende Sohn der Morgenröte getötet.
Dessen gedacht er jetzo und sprach die geflügelten Worte:
Atreus' Sohn Menelaos, vor allen Menschen verständig
Rühmte dich Nestor der Greis, so oft wir deiner gedachten
In des Vaters Palast, und uns miteinander besprachen.
Darum, ist es dir möglich, gehorche mir jetzo. Ich finde
Kein Vergnügen an Tränen beim Abendessen; auch morgen
Dämmert ein Tag für uns. Ich tadele freilich mitnichten,
Daß man den Toten beweine, der sein Verhängnis erfüllt hat.
Ist doch dieses allein der armen Sterblichen Ehre,
Daß man schere sein Haar und die Wange mit Tränen benetze.
Auch mein Bruder verlor sein Leben, nicht der Geringste
Im argeiischen Heer! Du wirst ihn kennen; ich selber
Hab ihn nimmer gesehn: doch rühmen Antilochos alle,
Daß er an Schnelle des Laufs und an Kriegsmut andre besieget.
Ihm antwortete drauf Menelaos, der bräunlich gelockte:
Lieber, du redest so, wie ein Mann von reifem Verstande
Reden und handeln muß, und wär er auch höheren Alters.
Denn du redest als Sohn von einem verständigen Vater.
Leicht erkennt man den Samen des Mannes, welchen Kronion
Schmückte mit himmlischem Segen bei seiner Geburt und Vermählung.
Also krönet er nun auch Nestors Tage mit Wohlfahrt;
Denn er freut sich im Hause des stillen behaglichen Alters,
Und verständiger Söhne, geübt, die Lanze zu schwingen.
Laßt uns also des Grams und unserer Tränen vergessen,
Und von neuem das Mahl beginnen! Wohlauf, man begieße
Unsere Hände mit Wasser! Auch morgen wird Zeit zu Gesprächen
Mit Telemachos sein, uns beiden das Herz zu erleichtern!

Sprachs, und eilend begoß Asphalion ihnen die Hände,
Dieser geschäftige Diener des herrlichen Menelaos.
Und sie erhoben die Hände zum leckerbereiteten Mahle.
Aber ein Neues ersann die liebliche Tochter Kronions:
Siehe, sie warf in den Wein, wovon sie tranken, ein Mittel
Gegen Kummer und Groll und aller Leiden Gedächtnis.
Kostet einer des Weins, mit dieser Würze gemischet,
Dann benetzet den Tag ihm keine Träne die Wangen,
Wär ihm auch sein Vater und seine Mutter gestorben,
Würde vor ihm sein Bruder und sein geliebtester Sohn auch
Mit dem Schwerte getötet, daß seine Augen es sähen.
Siehe, so heilsam war die künstlichbereitete Würze,
Welche Helenen einst die Gemahlin Thons, Polydamna,
In Ägyptos geschenkt. Dort bringt die fruchtbare Erde
Mancherlei Säfte hervor, zu guter und schädlicher Mischung;
Dort ist jeder ein Arzt und übertrifft an Erfahrung
Alle Menschen; denn wahrlich, sie sind vom Geschlechte Päeons.
Als sie die Würze vermischt und einzuschenken befohlen,
Da begann sie von neuem und sprach mit freundlicher Stimme:
Atreus' göttlicher Sohn Menelaos, und ihr geliebten
Söhne tapferer Männer; es sendet im ewigen Wechsel
Zeus bald Gutes, bald Böses herab, denn er herrschet mit Allmacht.
Auf, genießet denn jetzo in unserem Hause des Mahles,
Euch mit Gesprächen erfreuend! Ich will euch was Frohes erzählen.
Alles kann ich euch zwar nicht nennen oder beschreiben,
Alle mutigen Taten des leidengeübten Odysseus;
Sondern nur Eine Gefahr, die der tapfere Krieger bestanden
In dem troischen Lande, wo Not euch Achäer umdrängte.
Seht, er hatte sich selbst unwürdige Striemen gegeißelt,
Und nachdem er die Schultern mit schlechten Lumpen umhüllet,

Ging er in Sklavengestalt zur Stadt der feindlichen Männer.
Ganz ein anderer Mann, ein Bettler schien er von Ansehn,
So wie er wahrlich nicht im achäischen Lager einherging.
Also kam er zur Stadt der Troer, und sie verkannten
Alle den Helden; nur ich entdeckt ihn unter der Hülle,
Und befragt ihn; doch er fand immer listige Ausflucht.
Aber als ich ihn jetzo gebadet, mit Öle gesalbet,
Und mit Kleidern geschmückt, und drauf bei den Göttern geschworen,
Daß ich Odysseus den Troern nicht eher wollte verraten,
Bis er die schnellen Schiff' und Zelte wieder erreichet,
Da verkündet' er mir den ganzen Entwurf der Achäer.
Als er nun viele der Troer mit langem Erze getötet,
Kehrt' er zu den Argeiern, mit großer Kunde bereichert.
Laut wehklagten jetzo die andern Weiber in Troja;
Aber mein Herz frohlockte: denn herzlich wünscht ich die Heimkehr
Und beweinte den Jammer, den Aphrodite gestiftet,
Als sie mich dorthin, fern vom Vaterlande, geführet,
Und von der Tochter getrennt, dem Ehbett und dem Gemahle,
Dem kein Adel gebricht, des Geistes oder der Bildung!
Ihr antwortete drauf Menelaos, der bräunlichgelockte:
Dieses alles ist wahr, o Helena, was du erzähltest.
Denn ich habe schon mancher Gesinnung und Tugend gelernet,
Hochberühmter Helden, und bin viel Länder durchwandert;
Aber ein solcher Mann kam mir noch nimmer vor Augen,
Gleich an erhabener Seele dem leidengeübten Odysseus!
Also bestand er auch jene Gefahr, mit Kühnheit und Gleichmut,
In dem gezimmerten Rosse, worin wir Fürsten der Griechen
Alle saßen und Tod und Verderben gen Ilion brachten.
Dorthin kamest auch du, gewiß von einem der Götter
Hingeführt, der etwa die Troer zu ehren gedachte;
Und der göttergleiche Deïphobos war dein Begleiter.

Dreimal umwandeltest du das feindliche Männergehäuse,
Rings betastend, und riefst der tapfersten Helden Achäas
Namen, indem du die Stimme von aller Gemahlinnen
annahmst.
Aber ich und Tydeus' Sohn und der edle Odysseus
Saßen dort in der Mitte und höreten, wie du uns riefest.
Plötzlich fuhren wir auf, wir beiden andern, entschlossen.
Auszusteigen, oder von innen uns hören zu lassen.
Aber Odysseus hielt uns zurück von dem raschen Entschlusse.
Jetzo saßen wir still, und alle Söhne der Griechen.
Nur Antiklos wollte dir Antwort geben; doch eilend
Sprang Odysseus hinzu und drückte mit nervichten Händen
Fest den Mund ihm zusammen, und rettete alle Achäer;
Eher ließ er ihn nicht, bis Athene von dannen dich führte.
Und der verständige Jüngling Telemachos sagte dagegen:
Atreus' Sohn Menelaos, du göttlicher Führer des Volkes,
Desto betrübter! Denn alles entriß ihn dem traurigen Tode
Nicht, und hätt er im Busen ein Herz von Eisen getragen!
Aber lasset uns nun zu Bette gehen, damit uns
Jetzo auch die Ruhe des süßen Schlafes erquicke.
Als er dieses gesagt, rief Helena eilend den Mägden,
Unter die Halle ein Bette zu setzen, unten von Purpur
Prächtige Polster zu legen, und Teppiche darüber zu breiten,
Hierauf wollige Mäntel zur Oberdecke zu legen.
Und sie enteilten dem Saal, in den Händen die leuchtende
Fackel,
Und bereiteten schnell das Lager. Aber ein Herold
Führte Telemachos hin, samt Nestors glänzendem Sohne.
Also ruhten sie dort in der Halle vor dem Palaste.
Und der Atreide schlief im Innern des hohen Palastes;
Helena ruhte bei ihm, die schönste unter den Weibern.
Als die dämmernde Frühe mit Rosenfingern erwachte,
Sprang er vom Lager empor, der Rufer im Streit Menelaos,

Legte die Kleider an, und hing das Schwert um die Schulter,
Band die schönen Sohlen sich unter die zierlichen Füße,
Trat aus der Kammer hervor, geschmückt mit göttlicher Hoheit,
Ging und setzte sich neben Telemachos nieder, und sagte:
  Welches Geschäft, o edler Telemachos, führte dich hieher,
Über das weite Meer, zur göttlichen Stadt Lakedämon?
Deines, oder des Volks? Verkünde mir lautere Wahrheit!
  Und der verständige Jüngling Telemachos sagte dagegen:
Atreus' Sohn Menelaos, du göttlicher Führer des Volkes,
Darum kam ich zu dir, um Kunde vom Vater zu hören.
Ausgezehrt wird mein Haus und Hof und Äcker verwüstet;
Denn feindselige Männer erfüllen die Wohnung und schlachten
Meine Ziegen und Schaf' und mein schwerwandelndes Hornvieh,
Freier meiner Mutter, voll übermütigen Trotzes.
Darum fleh ich dir jetzo, die Knie umfassend, du wollest
Seinen traurigen Tod mir verkündigen; ob du ihn selber
Ansahst oder vielleicht von einem irrenden Wandrer
Ihn erfuhrst; denn ach! zum Leiden gebar ihn die Mutter!
Aber schmeichle mir nicht, aus Schonung oder aus Mitleid;
Sondern erzähle mir treulich, was deine Augen gesehen.
Flehend beschwör ich dich, hat je mein Vater Odysseus
Einen Wunsch dir gewährt mit Worten oder mit Taten
In dem troischen Lande, wo Not euch Achäer umdrängte:
Daß du, dessen gedenkend, mir jetzo Wahrheit verkündest!
  Voll Unwillens begann Menelaos, der bräunlichgelockte:
O ihr Götter, ins Lager des übergewaltigen Mannes
Wollten jene sich legen, die feigen verworfenen Menschen!
Aber wie wenn in das Dickicht des starken Löwen die Hirschkuh
Ihre saugenden Jungen, die neugeborenen, hinlegt,
Dann auf den Bergen umher und kräuterbewachsenen Tälern
Weide sucht; und jener darauf in sein Lager zurückkehrt,
Und den Zwillingen beiden ein schreckliches Ende bereitet:

So wird jenen Odysseus ein schreckliches Ende bereiten!
Wenn er, o Vater Zeus, Athene und Phöbos Apollon!
Doch in jener Gestalt, wie er einst in der fruchtbaren Lesbos
Sich mit Philomeleides zum Wetteringen emporhub,
Und auf den Boden ihn warf, daß alle Achäer sich freuten;
Wenn doch in jener Gestalt Odysseus den Freiern erschiene!
Bald wär ihr Leben gekürzt und ihnen die Heirat verbittert!
Aber worum du mich fragst und bittest, das will ich geradaus
Ohn Umschweife dir sagen, und nicht durch Lügen dich täuschen;
Sondern was mir der wahrhaftige Greis des Meeres geweissagt,
Davon will ich kein Wort dir bergen oder verhehlen.
Noch in Ägyptos hielten, wie sehr ich nach Hause verlangte,
Mich die Unsterblichen auf, denn ich versäumte die Opfer;
Und wir sollen nimmer der Götter Gebote vergessen.
Eine der Inseln liegt im wogenstürmenden Meere
Vor des Ägyptos Strome, die Menschen nennen sie Pharos;
Von dem Strome so weit, als wohlgerüstete Schiffe
Tages fahren, wenn rauschend der Wind die Segel erfüllet.
Dort ist ein sicherer Hafen, allwo die Schiffer gewöhnlich
Frisches Wasser sich schöpfen und weiter die Wogen durchsegeln.
Allda hielten die Götter mich zwanzig Tage; denn niemals
Wehten günstige Wind' in die See hinüber, die Schiffe
Über den breiten Rücken des Meeres hinzugeleiten.
Und bald wäre die Speis und der Mut der Männer geschwunden,
Hätte mich nicht erbarmend der Himmlischen eine gerettet.
Aber Eidothea, des grauen Wogenbeherrschers
Proteus Tochter, bemerkt' es und fühlte herzliches Mitleid.
Diese begegnete mir, da ich fern von den Freunden umherging;
Denn sie streiften beständig, vom nagenden Hunger gefoltert,
Durch die Insel, um Fische mit krummer Angel zu fangen.
Und sie nahte sich mir und sprach mit freundlicher Stimme:

Fremdling, bist du so gar einfältig oder so träge?
Oder zauderst du gern und findest Vergnügen am Elend:
Daß du so lang auf der Insel verweilst? Ist nirgends ein Ausweg
Aus dem Jammer zu sehn, da das Herz den Genossen entschwindet?
Also sprach sie; und ich antwortete wieder und sagte:
Ich verkündige dir, o Göttin, wie du auch heißest,
Daß ich mitnichten gerne verweile; sondern gesündigt
Hab ich vielleicht an den Göttern, des weiten Himmels Bewohnern.
Aber sage mir doch, die Götter wissen ja alles!
Wer der Unsterblichen hält mich hier auf und hindert die Reise?
Und wie gelang ich heim auf dem fischdurchwimmelten Meere?
Also sprach ich; mir gab die hohe Göttin zur Antwort:
Gerne will ich, o Fremdling, dir lautere Wahrheit verkünden.
Hier am Gestade schaltet ein grauer Bewohner des Meeres,
Proteus, der wahrhafte Gott aus Ägyptos, welcher des Meeres
Dunkle Tiefen kennt, ein treuer Diener Poseidons.
Dieser ist, wie man sagt, mein Vater, der mich gezeuget.
Wüßtest du diesen nur durch heimliche List zu erhaschen,
Er weissagte dir wohl den Weg und die Mittel der Reise,
Und wie du heimgelangst auf dem fischdurchwimmelten Meere.
Auch verkündigt' er dir, Zeus' Liebling, wenn du es wolltest,
Was dir Böses und Gutes in deinem Hause geschehn sei,
Weil du ferne warst auf der weiten, gefährlichen Reise.
Also sprach sie; und ich antwortete wieder und sagte:
Nun verkünde mir selber, wie fang ich den göttlichen Meergreis,
Daß er mir nicht entfliehe, mich sehend oder auch ahnend?
Wahrlich, schwer wird ein Gott vom sterblichen Manne bezwungen!
Also sprach ich; mir gab die hohe Göttin zur Antwort:
Gerne will ich, o Fremdling, dir lautere Wahrheit verkünden.
Wann die Mittagssonne den hohen Himmel besteiget,

Siehe, dann kommt aus der Flut der graue untrügliche Meergott,
Unter dem Wehn des Westes, umhüllt vom schwarzen Gekräusel,
Legt sich hin zum Schlummer in überhangende Grotten,
Und floßfüßige Robben der lieblichen Halosydne
Ruhn in Scharen um ihn, dem grauen Gewässer entstiegen,
Und verbreiten umher des Meeres herbe Gerüche.
Dorthin will ich dich führen, sobald der Morgen sich rötet,
Und in die Reihe dich legen. Du aber wähle mit Vorsicht
Drei von den kühnsten Genossen der schöngebordeten Schiffe.
Alle furchtbaren Künste des Greises will ich dir nennen.
Erstlich geht er umher und zählt die liegenden Robben;
Und nachdem er sie alle bei fünfen gezählt und betrachtet,
Legt er sich mitten hinein, wie ein Schäfer zwischen die Herde.
Aber sobald ihr seht, daß er zum Schlummer sich hinlegt,
Dann erhebet euch mutig und übet Gewalt und Stärke,
Haltet den Sträubenden fest, wie sehr er auch ringt zu entfliehen!
Denn der Zauberer wird sich in alle Dinge verwandeln,
Was auf der Erde lebt, in Wasser und loderndes Feuer.
Aber greift unerschrocken ihn an und haltet noch fester!
Wenn er nun endlich selbst euch anzureden beginnet,
In der Gestalt, worin ihr ihn saht zum Schlummer sich legen,
Dann laß ab von deiner Gewalt und löse den Meergreis,
Edler Held, und frag ihn, wer unter den Göttern dir zürne,
Und wie du heimgelangst auf dem fischdurchwimmelten Meere.
Also sprach sie, und sprang in die hochaufwallende Woge.
Aber ich ging zu den Schiffen, wo sie im Sande des Ufers
Standen; und viele Gedanken bewegten des Gehenden Seele.
Als ich jetzo mein Schiff und des Meeres Ufer erreichte,
Da bereiteten wir das Mahl. Die ambrosische Nacht kam;
Und wir lagerten uns am rauschenden Ufer des Meeres.
Als die heilige Frühe mit Rosenfingern erwachte,

Ging ich längs dem Gestade des weithinflutenden Meeres
Fort, und betete viel zu den Himmlischen. Von den Genossen
Folgten mir drei, bewährt vor allen an Kühnheit und Stärke.
  Aber indessen fuhr Eidothea tief in des Meeres
Weiten Busen, und trug vier Robbenfelle von dannen,
Welche sie frisch abzog, und entwarf die Täuschung des Vaters.
Jedem höhlete sie ein Lager im Sande des Meeres,
Saß und erwartete uns. Sobald wir die Göttin erreichten,
Legte sie uns nach der Reih', und hüllte jedem ein Fell um.
Wahrlich, die Lauer bekam uns fürchterlich! Bis zum Ersticken
Quält' uns der tranichte Dunst der meergemästeten Robben!
Denn wer ruhte wohl gerne bei Ungeheuern des Meeres?
Aber die Göttin ersann zu unserer Rettung ein Labsal:
Denn sie strich uns allen Ambrosia unter die Nasen,
Dessen lieblicher Duft des Tranes Gerüche vertilgte.
Also lauerten wir den ganzen Morgen geduldig.
Scharweis kamen die Robben nun aus dem Wasser, und legten
Nach der Reihe sich hin am rauschenden Ufer des Meeres.
Aber am Mittag kam der göttliche Greis aus dem Wasser,
Ging bei den feisten Robben umher, und zählte sie alle.
Also zählt' er auch uns für Ungeheuer, und dachte
Gar an keinen Betrug; dann legt' er sich selber zu ihnen.
Plötzlich fuhren wir auf mit Geschrei, und schlangen die Hände
Schnell um den Greis, doch dieser vergaß der betrüglichen
    Kunst nicht.
Erstlich ward er ein Leu mit fürchterlichwallender Mähne,
Drauf ein Pardel, ein bläulicher Drach und ein zürnender Eber,
Floß dann als Wasser dahin, und rauscht' als Baum in den
    Wolken.
Aber wir hielten ihn fest mit unerschrockener Seele.
Als nun der zaubernde Greis ermüdete, sich zu verwandeln,
Da begann er selber mich anzureden und fragte:
  Welcher unter den Göttern, Atreide, gab dir den Anschlag,

Daß du mit Hinterlist mich Fliehenden fängst? Was bedarfst du?
Also sprach er; und ich antwortete wieder und sagte:
Alter, du weißt es (warum verstellst du dich, dieses zu fragen?),
Daß ich so lang auf der Insel verweil, und nirgends ein Ausweg
Aus dem Jammer sich zeigt, da das Herz den Genossen entschwindet!
Drum verkündige mir, die Götter wissen ja alles!
Wer der Unsterblichen hält mich hier auf und hindert die Reise?
Und wie gelang ich heim auf dem fischdurchwimmelten Meere?
Also sprach ich; der Greis antwortete wieder und sagte:
Aber du solltest auch Zeus und den andern unsterblichen Göttern
Opfern, als du die Schiffe bestiegst, damit du geschwinder
Deine Heimat erreichtest, die dunkle Woge durchsteurend!
Denn dir verbeut das Schicksal, die Deinigen wieder zu sehen
Und dein prächtiges Haus und deiner Väter Gefilde,
Bis du wieder zurück zu des himmelernährten Ägyptos
Wassern segelst, und dort mit heiligen Hekatomben
Sühnst der Unsterblichen Zorn, die den weiten Himmel bewohnen:
Dann verleihn dir die Götter die Heimfahrt, welche du wünschest.
Also sagte der Greis. Mir brach das Herz vor Betrübnis,
Weil er mir wieder befahl, auf dem dunkelwogenden Meere
Nach dem Ägyptos zu schiffen, die weite gefährliche Reise.
Aber ich faßte mich doch, und gab ihm dieses zur Antwort:
Göttlicher Greis, ich will ausrichten, was du befiehlest.
Aber verkündige mir und sage die lautere Wahrheit:
Sind die Danaer all' unbeschädigt wiedergekehret,
Welche Nestor und ich beim Scheiden in Troja verließen?
Oder ward einer im Schiffe vom bittern Verderben ereilet,
Oder den Freunden im Arme, nachdem er den Krieg vollendet?
Also sprach ich; und drauf antwortete jener und sagte:

Warum fragst du mich das, Sohn Atreus'? Du mußt nicht alles
Wissen noch meine Gedanken erforschen! Du möchtest nicht lange
Dich der Tränen enthalten, wenn du das alles erführest!
Siehe, gefallen sind viele davon, und viele noch übrig;
Aber nur zween Heerführer der erzgepanzerten Griechen
Raffte die Heimfahrt hin; in der Feldschlacht warest du selber.
Einer der Lebenden wird im weiten Meere gehalten.
Aias versank in die See mit den langberuderten Schiffen.
Anfangs rettete zwar den Scheiternden Poseidaon
Aus den Fluten des Meers an die großen gyräischen Felsen.
Dort wär Athenens Feind dem verderbenden Schicksal entronnen,
Hätte der Lästerer nicht voll Übermutes geprahlet,
Daß er den Göttern zum Trotz den stürmenden Wogen entflöhe.
Aber Poseidon vernahm die stolzen Worte des Prahlers,
Und ergriff mit der nervichten Faust den gewaltigen Dreizack,
Schlug den gyräischen Fels; und er spaltete schnell voneinander.
Eine der Trümmer blieb; die andre stürzt' in die Fluten,
Wo der Achäer saß und die Gotteslästerung ausstieß;
Und er versank ins unendliche hochaufwogende Weltmeer.
So fand Aias den Tod, ersäuft von der salzigen Welle.
Zwar dein Bruder entfloh der schrecklichen Rache der Göttin
Samt den gebogenen Schiffen; ihn schützte die mächtige Here.
Aber als er sich jetzo dem Vorgebirge Maleia
Näherte, rafft' ihn der wirbelnde Sturm und schleuderte plötzlich
Ihn, den Jammernden, weit in das fischdurchwimmelte Weltmeer,
An die äußerste Küste, allwo vor Zeiten Thyestes
Hatte gewohnt, und jetzo Thyestes' Sohn Ägisthos.
Aber ihm schien auch hier die Heimfahrt glücklich zu enden;

Denn die Götter wandten den Sturm, und trieben ihn heimwärts.
Freudig sprang er vom Schiff ans vaterländische Ufer,
Küßt' und umarmte sein Land, und heiße Tränen entstürzten
Seiner Wange, vor Freude, die Heimat wieder zu sehen.
Ihn erblickte der Wächter auf einer erhabenen Warte,
Von Ägisthos bestellt, der zwei Talente des Goldes
Ihm zum Lohne versprach. Ein Jahr lang hielt er schon Wache,
Daß er nicht heimlich käm, und stürmende Tapferkeit übte.
Eilend lief er zur Burg und brachte dem Könige Botschaft;
Und Ägisthos gedachte sogleich des schlauen Betruges.
Zwanzig tapfere Männer erlas er im Volk und verbarg sie;
Auf der anderen Seite gebot er, ein Mahl zu bereiten.
Jetzo ging er und lud Agamemnon, den Hirten der Völker,
Prangend mit Rossen und Wagen, sein Herz voll arger Entwürfe;
Führte den nichts argwöhnenden Mann ins Haus, und erschlug ihn
Unter den Freuden des Mahls: so erschlägt man den Stier an der Krippe!
Keiner entrann dem Tode vom ganzen Gefolg Agamemnons,
Und von Ägisthos keiner; sie stürzten im blutigen Saale.
  Also sagte der Greis. Mir brach das Herz vor Betrübnis;
Weinend saß ich im Sande des Meers, und wünschte, nicht länger
Unter den Lebenden hier das Licht der Sonne zu schauen.
Aber als ich mein Herz durch Weinen und Wälzen erleichtert,
Da erhub er die Stimme, der graue untrügliche Meergott:
  Weine nicht immerdar, Sohn Atreus', hemme die Tränen;
Denn wir können damit nichts bessern! Aber versuche
Jetzt, aufs eiligste wieder dein Vaterland zu erreichen.
Jenen findest du noch lebendig, oder Orestes
Tötet' ihn schon vor dir; dann kommst du vielleicht zum Begräbnis.

Also sprach er, und stärkte mein edles Herz in dem Busen,
So bekümmert ich war, durch seine frohe Verheißung.
Und ich redet' ihn an und sprach die geflügelten Worte:
Dieser Schicksal weiß ich nunmehr. Doch nenne den dritten,
Welchen man noch lebendig im weiten Meere zurückhält,
Oder auch tot. Verschweige mir nicht die traurige Botschaft!
Also sprach ich; und drauf antwortete jener und sagte:
Das ist der Sohn Laërtes', der Ithakas Fluren bewohnet.
Ihn sah ich auf der Insel die bittersten Tränen vergießen,
In dem Hause der Nymphe Kalypso, die mit Gewalt ihn
Hält; und er sehnt sich umsonst nach seiner heimischen Insel;
Denn es gebricht ihm dort an Ruderschiffen und Männern,
Über den weiten Rücken des Meeres ihn zu geleiten.
Aber dir bestimmt, o Geliebter von Zeus, Menelaos,
Nicht das Schicksal den Tod in der rossenährenden Argos;
Sondern die Götter führen dich einst an die Enden der Erde,
In die elysische Flur, wo der bräunliche Held Rhadamanthys
Wohnt, und ruhiges Leben die Menschen immer beseligt
(Dort ist kein Schnee, kein Winterorkan, kein gießender Regen;
Ewig wehn die Gesäusel des leiseatmenden Westes,
Welche der Ozean sendet, die Menschen sanft zu kühlen):
Weil du Helena hast, und Zeus als Eidam dich ehret.
Also sprach er, und sprang in des Meers hochwallende Woge.
Aber ich ging zu den Schiffen mit meinen tapfern Genossen,
Schweigend, und viele Gedanken bewegten des Gehenden Seele.
Als wir jetzo das Schiff und des Meeres Ufer erreichten,
Da bereiteten wir das Mahl. Die ambrosische Nacht kam,
Und wir lagerten uns am rauschenden Ufer des Meeres.
Als die dämmernde Frühe mit Rosenfingern erwachte,
Zogen wir erst die Schiffe hinab in die heilige Meersflut,
Stellten die Masten empor und spannten die schwellenden Segel,
Traten dann selber ins Schiff und setzten uns hin auf die Bänke,
Saßen in Reihn und schlugen die graue Woge mit Rudern.

Und ich fuhr zum Strome des himmelgenährten Ägyptos,
Landete dort und brachte den Göttern heilige Opfer.
Und nachdem ich den Zorn der unsterblichen Götter gesühnet,
Häuft ich ein Grabmal auf, Agamemnon zum ewigen Nachruhm.
Als ich dieses vollbracht, entschifften wir. Günstige Winde
Sandten mir jetzo die Götter und führten mich schnell zu der Heimat.
Aber ich bitte dich, Lieber, verweil in meinem Palaste,
Bis der elfte der Tage vorbei ist, oder der zwölfte.
Alsdann send ich dich heim, und schenke dir köstliche Gaben:
Drei der mutigsten Rosse und einen prächtigen Wagen,
Auch ein schönes Gefäß, damit du den ewigen Göttern
Opfer gießest, und dich beständig meiner erinnerst.
Und der verständige Jüngling Telemachos sagte dagegen:
Atreus' Sohn, berede mich nicht, hier länger zu bleiben.
Denn ich säße mit Freuden bei dir ein ganzes Jahr lang,
Ohne mich jemals heim nach meinen Eltern zu sehnen:
Siehe, mit solchem Entzücken erfüllt mich deine Erzählung
Und dein Gespräch! Allein unwillig harren die Freunde
In der göttlichen Pylos; und du verweilst mich noch länger.
Hast du mir ein Geschenk bestimmt, so sei es ein Kleinod.
Rosse nützen mir nicht in Ithaka; darum behalte
Selber diese zur Pracht; du beherrschest flache Gefilde,
Überwachsen mit Klee und würzeduftendem Galgan
Und mit Weizen und Spelt und weißer fruchtbarer Gerste.
Aber in Ithaka fehlt es an weiten Ebnen und Wiesen;
Ziegen nährt sie; doch lieb ich sie mehr als irgend ein Roßland.
Keine der Inseln im Meer ist mutigen Rossen zur Laufbahn
Oder zur Weide bequem, und Ithaka minder als alle.
Lächelnd hörte den Jüngling der Rufer im Streit Menelaos,
Faßte Telemachos' Hand und sprach mit freundlicher Stimme:
Edles Geblütes bist du, mein Sohn; das zeuget die Rede!

Gerne will ich dir denn die Geschenke verändern, ich kanns ja!
Von den Schätzen, soviel ich in meinem Hause bewahre,
Geb ich dir zum Geschenk das schönste und köstlichste Kleinod:
Gebe dir einen Kelch von künstlicherhobener Arbeit,
Aus geläutertem Silber, gefaßt mit goldenem Rande;
Und ein Werk von Hephästos! Ihn gab der Sidonier König
Phädimos mir, der Held, der einst in seinem Palaste
Mich Heimkehrenden pflegte. Den will ich jetzo dir schenken.

Also besprachen diese sich jetzt so untereinander.
Aber die Köche gingen ins Haus des göttlichen Königs,
Führeten Ziegen und Schaf' und trugen stärkende Weine.
Ihre Weiber, geschmückt mit Schleiern, brachten Gebacknes.
Also bereiteten sie im hohen Saale die Mahlzeit.

Aber vor dem Palast Odysseus' schwärmten die Freier
Und belustigten sich, die Scheib' und die Lanze zu werfen,
Auf dem geebneten Platz, wo sie sonst Mutwillen verübten.
Nur Antinoos saß und Eurymachos, göttlich von Ansehn,
Beide Häupter der Freier und ihre tapfersten Helden.
Aber Phronios' Sohn Noëmon nahte sich ihnen,
Redet' Antinoos an, den Sohn Eupeithes', und fragte:

Ist es uns etwa bekannt, Antinoos, oder verborgen,
Ob Telemachos bald aus der sandigen Pylos zurückkehrt?
Mir gehöret das Schiff; und jetzo brauch ich es selber,
Nach den Auen von Elis hinüber zu fahren. Es weiden
Dort zwölf Stuten für mich, mit jungen lastbaren Mäulern:
Davon möchte ich mir eins abholen und zähmen zur Arbeit.

Sprachs; da erstaunten die Freier, daß er die Reise vollendet
zur neleïschen Pylos; sie glaubten, er wär auf dem Lande,
Wo ihn die weidende Herd' erfreute oder der Sauhirt.
Und Eupheithes' Sohn Antinoos gab ihm zur Antwort:

Sage mir ohne Falsch: Wann reist' er? Welche Genossen
Folgten aus Ithaka ihm, Freiwillige oder Gedungne
Und leibeigene Knechte? Wie konnt er doch dieses vollenden!

Dann erzähle mir auch aufrichtig, damit ich es wisse:
Brauchte der Jüngling Gewalt, dir das schwarze Schiff zu entreißen,
Oder gabst du es ihm gutwillig, als er dich ansprach?
Aber Phronios' Sohn Noëmon sagte dagegen:
Selber gab ich es ihm! Wie würd ein anderer handeln,
Wenn ihn ein solcher Mann, mit so bekümmertem Herzen,
Bäte? Es wäre ja schwer, ihm seine Bitte zu weigern!
Aber die Jünglinge waren die Tapfersten unseres Volkes,
Die ihm folgten; es ging mit diesen, als Führer des Schiffes,
Mentor, oder ein Gott, der jenem gleich an Gestalt war.
Aber das wundert mich: ich sah den trefflichen Mentor
Gestern morgen noch hier, und damals fuhr er gen Pylos!
Also sprach Noëmon und ging zum Hause des Vaters.
Aber den beiden wühlte der Schmerz in der stolzen Seele.
Und die Freier verließen ihr Spiel und setzten sich nieder.
Aber Eupeithes' Sohn Antinoos sprach zur Versammlung,
Glühend vor Zorn; ihm schwoll von schwarzer strömender Galle
Hoch die Brust, und den Augen entfunkelte strahlendes Feuer:
Wahrlich, ein großes Werk hat Telemachos kühnlich vollendet!
Diese Reise! Wir dachten, er würde sie nimmer vollenden;
Und trotz allen entwischt er, der junge Knabe, wie spielend,
Rüstet ein Schiff, und wählt sich die tapfersten Männer im Volke!
Der verspricht uns hinfort erst Unheil! Aber ihm tilge
Zeus die mutige Kraft, bevor er uns Schaden bereitet!
Auf! und gebt mir ein rüstiges Schiff und zwanzig Gefährten,
Daß ich dem Reisenden selbst auflaure, wenn er zurückkehrt,
In dem Sunde, der Ithaka trennt und die bergichte Samos,
Daß die Fahrt nach dem Vater ein jämmerlich Ende gewinne!
Also sprach er; sie lobten ihn all' und reizten ihn stärker,
Standen dann auf und gingen ins Haus des edlen Odysseus.

Penelopeia blieb nicht lang unkundig des Rates,
Welchen die Freier jetzt in tückischer Seele beschlossen.
Denn ihr verkündete Medon, der Herold, welcher den Ratschluß
Außer dem Hause belauscht, als jene sich drinnen besprachen.
Schnell durcheilt' er die Burg und brachte der Königin Botschaft.
Als er die Schwelle betrat, da fragt' ihn Penelopeia:
Herold, sage, warum dich die stolzen Freier gesendet!
Etwa daß du den Mägden des hohen Odysseus befehlest,
Von der Arbeit zu ruhn, und ihnen das Mahl zu bereiten?
Möchten die trotzigen Freier sich niemals wieder versammeln,
Sondern ihr letztes Mahl, ihr letztes, heute genießen!
Die ihr hier täglich in Scharen das große Vermögen hinabschlingt,
Alle Güter des klugen Telemachos! Habt ihr denn niemals,
Als ihr noch Kinder wart, von euren Vätern gehöret,
Wie sich gegen sein Volk Odysseus immer betragen,
Wie er keinem sein Recht durch Taten oder durch Worte
Jemals gekränkt? da sonst der mächtigen Könige Brauch ist,
Daß sie einige Menschen verfolgen, und andre hervorziehn?
Aber nie hat Odysseus nach blindem Dünkel gerichtet;
Und ihr zeiget euch ganz in eurer bösen Gesinnung,
Da ihr mit Undank nun so viel Wohltaten vergeltet!
Ihr antwortete drauf der gute verständige Medon:
Königin, wäre doch dieses von allen das äußerste Übel!
Aber ein größeres noch und weit furchtbareres Unglück
Hegen die Freier im Sinne, das Zeus Kronion verhüte!
Deinen Telemachos trachten sie jetzt mit dem Schwerte zu töten,
Wenn er zur Heimat kehrt. Er forscht nach Kunde vom Vater
In der heiligen Pylos und Lakedämon, der großen.
Sprachs; und Penelopeien erzitterten Herz und Kniee.
Lange vermochte sie nicht, Ein Wort zu reden, die Augen

Wurden mit Tränen erfüllt, und atmend stockte die Stimme.
Endlich erholte sie sich und gab ihm dieses zur Antwort:
Sage mir, Herold, warum mein Sohn denn reiset! Was zwingt ihn,
Sich auf die hurtigen Schiffe zu setzen, auf welchen die Männer,
Wie mit Rossen des Meers, das große Wasser durcheilen?
Will er, daß auch sein Name vertilgt sei unter den Menschen?
Ihr antwortete drauf der gute verständige Medon:
Fürstin, ich weiß es nicht, ob ihn ein Himmlischer antrieb,
Oder sein eigenes Herz, nach Pylos zu schiffen, um Kundschaft
Von dem Vater zu suchen, der Heimkehr oder des Todes.
Als er dieses gesagt, durcheilt' er die Wohnung Odysseus'.
Seelenangst umströmte die Königin: ach, sie vermochte
Nicht auf den Stühlen zu ruhn, so viel' in der Kammer auch waren,
Sondern sank auf die Schwelle des schimmerreichen Gemaches
Lautwehklagend dahin; und um sie jammerten alle
Mägde, jung und alt, so viel' im Hause nur waren.
Und mit heftigem Schluchzen begann itzt Penelopeia:
O Geliebte, mich wählten vor allen Weibern der Erde,
Welche mit mir erwuchsen, die Götter zum Ziele des Jammers!
Erst verlor ich den tapfren Gemahl, den löwenbeherzten,
Der mit jeglicher Tugend vor allen Achäern geschmückt war.
Tapfer und weitberühmt von Hellas bis mitten in Argos!
Und nun raubten mir meinen geliebten Sohn die Orkane
Unberühmt aus dem Haus, und ich hörte nichts von der Abfahrt!
Unglückselige Mädchen, wie konntet ihr alle so hart sein,
Daß ihr nicht aus dem Bette mich wecktet, da ihr es wußtet,
Als er von hinnen fuhr im schwarzen gebogenen Schiffe!
Hätt ich es nur gemerkt, daß er die Reise beschlossen,
Wahrlich, er wäre geblieben, wie sehr auch sein Herz ihn dahintrieb,

Oder er hätte mich tot in diesem Hause verlassen!
Aber man rufe geschwinde mir meinen Diener, den alten
Dolios, welchen mein Vater mir mitgab, als ich hieherzog.
Und der jetzo die Bäume des Gartens hütet; damit er,
Hin zu Laërtes eilend, ihm dieses alles verkünde!
Jener möchte vielleicht sich eines Rates besinnen,
Und wehklagend zum Volke hinausgehn, welches nun trachtet,
Sein und des göttlichen Helden Odysseus Geschlecht zu vertilgen!

Ihr antwortete drauf die Pflegerin Eurykleia:
Liebe Tochter, töte mich gleich mit dem grausamen Erze
Oder laß mich im Haus; ich kann es nicht länger verschweigen!
Alles hab ich gewußt! Ich gab ihm, was er verlangte,
Speise und süßen Wein. Doch mußt ich ihm heilig geloben,
Dir nichts eher zu sagen, bevor zwölf Tage vergangen
Oder du ihn vermißtest und hörtest von seiner Entfernung:
Daß du nicht durch Tränen dein schönes Antlitz entstelltest.
Aber bade dich jetzo, und leg ein reines Gewand an,
Geh hinauf in den Söller mit deinen Mägden, und flehe
Pallas Athenen, der Tochter des wetterleuchtenden Gottes.
Diese wird ihn gewiß, auch selbst aus dem Tode, erretten!
Aber den Greis, den betrübten, betrübe nicht mehr! Unmöglich
Ist den seligen Göttern der Same des Arkeisiaden
Ganz verhaßt; ihm bleibt noch jemand, welcher beherrsche
Diesen hohen Palast und rings die fetten Gefilde!

Also sprach sie und stillte der Königin weinenden Jammer.
Und sie badete sich und legt' ein reines Gewand an,
Ging hinauf in den Söller, von ihren Mägden begleitet,
Trug die heilige Gerst' im Korb und flehte Athenen:

Unbezwungene Tochter des wetterleuchtenden Gottes,
Höre mein Flehn: wo dir im Palaste der weise Odysseus
Je von Rindern und Schafen die fetten Lenden verbrannt hat,

Daß du, dessen gedenkend, den lieben Sohn mir errettest,
Und zerstreuest die Freier voll übermütiger Bosheit!
Also flehte sie jammernd; ihr Flehn erhörte die Göttin.
Aber nun lärmten die Freier umher in dem schattichten Saale.
Unter dem Schwarme begann ein übermütiger Jüngling:
Sicher bereitet sich jetzo die schöne Fürstin zur Hochzeit,
Und denkt nicht an den Tod, der ihrem Sohne bevorsteht!
Also sprachen die Freier, und wußten nicht, was geschehn war.
Aber Eupeithes' Sohn Antinoos sprach zur Versammlung:
Unglückselige, meidet die übermütigen Reden
Allzumal, damit uns im Hause keiner verrate!
Laßt uns jetzo vielmehr so still aufstehen, den Ratschluß
Auszuführen, den eben die ganze Versammlung gebilligt!
Also sprach er und wählte sich zwanzig tapfere Männer.
Und sie eilten zum rüstigen Schiff am Strande des Meeres:
Zogen zuerst das Schiff hinab ins tiefe Gewässer,
Trugen den Mast hinein und die Segel des schwärzlichen Schiffes,
Hängten darauf die Ruder in ihre ledernen Wirbel,
Alles, wie sichs gebührt, und spannten die schimmernden Segel.
Ihre Rüstungen brachten die übermütigen Diener.
Und sie stellten das Schiff im hohen Wasser des Hafens,
Stiegen hinein und nahmen das Mahl und harrten der Dämmrung.
Aber Penelopeia im oberen Söller des Hauses
Legte sich hin, nicht Trank noch Speise kostend, bekümmert,
Ob ihr trefflicher Sohn entflöhe dem Todesverhängnis,
Oder ob ihn die Schar der trotzigen Freier besiegte.
Wie im Getümmel der Männer die zweifelnde Löwin umherblickt,
Voller Furcht, denn rings umgeben sie laurende Jäger:
Also sann sie voll Angst. Doch sanft umfing sie der Schlummer,
Und sie entschlief hinsinkend, es lösten sich alle Gelenke.

Aber ein Neues ersann die heilige Pallas Athene:
Siehe, ein Luftgebild erschuf sie in weiblicher Schönheit,
Gleich Iphthimen, des großgesinnten Ikarios Tochter,
Deren Gemahl Eumelos die Flur um Pherä beherrschte.
Diese sandte die Göttin zum Hause des edlen Odysseus,
Daß sie Penelopeia, die jammernde, herzlichbetrübte,
Ruhen ließe vom Weinen und ihrer zagenden Schwermut.
Und sie schwebt' in die Kammer hinein beim Riemen des Schlosses,
Neigte sich über das Haupt der ruhenden Fürstin und sagte:
Schläfst du, Penelopeia, du Arme, Herzlichbetrübte?
Wahrlich, sie wollen es nicht, die seligen Götter des Himmels,
Daß du weinst und traurest! Denn wiederkehren zur Heimat
Soll dein Sohn; er hat sich mit nichts an den Göttern versündigt.
Ihr antwortete drauf die kluge Penelopeia,
Aus der süßen Betäubung im stillen Tore der Träume:
Warum kamst du hieher, o Schwester? Du hast mich ja nimmer
Sonst besucht, denn fern ist deine Wohnung von hinnen!
Jetzo ermahnst du mich, zu ruhn von meiner Betrübnis
Und von der schrecklichen Angst, die meine Seele belastet:
Mich, die den tapfern Gemahl verlor, den löwenbeherzten,
Der mit jeglicher Tugend vor allen Achäern geschmückt war,
Tapfer und weitberühmt von Hellas bis mitten in Argos!
Und nun ging mein Sohn, mein geliebter, im Schiffe von hinnen,
Noch unmündig, und ungeübt in Taten und Worten!
Diesen bejammre ich jetzo noch mehr als meinen Odysseus!
Diesem erzittert mein Herz und fürchtet, daß ihn ein Unfall
Treffe, unter dem Volk, wo er hinfährt, oder im Meere!
Denn es lauren auf ihn viel böse Menschen, und trachten
Ihn zu ermorden, bevor er in seine Heimat zurückkehrt!
Und die dunkle Gestalt der Schwester gab ihr zur Antwort:

Sei getrost und entreiße dein Herz der bangen Verzweiflung!
Eine solche Gefährtin begleitet ihn, deren Gesellschaft
Andere Männer gewiß gern wünschten, die mächtige Göttin
Pallas Athene, die sich, o Traurende, deiner erbarmet!
Diese sendet mich jetzo, damit ich dir solches verkünde.
Ihr antwortete drauf die kluge Penelopeia:
Bist du der Göttinnen eine, und hörtest die Stimme der Göttin,
O so erzähle mir auch das Schicksal jenes Verfolgten!
Lebt er noch irgendwo, das Licht der Sonne noch schauend?
Oder ist er schon tot und in der Schatten Behausung?
Und die dunkle Gestalt der Schwester gab ihr zur Antwort:
Dieses kann ich dir nicht genau verkünden, ob jener
Tot sei oder noch lebe; und Eitles schwatzen ist unrecht.
Also sprach die Gestalt, und verschwand beim Schlosse der Pforte
In sanftwehende Luft. Da fuhr Ikarios' Tochter
Schnell aus dem Schlummer empor und freute sich tief in der Seele,
Daß ihr ein deutender Traum in der Morgendämmrung erschienen.
Aber die Freier im Schiffe befuhren die flüssigen Pfade,
Um den grausamen Mord Telemachos' auszuführen.
Mitten im Meere liegt ein kleines felsichtes Eiland,
In dem Sunde, der Ithaka trennt und die bergichte Samos,
Asteris wird es genannt, wo ein sicherer Hafen die Schiffe
Mit zween Armen empfängt. Hier laurten auf ihn die Achäer.

FÜNFTER GESANG

Zeus befiehlt durch Hermes der Kalypso, den Odysseus zu entlassen. Ungern gehorchend, versorgt sie den Odysseus mit Gerät, ein Floß zu bauen, und mit Reisekost. Am achtzehnten Tage der Fahrt sendet Poseidon ihm Sturm, der das Floß zertrümmert. Leukothea sichert ihn durch ihren Schleier. Am dritten Tage erreicht er der Phäaken Insel Scheria, rettet sich aus der Felsenbrandung in die Mündung des Stroms, und ersteigt einen waldigen Hügel, wo er in abgefallenen Blättern schläft.

Und die rosige Frühe entstieg des edlen Tithonos
Lager und brachte das Licht den Göttern und sterblichen
Menschen.
Aber die Götter saßen zum Rate versammelt; mit ihnen
Saß der Donnerer Zeus, der alle Dinge beherrschet.
Und Athene gedachte der vielen Leiden Odysseus',
Welchen Kalypso hielt, und sprach zu der Götter Versammlung:
Vater Zeus und ihr andern, unsterbliche selige Götter,
Künftig befleiße sich keiner der zepterführenden Herrscher,
Huldreich, mild und gnädig zu sein und die Rechte zu schützen;
Sondern er wüte nur stets und frevle mit grausamer Seele!
Niemand erinnert sich ja des göttergleichen Odysseus
Von den Völkern, die er mit Vaterliebe beherrschte!
Sondern er liegt in der Insel, mit großem Kummer belastet,
In dem Hause der Nymphe Kalypso, die mit Gewalt ihn
Hält; und wünschet umsonst, die Heimat wiederzusehen:
Denn es gebricht ihm dort an Ruderschiffen und Männern,
Über den breiten Rücken des Meeres ihn zu geleiten.
Jetzo beschlossen sie gar des einzigen Sohnes Ermordung,
Wann er zur Heimat kehrt; er forscht nach Kunde vom Vater
In der göttlichen Pylos und Lakedämon, der großen.
Ihr antwortete drauf der Wolkenversammler Kronion:

Welche Rede, mein Kind, ist deinen Lippen entflohen?
Hast du nicht selber den Rat in deinem Herzen ersonnen,
Daß heimkehrend jenen Odysseus Rache vergelte?
Aber Telemachos führe mit Sorgfalt, denn du vermagst es:
Daß er ohne Gefahr sein heimisches Ufer erreiche,
Und die Freier im Schiffe vergebens wieder zurückziehn.
Sprachs und redete drauf zu seinem Sohne Hermeias:
Hermes, meiner Gebote Verkündiger, melde der Nymphe
Mit schönwallenden Locken der Götter heiligen Ratschluß
Über den leidengeübten Odysseus! Er kehre von dannen
Ohne der Götter Geleit und ohne der sterblichen Menschen!
Einsam, im vielgebundenen Floß, von Schrecken umstürmet,
Komm er am zwanzigsten Tage zu Scherias fruchtbaren Auen,
In das glückliche Land der götternahen Phäaken!
Diese werden ihn hoch, wie einen Unsterblichen, ehren,
Und ihn senden im Schiffe zur lieben heimischen Insel,
Reichlich mit Erz und Golde beschenkt und prächtigen Kleidern,
Mehr als jemals der Held von Ilion hätte geführet,
Wär er auch ohne Schaden mit seiner Beute gekommen!
Also gebeut ihm das Schicksal, die Freunde wiederzuschauen,
Und den hohen Palast und seiner Väter Gefilde!
 Also sprach Kronion. Der rüstige Argosbesieger
Eilte sofort, und band sich unter die Füße die schönen
Goldnen ambrosischen Sohlen, womit er über die Wasser
Und das unendliche Land im Hauche des Windes einherschwebt.
Hierauf nahm er den Stab, womit er die Augen der Menschen
Zuschließt, welcher er will, und wieder vom Schlummer erwecket.
Diesen hielt er und flog, der tapfere Argosbesieger,
Stand auf Pieria still, und senkte sich schnell aus dem Äther
Nieder aufs Meer, und schwebte dann über die Flut, wie die Möwe,

Die um furchtbare Busen des ungebändigten Meeres
Fische fängt und sich oft die flüchtigen Fittiche netzet:
Also beschwebte Hermeias die weithinwallende Fläche.
Als er die ferne Insel Ogygia jetzo erreichte,
Stieg er aus dem Gewässer des dunklen Meeres ans Ufer,
Wandelte fort, bis er kam zur weiten Grotte der Nymphe
Mit schönwallenden Locken und fand die Nymphe zu Hause.
Vor ihr brannt' auf dem Herd ein großes Feuer, und fernhin
Wallte der liebliche Duft vom brennenden Holze der Zeder
Und des Zitronenbaums. Sie sang mit melodischer Stimme,
Emsig, ein schönes Gewebe mit goldener Spule zu wirken.
Rings um die Grotte wuchs ein Hain voll grünender Bäume,
Pappelweiden und Erlen und düftereicher Zypressen.
Unter dem Laube wohnten die breitgefiederten Vögel,
Eulen und Habichte und breitzüngichte Wasserkrähen,
Welche die Küste des Meers mit gierigem Blicke bestreifen.
Um die gewölbte Grotte des Felsens breitet' ein Weinstock
Seine schattenden Ranken, behängt mit purpurnen Trauben.
Und vier Quellen ergossen ihr silberblinkendes Wasser,
Eine nahe der andern, und schlängelten hierhin und dorthin.
Wiesen grünten umher, mit Klee bewachsen und Eppich.
Selbst ein unsterblicher Gott verweilete, wann er vorbeiging,
Voll Verwunderung dort und freute sich herzlich des Anblicks.
Voll Verwunderung stand der rüstige Argosbesieger;
Und nachdem er alles in seinem Herzen bewundert,
Ging er eilend hinein in die schöngewölbete Grotte.
Ihn erkannte sogleich die hehre Göttin Kalypso:
Denn die unsterblichen Götter verkennen nimmer das Antlitz
Eines anderen Gottes, und wohnt' er auch ferne von dannen.
Aber nicht Odysseus, den herrlichen, fand er zu Hause;
Weinend saß er am Ufer des Meers. Dort saß er gewöhnlich,
Und zerquälte sein Herz mit Weinen und Seufzen und
Jammern,

Und durchschaute mit Tränen die große Wüste des Meeres.
Aber dem Kommenden setzte die hehre Göttin Kalypso
Einen prächtigen Thron von strahlender Arbeit, und fragte:
 Warum kamst du zu mir, du Gott mit goldenem Stabe,
Hermes, geehrter, geliebter? Denn sonst besuchst du mich niemals.
Sage, was du verlangst; ich will es gerne gewähren,
Steht es in meiner Macht, und sind es mögliche Dinge.
Aber komm doch näher, daß ich dich gastlich bewirte.
 Also sprach Kalypso und setzte dem Gotte die Tafel
Voll Ambrosia vor und mischte rötlichen Nektar.
Und nun aß er und trank, der rüstige Argosbesieger.
Und nachdem er gegessen und seine Seele gelabet,
Da begann er und sprach zur hehren Göttin Kalypso:
 Fragst du, warum ich komme, du Göttin den Gott? Ich will dir
Dieses alles genau verkündigen, wie du befiehlest.
Zeus gebot mir hieher, ohn meinen Willen, zu wandern!
Denn wer ginge wohl gern durch dieses salzigen Meeres
Unermeßliche Flut? Ringsum ist keine der Städte,
Wo man die Götter mit Opfern und Hekatomben begrüßet!
Aber kein Himmlischer mag dem wetterleuchtenden Gotte
Zeus entgegen sich stellen, noch seinen Willen vereiteln.
Dieser sagt, es weile der Unglückseligste aller
Männer bei dir, die Priamos' Stadt neun Jahre bekämpften.
Und am zehnten darauf mit Ilions Beute zur Heimat
Kehreten, aber Athene durch Missetaten erzürnten,
Daß sie die Göttin mit Sturm und hohen Fluten verfolgte.
Alle tapfern Gefährten versanken ihm dort in den Abgrund;
Aber er selbst kam hier, von Sturm und Woge geschleudert.
Jetzo gebeut dir der Gott, daß du ihn eilig entlassest,
Denn ihm ward nicht bestimmt, hier fern von den Seinen zu sterben;
Sondern sein Schicksal ist, die Freunde wiederzuschauen,
Und sein prächtiges Haus und seiner Väter Gefilde.

Als er es sprach, da erschrak die hehre Göttin Kalypso.
Und sie redet' ihn an und sprach die geflügelten Worte:
Grausam seid ihr vor allen und neidisches Herzens, o Götter!
Jeglicher Göttin verargt ihr die öffentliche Vermählung
Mit dem sterblichen Manne, den sie zum Gatten erkoren.
Als den schönen Orion die rosenarmige Eos
Raubte, da zürntet ihr so lang, ihr seligen Götter,
Bis in Ortygia ihn die goldenthronende Jungfrau
Artemis plötzlich erlegte mit ihrem sanften Geschosse.
Als in Iasions Arm die schöngelockte Demeter,
Ihrem Herzen gehorchend, auf dreimal geackertem Saatfeld
Seliger Liebe genoß; wie bald erfuhr die Umarmung
Zeus, und erschlug ihn im Zorne mit seinem flammenden Donner!
Also verargt ihr auch mir des sterblichen Mannes Gemeinschaft,
Den ich vom Tode gewann, als er auf zertrümmertem Kiele
Einsam trieb; denn ihm hatte der Gott hochrollender Donner
Mitten im Meere sein Schiff mit dem dampfenden Strahle zerschmettert.
Alle tapfern Gefährten versanken ihm dort in den Abgrund;
Aber er selbst kam hier von Sturm und Woge geschleudert.
Freundlich nahm ich ihn auf und reicht' ihm Nahrung und sagte
Ihm Unsterblichkeit zu und nimmerverblühende Jugend.
Aber kein Himmlischer mag dem wetterleuchtenden Gotte
Zeus entgegen sich stellen, noch seinen Willen vereiteln.
Mög er denn gehn, wo ihn des Herrschers Wille hinwegtreibt,
Über das wilde Meer! Doch senden werd ich ihn nimmer;
Denn mir gebricht es hier an Ruderschiffen und Männern,
Über den weiten Rücken des Meeres ihn zu geleiten.
Aber ich will ihm mit Rat beistehn, und nichts ihm verhehlen,
Daß er ohne Gefahr die Heimat wieder erreiche.
Ihr antwortete drauf der rüstige Argosbesieger:

Send ihn also von hinnen und scheue den großen Kronion,
Daß dich der Zürnende nicht mit schrecklicher Rache verfolge!
 Also sprach er und ging, der tapfere Argosbesieger.
Aber Kalypso eilte zum großgesinnten Odysseus,
Als die heilige Nymphe Kronions Willen vernommen.
Dieser saß am Gestade des Meers und weinte beständig.
Ach, in Tränen verrann sein süßes Leben, voll Sehnsucht
Heimzukehren: denn lange nicht mehr gefiel ihm die Nymphe,
Sondern er ruhte des Nachts in ihrer gewölbeten Grotte
Ohne Liebe bei ihr, ihn zwang die liebende Göttin;
Aber des Tages saß er auf Felsen und sandigen Hügeln,
Und zerquälte sein Herz mit Weinen und Seufzen und Jammern,
Und durchschaute mit Tränen die große Wüste des Meeres.
Jetzo nahte sich ihm und sprach die herrliche Göttin:
 Armer, sei mir nicht immer so traurig, und härme dein Leben
Hier nicht ab; ich bin ja bereit, dich von mir zu lassen.
Haue zum breiten Floß dir hohe Bäume, verbinde
Dann die Balken mit Erz, und oben befestige Bretter,
Daß es über die Wogen des dunkeln Meeres dich trage.
Siehe, dann will ich dir Brot und Wasser reichen, und roten
Herzerfreuenden Wein, damit dich der Hunger nicht töte;
Dich mit Kleidern umhüllen, und günstige Winde dir senden,
Daß du ohne Gefahr die Heimat wieder erreichest,
Wenn es die Götter gestatten, des weiten Himmels Bewohner,
Welche höher als ich an Weisheit sind und an Stärke.
 Als sie es sprach, da erschrak der herrliche Dulder Odysseus,
Und er redet' sie an und sprach die geflügelten Worte:
 Wahrlich, du denkst ein andres, als mich zu senden, o Göttin,
Die du mich heißest, im Floße des unermeßlichen Meeres
Furchtbare Flut zu durchfahren, die selbst kein künstlichgebautes
Rüstiges Schiff durchfährt, vom Winde Gottes erfreuet!

Nimmer besteig ich das Floß ohn deinen Willen, o Göttin,
Du willfahrest mir denn, mit hohem Schwur zu geloben,
Daß du bei dir nichts andres zu meinem Verderben beschließest!
Sprachs; und lächelnd vernahm es die hehre Göttin Kalypso,
Streichelte ihn mit der Hand und sprach die freundlichen Worte:
Wahrlich, du bist doch ein Schalk und unermüdet an Vorsicht:
So bedachtsam und schlau ist alles, was du geredet!
Nun mir zeuge die Erde, der weite Himmel dort oben,
Und die stygischen Wasser der Tiefe, welches der größte
Furchtbarste Eidschwur ist für alle unsterblichen Götter:
Daß ich bei mir nichts andres zu deinem Verderben beschließe!
Sondern ich denke so und rede, wie ich mir selber
Suchen würde zu raten, wär ich in gleicher Bedrängnis!
Denn ich denke gewiß nicht ganz unbillig und trage
Nicht im Busen ein Herz von Eisen, sondern voll Mitleid!
Also sprach sie und ging, die hehre Göttin Kalypso,
Eilend voran, und er folgte den Schritten der wandelnden Göttin.
Und sie kamen zur Grotte, die Göttin und ihr Geliebter.
Allda setzte der Held auf den Thron sich nieder, auf welchem
Hermes hatte gesessen. ihm reichte die heilige Nymphe
Allerlei Speis und Trank, was sterbliche Männer genießen;
Setzte sich dann entgegen dem göttergleichen Odysseus,
Und Ambrosia reichten ihr Dienerinnen und Nektar.
Und sie erhoben die Hände zum leckerbereiteten Mahle.
Als sie jetzo ihr Herz mit Trank und Speise gesättigt,
Da begann das Gespräch die hehre Göttin Kalpyso:
Edler Laërtid', erfindungsreicher Odysseus,
Also willst du mich nun so bald verlassen und wieder
In dein geliebtes Vaterland gehn? Nun Glück auf die Reise!
Aber wüßte dein Herz, wie viele Leiden das Schicksal

Dir zu dulden bestimmt, bevor du zur Heimat gelangest,
Gerne würdest du bleiben, mit mir die Grotte bewohnen
Und ein Unsterblicher sein: wie sehr du auch wünschest, die Gattin
Wiederzusehn, nach welcher du stets so herzlich dich sehnest!
Glauben darf ich doch wohl, daß ich nicht schlechter als sie bin,
Weder an Wuchs noch Bildung! Wie könnten sterbliche Weiber
Mit unsterblichen sich an Gestalt und Schönheit vergleichen!
Ihr antwortete drauf der erfindungsreiche Odysseus:
Zürne mir darum nicht, ehrwürdige Göttin! Ich weiß es
Selber zu gut, wie sehr der klugen Penelopeia
Reiz vor deiner Gestalt und erhabenen Größe verschwindet;
Denn sie ist nur sterblich, und dich schmückt ewige Jugend.
Aber ich wünsche dennoch und sehne mich täglich von Herzen,
Wieder nach Hause zu gehn und zu schaun den Tag der Zurückkunft.
Und verfolgt mich ein Gott im dunkeln Meere, so will ichs
Dulden; mein Herz im Busen ist längst zum Leiden gehärtet!
Denn ich habe schon vieles erlebt, schon vieles erduldet,
Schrecken des Meers und des Kriegs: so mag auch dieses geschehen!
Also sprach er; da sank die Sonne, und Dunkel erhob sich.
Beide gingen zur Kammer der schön gewölbten Grotte,
Und genossen der Lieb', und ruheten nebeneinander.
Als die dämmernde Frühe mit Rosenfingern erwachte,
Da bekleidete sich Odysseus mit Mantel und Leibrock.
Aber die Nymphe zog ihr silberfarbnes Gewand an,
Fein und zierlichgewebt, und schlang um die Hüfte den Gürtel,
Schön mit Golde gestickt, und schmückte das Haupt mit dem Schleier.
Eilend besorgte sie jetzo die Reise des edlen Odysseus:
Gab ihm die mächtige Axt, von gehärtetem Erze geschmiedet,
Unten und oben geschärft und sicheres Schwunges, und drinnen

War einzierlicher Stiel von Olivenholz befestigt;
Gab ihm auch ein geschliffenes Beil und führet' ihn jetzo
An der Insel Gestade voll hoher schattender Bäume,
Pappelweiden und Erlen und wolkenberührender Tannen.
Viele waren von Alter verdorrt und leichter zur Schiffahrt.
Als sie den Ort ihm gezeigt, voll hoher schattender Bäume,
Kehrte sie heim zur Grotte, die hehre Göttin Kalypso.
  Und er fällte die Bäum' und vollendete hurtig die Arbeit.
Zwanzig stürzt' er in allem, umhaute mit eherner Axt sie,
Schlichtete sie mit dem Beil, und nach dem Maße der Richtschnur.
Jetzo brachte sie Bohrer, die hehre Göttin Kalypso.
Und er bohrte die Balken und fügte sie wohl aneinander
Und verband nun das Floß mit ehernen Nägeln und Klammern.
Von der Größe, wie etwa ein kluger Meister im Schiffbau
Zimmern würde den Boden des breiten geräumigen Lastschiffs,
Baute das breite Floß der erfindungsreiche Odysseus.
Nun umstellt' er es dicht mit Pfählen, heftete Bohlen
Rings herum und schloß das Verdeck mit langen Brettern.
Drinnen erhob er den Mast, von der Segelstange durchkreuzet.
Endlich zimmert' er sich ein Steuer, die Fahrt zu lenken.
Beide Seiten des Floßes beschirmt' er mit weidenen Flechten
Gegen die rollende Flut und füllte en Boden mit Ballast,
Jetzo brachte sie Tücher, die hehre Göttin Kalypso,
Segel davon zu schneiden; auch diese bereitet' er künstlich;
Band die Taue des Mastes und segelwendenden Seile,
Wälzte darauf mit Hebeln das Floß in die heilige Meersflut.
  Jetzt war der vierte Tag, an dem ward alles vollendet.
Und am fünften entließ ihn die hehre Göttin Kalypso,
Frischgebadet und angetan mit duftenden Kleidern.
Und sie legt' in das Floß zween Schläuche, voll schwärzlichen Weines
Einen und einen großen voll Wasser; und gab ihm zur Zehrung

Einen geflochtenen Korb voll herzerfreuender Speisen;
Ließ dann leise vor ihm ein laues Lüftchen einherwehn.
Freudig spannte der Held im Winde die schwellenden Segel.
Und nun setzt' er sich hin ans Ruder, und steuerte künstlich
Über die Flut. Ihm schloß kein Schlummer die wachsamen Augen,
Auf die Pleiaden gerichtet, und auf Bootes, der langsam
Untergeht, und den Bären, den andre den Wagen benennen,
Welcher im Kreise sich dreht, den Blick nach Orion gewendet,
Und allein von allen sich nimmer im Ozean badet.
Denn beim Scheiden befahl ihm die hehre Göttin Kalypso,
Daß er auf seiner Fahrt ihn immer zur Linken behielte.
Siebzehn Tage befuhr er die ungeheuren Gewässer.
Am achtzehnten erschienen die fernen schattigen Berge
Von dem phäakischen Lande, denn dieses lag ihm am nächsten;
Dunkel erschienen sie ihm, wie ein Schild, im Nebel des Meeres.
Jetzo kam aus dem Lande der Äthiopen Poseidon,
Und erblickte fern von der Solymer Bergen Odysseus,
Welcher die Wogen befuhr. Da ergrimmt' er noch stärker im Geiste,
Schüttelte zürnend sein Haupt und sprach in der Tiefe des Herzens:
Himmel, es haben gewiß die Götter sich über Odysseus
Anders entschlossen, da ich die Äthiopen besuchte!
Siehe, da naht er sich schon dem phäakischen Lande, dem großen
Heiligen Ziele der Leiden, die ihm das Schicksal bestimmt hat!
Aber ich meine, er soll mir noch Jammer die Fülle bestehen!
Also sprach er, versammelte Wolken, und regte das Meer auf
Mit dem erhobenen Dreizack; rief itzt allen Orkanen,
Aller Enden zu toben, verhüllt' in dicke Gewölke
Meer und Erde zugleich; und dem düstern Himmel entsank Nacht.

Unter sich stürmten der Ost und der Süd und der sausende Westwind,
Auch der hellfrierende Nord, und wälzten gewaltige Wogen.
Und dem edlen Odysseus erzitterten Herz und Kniee;
Tiefaufseufzend sprach er zu seiner erhabenen Seele:
 Weh mir, ich elender Mann! Was werd ich noch endlich erleben.
Ach, ich fürchte, die Göttin hat lauter Wahrheit geweissagt,
Die mir im wilden Meere, bevor ich zur Heimat gelangte,
Leiden die Fülle verhieß! Das wird nun alles erfüllet!
Ha! wie fürchterlich Zeus den ganzen Himmel in Wolken
Hüllt, und das Meer aufregt! Wie sausen die wütenden Stürme
Aller Enden daher! Nun ist mein Verderben entschieden!
Dreimal selige Griechen und viermal, die ihr in Trojas
Weitem Gefilde sankt, der Atreiden Ehre verfechtend!
Wär ich doch auch gestorben und hätte die traurige Laufbahn
An dem Tage vollendet, als mich im Getümmel der Troer
Eherne Lanzen umflogen um unsern erschlagnen Achilleus!
Dann wär ich rühmlich bestattet, dann sängen mein Lob die Achäer!
Aber nun ist es mein Los, des schmählichen Todes zu sterben!
Also sprach er; da schlug die entsetzliche Woge von oben
Hochherdrohend herab, daß im Wirbel das Floß sich herumriß;
Weithin warf ihn der Schwung des erschütterten Floßes und raubte
Ihm aus den Händen das Steur; und mit einmal stürzte der Mastbaum
Krachend hinab von der Wut der fürchterlich sausenden Windsbraut.
Weithin flog in die Wogen die Stang' und das flatternde Segel.
Lange blieb er untergetaucht, und strebte vergebens,
Unter der ungestüm rollenden Flut sich empor zu schwingen;
Denn ihn beschwerten die Kleider, die ihm Kalypso geschenket.

Endlich strebt' er empor und spie aus dem Munde das bittre
Wasser des Meers, das strömend von seinem Scheitel herabtroff.
Dennoch vergaß er des Floßes auch selbst in der schrecklichen Angst nicht,
Sondern schwang sich ihm nach durch reißende Fluten, ergriff es,
Setzte sich wieder hinein und entfloh dem Todesverhängnis.
Hiehin und dorthin trieben das Floß die Ströme des Meeres.
Also treibt im Herbste der Nord die verdorrten Disteln
Durch die Gefilde dahin; sie entfliehn ineinander geklettet:
Also trieben durchs Meer ihn die Winde bald hiehin, bald dorthin.
Jetzo stürmte der Süd ihn dem Nordsturm hin zum Verfolgen;
Jetzo sandte der Ost ihn dem brausenden Weste zum Spiele.
  Aber Leukothea sah ihn, die schöne Tochter des Kadmos,
Ino, einst ein Mädchen mit heller melodischer Stimme,
Nun in den Fluten des Meers der göttlichen Ehre genießend.
Und sie erbarmete sich des umhergeschleuderten Mannes,
Kam wie ein Wasserhuhn empor aus der Tiefe geflogen,
Setzte sich ihm auf das Floß und sprach mit menschlicher Stimme:
  Armer, beleidigtest du den Erderschüttrer Poseidon,
Daß er so schrecklich zürnend dir Jammer auf Jammer bereitet?
Doch verderben soll er dich nicht, wie sehr er auch eifre!
Tu nur, was ich dir sage; du scheinst mir nicht unverständig.
Ziehe die Kleider aus und lasse das Floß in dem Sturme
Treiben; spring in die Flut und schwimme mit strebenden Händen
An der Phäaken Land, allwo dir Rettung bestimmt ist.
Da, umhülle die Brust mit diesem heiligen Schleier,
Und verachte getrost die drohenden Schrecken des Todes.
Aber sobald du das Ufer mit deinen Händen berührest,
Löse den Schleier ab, und wirf ihn ferne vom Ufer
In das finstere Meer, mit abgewendetem Antlitz.

Also sprach die Göttin und gab ihm den heiligen Schleier,
Fuhr dann wieder hinab in die hochaufwallende Woge,
Ähnlich dem Wasserhuhn, und die schwarze Woge verschlang sie.
Und nun sann er umher, der herrliche Dulder Odysseus;
Tiefaufseufzend sprach er zu seiner erhabenen Seele:
Weh mir! ich fürchte, mich will der Unsterblichen einer von neuem
Hintergehn, der mir vom Floße zu steigen gebietet!
Aber noch will ich ihm nicht gehorchen, denn eben erblickt ich
Ferne von hinnen das Land, wo jene mir Rettung gelobte.
Also will ich es machen, denn dieses scheint mir das beste!
Weil die Balken noch fest in ihren Banden sich halten,
Bleib ich hier und erwarte mit duldender Seele mein Schicksal.
Aber wann mir das Floß die Gewalt des Meeres zertrümmert,
Dann will ich schwimmen; ich weiß mir ja doch nicht besser zu raten!
Als er solche Gedanken im zweifelnden Herzen bewegte,
Siehe, da sandte Poseidon, der Erdumstürmer, ein hohes
Steiles schreckliches Wassergebirg; und es stürzt' auf ihn nieder.
Und wie der stürmende Wind in die trockene Spreu auf der Tenne
Ungestüm fährt, und im Wirbel sie hiehin und dorthin zerstreuet:
Also zerstreute die Flut ihm die Balken. Aber Odysseus
Schwung sich auf einen, und saß, wie auf dem Rosse der Reiter;
Warf die Kleider hinweg, die ihm Kalypso geschenket,
Und umhüllte die Brust mit Inos heiligem Schleier.
Vorwärts sprang er hinab in das Meer, die Hände verbreitet,
Und schwamm eilend dahin. Da sah ihn der starke Poseidon,
Schüttelte zürnend sein Haupt und sprach in der Tiefe des Herzens:
So, durchirre mir jetzo, mit Jammer behäuft, die Gewässer,

Bis du die Menschen erreichst, die Zeus vor allen beseligt!
Aber ich hoffe, du sollst mir dein Leiden nimmer vergessen!
Also sprach er und trieb die Rosse mit fliegender Mähne,
Bis er gen Ägä kam, zu seiner glänzenden Wohnung.
Aber ein Neues ersann Athene, die Tochter Kronions.
Eilend fesselte sie den Lauf der übrigen Winde,
Daß sie alle verstummten und hin zur Ruhe sich legten;
Und ließen stürmen den Nord, und brach vor ihm die Gewässer:
Bis er zu den Phäaken, den ruderliebenden Männern,
Käme, der edle Odysseus, entflohn dem Todesverhängnis.
Schon zween Tage trieb er und zwo entsetzliche Nächte
In dem Getümmel der Wogen, und ahndete stets sein Verderben.
Als nun die Morgenröte des dritten Tages emporstieg,
Siehe, da ruhte der Wind; von heiterer Bläue des Himmels
Glänzte die stille See. Und nahe sah er das Ufer,
Als er mit forschendem Blick von der steigenden Welle dahinsah.
So erfreulich den Kindern des lieben Vaters Genesung
Kommt, der lange schon an brennenden Schmerzen der Krankheit
Niederlag und verging, vom feindlichen Dämon gemartert;
Aber ihn heilen nun zu ihrer Freude die Götter:
So erfreulich war ihm der Anblick des Landes und Waldes.
Und er strebte mit Händen und Füßen, das Land zu erreichen.
Aber so weit entfernt, wie die Stimme des Rufenden schallet,
Hört' er ein dumpfes Getöse des Meers, das die Felsen bestürmte.
Graunvoll donnerte dort an dem schroffen Gestade die hohe
Fürchterlich strudelnde Brandung, und weithin spritzte der Meerschaum.
Keine Buchten empfingen, noch schirmende Reeden die Schiffe,
Sondern trotzende Felsen und Klippen umstarrten das Ufer.

Und dem edlen Odysseus erzitterten Herz und Kniee;
Tiefaufseufzend sprach er zu seiner erhabenen Seele:
Weh mir! nachdem mich Zeus dies Land ohn alles Vermuten
Sehen ließ, und ich jetzo die stürmenden Wasser durchkämpfet,
Öffnet sich nirgends ein Weg aus dem dunkelwogenden Meere!
Zackichte Klippen türmen sich hier, umtobt von der Brandung
Brausenden Strudeln, und dort das glatte Felsengestade!
Und das Meer darunter ist tief; man kann es unmöglich
Mit den Füßen ergründen, um watend ans Land sich zu retten!
Wagt' ich durchhin zu gehn, unwiderstehliches Schwunges
Schmetterte mich die rollende Flut an die zackichte Klippe!
Schwimm ich aber noch weiter herum, abhängiges Ufer schleudert
Irgendwo auszuspähn und sichere Busen des Meeres,
Ach, dann fürcht ich, ergreift der Orkan mich von neuem und
Mich Schwerseufzenden weit in das fischdurchwimmelte Weltmeer!
Oder ein Himmlischer reizt auch ein Ungeheuer des Abgrunds
Wider mich auf, aus den Scharen der furchtbaren Amphitrite!
Denn ich weiß cs, mir zürnt der gewaltige Küstenerschüttrer!
Als er solche Gedanken im zweifelnden Herzen bewegte,
Warf ihn mit einmal die rollende Wog' an das schroffe Gestade.
Jetzo wär ihm geschunden die Haut, die Gebeine zermalmet,
Hätte nicht Pallas Athene zu seiner Seele geredet.
Eilend umfaßte der Held mit beiden Händen die Klippe,
Schmiegte sich keuchend an, bis die rollende Woge vorbei war.
Also entging er ihr jetzt. Allein, da die Woge zurückkam,
Raffte sie ihn mit Gewalt und schleudert' ihn fern in das Weltmeer.
Also wird der Polyp dem festen Lager entrissen;
Kiesel hängen und Sand an seinen ästigen Gliedern:
Also blieb an dem Fels von den angeklammerten Händen
Abgeschunden die Haut; und die rollende Woge verschlang ihn.

Jetzo wäre der Dulder auch wider sein Schicksal gestorben,
Hätt ihn nicht Pallas Athene mit schnellem Verstande gerüstet.
Aber er schwang sich empor aus dem Schwalle der schäumenden Brandung,
Schwamm herum, und sah nach dem Land, abhängiges Ufer
Irgendwo auszuspähn und sichere Busen des Meeres.
Jetzo hatt er nun endlich die Mündung des herrlichen Stromes
Schwimmend erreicht. Hier fand er bequem zum Landen das Ufer,
Niedrig und felsenleer, und vor dem Winde gesichert,
Und er erkannte den strömenden Gott und betet' im Herzen:
Höre mich, Herrscher, wer du auch seist, du Sehnlicherflehter!
Rette mich aus dem Meer vor dem schrecklichen Grimme Poseidons!
Heilig sind ja, auch selbst unsterblichen Göttern, die Menschen,
Welche von Leiden gedrängt um Hilfe flehen! Ich winde
Mich vor deinem Strome, vor deinen Knieen, in Jammer!
Herrscher, erbarme dich mein, der deiner Gnade vertrauet!
Also sprach er. Da hemmte der Gott die wallenden Fluten
Und verbreitete Stille vor ihm, und rettet' ihn freundlich
An das seichte Gestade. Da ließ er die Kniee sinken
Und die nervichten Arme; ihn hatten die Wogen entkräftet:
Alles war ihm geschwollen, ihm floß das salzige Wasser
Häufig aus Nas' und Mund; der Stimme beraubt und des Atems,
Sank er in Ohnmacht hin, erstarrt von der schrecklichen Arbeit.
Als er zu atmen begann, und sein Geist dem Herzen zurückkam,
Löst' er ab von der Brust den heiligen Schleier der Göttin,
Warf ihn eilend zurück in die salzige Welle des Flusses;
Und ihn führte die Welle den Strom hinunter, und Ino
Nahm ihn mit ihren Händen. Nun stieg der Held aus dem Flusse,
Legte sich nieder auf Binsen, und küßte die fruchtbare Erde;
Tiefaufseufzend sprach er zu seiner erhabenen Seele.

Weh mir Armen, was leid ich, was werd ich noch endlich erleben!
Wenn ich die grauliche Nacht an diesem Strome verweilte,
Würde zugleich der starrende Frost und der tauende Nebel
Mich Entkräfteten, noch Ohnmächtigen, gänzlich vertilgen;
Denn kalt wehet der Wind aus dem Strome vor Sonnenaufgang!
Aber klimm ich hinan zum waldbeschatteten Hügel,
Unter dem dichten Gesträuche zu schlafen, wenn Frost und Ermattung
Anders gestatten, daß mich der süße Schlummer befalle:
Ach, dann werd ich vielleicht den reißenden Tieren zur Beute!
Dieser Gedanke schien dem Zweifelnden endlich der beste,
Hinzugehn in den Wald, der den weitumschauenden Hügel
Nah am Wasser bewuchs. Hier grüneten, ihn zu umhüllen,
zwei verschlungne Gebüsche, ein wilder und fruchtbarer Ölbaum.
Nimmer durchstürmte den Ort die Wut naßhauchender Winde,
Ihn erleuchtete nimmer mit warmen Strahlen die Sonne,
Selbst der gießende Regen durchdrang ihn nimmer: so dicht war
Sein Gezweige verwebt. Hier kroch der edle Odysseus
Unter, und bettete sich mit seinen Händen ein Lager.
Hoch und breit; denn es deckten so viele Blätter den Boden,
Daß zween Männer darunter und drei sich hätten geborgen
Gegen den Wintersturm, auch wann er am schrecklichsten tobte.
Freudig sahe das Lager der herrliche Dulder Odysseus,
Legte sich mitten hinein und häufte die rasselnden Blätter.
Also verbirgt den Brand in grauer Asche der Landmann;
Auf entlegenem Felde, von keinem Nachbar umwohnet,
Hegt er den Samen des Feuers, um nicht in der Ferne zu zünden:
Also verbarg sich der Held in den Blättern. Aber Athene
Deckt' ihm die Augen mit Schlummer, damit sie der schrecklichen Arbeit

Qualen ihm schneller entnähme, die lieben Wimpern
verschließend.

SECHSTER GESANG

Nausikaa, des Königs Alkinoos Tochter, von Athene im Traume ermahnt, fährt an den Strom, ihre Gewänder zu waschen, und spielt darauf mit den Mägden. Odysseus, den das Geräusch weckte, naht fliehend, erhält Pflege und Kleidung und folgt der Beschützerin bis zum Pappelhain der Athene vor der Stadt.

Also schlummerte dort der herrliche Dulder Odysseus,
Überwältigt von Schlaf und Arbeit. Aber Athene
Ging hinein in das Land zur Stadt der phäakischen Männer.
Diese wohnten vordem in Hypereiens Gefilde,
Nahe bei den Kyklopen, den übermütigen Männern,
Welche sie immer beraubten und mächtiger waren und stärker.
Aber sie führte von dannen Nausithoos, ähnlich den Göttern,
Brachte gen Scheria sie, fern von den erfindsamen Menschen,
Und umringte mit Mauern die Stadt und richtete Häuser,
Baute Tempel der Götter und teilte dem Volke die Äcker.
Dieser war jetzo schon tot und in der Schatten Behausung;
Und Alkinoos herrschte, begabt von den Göttern mit Weisheit.
Dessen Hause nahte sich jetzo Pallas Athene,
Auf die Heimkehr denkend des edelgesinnten Odysseus.
Und sie eilte sofort in die prächtige Kammer der Jungfrau,
Wo Nausikaa schlief, des hohen Alkinoos Tochter,
Einer Unsterblichen gleich an Wuchs und reizender Bildung.
Und zwei Mädchen schliefen, geschmückt mit der Grazien Anmut,
Neben den Pfosten, und dicht war die glänzende Pforte
verschlossen.

Aber sie schwebte, wie wehende Luft, zum Lager der Jungfrau,
Neigte sich über ihr Haupt, und sprach mit freundlicher Stimme,
Gleich an Gestalt der Tochter des segelkundigen Dymas,
Ihrer liebsten Gespielin, mit ihr von einerlei Alter;
Dieser gleich an Gestalt erschien die Göttin und sagte:

Liebes Kind, was bist du mir doch ein lässiges Mädchen!
Deine kostbaren Kleider, wie alles im Wuste herumliegt!
Und die Hochzeit steht dir bevor! Da muß doch was Schönes
Sein für dich selber, und die, so dich zum Bräutigam führen!
Denn durch schöne Kleider erlangt man ein gutes Gerüchte
Bei den Leuten; auch freun sich dessen Vater und Mutter.
Laß uns denn eilen und waschen, sobald der Morgen sich rötet!
Ich will deine Gehilfin sein, damit du geschwinder
Fertig werdest; denn, Mädchen, du bleibst nicht lange mehr Jungfrau.
Siehe, es werben ja schon die edelsten Jüngling' im Volke
Aller Phäaken um dich: denn du stammst selber von Edlen.
Auf! erinnere noch vor der Morgenröte den Vater,
Daß er mit Mäulern dir den Wagen bespanne, worauf man
Lade die schönen Gewänder, die Gürtel und prächtigen Decken.
Auch für dich ist es so bequemer, als wenn du zu Fuße
Gehen wolltest; denn weit von der Stadt sind die Spülen entlegen.

Also redete Zeus' blauäugichte Tochter, und kehrte
Wieder zum hohen Olympos, der Götter ewigem Wohnsitz,
Nie von Orkanen erschüttert, vom Regen nimmer beflutet,
Nimmer bestöbert vom Schnee; die wolkenloseste Heitre
Wallet ruhig umher, und deckt' ihn mit schimmerndem Glanze:
Dort erfreut sich ewig die Schar der seligen Götter.
Dorthin kehrte die Göttin, nachdem sie das Mädchen ermahnet.

Und der goldene Morgen erschien und weckte die Jungfrau
Mit den schönen Gewändern. Sie wunderte sich des Traumes.

Schnell durcheilte sie jetzo die Wohnungen, daß sie den Eltern,
Vater und Mutter, ihn sagte, und fand sie beide zu Hause.
Diese saß an dem Herd, umringt von dienenden Weibern,
Drehend die zierliche Spindel mit purpurner Wolle, und jener
Kam an der Pfort' ihr entgegen: er ging zu der glänzenden Fürsten
Ratsversammlung, wohin die edlen Phäaken ihn riefen.
Und Nausikaa trat zum lieben Vater und sagte:
Lieber Papa, laß mir doch einen Wagen bespannen,
Hoch, mit hurtigen Rädern, damit ich die kostbare Kleidung,
Die mir im Schmutze liegt, an den Strom hinfahre zum Waschen.
Denn dir selber geziemt es, mit reinen Gewändern bekleidet
In der Ratsversammlung der hohen Phäaken zu sitzen.
Und es wohnen im Haus auch fünf erwachsene Söhne,
Zween von ihnen vermählt, und drei noch blühende Knaben;
Diese wollen beständig mit reiner Wäsche sich schmücken,
Wenn sie zum Reigen gehn; und es kommt doch alles auf mich an.
Also sprach sie und schämte sich, von der lieblichen Hochzeit
Vor dem Vater zu reden; doch merkt' er alles und sagte:
Weder die Mäuler, mein Kind, sei'n dir geweigert, noch sonst was.
Geh, es sollen die Knechte dir einen Wagen bespannen,
Hoch, mit hurtigen Rädern, und einem geflochtenen Korbe.
Also sprach er und rief, und schnell gehorchten die Knechte,
Rüsteten außer der Halle den Wagen mit rollenden Rädern,
Führten die Mäuler hinzu und spanneten sie an die Deichsel.
Und Nausikaa trug die köstlichen feinen Gewänder
Aus der Kammer und legte sie auf den zierlichen Wagen.
Aber die Mutter legt' ihr allerlei süßes Gebacknes
Und Gemüs' in ein Körbchen, und gab ihr des edelsten Weines
Im geißledernen Schlauch (und die Jungfrau stieg auf den Wagen);

Gab ihr auch geschmeidiges Öl in goldener Flasche,
Daß sie sich nach dem Bade mit ihren Gehilfinnen salbte.
Und Nausikaa nahm die Geißel und purpurnen Zügel;
Treibend schwang sie die Geißel: und hurtig mit lautem
Gepolter
Trabten die Mäuler dahin, und zogen die Wäsch' und die
Jungfrau,
Nicht sie allein, sie wurde von ihren Mägden begleitet.
Als sie nun das Gestade des herrlichen Stromes erreichten,
Wo sich in rinnende Spülen die nimmerversiegende Fülle
Schöner Gewässer ergoß, die schmutzigsten Flecken zu säubern,
Spannten die Jungfraun schnell von des Wagens Deichsel die
Mäuler,
Ließen sie an dem Gestade des silberwirbelnden Stromes
Weiden im süßen Klee, und nahmen vom Wagen die Kleidung,
Trugen sie Stück vor Stück in der Gruben dunkles Gewässer,
Stampften sie drein mit den Füßen und eiferten untereinander.
Als sie ihr Zeug nun gewaschen und alle Flecken gereinigt,
Breiteten sie's in Reihen am warmen Ufer des Meeres,
Wo die Woge den Strand mit glatten Kieseln bespület.
Und nachdem sie gebadet und sich mit Öle gesalbet,
Setzten sie sich zum Mahl am grünen Gestade des Stromes,
Harrend, bis ihre Gewand' am Strahle der Sonne getrocknet.
Als sich Nausikaa jetzt und die Dirnen mit Speise gesättigt,
Spieleten sie mit dem Ball, und nahmen die Schleier vom
Haupte.
Unter den Fröhlichen hub die schöne Fürstin ein Lied an,
Wie die Göttin der Jagd durch Erymanthos' Gebüsche
Oder Taygetos' Höhn mit Köcher und Bogen einhergeht,
Und sich ergötzt, die Eber und schnellen Hirsche zu fällen;
Um sie spielen die Nymphen, Bewohnerinnen der Felder,
Töchter des furchtbaren Zeus; und herzlich freuet sich Leto;
Denn vor allen erhebt sie ihr Haupt und herrliches Antlitz,

Und ist leicht zu erkennen im ganzen schönen Gefolge:
Also ragte vor allen die hohe blühende Jungfrau.
Aber da sie nunmehr sich rüstete, wieder zur Heimfahrt
Anzuspannen die Mäuler und ihre Gewänder zu falten,
Da ratschlagete Zeus' blauäugichte Tochter Athene,
Wie Odysseus erwachte und sähe die liebliche Jungfrau,
Daß sie den Weg ihn führte zur Stadt der phäakischen Männer.
Und Nausikaa warf den Ball auf eine der Dirnen;
Dieser verfehlte die Dirn', und fiel in die wirbelnde Tiefe;
Und laut kreischten sie auf. Da erwachte der edle Odysseus,
Sitzend dacht er umher im zweifelnden Herzen und sagte:
Weh mir! zu welchem Volke bin ich nun wieder gekommen?
Sinds unmenschliche Räuber und sittenlose Barbaren,
Oder Diener der Götter und Freunde des heiligen Gastrechts?
Eben umtönte mich ein Weibergekreisch, wie der Nymphen,
Welche die steilen Häupter der Felsengebirge bewohnen,
Und die Quellen der Flüsse und grasbewachsenen Täler!
Bin ich hier etwa nahe bei redenden Menschenkindern?
Auf! ich selber will hin und zusehn, was es bedeute!
Also sprach er und kroch aus dem Dickicht, der edle Odysseus,
Brach mit der starken Faust sich aus dem dichten Gebüsche
Einen laubichten Zweig, des Mannes Blöße zu decken;
Ging dann einher, wie ein Leu des Gebirgs, voll Kühnheit und Stärke,
Welcher durch Regen und Sturm hinwandelt; die Augen im Haupte
Brennen ihm; furchtbar geht er zu Rindern oder zu Schafen
Oder zu flüchtigen Hirschen des Waldes; ihn spornet der Hunger
Selbst in verschossene Höf', ein kleines Vieh zu erhaschen:
Also ging der Held, in den Kreis schönlockiger Jungfraun
Sich zu mischen, so nackend er war; ihn spornte die Not an.

Furchtbar erschien er den Mädchen, vom Schlamm des Meeres besudelt;
Hiehin und dorthin entflohn sie und bargen sich hinter die Hügel.
Nur Nausikaa blieb. Ihr hatte Pallas Athene
Mut in die Seele gehaucht und die Furcht den Gliedern entnommen.
Und sie stand und erwartete ihn. Da zweifelt' Odysseus,
Ob er flehend umfaßte die Kniee der reizenden Jungfrau,
Oder, so wie er war, von ferne mit schmeichelnden Worten
Bäte, daß sie die Stadt ihm zeigt' und Kleider ihm schenkte.
Dieser Gedanke schien dem Zweifelnden endlich der beste,
So wie er war, von ferne mit schmeichelnden Worten zu flehen,
Daß ihm das Mädchen nicht zürnte, wenn er die Kniee berührte.
Schmeichelnd begann er sogleich die schlau ersonnenen Worte:
Hohe, dir fleh ich; du seist eine Göttin oder ein Mädchen!
Bist du eine der Göttinnen, welche den Himmel beherrschen,
Siehe, so scheinst du mir der Tochter des großen Kronions,
Artemis, gleich an Gestalt, an Größe und reizender Bildung!
Bist du eine der Sterblichen, welche die Erde bewohnen,
Dreimal selig dein Vater und deine treffliche Mutter,
Dreimal selig die Brüder! Ihr Herz muß ja immer von hoher
Überschwenglicher Wonne bei deiner Schöne sich heben,
Wenn sie sehn, wie ein solches Gewächs zum Reigen einhergeht!
Aber keiner ermißt die Wonne des seligen Jünglings,
Der, nach großen Geschenken, als Braut nach Hause dich führet!
Denn ich sahe noch nie solch einen sterblichen Menschen,
Weder Mann noch Weib! Mit Staunen erfüllt mich der Anblick!
Ehmals sah ich in Delos, am Altar Phöbos Apollons.
Einen Sprößling der Palme von so erhabenem Wuchse,
Denn auch dorthin kam ich, von vielem Volke begleitet,
Jenes Weges, der mir so vielen Jammer gebracht hat!

Und ich stand auch also vor ihm und betrachtet ihn lange
Staunend, denn solch ein Stamm war nie dem Boden entwachsen.
Also bewundre ich dich und staun und zittre vor Ehrfurcht,
Deine Kniee zu rühren! Doch groß ist mein Elend, o Jungfrau!
Gestern am zwanzigsten Tag entfloh ich dem dunkeln Gewässer;
Denn so lange trieb mich die Flut und die wirbelnden Stürme
Von der ogygischen Insel. Nun warf ein Dämon mich hieher.
Daß ich auch hier noch dulde! Denn noch erwart ich des Leidens
Ende nicht; mir ward viel mehr von den Göttern beschieden!
Aber erbarme dich, Hohe! Denn nach unendlicher Trübsal
Fand ich am ersten dich, und kenne der übrigen Menschen
Keinen, welche die Stadt und diese Gefilde bewohnen.
Zeige mich hin zur Stadt, und gib mir ein Stück zur Bedeckung,
Etwa ein Wickeltuch, worin du die Wäsche gebracht hast!
Mögen die Götter dir schenken, so viel dein Herz nur begehret,
Einen Mann und ein Haus, und euch mit seliger Eintracht
Segnen! Denn nichts ist besser und wünschenswerter auf Erden,
Als wenn Mann und Weib, in herzlicher Liebe vereinigt,
Ruhig ihr Haus verwalten: den Feinden ein kränkender Anblick,
Aber Wonne den Freunden; und mehr noch genießen sie selber!
Ihm antwortete drauf die lilienarmige Jungfrau:
Keinem geringen Manne noch törichten gleichst du, o Fremdling.
Aber der Gott des Olympos erteilet selber den Menschen,
Vornehm oder geringe, nach seinem Gefallen ihr Schicksal.
Dieser beschied dir dein Los, und dir geziemt es zu dulden.
Jetzt, da du unserer Stadt und unsern Gefilden dich nahest,
Soll es weder an Kleidung noch etwas anderm dir mangeln,
Was unglücklichen Fremden, die Hilfe suchen, gebühret.
Zeigen will ich die Stadt, und des Volkes Namen dir sagen:
Wir Phäaken bewohnen die Stadt und diese Gefilde.
Aber ich selber bin des hohen Alkinoos Tochter,

Dem des phäakischen Volkes Gewalt und Stärke vertraut ist.
Also sprach sie und rief den schöngelockten Gespielen:
Dirnen, steht mir doch still! Wo fliehet ihr hin vor dem Manne?
Meinet ihr etwa, er komme zu uns in feindlicher Absicht?
Wahrlich der lebt noch nicht und niemals wird er geboren,
Welcher käm in das Land der phäakischen Männer, mit Feindschaft
Unsere Ruhe zu stören; denn sehr geliebt von den Göttern,
Wohnen wir abgesondert im wogenrauschenden Meere,
An dem Ende der Welt, und haben mit keinem Gemeinschaft.
Nein, er kommt zu uns, ein armer irrender Fremdling,
Dessen man pflegen muß. Denn Zeus gehören ja alle
Fremdling' und Darbende an; und kleine Gaben erfreun auch.
Kommt denn, ihr Dirnen, und gebt dem Manne zu essen und trinken,
Und dann badet ihn unten im Fluß, wo Schutz vor dem Wind ist.
Also sprach sie. Da standen sie still und riefen einander,
Führten Odysseus hinab zum schattigen Ufer des Stromes,
Wie es Nausikaa hieß, des hohen Alkinoos Tochter;
Legten ihm einen Mantel und Leibrock hin zur Bedeckung,
Gaben ihm auch geschmeidiges Öl in goldener Flasche,
Und geboten ihm jetzt, in den Wellen des Flusses zu baden.
Und zu den Jungfraun sprach der göttergleiche Odysseus:
Tretet ein wenig beiseit, ihr Mädchen, daß ich mir selber
Von den Schultern das Salz abspül, und mich ringsum mit Öle
Salbe; denn wahrlich, schon lang entbehr ich dieser Erfrischung!
Aber ich bade mich nimmer vor euch; ich würde mich schämen,
Nackend zu stehn in Gegenwart schönlockiger Jungfraun.
Also sprach er; sie gingen beiseit, und sagten's der Fürstin.
Und nun wusch in den Strom der edle Dulder das Meersalz,
Welches den Rücken ihm und die breiten Schultern bedeckte,
Rieb sich dann von dem Haupte den Schaum der wüsten Gewässer.

Und nachdem er gebadet und sich mit Öle gesalbet,
Zog er die Kleider an, die Geschenke der blühenden Jungfrau.
Siehe, da schuf ihn Athene, die Tochter des großen Kronions,
Höher und jugendlicher an Wuchs und goß von dem Scheitel
Ringelnde Locken herab, wie der Purpurlilien Blüte.
Also umgießt ein Mann mit feinem Golde das Silber,
Welchen Hephästos selbst und Pallas Athene die Weisheit
Vieler Künste gelehrt, und bildet reizende Werke:
Also umgoß die Göttin ihm Haupt und Schultern mit Anmut.
Und er ging ans Ufer des Meers und setzte sich nieder,
Strahlend von Schönheit und Reiz. Mit Staunen sah ihn die Jungfrau.
Leise begann sie und sprach zu den schöngelockten Gespielen:
Höret mich an, weißarmige Mädchen, was ich euch sage!
Nicht von allen Göttern verfolgt, die den Himmel bewohnen,
Kam der Mann in das Land der göttergleichen Phäaken!
Anfangs schien er gering und unbedeutend von Ansehn,
Jetzo gleicht er den Göttern, des weiten Himmels Bewohnern.
Würde mir doch ein Gemahl von solcher Bildung bescheret,
Unter den Fürsten des Volks, und gefiel' es ihm selber zu bleiben!
Aber, ihr Mädchen, gebt dem Manne zu essen und trinken.
Also sprach sie; ihr hörten die Mägde mit Fleiß und gehorchten:
Nahmen des Tranks und der Speis, und brachten's dem Fremdling am Ufer.
Und nun aß er und trank, der herrliche Dulder Odysseus,
Voller Begier, denn er hatte schon lange nicht Speise gekostet.
Und ein Neues ersann die lilienarmige Jungfrau:
Lud auf den zierlichen Wagen die wohlgefalteten Kleider,
Spannte davor die Mäuler mit starken Hufen, bestieg ihn,
Und ermunterte dann Odysseus, rief ihm und sagte:
Fremdling, mache dich auf, in die Stadt zu gehen! Ich will dich

Führen zu meines Vaters, des weisen Helden, Palaste,
Wo du auch sehen wirst die Edelsten aller Phäaken.
Tu nur, was ich dir sage; du scheinst mir nicht unverständig.
Siehe, solange der Weg durch Felder und Saaten dahingeht,
Folge mit meinen Mägden dem mäulerbespanneten Wagen
Hurtig zu Fuße nach, wie ich im Wagen euch führe.
Aber sobald wir die Stadt erreichen, welche die hohe
Mauer umringt (an jeglicher Seit' ist ein trefflicher Hafen,
Und die Einfahrt schmal; denn gleichgezimmerte Schiffe
Engen den Weg, und ruhn ein jedes auf seinem Gestelle.
Allda ist auch ein Markt um den schönen Tempel Poseidons,
Ringsumher mit großen gehauenen Steinen gepflastert,
Wo man alle Geräte der schwarzen Schiffe bereitet,
Segeltücher und Seile und schöngeglättete Ruder.
Denn die Phäaken kümmern sich nicht um Köcher und Bogen,
Aber Masten und Ruder und gleichgezimmerte Schiffe,
Diese sind ihre Freude, womit sie die Meere durchfliegen)?
Siehe, da mied' ich gerne die bösen Geschwätze, daß niemand
Uns nachhöhnte; man ist sehr übermütig im Volke!
Denn es sagte vielleicht ein Niedriger, der uns begegnet:
Seht doch, was folgt Nausikaen dort für ein schöner und großer
Fremdling? Wo fand sie den? Der soll gewiß ihr Gemahl sein!
Holte sie diesen vielleicht aus seinem Schiffe, das fernher
Sturm und Woge verschlug? Denn nahe wohnet uns niemand.
Oder kam gar ein Gott auf ihr inbrünstiges Flehen
Hoch vom Himmel herab, bei ihr zeitlebens zu bleiben?
Besser wars, daß sie selber hinausging, sich aus der Fremde
Einen Gemahl zu suchen; denn unsre phäakischen Freier
Sind ihr wahrlich zu schlecht, die vielen Söhne der Edeln!
Also sagten die Leut', und es wär auch wider den Wohlstand.
Denn ich tadelte selber an andern solches Verfahren,
Wenn man, der Eltern Liebe mit Ungehorsam belohnend,
Sich zu Männern gesellte vor öffentlicher Vermählung.

Aber vernimm, o Fremdling, was ich dir rate, wofern du
Wünschest, daß bald mein Vater in deine Heimat dich sende.
Nah am Weg ist ein Pappelgehölz, Athenen geheiligt.
Ihm entsprudelt ein Quell und tränkt die grünende Wiese,
Wo mein Vater ein Haus mit fruchtbaren Gärten gebaut hat,
Nur so weit von der Stadt, wie die Stimme des Rufenden schallet.
Allda setze dich nieder im Schatten des Haines und warte,
Bis wir kommen zur Stadt und des Vaters Wohnung erreichen.
Aber sobald du meinst, daß wir die Wohnung erreichet,
Mache dich auf und gehe zur Stadt der Phäaken, und frage
Dort nach meines Vaters, des hohen Alkinoos, Wohnung.
Leicht ist diese zu kennen, der kleinste Knab auf der Gasse
Führet dich hin. Denn nicht auf gleiche Weise gebauet
Sind der Phäaken Paläste; des Helden Alkinoos Wohnung
Strahlt vor allen. Und bist du im ringsumbaueten Vorhof,
Dann durcheile den Saal und geh zur inneren Wohnung
Meiner Mutter. Sie sitzt am glänzenden Feuer des Herdes,
Drehend die zierliche Spindel mit purpurfarbener Wolle,
An die Säule gelehnt; und hinter ihr sitzen die Jungfraun.
Neben ihr steht ein Thron für meinen Vater, den König,
Wo er, wie ein Unsterblicher, ruht und mit Weine sich labet.
Diesen gehe vorbei, und umfasse mit flehenden Händen
Unserer Mutter Kniee, damit du den Tag der Zurückkunft
Freudig sehest und bald, du wohnest auch ferne von hinnen.
Denn ist diese dir nur in ihrem Herzen gewogen,
Oh, dann hoffe getrost, die Freunde wiederzusehen,
Und dein prächtiges Haus und deiner Väter Gefilde!

Also sprach die Fürstin und zwang mit glänzender Geißel
Ihre Mäuler zum Lauf; sie enteilten dem Ufer des Stromes,
Trabten hurtig von dannen, und bogen behende die Schenkel.
Aber sie hielt sie im Zügel, damit ihr die Gehenden folgten,
Ihre Mägd' und Odysseus, und schwang die Geißel mit Klugheit.
Und die Sonne sank, und sie kamen zum schönen Gehölze,

Pallas' heiligem Hain; hier setzt' Odysseus sich nieder.
Und er betete schnell zur Tochter des großen Kronion:
Höre mich, siegende Tochter des wetterleuchtenden Gottes!
Höre mich endlich einmal, da du vormals nimmer mich hörtest,
Als der gestadumstürmende Gott mich zürnend umherwarf!
Laß mich vor diesem Volk Barmherzigkeit finden und Gnade!
Also sprach er flehend; ihn hörete Pallas Athene.
Aber noch erschien sie ihm nicht; sie scheute den Bruder
Ihres Vaters; er zürnte dem göttergleichen Odysseus
Unablässig, bevor er die Heimat wieder erreichte.

SIEBENTER GESANG

Nach Nausikaa geht Odysseus in die Stadt, von Athene in Nebel gehüllt und zum Palaste des Königs geführt, wo die Fürsten versammelt sind. Er fleht der Königin Arete um Heimsendung und wird von Alkinoos als Gast aufgenommen. Nach dem Mahle, da Arete um die Kleider ihn fragt, erzählt er seine Geschichte seit der Abfahrt von Kalypso.

Also betete dort der herrliche Dulder Odysseus.
Aber Nausikaa flog in die Stadt mit der Stärke der Mäuler.
Als sie die prächtige Burg des Vaters jetzo erreichte,
Hielt sie still an der Pforte des Hofs. Da kamen die Brüder
Ringsumher, an Gestalt den Unsterblichen ähnlich; sie spannten
Von dem Wagen die Mäuler und trugen die Wäsch' in die Kammer.
Jetzo ging sie hinein, und ihre Kammerbediente
Zündete Feuer an, die alte Eurymedusa.
Einst entführten die Schiffer sie aus Epeiros, und wählten
Für Alkinoos sie zum Ehrengeschenke, den König,

Welcher hoch wie ein Gott im phäakischen Volke geehrt ward;
Und sie erzog ihm die schöne Nausikaa in dem Palaste.
Als das Feuer nun brannte, besorgte sie hurtig die Mahlzeit.
Aber Odysseus ging in die Stadt, und Pallas Athene
Hüllt' ihn in finstere Nacht, aus Sorge für ihren Geliebten:
Daß ihn nicht auf dem Wege der hochgesinnten Phäaken
Einer mit Schmähungen kränkte, noch fragte, von wannen er käme.
Als er die schöne Stadt der Phäaken jetzo erreichte,
Da begegnet' ihm Zeus' blauäugichte Tochter Athene.
Wie ein blühendes Mädchen mit einem Wassergefäße,
Stand sie nahe vor ihm. Da sprach der edle Odysseus:
Liebe Tochter, willst du mir nicht Alkinoos' Wohnung
Zeigen, welchem dies Volk als seinem König gehorchet?
Denn ich komme zu euch, ein armer irrender Fremdling,
Ferne von hier aus dem apischen Land, und kenne der Menschen
Keinen, welche die Stadt und diese Gefilde bewohnen.
Ihm antwortete Zeus' blauäugichte Tochter Athene:
Gerne will ich dir, Vater, das Haus, wohin du verlangest,
Zeigen, denn nahe dabei wohnt mein rechtschaffener Vater.
Gehe so ruhig fort, und folge mir, wie ich dich führe;
Schaue nach keinem Menschen dich um und rede mit niemand.
Denn die Leute sind hier den Fremden nicht allzu gewogen,
Und bewirten sie nicht sehr freundlich, woher sie auch kommen.
Sie bekümmern sich nur um schnelle hurtige Schiffe,
Über die Meere zu fliegen: denn dies gab ihnen Poseidon.
Ihre Schiffe sind hurtig wie Flügel und schnell wie Gedanken.
Als sie die Worte geredet, da wandelte Pallas Athene
Eilend voran, und er folgte den Schritten der wandelnden Göttin.
Ihn bemerkte keiner der segelberühmten Phäaken,
Als er die Stadt durchging; die schöngelockte Athene

Ließ es nicht zu, die furchtbare Göttin, die heiliges Dunkel
Über sein Haupt hingoß, aus Sorge für ihren Geliebten.
Wundernd sah er die Häfen und gleichgezimmerten Schiffe
Und die Versammlungsplätze des Volks und die türmenden Mauern,
Lang und hoch, mit Pfählen umringt, ein Wunder zu schauen!
Als sie die prächtige Burg des Königs jetzo erreichten,
Siehe, da redete Zeus' blauäugichte Tochter Athene:
Fremder Vater, hier ist das Haus, wohin du verlangtest,
Daß ich dich führe. Du wirst die göttergesegneten Fürsten
Hier am festlichen Schmause versammelt finden; doch gehe
Dreist hinein und fürchte dich nicht! Dem Kühnen gelinget
Jedes Beginnen am besten, und käm er auch aus der Fremde.
Aber suche zuerst die Königin drinnen im Saale.
Diese heißt Arete mit Namen, und ward von denselben
Eltern gezeugt, von welchen der König Alkinoos herstammt.
Denn Nausithoos war des Erdumstürmers Poseidon
Und Periboiens Sohn, der Schönsten unter den Weibern,
Und des hochgesinnten Eurymedons jüngsten Tochter.
Dieser beherrschte vordem die ungeheuren Giganten;
Aber er stürzte sich selbst und sein frevelndes Volk ins Verderben.
Seine Tochter bezwang der Gott, und aus ihrer Gemeinschaft
Wuchs Nausithoos auf, der edle Phäakenbeherrscher.
Und Nausithoos zeugte Alkinoos und Rhexenor.
Dieser starb ohne Söhne vom silbernen Bogen Apollons,
Neuvermählt im Palast; die einzige Tochter Arete
Seines Bruders nahm Alkinoos drauf zur Gemahlin:
Welcher sie ehrt, wie nirgends ein Weib auf Erden geehrt wird,
Keines von allen, die jetzo das Haus der Männer verwalten.
Also wird Arete mit herzlicher Liebe geehret
Von Alkinoos selbst und ihren blühenden Kindern
Und dem Volke, das sie wie eine Göttin betrachtet

Und mit Segen begrüßt, so oft sie die Gassen durchwandelt.
Denn es fehlet ihr nicht an königlichem Verstande,
Und sie entscheidet selbst der Männer Zwiste mit Weisheit.
Fremdling, ist diese dir nur in ihrem Herzen gewogen,
Oh, dann hoffe getrost, die Freunde wiederzusehen,
Und dein prächtiges Haus und deiner Väter Gefilde!
  Also redete Zeus' blauäugichte Tochter, und eilte
Über das wüste Meer aus Scherias lieblichen Auen,
Bis sie gen Marathon kam und den weiten Gassen Athenäs,
In die prächtige Wohnung Erechtheus'. Aber Odysseus
Ging zu Alkinoos' hohem Palast. Nun stand er und dachte
Vieles im Herzen, bevor er der ehernen Schwelle sich nahte.
  Gleich dem Strahle der Sonn' und gleich dem Schimmer des Mondes
Blinkte des edelgesinnten Alkinoos prächtige Wohnung.
Eherne Wände liefen an jeglicher Seite des Hauses
Tief hinein von der Schwelle, gekrönt mit blauem Gesimse.
Eine goldene Pforte verschloß die innere Wohnung;
Silberne Pfosten, gepflanzt auf ihrer ehernen Schwelle,
Trugen den silbernen Kranz; der Ring der Pforte war golden.
Jegliche Seit' umstanden die goldnen und silbernen Hunde,
Welche Hephästos selbst mit hohem Verstande gebildet,
Um des edelgesinnten Alkinoos Wohnung zu hüten:
Drohend standen sie dort, unsterblich und nimmer veralternd.
Innerhalb reihten sich Sessel um alle Wände des Saales
Tief hinein von der Schwell'; und Teppiche deckten die Sessel,
Fein und zierlichgestickt, der Weiber künstliche Arbeit.
Allda saßen stets der Phäaken hohe Beherrscher
Festlich bei Speis und Trank und schmausten von Tage zu Tage.
Goldene Jünglinge standen auf schöngebauten Altären
Ringsumher und hielten in Händen brennende Fackeln,
Um den Gästen im Saale beim nächtlichen Schmause zu leuchten.

Fünfzig Weiber dienten im weiten Palaste des Königs.
Diese bei rasselnden Mühlen zermalmeten gelbes Getreide;
Jene saßen und webten und dreheten emsig die Spindel,
Anzuschaun, wie die Blätter der hohen wehenden Pappel:
Und es glänzte wie Öl die schöngewebete Leinwand.
Denn gleich wie die Phäaken vor allen übrigen Männern
Hurtige Schiffe zu lenken verstehn, so siegen die Weiber
In der Kunst des Gewebes: sie lehrete selber Athene,
Wundervolle Gewänder mit klugem Geiste zu wirken.
Außer dem Hofe liegt ein Garten, nahe der Pforte,
Eine Huf' ins Gevierte, mit ringsumzogener Mauer.
Allda streben die Bäume mit laubichtem Wipfel gen Himmel,
Voll balsamischer Birnen, Granaten und grüner Oliven,
Oder voll süßer Feigen und rötlichgesprenkelter Äpfel.
Diese tragen beständig und mangeln des lieblichen Obstes
Weder im Sommer noch Winter; vom linden Weste gefächelt,
Blühen die Knospen dort, hier zeitigen schwellende Früchte:
Birnen reifen auf Birnen, auf Äpfel röten sich Äpfel,
Trauben auf Trauben erdunkeln, und Feigen schrumpfen auf Feigen.
Allda prangt auch ein Feld, von edlen Reben beschattet.
Einige Trauben dorren auf weiter Ebne des Gartens,
An der Sonne verbreitet, und andere schneidet der Winzer,
Andere keltert man schon. Hier stehen die Herling' in Reihen,
Dort entblühen sie erst, dort bräunen sich leise die Beeren.
An dem Ende des Gartens sind immerduftende Beete,
Voll balsamischer Kräuter und tausendfarbiger Blumen.
Auch zwo Quellen sind dort: die eine durchschlängelt den Garten;
Und die andere gießt sich unter die Schwelle des Hofes
An den hohen Palast, allwo die Bürger sie schöpfen.
Siehe, so reichlich schmückten Alkinoos' Wohnung die Götter.
Lange stand bewundernd der herrliche Dulder Odysseus.
Und nachdem er alles in seinem Herzen bewundert,

Eilet' er über die Schwell' und ging in die strahlende Wohnung.
Und er fand der Phäaken erhabene Fürsten und Pfleger.
Diese gossen des Weines dem rüstigen Argosbesieger;
Denn ihm opferte man zuletzt, der Ruhe gedenkend.
Schnell durchging er den Saal, der herrliche Dulder Odysseus,
Rings in Nebel gehüllt, den ihm Athene umgossen,
Bis er Alkinoos fand und seine Gemahlin Arete.
Und Odysseus umschlang mit den Händen der Königin Kniee;
Und mit einmal zerfloß um ihn das heilige Dunkel.
Alle verstummten im Saale, da sie den Fremdling erblickten,
und sahn staunend ihn an. Jetzt flehte der edle Odysseus:
O Arete, du Tochter des göttergleichen Rhexenors,
Deinem Gemahle fleh ich und dir, ein unbekümmerter Fremdling,
Und den Gästen umher! Euch allen schenken die Götter
Langes Leben und Heil, und jeder lasse den Kindern
Reichtum im Hause nach, und die Würde, die ihm das Volk gab!
Aber erbarmet euch mein und sendet mich eilig zur Heimat,
Denn ich irre schon lang, entfernt von den Freunden, in Trübsal!
Also sprach er, und setzt' am Herd in die Asche sich nieder
Neben dem Feu'r; und alle verstummten umher und schwiegen.
Endlich brach die Stille der graue Held Echeneos,
Welcher der älteste war der hohen phäakischen Fürsten,
An Beredsamkeit reich und geübt in der Kunde der Vorzeit.
Dieser erhub anitzo die Stimme der Weisheit und sagte:
König, es ziemet sich nicht und ist den Gebräuchen entgegen,
Einen Fremdling am Herd in der Asche sitzen zu lassen.
Diese Männer schweigen und harren deiner Befehle.
Auf! und führe den Fremdling zum silberbeschlagenen Sessel,
Daß er bei uns sich setze; und laß die Herolde wieder
Füllen mit Weine den Kelch, damit wir dem Gotte des Donners
Opfer bringen, der über die Hilfeflehenden waltet.

Und die Schaffnerin speise von ihrem Vorrat den Fremdling.
  Als die heilige Macht Alkinoos' solches vernommen,
Faßt' er die Hand des tapfern erfindungsreichen Odysseus,
Richtet' ihn auf aus der Asch' und führt' ihn zum schimmernden Sessel
Nahe bei sich und hieß den edlen Laodamas aufstehn,
Seinen mutigen Sohn, den er am zärtlichsten liebte.
Eine Dienerin trug in der schönen goldenen Kanne,
Über dem silbernen Becken, das Wasser, beströmte zum Waschen
Ihm die Händ', und stellte vor ihn die geglättete Tafel.
Auch die ehrbare Schaffnerin kam und tischte das Brot auf,
Und der Gerichte viel' aus ihrem gesammelten Vorrat.
Und nun aß er und trank, der herrliche Dulder Odysseus.
Aber die heilige Macht Alkinoos' sprach zu dem Herold:
  Mische Wein in dem Kelche, Pontonoos, reiche dann allen
Männern im Saal umher, damit wir dem Gotte des Donner
Opfer bringen, der über die Hilfeflehenden waltet.
  Sprach's; und Pontonoos mischte des süßen Weines im Kelche,
Und verteilte von neuem, sich rechtshin wendend, die Becher.
Als sie des Trankes geopfert und nach Verlangen getrunken,
Hub Alkinoos an und sprach zur edlen Versammlung:
  Merket auf, der Phäaken erhabene Fürsten und Pfleger,
Daß ich rede, wie mir das Herz im Busen gebietet.
Jetzo, nachdem ihr gespeist, geht heim und legt euch zur Ruhe.
Morgen wollen wir hier noch mehr der Ältesten laden,
Und den Fremdling im Hause bewirten, mit heiligen Opfern
Uns die Götter versöhnen, und dann die geforderte Heimfahrt
Überdenken: damit er, vor Not und Kummer gesichert,
Unter unserm Geleit in seiner Väter Gefilde
Freudig komme und bald, er wohn auch ferne von hinnen;
Und ihm nicht auf dem Weg ein neues Übel begegne,

Eh er sein Vaterland erreicht hat. Dort begegn' ihm,
Was ihm das Schicksal bestimmt und die unerbittlichen Schwestern
Ihm bei seiner Geburt in den werdenden Faden gesponnen.
Aber kam vielleicht der Unsterblichen einer vom Himmel,
Wahrlich, dann haben mit uns die Götter ein andres im Sinne!
Sonst erscheinen uns stets die Götter in sichtbarer Bildung,
Wann wir mit festlicher Pracht der Hekatomben sie grüßen,
Sitzen mit uns in Reihen und essen von unserem Mahle.
Oft auch, wann ihnen irgend ein einsamer Wandrer begegnet,
Hüllen sie sich in Gestalt: denn wir sind ihnen so nahe,
Wie die wilden Kyklopen und ungezähmten Giganten.
Ihm antwortete drauf der erfindungsreiche Odysseus:
O Alkinoos, hege nicht solche Gedanken! Ich sehe
Keinem Unsterblichen gleich, die den weiten Himmel bewohnen,
Weder an Kleidung noch Wuchs; ich gleiche sterblichen Menschen.
Kennt ihr einen, der euch der unglückseligste aller
Sterblichen scheint, ich bin ihm gleich zu achten an Elend!
Ja, ich wüßte vielleicht noch größere Leiden zu nennen,
Welche der Götter Rat auf meine Seele gehäuft hat!
Aber erlaubt mir nun zu essen, wie sehr ich auch traure.
Denn nichts ist unbändiger als der zürnende Hunger,
Der mit tyrannischer Wut an sich die Menschen erinnert,
Selbst den leidenden Mann mit tief bekümmerter Seele.
Also bin ich von Herzen bekümmert; aber beständig
Fordert er Speis und Trank, der Wüterich! und ich vergesse
Alles, was ich gelitten, bis ich den Hunger gesättigt.
Aber eilet, ihr Fürsten, sobald der Morgen sich rötet,
Mich unglücklichen Mann in meine Heimat zu senden!
Denn so viel ich erlitten, ich stürbe sogar um den Anblick
Meiner Güter und Knechte und meines hohen Palastes!

Also sprach er; da lobten ihn alle Fürsten und rieten,
Heimzusenden den Gast, weil seine Bitte gerecht war.
Als sie des Trankes geopfert und nach Verlangen getrunken,
Gingen sie alle heim, der süßen Ruhe zu pflegen.
Aber im Saale blieb der göttergleiche Odysseus;
Neben ihm saß der König und seine Gemahlin Arete;
Und die Mägde räumten des Mahls Geräte von hinnen.
Jetzo begann Arete, die lilienarmige Fürstin;
Denn sie erkannte den Mantel und Rock, die schönen Gewänder,
Welche sie selber gewirkt mit ihren dienenden Jungfraun;
Und sie redet' ihn an und sprach die geflügelten Worte:
Hierum muß ich dich, Fremdling, vor allen Dingen befragen:
Wer, und von wannen bist du? Wer gab dir diese Gewänder?
Sagtest du nicht, du kämest hierher vom Sturme verschlagen?
Ihr antwortete drauf der erfindungsreiche Odysseus:
Schwer, o Königin, ist es, dir alle Leiden von Anfang
Herzunennen, die mir die himmlischen Götter gesendet.
Dennoch will ich dir dieses, warum du mich fragest, erzählen.
Fern auf dem Meere liegt Ogygia, eine der Inseln,
Wo des Atlas Tochter, die listenreiche Kalypso,
Wohnet, die schöngelockte, die furchtbare Göttin. Es pfleget
Keiner der Götter mit ihr, und keiner der Menschen Gemeinschaft
Mich Unglücklichen nur, mich führte zu ihrer Behausung
Irgend ein Dämon, nachdem mir der Gott hochrollender Donner
Mitten im Meere mein Schiff mit dem dampfenden Strahle zerschmettert!
Alle tapfern Gefährten versanken mir dort in den Abgrund.
Aber ich, der den Kiel des zertrümmerten Schiffes umschlungen,
Trieb neun Tage herum. In der zehnten der schrecklichen Nächte

Führten die Himmlischen mich gen Ogygia, wo Kalypso
Wohnet, die schöngelockte, die furchtbare Göttin. Sie nahm mich
Freundlich und gastfrei auf und reichte mir Nahrung, und sagte
Mir Unsterblichkeit zu und nimmerverblühende Jugend.
Dennoch vermochte sie nimmer mein standhaftes Herz zu bewegen.
Sieben Jahre blieb ich bei ihr und netzte mit Tränen
Stets die ambrosischen Kleider, die mir Kalypso geschenket.
Als nun endlich das achte der rollenden Jahre gekommen,
Da gebot sie mir selber die Heimfahrt, weil es Kronion
Ordnete oder ihr Herz sich geändert hatte. Sie sandte
Mich auf vielgebundenem Floß und schenkte mir reichlich
Speise und süßen Wein und gab mir ambrosische Kleider;
Ließ dann leise vor mir ein laues Lüftchen einherwehn.
Siebzehn Tage befuhr ich die ungeheuren Gewässer.
Am achtzehnten erblickt ich die hohen schattigen Berge
Eures Landes von fern, und freute mich herzlich des Anblicks.
Ich Unglücklicher! Ach, noch viele schreckliche Trübsal
Stand mir bevor, vom Zorne des Erderschüttrers Poseidon!
Plötzlich hemmt' er die Fahrt mit reißenden Stürmen, und hochauf
Schwoll das unendliche Meer, und die rollende Woge verbot mir,
Daß ich länger im Floße mit bangem Seufzen dahinfuhr:
Ihn zerschmetterte schnell die Gewalt der kommenden Windsbraut.
Aber schwimmend durchkämpft ich die ungeheuren Gewässer,
Bis mich der Sturm und die Wog' an euer Gestade hinanwarf.
Allda hätte mich fast ergriffen die strudelnde Brandung,
Und an die drohenden Klippen, den Ort des Entsetzens, geschmettert.
Aber ich eilte zurück und schwamm herum, bis ich endlich
Kam an den Strom. Hier fand ich bequem zum Landen das Ufer,

Niedrig und felsenleer, und vor dem Winde gesichert.
Und ich sank ohnmächtig ans Land. Die ambrosische Nacht kam.
Und ich ging vom Gestade des göttlichen Stromes und legte
Mich in ein dichtes Gebüsch, und häufte verdorrete Blätter
Um mich her; da sandte mir Gott unendlichen Schlummer.
Unter den Blättern dort, mit tiefbekümmerter Seele,
Schlief ich die ganze Nacht, bis zum andern Morgen und Mittag.
Als die Sonne sich neigte, verließ mich der liebliche Schlummer.
Und am Ufer des Meers erblickte ich die spielenden Jungfraun
Deiner Tochter, mit ihnen sie selbst, den Unsterblichen ähnlich.
Dieser fleht ich und fand ein Mädchen voll edler Gesinnung.
Wahrlich, sie handelte so, wie kaum ihr jugendlich Alter
Hoffen ließ; denn selten sind jüngere Leute verständig.
Speise reichte sie mir und funkelnden Wein zur Erquickung,
Badete mich im Strom und schenkte mir diese Gewänder.
Dieses hab ich Betrübter dir jetzt aufrichtig erzählet.
  Ihm antwortete drauf Alkinoos wieder und sagte:
Fremdling, doch Eine Pflicht hat meine Tochter verabsäumt!
Daß sie dich nicht zu uns mit ihren dienenden Jungfraun
Führte. Du hattest ja ihr zuerst um Hilfe geflehet.
  Ihm antwortete drauf der erfindungsreiche Odysseus:
Edler, enthalte dich, die treffliche Tochter zu tadeln!
Denn sie gebot mir zu folgen mit ihren dienenden Jungfraun;
Aber ich weigerte mich, aus Scheu, und weil ich besorgte,
Daß sich etwa dein Herz ereiferte, wenn du es sähest.
Denn wir sind argwöhnisch, wir Menschenkinder auf Erden!
  Ihm antwortete drauf Alkinoos wieder und sagte:
Fremdling, ich trage kein Herz im Busen, welches ohn Ursach
Brennte von jähem Zorn. Doch besser ist immer der Wohlstand.
Schaffte doch Vater Zeus, Athene und Phöbos Apollon,
Daß ein Mann so wie du, so ähnlich mir an Gesinnung,
Meine Tochter begehrte, sich mir erböte zum Eidam,
Und hier bliebe! Ich wollte dir Haus und Habe verehren,

Bliebest du willig hier. Doch wider Willen soll niemand
Von den Phäaken dich halten: das wolle Gott nicht gefallen!
Deine Heimfahrt aber bestimm ich dir, daß du es wissest,
Morgen. Allein du wirst indessen liegen und schlafen,
Da sie die Stille des Meers durchrudern, bis du erreichest
Deine Heimat, dein Haus, und was dir irgendwo lieb ist;
Wär es auch von hinnen noch weiter als selbst Euboia.
Denn das liegt sehr ferne: so sagen unsere Leute,
Die es sahn, da sie einst Rhadamanthys, den bräunlichgelockten,
Fuhren, der Tityos dort, den Sohn der Erde, besuchte;
Und sie kamen dahin, und vollbrachten an einem Tage
Ohne Mühe die Fahrt, und brachten ihn wieder zur Heimat.
Lernen sollst du es selber, wie sehr sie vor allen geübt sind,
Meine Jüngling' und Schiffe, mit Rudern das Meer zu durchfliegen!
Sprach's; und freudig vernahm es der herrliche Dulder Odysseus.
Drauf begann er zu reden und brach in ein lautes Gebet aus:
Vater Zeus, o gib, daß Alkinoos alles vollende,
Was er verheißt! Dann strahlt auf lebenschenkender Erde
Unauslöschlich sein Ruhm; ich aber kehre zur Heimat!
Also besprachen diese sich jetzo untereinander.
Aber den Mägden befahl die lilienarmige Fürstin,
Unter die Hall' ein Bette zu setzen, unten von Purpur
Prächtige Polster zu legen und Teppiche drüber zu breiten,
Hierauf wollige Mäntel zur Oberdecke zu legen.
Und sie enteilten dem Saal, in den Händen die leuchtende Fackel.
Als sie jetzo geschäftig das warme Lager bereitet,
Gingen sie hin und ermahnten den göttergleichen Odysseus:
Fremdling, gehe nun schlafen; dein Lager ist schon bereitet.
Also die Mägd'; und ihm war sehr willkommen die Ruhe.
Also schlummerte dort der herrliche Dulder Odysseus,

Unter der tönenden Hall', im schöngebildeten Bette.
Aber Alkinoos schlief im Innern des hohen Palastes,
Und die Königin schmückte das Ehbett ihres Gemahles.

ACHTER GESANG

Alkinoos empfiehlt dem versammelten Volke die Heimsendung des Fremdlings und ladet die Fürsten samt den Reisegefährten zum Gastmahl. Kampfspiele. Odysseus wirft die Scheibe. Tanz zu Demodokos' Gesang von Ares und Aphrodite. Andere Tänze. Odysseus wird beschenkt. Beim Abendschmaus singt Demodokos von dem hölzernen Roß; den weinenden Fremdling ersucht der König um seine Geschichte.

Als die dämmernde Frühe mit Rosenfingern erwachte,
Stand die heilige Macht Alkinoos' auf von dem Lager.
Auch Odysseus erhub sich, der göttliche Städtebezwinger.
Und die heilige Macht Alkinoos' führte den Helden
Zu der Phäaken Markte, der bei den Schiffen erbaut war.
Allda setzten sie sich auf schöngeglättete Steine
Nebeneinander. Die Stadt durchwandelte Pallas Athene,
Gleich an Gestalt dem Herold des weisen Phäakenbeherrschers;
Auf die Heimkehr denkend des großgesinnten Odysseus,
Ging sie umher und sprach zu jedem begegnenden Manne:
Auf und kommt, der Phäaken erhabene Fürsten und Pfleger,
Zu dem Versammlungsplatz, des Fremdlings Bitte zu hören,
Welcher neulich im Hause des weisen Alkinoos ankam,
Hergestürmt von dem Meer, an Gestalt den Unsterblichen ähnlich.
Also sprach sie, das Herz in aller Busen erregend.
Und es wimmelten schnell die Gäng' und Sitze des Marktes

Von dem versammelten Volk. Da schaueten viele bewundernd
Auf Laërtes' erfindenden Sohn; denn Pallas Athene
Hatte mit göttlicher Hoheit ihm Haupt und Schultern umgossen,
Hatt ihn höher an Wuchs und jugendlicher gebildet:
Daß bei allen Phäaken Odysseus Liebe gewönne,
Ehrenvoll und hehr, und aus den Spielen der Kämpfer
Siegreich ginge, womit die Phäaken ihn würden versuchen.
Als die Versammelten jetzt in geschlossener Reihe sich drängten,
Hub Alkinoos an und redete zu der Versammlung:
  Merket auf, der Phäaken erhabene Fürsten und Pfleger,
Daß ich rede, wie mir das Herz im Busen gebietet.
Dieser Fremdling (ich kenn ihn nicht) ist, irrend vom Morgen-
Oder vom Abendlande, zu meinem Hause gekommen,
Und verlangt nun weiter und fleht um Bestimmung der Abfahrt.
Laßt uns denn jetzo die Reise beschleunigen, wie wir gewohnt sind.
Denn kein Fremdling, der Schutz in meinen Wohnungen suchet,
Harret lange mit Seufzen, daß man zur Heimat ihn sende.
Auf! wir wollen ein schwärzliches Schiff von den neusten am Strande
Wälzen ins heilige Meer, und zweiundfünfzig der besten
Jüngling' im Volk erlesen, die sich schon vormals gezeiget!
Habt ihr die Ruder gehörig an euren Bänken befestigt,
Dann steigt wieder ans Land, und stärkt euch in unserm Palaste
Schnell mit Speise zur Fahrt; ich will euch allen bereiten.
Dieses ist mein Befehl an die Jünglinge. Aber ihr andern
Zeptertragenden Fürsten, versammelt euch zu dem Palaste,
Daß wir den Fremdling zuvor in meinem Saale bewirten.
Niemand weigere sich! Ruft auch den göttlichen Sänger,
Unsern Demodokos, her; denn ihm gab Gott überschwenglich
Süßen Gesang, wovon auch sein Herz zu singen ihn antreibt.

Also sprach er und ging. Die Zeptertragenden alle
Folgten ihm; und der Herold enteilte zum göttlichen Sänger.
Aber die zweiundfünfzig erlesenen Jünglinge gingen,
Nach des Königs Befehl, ans Ufer der wüsten Gewässer.
Als sie jetzo das Schiff am Strande des Meeres erreichten,
Zogen sie eilig das schwärzliche Schiff ins tiefe Gewässer,
Trugen den Mast hinein und die Segel des schwärzlichen Schiffes,
Hängten darauf die Ruder in ihre ledernen Wirbel,
Alles, wie sich's gehört, und spannten die schimmernden Segel.
Und sie stellten das Schiff im hohen Wasser des Hafens,
Gingen dann in die Burg des weisen Phäakenbeherrschers.
Allda wimmelten schon die Säle, die Hallen und Höfe
Von den versammelten Gästen; es kamen Jüngling' und Greise.
Aber Alkinoos gab der Schar zwölf Schafe zum Opfer,
Acht weißzahnichte Schwein', und zween schwerwandelnde Stiere.
Diese zogen sie ab, und bereiteten hurtig das Gastmahl.
Jetzo kam auch der Herold und führte den lieblichen Sänger,
Diesen Vertrauten der Muse, dem Gutes und Böses verlichn ward;
Denn sie nahm ihm die Augen und gab ihm süße Gesänge.
Und Pontonoos setzt' ihm den silberbeschlagenen Sessel
Mitten unter den Gästen, an eine ragende Säule;
Hängte darauf an den Nagel die lieblichklingende Harfe
Über des Sängers Haupt und führt' ihm die Hand, sie zu finden.
Vor ihn stellte der Herold den schönen Tisch und den Eßkorb,
Und den Becher voll Weins, zu trinken, wann ihm beliebte.
Und sie erhoben die Hände zum leckerbereiteten Mahle.
Aber als die Begierde des Tranks und der Speise gestillt war,
Trieb die Muse den Sänger, das Lob der Helden zu singen.
Aus dem Liede, des Ruhm damals den Himmel erreichte,
Wählt' er Odysseus' Zank und des Peleiden Achilleus:
Wie sie einst miteinander am festlichen Mahle der Götter

Heftig stritten und sich der Führer des Heers Agamemnon
Herzlich freute beim Zwiste der tapfersten Helden Achäas.
Denn dies Zeichen war ihm von Phöbos Apollon geweissagt,
In der heiligen Pytho, da er die steinerne Schwelle
Forschend betrat; denn damals entsprang die Quelle der Trübsal
Für die Achäer und Troer, durch Zeus', des Unendlichen, Ratschluß.
Dieses sang der berühmte Demodokos. Aber Odysseus
Faßte mit nervichten Händen den großen purpurnen Mantel,
Zog ihn über das Haupt und verhüllte sein herrliches Antlitz;
Daß die Phäaken nicht die tränenden Wimpern erblickten.
Als den Trauergesang der göttliche Sänger geendigt,
Trocknet' er schnell die Tränen und nahm vom Haupte den Mantel,
Faßte den doppelten Becher und goß den Göttern des Weines.
Aber da jener von neuem begann, und die edlen Phäaken
Ihn zum Gesang ermahnten, vergnügt durch die reizenden Lieder,
Hüllt' Odysseus wieder sein Haupt in den Mantel und traurte.
Allen übrigen Gästen verbarg er die stürzende Träne;
Nur Alkinoos sah aufmerksam die Trauer des Fremdlings,
Welcher neben ihm saß, und hörte die tiefen Seufzer.
Und der König begann zu den ruderliebenden Männern:
Merket auf, der Phäaken erhabene Fürsten und Pfleger.
Schon hat unsere Herzen das gleichverteilete Gastmahl
Und die Harfe gelabt, des festlichen Mahles Gespielin;
Laßt uns denn jetzt aufstehen und alle Kämpfe beginnen:
Daß der Fremdling davon bei seinen Freunden erzähle,
Wenn er nach Hause kommt, wie wir vor allen geübt sind
In dem Kampfe der Faust, im Ringen, im Sprung und im Wettlauf.
Also sprach er und ging; es folgten ihm alle Phäaken.
Aber der Herold hängt' an den Nagel die klingende Harfe,

Faßte Demodokos' Hand und führt' ihn aus dem Palaste,
Ging dann vor ihm einher des Weges, welchen die andern
Edlen des Volkes gingen, zu schauen die Spiele der Kämpfer.
Und sie eilten, verfolgt vom großen Getümmel des Volkes,
Auf den Markt. Da erhuben sich viele der Edlen zum Wettkampf,
Stand Akroneos auf, Okyalos dann und Elatreus,
Nauteus dann und Prymneus, Achialos dann und Eretmeus,
Anabesineos dann und Ponteus, Proreus und Thoon,
Auch Amphialos, Sohn von Tektons Sohn Polyneos,
Und Euryalos, gleich dem menschenvertilgenden Kriegsgott;
Auch Naubolides kam, an Wuchs und Bildung der schönste
Aller schönen Phäaken, Laodamas einzig war schöner.
Drauf erhuben sich drei von Alkonoos' trefflichen Söhnen:
Erst Laodamas, Halios dann und der Held Klytoneos.
Diese versuchten zuerst miteinander die Schnelle der Füße.
Ihnen ward von dem Stande das Ziel gemessen, und eilend
Flogen sie alle mit einmal dahin durch die stäubende Laufbahn.
Aber alle besiegte der edle Held Klytoneos.
So viel Raum vor den Stieren die pflügenden Mäuler gewinnen,
So weit eilte der Held vor den übrigen Läufern zum Ziele.
Andre versuchten darauf im mühsamen Ringen die Kräfte,
Und Euryalos ging von allen Siegern ein Sieger.
Aber Amphialos war im Sprunge von allen der Beste;
Und die Scheibe zu werfen, der Beste von allen Elatreus;
Und im Kampfe der Faust besiegte Laodamas alle.
Als die Kämpfer ihr Herz mit den edlen Spielen erfreuet,
Sprach Alkinoos' Sohn Laodamas zu der Versammlung:
Freunde, kommt und fragt den Fremdling, ob er auch ehmals
Kämpfe gelernt und versteht. Unedel ist seine Gestalt nicht,
Seine Lenden und Schenkel und beide nervichten Arme,
Und die hohe Brust und der starke Nacken; auch Jugend
Mangelt ihm nicht! Doch hat ihn vielleicht sein Leiden entkräftet;

Denn nichts Schrecklichers ist mir bekannt als die Schrecken des Meeres,
Einen Mann zu verwüsten, und wär er auch noch so gewaltig.
Ihm antwortete drauf Euryalos wieder und sagte:
Wahrlich, mit großem Rechte, Laodamas, hast du geredet.
Gehe nun selbst und fordre ihn auf und reiz ihn mit Worten!
Als der treffliche Sohn Alkinoos' solches vernommen,
Ging er schnell in die Mitte des Volks und sprach zu Odysseus:
Fremder Vater, auch du mußt dich in den Kämpfen versuchen,
Hast du deren gelernt; und sicher verstehst du den Wettkampf.
Denn kein größerer Ruhm verschönt ja das Leben der Menschen,
Als den ihnen die Stärke der Händ' und Schenkel erstrebet.
Auf denn, versuch es einmal, und wirf vom Herzen den Kummer.
Deine Reise, die wird nicht lange mehr dauren; das Schiff ist
Schon ins Wasser gesenkt, und bereit sind deine Gefährten.
Ihm antwortete drauf der erfindungsreiche Odysseus:
Warum fordert ihr mich, Laodamas, höhnend zum Wettkampf?
Meine Trübsal liegt mir näher am Herzen als Kämpfe.
Denn ich habe schon vieles erduldet, schon vieles erlitten;
Und nun sitz ich hier in eurer Heldenversammlung,
Heimverlangend, und flehe dem König und allen Phäaken.
Und Euryalos gab ihm diese schmähende Antwort:
Nein, wahrhaftig! o Fremdling, du scheinst mir kein Mann, der auf Kämpfe
Sich versteht, so viele bei edlen Männern bekannt sind;
Sondern so einer, der stets vielrudrichte Schiffe befähret,
Etwa ein Führer des Schiffs, das wegen der Handlung umherkreuzt,
Wo du die Ladung besorgst und jegliche Ware verzeichnest,
Und den erscharrten Gewinst! Ein Kämpfer scheinst du mitnichten!

Zürnend schaute auf ihn und sprach der weise Odysseus:
Fremdling, du redest nicht fein; du scheinst mir ein trotziger Jüngling.
Wisse, Gott verleiht nicht alle vereinigte Anmut
Allen sterblichen Menschen: Gestalt und Weisheit und Rede.
Denn wie mancher erscheint in unansehnlicher Bildung,
Aber es krönet Gott die Worte mit Schönheit, und alle
Schaun mit Entzücken auf ihn; er redet sicher und treffend,
Mit anmutiger Scheu; ihn ehrt die ganze Versammlung;
Und durchgeht er die Stadt, wie ein Himmlischer wird er betrachtet.
Mancher andere scheint den Unsterblichen ähnlich an Bildung,
Aber seinen Worten gebricht die krönende Anmut.
Also prangst auch du mit reizender Bildung; nicht schöner
Bildete selber ein Gott: doch dein Verstand ist nur eitel.
Siehe, du hast mir das Herz in meinem Busen empöret,
Weil du nicht billig sprachst! Ich bin kein Neuling im Wettkampf,
Wie du eben geschwatzt; ich rühmte mich einen der Ersten,
Als ich der Jugend noch und meinen Armen vertraute.
Jetzt umringt mich Kummer und Not; denn vieles erduldet
Hab ich in Schlachten des Kriegs und den schrecklichen Wogen des Meeres.
Aber auch jetzt, so entkräftet ich bin, versuch ich den Wettstreit!
Denn an der Seele nagt mir die Red, und du hast mich gefordert!
Sprach's, und mitsamt dem Mantel erhub er sich, faßte die Scheibe,
Welche größer und dicker und noch viel schwerer an Wucht war,
Als womit die Phäaken sich untereinander ergötzten.
Diese schwung er im Wirbel und warf mit der nervichten Rechten;
Und hinsauste der Stein. Da bückten sich eilig zur Erden

Alle Phäaken, die Führer der langberuderten Schiffe,
Unter dem stürmenden Stein. Weit über die Zeichen der andern
Flog er, geschnellt von der Faust. Und Athene setzte das Merkmal,
Eines Mannes Gestalt nachahmend, und sprach zu Odysseus:
Selbst ein blinder Mann mit tappenden Händen, o Fremdling,
Fände dein Zeichen heraus; denn nicht vermischt mit der Menge,
Weit vor den übrigen ist es! In diesem Kampfe sei sicher!
Kein Phäake wird dich erreichen oder besiegen.
Also rief ihm die Göttin. Der herrliche Dulder Odysseus
Freute sich, einen gewogenen Mann im Volke zu sehen;
Und mit leichterem Herzen begann er zu den Phäaken:
Schleudert jetzo mir nach, ihr Jünglinge! Bald soll die andre,
Hoff ich, ebenso weit, vielleicht noch weiter, entfliegen!
Jeden anderen Kampf, wem Herz und Mut ihn gebietet,
Komm' und versuch' ihn mit mir; denn ihr habt mich höchlich beleidigt!
Auf die Faust, im Ringen, im Lauf, ich weigre mich keines!
Jeder phäakische Mann, nur nicht Laodamas, komme!
Denn er ist mein Wirt! Wer kämpfte mit seinem Beschützer?
Wahrlich, vernunftlos ist und keines Wertes der Fremdling,
Welcher in fernem Lande den Freund, der ihn speiset und herbergt,
Zum Wettkampfe beruft; er opfert sein eigenes Wohl hin.
Sonst werd ich keinen von euch ausschlagen oder verachten,
Sondern jeden erkennen und seine Stärke versuchen.
So gar schlecht bin ich, traun! in keinem Kampfe der Männer!
Wohl versteh ich die Kunst, den geglätteten Bogen zu spannen;
Ja, ich träfe zuerst im Haufen feindlicher Männer
Meinen Mann mit dem Pfeil, und stünden auch viele Genossen
Neben mir und zielten mit straffem Geschoß auf die Feinde.
Philoktetes allein übertraf mich an Kunde des Bogens,

Als vor Ilions Stadt wir Achäer im Schnellen uns übten.
Doch vor den übrigen Schützen behaupt ich selber den Vorrang,
So viel Sterbliche jetzo die Frucht des Halmes genießen.
Denn mit der Vorzeit Helden verlang ich keine Vergleichung,
Weder mit Eurytos, dem Öchalier, noch mit Herakles,
Die den Unsterblichen sich an Bogenkunde verglichen.
Drum starb Eurytos auch so plötzlich, ehe das Alter
Ihn im Hause beschlich; denn zürnend erschoß ihn Apollon,
Weil er ihn selbst, der Vermeßne, zum Bogenstreite gefordert.
Und mit dem Wurfspieß treff ich so weit, als kein andrer mit Pfeilen.
Bloß an Schnelle der Füße besorg ich, daß der Phäaken
Einer vielleicht mich besiege. So über die Maßen entkräftet
Hat mich das stürmende Meer! Denn ich saß nicht eben mit Zehrung
Reichlich versorgt im Schiff; drum schwand die Stärke den Gliedern.
Also sprach er, und alle verstummten umher und schwiegen.
Endlich hub Alkinoos an und sprach zu Odysseus:
Fremdling, wir sagen dir Dank, daß du uns solches verkündest,
Und die glänzende Tugend uns aufhüllst, die dich begleitet,
Zürnend, weil dieser Mann dich vor den Kämpfern geschmäht hat.
Künftig soll deine Tugend gewiß kein Sterblicher tadeln,
Welcher Verstand besitzt, anständige Worte zu reden!
Aber höre nun auch mein Wort, damit du es andern
Helden erzählen kannst, wann du in deinem Palaste
Sitzest bei deinem Weib und deinen Kindern am Mahle,
Und dich unserer Tugend und unserer Taten erinnerst,
Welche beständig Zeus von der Väter Zeiten uns anschuf.
Denn wir suchen kein Lob im Faustkampf oder im Ringen;
Aber die hurtigsten Läufer sind wir und die trefflichsten Schiffer,

Lieben nur immer den Schmaus, den Reigentanz und die Laute,
Oft veränderten Schmuck und warme Bäder und Ruhe.
Auf denn, und spielt vor uns, ihr besten phäakischen Tänzer:
Daß der Fremdling davon bei seinen Freunden erzähle,
Wann er nach Hause kommt, wie wir vor allen geübt sind
In der Lenkung des Schiffes, im Lauf, im Tanz und Gesange.
Einer gehe geschwind und hole die klingende Harfe
Für Demodokos her, die in unserem Hause wo lieget.
Also sagte der Held Alkinoos. Aber der Herold
Eilte zur Königsburg, die klingende Harfe zu holen.
Jetzo erhuben sich auch die neun Kampfrichter vom Sitze,
Welche das Volk bestellt, die edlen Spiele zu ordnen,
Maßen und ebneten schnell die schöne Fläche des Reigens.
Aber der Herold kam und brachte die klingende Harfe
Für Demodokos her. Er trat in die Mitte, und um ihn
Standen die blühenden Jüngling', erfahren im bildenden Tanze;
Und mit gemessenen Tritten entschwebten sie. Aber Odysseus
Sah voll stiller Bewundrung die fliegende Eile der Füße.
Lieblich rauschte die Harfe; dann hub der schöne Gesang an.
Ares' Liebe besang und Aphroditens der Meister,
Wie sich beide zuerst in Hephästos' prächtiger Wohnung
Heimlich vermischt. Viel schenkte der Gott und entehrte des hohen
Feuerbeherrschers Lager. Doch plötzlich bracht ihm die Botschaft
Helios, der sie gesehn in ihrer geheimen Umarmung.
Aber sobald Hephästos die kränkende Rede vernommen,
Eilet' er schnell in die Esse, mit rachevollen Entwürfen:
Stellt' auf den Block den gewaltigen Amboß, und schmiedete starke
Unauflösliche Ketten, um fest und auf ewig zu binden.
Und nachdem er das trügliche Werk im Zorne vollendet,
Ging er in das Gemach, wo sein Hochzeitbette geschmückt war,
Und verbreitete rings um die Pfosten kreisende Bande;

Viele spannt' er auch oben herab vom Gebälke der Kammer,
Zart wie Spinnengewebe, die keiner zu sehen vermöchte,
Selbst von den seligen Göttern: so wunderfein war die Arbeit!
Und nachdem er den ganzen Betrug um das Lager verbreitet,
Ging er gleichsam zur Stadt der schöngebaueten Lemnos,
Die er am meisten liebt von allen Ländern der Erde.
Ares schlummerte nicht, der Gott mit goldenen Zügeln,
Als er verreisen sahe den kunstberühmten Hephästos.
Eilend ging er zum Hause des klugen Feuerbeherrschers,
Hingerissen von Liebe zu seiner schönen Gemahlin.
Aphrodite war eben vom mächtigen Vater Kronion
Heimgekehrt und saß. Er aber ging in die Wohnung,
Faßte der Göttin Hand und sprach mit freundlicher Stimme:
  Komm, Geliebte, zu Bette, der süßen Ruhe zu pflegen!
Denn Haphästos ist nicht daheim; er wandert vermutlich
Zu den Sintiern jetzt, den rauhen Barbaren in Lemnos.
  Also sprach er, und ihr war sehr willkommen die Ruhe.
Und sie bestiegen das Lager und schlummerten. Plötzlich umschlangen
Sie die künstlichen Bande des klugen Erfinders Hephästos;
Und sie vermochten kein Glied zu bewegen oder zu heben.
Aber sie merkten es erst, da ihnen die Flucht schon gehemmt war.
Jetzo nahte sich ihnen der hinkende Feuerbeherrscher.
Dieser kehrte zurück, bevor er Lemnos erreichte,
Denn der lauschende Gott der Sonne sagt' ihm die Tat an.
Eilend ging er nach Hause mit tiefbekümmerter Seele,
Stand in dem Vorsaal still, und der rasende Eifer ergriff ihn.
Fürchterlich rief er aus, und alle Götter vernahmen's:
  Vater Zeus und ihr andern, unsterbliche selige Götter!
Kommt und schaut den abscheulichen unausstehlichen Frevel:
Wie mich lahmen Mann die Tochter Zeus', Aphrodite,
Jetzo auf immer beschimpft und Ares, den Bösewicht, herzet:

Darum, weil jener schön ist und grade von Beinen, ich aber
Solche Krüppelgestalt! Doch keiner ist schuld an der Lähmung,
Als die Eltern allein! Oh, hätten sie nimmer gezeuget!
Aber seht doch, wie beid' in meinem eigenen Bette
Ruhn und der Wollust pflegen! Das Herz zerspringt mir beim Anblick!
Künftig möchten sie zwar, auch nicht ein Weilchen, so liegen!
Wie verbuhlt sie auch sind, sie werden nicht wieder verlangen,
So zu ruhn! Allein ich halte sie fest in der Schlinge,
Bis der Vater zuvor mir alle Geschenke zurückgibt,
Die ich als Bräutigam gab für sein schamloses Gezüchte!
Seine Tochter ist schön, allein unbändigen Herzens!
  Also sprach er. Da eilten zum ehernen Hause die Götter:
Poseidaon kam, der Erdumgürter, und Hermes
Kam, der Bringer des Heils, es kam der Schütze Apollon.
Aber die Göttinnen blieben vor Scham in ihren Gemächern.
Jetzo standen die Götter, die Geber des Guten, im Vorsaal;
Und ein langes Gelächter erscholl bei den seligen Göttern,
Als sie die Künste sahn des klugen Erfinders Hephästos.
Und man wendete sich zu seinem Nachbar und sagte:
  Böses gedeihet doch nicht; der Langsame haschet den Schnellen!
Also ertappt Hephästos, der Langsame, jetzo den Ares,
Welcher am hurtigsten ist von den Göttern des hohen Olympos,
Er, der Lahme, durch Kunst. Nun büßt ihm der Ehebrecher!
  Also besprachen sich die Himmlischen untereinander.
Aber zu Hermes sprach Zeus' Sohn, der Herrscher Apollon:
  Hermes, Zeus' Gesandter und Sohn, du Geber des Guten,
Hättest du auch wohl Lust, von so starken Banden gefesselt,
In dem Bette zu ruhn bei der goldenen Aphrodite?
  Ihm erwiderte drauf der geschäftige Argosbesieger:
Oh, geschähe doch das, ferntreffender Herrscher Apollon!
Fesselten mich auch dreimal so viel' unendliche Bande,

Und ihr Götter sähet es an und die Göttinnen alle,
Siehe, so schlief' ich doch bei der goldenen Aphrodite!
  Also sprach er; da lachten laut die unsterblichen Götter.
Nur Poseidon lachte nicht mit, er wandte sich bittend
Zum kunstreichen Hephästos, den Kriegsgott wieder zu lösen.
Und er redet' ihn an und sprach die geflügelten Worte:
  Lös ihn! Ich stehe dafür: er soll, wie du es verlangest,
Vor den unsterblichen Göttern dir alles bezahlen, was recht ist.
  Drauf antwortete jenem der hinkende Feuerbeherrscher:
Fordere solches nicht, du Erdumgürter Poseidon!
Elende Sicherheit gibt von Elenden selber die Bürgschaft.
Sage, wie könnt ich dich vor den ewigen Göttern verbinden,
Flöhe nun Ares fort, der Schuld und den Banden entrinnend?
  Ihm erwiderte drauf der Erderschüttrer Poseidon:
Nun, Hephästos, wofern denn auch Ares fliehend hinwegeilt,
Um der Schuld zu entgehn; ich selbst will dir dieses bezahlen!
  Drauf antwortete jenem der hinkende Feuerbeherrscher:
Unrecht wär es und grob, dir deine Bitte zu weigern.
  Also sprach er und löste das Band, der starke Hephästos.
Und kaum fühlten sich beide der mächtigen Fessel entledigt,
Sprangen sie hurtig empor. Der Kriegsgott eilte gen Thrake.
Aber nach Kypros ging Aphrodite, die Freundin des Lächelns,
In den paphischen Hain, zum weihrauchduftenden Altar.
Allda badeten sie die Charitinnen und salbten
Sie mit ambrosischem Öle, das ewige Götter verherrlicht,
Schmückten sie dann mit schönen und wundervollen Gewanden.
  Also sang der berühmte Demodokos. Aber Odysseus
Freute sich des Gesangs von Herzen; es freuten sich mit ihm
Alle Phäaken, die Führer der langberuderten Schiffe.
  Und Alkinoos hieß den mutigen Halios einzeln
Mit Laodamas tanzen, weil keiner mit ihnen sich wagte.
Diese nahmen sogleich den schönen Ball in die Hände,

Welchen Polybos künstlich aus purpurner Wolle gewirket.
Einer schleuderte diesen empor zu den schattigen Wolken,
Rückwärts gebeugt; dann sprang der andere hoch von der Erde
Auf und fing ihn behend, eh sein Fuß den Boden berührte.
Und nachdem sie den Ball gradauf zu schleudern versuchet,
Tanzten sie schwebend dahin auf der allernährenden Erde,
Mit oft wechselnder Stellung; die andern Jünglinge klappten
Rings im Kreise dazu, es stieg ein lautes Getös auf.
Und zu Alkinoos sprach der göttergleiche Odysseus:
Weitgepriesener Held, Alkonoos, mächtigster König!
Siehe, du rühmtest dich der trefflichsten Tänzer auf Erden,
Und du behauptest den Ruhm! Mit Staunen erfüllt mich der Anblick.
Aber die heilige Macht Alkinoos' freute sich innig.
Und er redete schnell zu den ruderliebenden Männern:
Merket auf, der Phäaken erhabene Fürsten und Pfleger!
Dieser Fremdling scheint mir ein Mann von großem Verstande.
Laßt uns ihm ein Geschenk, wie das Gastrecht fordert, verehren.
Denn in unserm Volke sind zwölf ehrwürdige Fürsten,
Welche Gerechtigkeit üben; und mir gehorchen die Zwölfe.
Jeder von diesen hole nun einen Mantel und Leibrock,
Sauber und fein, samt einem Talente des köstlichen Goldes.
Dieses wollen wir alle zugleich dem Fremdlinge bringen,
Daß er fröhliches Mutes zum Abendschmause sich setze.
Aber Euryalos soll mit Worten und mit Geschenken
Ihn versöhnen; denn nicht anständig hat er geredet.
Also sprach der König, und alle riefen ihm Beifall.
Schnell, die Geschenke zu holen, entsandte jeder den Herold.
Aber Euryalos gab dem Könige dieses zur Antwort:
Weitgepriesener Held, Alkinoos, mächtigster König!
Gerne will ich den Gast versöhnen, wie du befiehlest,
Und dies Schwert ihm verehren. Die Kling' ist von Erze geschmiedet,

Und von Silber das Heft, die elfenbeinerne Scheide
Neu vom Künstler geglättet. Es wird nicht wenig ihm wert sein.
Also sprach er und reicht' ihm das Schwert mit silbernen Buckeln;
Und er redet' ihn an und sprach die geflügelten Worte:
Freue dich, Vater und Gast! Und fiel ein kränkendes Wort hier
Unter uns vor, so mögen es schnell die Stürme verwehen!
Dir verleihn die Götter, die Heimat und deine Gemahlin
Wieder zu sehn, nachdem du so lang in Trübsal umherirrst!
Ihm antwortete drauf der erfindungsreiche Odysseus:
Auch du freue dich, Lieber, dich segnen die Götter mit Heile!
Und du müssest hinfort des Schwertes nimmer bedürfen,
Welches du mir anjetzt mit versöhnenden Worten gereicht hast!
Sprach's, und hängt' um die Schultern das Schwert mit silbernen Buckeln;
Und die Sonne sank; da kamen die schönen Geschenke.
Edle Herolde trugen sie schnell zu Alkinoos' Wohnung.
Hier empfingen und legten Alkinoos' treffliche Söhne
Bei der Mutter sie hin, die köstlichen Ehrengeschenke.
Aber die heilige Macht Alkinoos' führte die andern;
Und sie kamen und setzten auf hohen Thronen sich nieder.
Und die heilige Macht Alkinoos' sprach zu Arete:
Komm, Geliebte, und bring die beste der zierlichen Laden;
Lege darein den schöngewaschenen Mantel und Leibrock.
Dann setzt Wasser zum Sieden im ehernen Kessel aufs Feuer,
Daß er, wenn er zuvor sich gebadet und nebeneinander
Alle Geschenke gesehn der tadellosen Phäaken,
Froher genieße des Mahls und froher horche dem Liede.
Dieses schöne Gefäß von Golde will ich ihm schenken,
Daß er in seinem Palaste für Zeus und die übrigen Götter
Opfer gieße und sich beständig meiner erinnre.
Also sprach er; und schnell gebot Arete den Mägden,

Eilend ein groß dreifüßig Geschirr aufs Feuer zu setzen.
Und sie setzten das Badegeschirr auf das lodernde Feuer,
Gossen Wasser hinein, und legten Holz an die Flamme;
Rings umschlug sie den Bauch des Geschirrs, und es kochte das Wasser.
Aber die Königin brachte dem Fremdling die zierliche Lade
Aus der Kammer hervor, und legte die schönen Geschenke,
Gold und Kleider, hinein, was ihm die Phäaken gegeben,
Legte darauf den Mantel hinein und den prächtigen Leibrock.
Und sie redet' ihn an und sprach die geflügelten Worte:
Siehe nun selbst den Deckel und schürze behende den Knoten;
Daß dich keiner beraub auf der Heimfahrt, während du etwa
In dem schwärzlichen Schiffe des süßen Schlummers genießest.
Als er dieses vernommen, der herrliche Dulder Odysseus,
Fügt' er den Deckel auf, und schürzte behende den Knoten,
Dessen geheime Kunst ihn die mächtige Kirke gelehret.
Und die Schaffnerin kam und bat ihn, eilig zum Baden
In die Wanne zu steigen. Ein herzerfreuender Anblick
War ihm das warme Bad; denn keiner Pflege genoß er,
Seit er die Wohnung verließ der schöngelockten Kalypso;
Dort ward seiner beständig wie eines Gottes gepfleget.
Als ihn die Mägde jetzo gebadet, mit Öle gesalbet,
Und ihm die Kleider umhüllt, den Mantel und prächtigen Leibrock,
Stieg er hervor aus dem Bad und ging zu den trinkenden Männern.
Aber Nausikaa stand, geschmückt mit göttlicher Schönheit,
An der hohen Pforte des schöngewölbeten Saales,
Und betrachtete wundernd den göttergleichen Odysseus;
Und sie redet' ihn an und sprach die geflügelten Worte:
Lebe wohl, o Fremdling, und bleib in der Heimat auch meiner Eingedenk,
da du mir zuerst dein Leben verdanktest.

Ihr antwortete drauf der erfindungsreiche Odysseus:
O Nausikaa, Tochter des edlen Phäakenbeherrschers,
Lasse mich jetzo nur Zeus, der donnernde Gatte der Here,
Glücklich zur Heimat kehren und schaun den Tag der Zurückkunft!
Täglich werd ich auch dort, wie einer Göttin, voll Ehrfurcht
Dir danksagen; du hast mein Leben gerettet, o Jungfrau!
Also sprach er und setzte sich hin zur Seite des Königs.
Jene teileten schon das Fleisch und mischten des Weines.
Aber der Herold kam und führte den lieblichen Sänger,
Welchen die Völker verehrten, Demodokos, näher, und setzte
Ihn in die Mitte des Saals, an die hohe Säule gelehnet.
Und dem Herolde rief der erfindungsreiche Odysseus,
Und zerteilte den Rücken, sein großes ehrendes Anteil
Vom weißzahnichten Schweine, mit frischem Fette bewachsen:
Herold, reiche dies Fleisch Demodokos hin, daß er esse.
Gerne möchte ich ihm Liebes erweisen, wie sehr ich auch traure.
Alle sterblichen Menschen der Erde nehmen die Sänger
Billig mit Achtung auf und Ehrfurcht; selber die Muse
Lehrt sie den hohen Gesang, und waltet über die Sänger.
Also sprach Odysseus. Der Herold reicht' es dem edlen
Helden Demodokos hin; er nahm's und freute sich herzlich.
Und sie erhoben die Hände zum leckerbereiteten Mahle.
Jetzo war die Begierde des Tranks und der Speise gestillet,
Und zu Demodokos sprach der erfindungsreiche Odysseus:
Wahrlich, vor allen Menschen, Demodokos, achtet mein Herz dich!
Dich hat die Muse gelehrt, Zeus' Tochter, oder Apollon!
So zum Erstaunen genau besingst du das Schicksal der Griechen,
Alles, was sie getan und erduldet im mühsamen Kriegszug,
Gleich, als hättest du selbst es gesehen oder gehöret.
Fahre nun fort und singe des hölzernen Rosses Erfindung,
Welches Epeios baute mit Hilfe der Pallas Athene,

Und zum Betrug in die Burg einführte der edle Odysseus,
Mit bewaffneten Männern gefüllt, die Troja bezwangen.
Wenn du mir dieses auch mit solcher Ordnung erzählest,
Siehe, dann will ich sofort es allen Menschen verkünden,
Daß ein waltender Gott den hohen Gesang dir verliehen hat.
Sprach's und eilend begann der gottbegeisterte Sänger,
Wie das Heer der Achäer in schöngebordeten Schiffen
Von dem Gestade fuhr, nach angezündetem Lager.
Aber die andern, geführt vom hochberühmten Odysseus,
Saßen, von Troern umringt, im Bauche des hölzernen Rosses,
Welches die Troer selbst in die Burg von Ilion zogen.
Allda stand nun das Roß, und ringsum saßen die Feinde,
Hin und her ratschlagend. Sie waren dreifacher Meinung:
Diese, das hohle Gebäude mit grausamem Erze zu spalten;
Jene, es hoch auf den Felsen zu ziehn und herunter zu schmettern;
Andre, es einzuweihen zum Sühnungsopfer der Götter.
Und der letzteren Rat war bestimmt, erfüllet zu werden.
Denn das Schicksal beschloß Verderben, wenn Troja das große
Hölzerne Roß aufnähme, worin die tapfersten Griechen
Alle saßen und Tod und Verderben gen Ilion brachten.
Und er sang, wie die Stadt von Achäas Söhnen verheert ward,
Welche dem hohlen Bauche des trüglichen Rosses entstürzten;
Sang, wie sie hier und dort die stolze Feste bestürmten;
Und wie Odysseus schnell zu des edlen Deïphobos Wohnung
Eilte, dem Kriegsgott gleich, samt Atreus' Sohn Menealos,
Und wie er dort voll Mutes dem schrecklichen Kampfe sich darbot,
Aber zuletzt obsiegte, durch Hilfe der hohen Athene.
Dieses sang der berühmte Demodokos. Aber Odysseus
Schmolz in Wehmut, Tränen benetzten ihm Wimpern und Wangen.
Also weinet ein Weib und stürzt auf den lieben Gemahl hin,

Der vor seiner Stadt und vor seinem Volke dahinsank,
Streitend, den grausamen Tag von der Stadt und den Kindern zu fernen;
Jene sieht ihn jetzt mit dem Tode ringend und zuckend,
Schlingt sich um ihn und heult laut auf; die Feinde von hinten
Schlagen wild mit der Lanze den Rücken ihr und die Schultern,
Binden und schleppen als Sklavin sie fort zu Jammer und Arbeit;
Und im erbärmlichsten Elend verblühn ihr die reizenden Wangen:
So zum Erbarmen entstürzt Odysseus' Augen die Träne;
Allen übrigen Gästen verbarg er die stürzende Träne,
Nur Alkinoos sah aufmerksam die Trauer des Fremdlings,
Welcher neben ihm saß, und hörte die tiefen Seufzer.
Und der König begann zu den ruderliebenden Männern:
  Merket auf, der Phäaken erhabene Fürsten und Pfleger,
Und Demodokos halte nun ein mit der klingenden Harfe;
Denn nicht alle horchen mit Wohlgefallen dem Liede.
Seit wir sitzen am Mahl und der göttliche Sänger uns vorsingt,
Hat er nimmer geruht von seinem traurenden Grame,
Unser Gast; ihm drückt wohl ein schwerer Kummer die Seele.
Jener halte denn ein! Wir wollen alle vergnügt sein,
Gast und Wirte zugleich, denn solches fordert der Wohlstand.
Für den edlen Fremdling ist diese Feier, des Schiffes
Rüstung und die Geschenke, die wir aus Freundschaft ihm geben.
Lieb wie ein Bruder ist ein hilfeflehender Fremdling
Jedem Manne, des Herz auch nur ein wenig empfindet!
Drum verhehle mir nicht durch schlauersonnene Worte,
Was ich jetzo dich frage. Auch dieses fordert der Wohlstand.
Sage, mit welchem Namen benennen dich Vater und Mutter
Und die Bürger der Stadt, und welche rings dich umwohnen?
Denn ganz namenlos bleibt doch unter den Sterblichen niemand,
Vornehm oder gering, wer einmal von Menschen gezeugt ward;

Sondern man nennet jeden, sobald ihn die Mutter geboren.
Sage mir auch dein Land, dein Volk und deine Geburtstadt,
Daß, dorthin die Gedanken gelenkt, die Schiffe dich bringen.
Denn der Phäaken Schiffe bedürfen keiner Piloten,
Nicht des Steuers einmal, wie die Schiffe der übrigen Völker;
Sondern sie wissen von selbst der Männer Gedanken und Willen,
Wissen nah und ferne die Städt' und fruchtbaren Länder
Jegliches Volks, und durchlaufen geschwinde die Fluten des Meeres,
Eingehüllt in Nebel und Nacht. Auch darf man nicht fürchten,
Daß das stürmende Meer sie beschädige oder verschlinge.
Nur erzählete mir mein Vater Nausithoos ehmals,
Daß uns Poseidaon, der Erderschütterer, zürne,
Weil wir ohne Gefahr jedweden zu Schiffe geleiten;
Dieser würde dereinst ein rüstiges Schiff der Phäaken,
Das vom Geleiten kehrte, im dunkelwogenden Meere
Plötzlich verderben, und rings um die Stadt ein hohes Gebirg ziehn.
So weissagte der Greis; der Gott vollende nun solches,
Oder vollend es nicht, wie es seinem Herzen gelüstet!
Aber verkündige mir und sage die lautere Wahrheit:
Welche Länder bist du auf deinen Irren durchwandert,
Und wie fandest du dort die Völker und prächtigen Städte?
Welche schwärmten noch wild als sittenlose Barbaren?
Welche dienten den Göttern und liebten das heilige Gastrecht?
Sage mir auch, was weinst du, und warum traurst du so herzlich,
Wenn du von der Achäer und Ilions Schicksale hörest?
Dieses beschloß der Unsterblichen Rat und bestimmte der Menschen
Untergang, daß er würd ein Gesang der Enkelgeschlechter.
Sank vielleicht auch dir in Ilions blutigen Schlachten
Irgend ein edler Verwandter, ein Eidam oder ein Schwäher,

Welche die nächsten uns sind nach unserem Blut und Geschlechte?
Oder etwa ein tapferer Freund von gefälligem Herzen?
Denn fürwahr, nicht geringer als selbst ein leiblicher Bruder,
Ist ein treuer Freund, verständig und edler Gesinnung.

NEUNTER GESANG

Odysseus erzählt seine Irrfahrt von Troja. Siegende Kikonen. Bei Maleia Nordsturm, der ihn ins Unbekannte zu den Lotophagen verschlägt. Dorther zu den einäugigen Kyklopen verirrt, besucht er Poseidons Sohn Polyphemos, der sechs seiner Genossen frißt, dann, im Schlafe geblendet, den Fliehenden Felsstücke nachschleudert.

Ihm antwortete drauf der erfindungsreiche Odysseus:
Weitgepriesener Held, Alkinoos, mächtigster König,
Wahrlich, es füllt mit Wonne das Herz, dem Gesange zu horchen,
Wenn ein Sänger wie dieser die Töne der Himmlischen nachahmt.
Denn ich kenne gewiß kein angenehmeres Leben,
Als wenn ein ganzes Volk ein Fest der Freude begehet,
Und in den Häusern umher die gereiheten Gäste des Sängers
Melodien horchen, und alle Tische bedeckt sind
Mit Gebacknem und Fleisch, und der Schenke den Wein aus dem Kelche
Fleißig schöpft und ringsum die vollen Becher verteilet.
Siehe, das nennet mein Herz die höchste Wonne des Lebens!
Jetzo gefällt es dir, nach meinen kläglichen Leiden
Mich zu fragen, damit ich noch mehr mein Elend beseufze.
Aber was soll ich zuerst, was soll ich zuletzt dir erzählen?

Denn viel Elend häuften auf mich die himmlischen Götter!
Sagen will ich zuerst, wie ich heiße: damit ihr mich kennet,
Und ich hinfort, solange der grausame Tag mich verschonet,
Euer Gastfreund sei, so fern ich von hinnen auch wohne.
Ich bin Odysseus, Laërtes' Sohn, durch mancherlei Klugheit
Unter den Menschen bekannt; und mein Ruhm erreichet den Himmel.
Ithakas sonnige Höhen sind meine Heimat; in dieser
Türmet sich Neritons Haupt mit rauschenden Wipfeln; und ringsum,
Dicht aneinander gesät, sind viele bevölkerte Inseln,
Same, Dulichion und die waldbewachsne Zakynthos.
Ithaka liegt in der See am höchsten hinauf an die Feste,
Gegen den Nord; die andern sind östlich und südlich entfernet.
Rauh ist diese, doch nähret sie rüstige Männer; und wahrlich,
Süßer als Vaterland ist nichts auf Erden zu finden!
Siehe, mich hielt bei sich die hehre Göttin Kalypso
In der gewölbeten Grotte, und wünschte mich zum Gemahle;
Ebenso hielt mich auch die ääische Zauberin Kirke
Trüglich in ihrem Palast und wünschte mich zum Gemahle:
Aber keiner gelang es, mein standhaftes Herz zu bewegen.
Denn nichts ist doch süßer als unsere Heimat und Eltern,
Wenn man auch in der Fern' ein Haus voll köstlicher Güter,
Unter fremden Leuten, getrennt von den Seinen, bewohnet!
Aber wohlan! vernimm itzt meine traurige Heimfahrt,
Die mir der Donnerer Zeus vom troischen Ufer beschieden.
Gleich von Ilion trieb mich der Wind zur Stadt der Kikonen
Ismaros hin. Da verheert ich die Stadt und würgte die Männer.
Aber die jungen Weiber und Schätze teilten wir alle
Unter uns gleich, daß keiner leer von der Beute mir ausging.
Jetzo warnet ich zwar die Freunde, mit eilendem Fuße
Weiter zu fliehn; allein die Unbesonnenen blieben.
Und nun ward in dem Weine geschwelgt, viel Ziegen und Schafe

An dem Ufer geschlachtet und viel schwerwandelndes Hornvieh.
Aber es riefen indes die zerstreuten Kikonen die andern
Nahen Kikonen zu Hilfe, die tapferer waren und stärker,
Aus der Mitte des Landes. Sie waren geübt, von den Wagen
Und, wenn es nötig war, zu Fuß mit dem Feinde zu kämpfen.
Zahllos schwärmten sie jetzt, wie die Blätter und Blumen des Frühlings,
Mit dem Morgen daher. Da suchte Gottes Verderben
Uns Unglückliche heim, und überhäuft' uns mit Jammer.
Bei den rüstigen Schiffen begann die wütende Feldschlacht,
Und von Treffen zu Treffen entschwirrten die ehernen Lanzen.
Weil der heilige Tag noch mit dem Morgen emporstieg,
Wehrten wir uns und trotzten der Übermacht der Kikonen.
Aber da nun die Sonne zur Stunde des Stierabspannens
Sank, da siegte der Feind und zwang die Achäer zum Weichen.
Jedes der Schiffe verlor sechs wohlgeharnischte Männer;
Und wir andern entflohn dem schrecklichen Todesverhängnis.
Also steuerten wir mit trauriger Seele von dannen,
Froh der bestandnen Gefahr, doch ohne die lieben Gefährten.
Doch nicht eher enteilten die gleichgeruderten Schiffe,
Ehe wir dreimal jedem der armen Freunde gerufen,
Welche der siegende Feind auf dem Schlachtgefilde getötet.
Aber nun sandt auf die Schiffe der Wolkenversammler des Nordwinds
Fürchterlich heulenden Sturm, verhüllt' in dicke Gewölke
Meer und Erde zugleich; und dem düstern Himmel entsank Nacht.
Schnell mit gesunkenen Masten entflogen die Schiff', und mit einmal
Rasselte rauschend der Sturm und zerriß die flatternden Segel.
Eilend zogen wir sie, aus Furcht zu scheitern, herunter,
Und arbeiteten uns mit dem Ruder ans nahe Gestade.
Zwo graunvolle Nächte und zween langwierige Tage

Lagen wir mutlos dort, von Arbeit und Kummer entkräftet.
Aber da nun die dritte der Morgenröten emporstieg,
Richteten wir die Masten und spannten die schimmernden Segel,
Setzten uns hin, und ließen vom Wind und Steuer uns lenken.
Jetzo hofften wir sicher den Tag der fröhlichen Heimkehr.
Aber als wir die Schiff' um Maleia lenkten, da warf uns
Plötzlich die Flut und der Strom und der Nordwind fern von Kythera.
Und neun Tage trieb ich, von wütenden Stürmen geschleudert,
Über das fischdurchwimmelte Meer; am zehnten gelangt ich
Hin zu den Lotophagen, die blühende Speise genießen.
Allda stiegen wir an das Gestad und schöpften uns Wasser.
Eilend nahmen die Freunde das Mahl bei den rüstigen Schiffen,
Und nachdem wir uns alle mit Trank und Speise gesättigt,
Sandt ich einige Männer voran, das Land zu erkunden,
Was für Sterbliche dort die Frucht des Halmes genössen:
Zween erlesene Freund'; ein Herold war ihr Begleiter.
Und sie erreichten bald der Lotophagen Versammlung.
Aber die Lotophagen beleidigten nicht im geringsten
Unsere Freunde; sie gaben den Fremdlingen Lotos zu kosten.
Wer nun die Honigsüße der Lotosfrüchte gekostet,
Dieser dachte nicht mehr an Kundschaft oder an Heimkehr,
Sondern sie wollten stets in der Lotophagen Gesellschaft
Bleiben und Lotos pflücken und ihrer Heimat entsagen.
Aber ich zog mit Gewalt die Weinenden wieder ans Ufer,
Warf sie unter die Bänke der Schiff' und band sie mit Seilen.
Drauf befahl ich und trieb die übrigen lieben Gefährten,
Eilend von dannen zu fliehn und sich in die Schiffe zu retten,
Daß man nicht, vom Lotos gereizt, der Heimat vergäße.
Und sie traten ins Schiff und setzten sich hin auf die Bänke,
Saßen in Reihn und schlugen die graue Woge mit Rudern.
Also steuerten wir mit trauriger Seele von dannen.

Und zum Lande der wilden gesetzelosen Kyklopen
Kamen wir jetzt, der Riesen, die im Vertraun auf die Götter
Nimmer pflanzen noch sä'n und nimmer die Erde beackern.
Ohne Samen und Pfleg entkeimen alle Gewächse,
Weizen und Gerste dem Boden und edle Reben, die tragen
Wein in geschwollenen Trauben, und Gottes Regen ernährt ihn.
Dort ist weder Gesetz noch öffentliche Versammlung,
Sondern sie wohnen all' auf den Häuptern hoher Gebirge
In gehöhleten Felsen, und jeder richtet nach Willkür
Seine Kinder und Weiber, und kümmert sich nicht um den andern.

Gegenüber der Bucht des Kyklopenlandes erstreckt sich,
Weder nahe noch fern, ein kleines waldichtes Eiland,
Welches unzählige Scharen von wilden Ziegen durchstreifen.
Denn kein menschlicher Fuß durchdringt die verwachsene Wildnis,
Und nie scheuchet sie dort ein spürender Jäger, der mühsam
Sich durch den Forst arbeitet und steile Felsen umklettert,
Nirgends weidet ein Hirt, und nirgends ackert ein Pflüger;
Unbesäet liegt und unbeackert das Eiland,
Ewig menschenleer, und nähret nur meckernde Ziegen.
Denn es gebricht den Kyklopen an rotgeschnäbelten Schiffen,
Auch ist unter dem Schwarm kein Meister, kundig des Schiffbaus,
Schöngebordete Schiffe zu zimmern, daß sie mit Botschaft
Zu den Völkern der Welt hinwandelten, wie sich so häufig
Menschen über das Meer in Schiffen einander besuchen;
Welche die Wildnis bald zu blühenden Auen sich schüfen.
Denn nicht karg ist das Land und schmückte jegliche Jahrszeit.
Längs des grauen Meeres Gestade winden sich Wiesen,
Reich an Quellen und Klee. Dort rankten die edelsten Reben;
Und leicht pflügte der Pflug, und dicke Saatengefilde
Reiften jährlich der Ernte; denn fett ist unten der Boden.

Und der Hafen so sicher! Kein Schiff bedarf da der Fessel,
Weder geworfener Anker, noch angebundener Seile,
Sondern es läuft auf den Sand und ruhet, bis es dem Schiffer
Weiter zu fahren beliebt, und günstige Winde sich heben.
Oben am Ende der Bucht entrieselt der felsichten Grotte
Silberblinkend ein Quell, von Pappelweiden umschattet.
Allda landeten wir. Ein Gott war unser Geleiter
Durch die finstere Nacht: wir sahn nicht, wohin wir uns wandten.
Dickes Dunkel umdrängte die Schiff'; es leuchtet' am Himmel
Weder Mond noch Stern, in schwarze Wolken gehüllet.
Niemand erblickte daher mit seinen Augen die Insel;
Selbst die langen Wogen, die hin ans Ufer sich wälzten,
Sahen wir nicht, bevor die starken Schiffe gelandet.
Und nachdem wir gelandet, da zogen wir nieder die Segel,
Stiegen dann aus den Schiffen ans krumme Gestade des Meeres,
Schlummerten dort ein wenig und harrten der heiligen Frühe.
  Als die dämmernde Frühe mit Rosenfingern erwachte,
Wanderten wir umher und besahen wundernd das Eiland.
Und es trieben die Nymphen, Kronions liebliche Töchter,
Kletternde Ziegen uns hin, zum Schmause meiner Gefährten.
Eilend holten wir Bogen und langgeschaftete Spieße
Aus den Schiffen hervor, und in drei Geschwader geordnet
Schossen wir frisch; und Gott erfreut' uns mit reichlichem Wildbret.
Zwölf war die Zahl der Schiffe, die mir gehorchten, und jedem
Teilte das Los neun Ziegen; und zehn erlas ich mir selber.
Also saßen wir dort den Tag, bis die Sonne sich neigte,
An der Fülle des Fleisches und süßen Weines uns labend.
Denn noch war in den Schiffen der rote Wein nicht versieget,
Sondern wir hatten genug; denn reichlich schöpften wir alle
In die Eimer, da wir die Stadt der Kikonen beraubten.
Und wir sahen den Rauch des Kyklopenlandes, und hörten

Ihre murmelnde Stimm' und die Stimme der Ziegen und Schafe.
Als die Sonne nun sank und Dunkel die Erde bedeckte,
Legten wir uns zum Schlummer am Strande des rauschenden Meeres.
Als die dämmernde Frühe mit Rosenfingern erwachte,
Rief ich alle Gefährten zur Ratsversammlung und sagte:
Bleibt ihr übrigen jetzt, ihr meine lieben Gefährten.
Ich und meine Genossen, wir wollen im Schiffe hinüber
Fahren und Kundschaft holen, was dort für Sterbliche wohnen:
Ob unmenschliche Räuber und sittenlose Barbaren
Oder Diener der Götter und Freunde des heiligen Gastrechts.
Also sprach ich, und trat ins Schiff und befahl den Gefährten,
Einzusteigen und schnell die Seile vom Ufer zu lösen.
Und sie traten ins Schiff und setzten sich hin auf die Bänke,
Saßen in Reihn und schlugen die graue Woge mit Rudern.
Als wir das nahe Gestad' erreichten, sahn wir von ferne
Eine Felsenhöhl' am Meer in der Spitze des Landes,
Hochgewölbt und umschattet mit Lorbeerbäumen. Hier pflegten
Viele Ziegen und Schafe des Nachts zu ruhen; und ringsum
War ein hohes Gehege von Felsenstücken gebauet,
Von erhabenen Fichten und himmelanwehenden Eichen.
Allda wohnt' auch ein Mann von Riesengröße, der einsam
Stets auf entlegene Weiden sie trieb und nimmer mit andern
Umging, sondern für sich auf arge Tücke bedacht war.
Gräßlich gestaltet war das Ungeheuer, wie keiner,
Welchen der Halm ernährt; er glich dem waldichten Gipfel
Hoher Kettengebirge, der einsam vor allen emporsteigt.
Eilend befahl ich jetzo den übrigen lieben Gefährten,
An dem Gestade zu bleiben und unser Schiff zu bewahren;
Und ging selber mit zwölf der Tapfersten, die ich mir auskor,
Einen ziegenledernen Schlauch auf der Achsel, voll schwarzes
Süßes Weines, den mir einst Maron, der Sohn Euanthes',

Schenkte, der Priester Apollons, der über Ismaros waltet.
Diesen verschoneten wir und seine Kinder und Gattin,
Ehrfurchtsvoll; denn er wohnete dort in Phöbos Apollons
Heiligem Schattenhain. Drum schenkt' er mir köstliche Gaben:
Schenkte mir sieben Talente des schöngebildeten Goldes,
Schenkte mir einen Kelch von lauterem Silber, und endlich
Schöpft' er mir dieses Weines in zwölf gehenkelte Krüge:
Süß und unverfälscht, ein Göttergetränk! Auch wußte
Keiner der Knecht' im Hause darum und keine der Mägde;
Nur er selbst und sein Weib und die einzige Schaffnerin wußten's.
Gab er ihn preis, dann füllt' er des süßen funkelnden Weines
Einen Becher und goß ihn in zwanzig Becher voll Wasser;
Und den schäumenden Kelch umhauchten balsamische Düfte
Göttlicher Kraft: da war es gewiß nicht Freude, zu dursten!
Hiermit füllt ich den großen Schlauch, den Ranzen mit Speise;
Denn mir ahndete schon im Heldengeiste, wir würden
Einen Mann besuchen, mit großer Stärke gerüstet,
Grausam und ungerecht und durch keine Gesetze gebändigt.
Eilig wanderten wir zur Höhl', und fanden den Riesen
Nicht daheim; er weidete schon auf der Weide die Herden.
Und wir gingen hinein und besahen wundernd die Höhle.
Alle Körbe strotzten von Käse; Lämmer und Zicklein
Drängeten sich in den Ställen, und jede waren besonders
Eingesperrt; die Frühling' allein, allein auch die Mittlern,
Und die zarten Spätling' allein. Es schwammen in Molken
Alle Gefäße, die Wannen und Eimer, worinnen er melkte.
Anfangs baten mich zwar die Freunde mit dringenden Worten,
Nur von den Käsen zu nehmen und wegzuschleichen; dann wieder,
Hurtig zu unserm Schiff aus den Ställen die Lämmer und Zicklein
Wegzutreiben und über die salzigen Fluten zu steuern.

Aber ich hörete nicht (ach besser, hätt ich gehöret!),
Um ihn selber zu sehn, und seiner Bewirtung zu harren:
Ach, für meine Gefährten ein unerfreulicher Anblick!
Und wir zündeten Feuer und opferten, nahmen dann selber
Von den Käsen und aßen, und setzten uns voller Erwartung,
Bis er kam mit der Herd'. Er trug eine mächtige Ladung
Trockenes Scheiterholz, das er zum Mahle gespaltet.
Und in der Höhle stürzt' er es hin: da krachte der Felsen;
Und wir erschraken und flohn in den innersten Winkel der Höhle.
Aber er trieb in die Kluft die fetten Ziegen und Schafe
Alle zur Melke herein; die Widder und bärtigen Böcke
Ließ er draußen zurück im hochummauerten Gehege.
Hochauf schwenkt' er und setzte das große Spund vor den Eingang:
Fürchterlich groß! die Gespanne von zweiundzwanzig starken
Und vierrädrigen Wagen, sie schleppten ihn nicht von der Stelle,
Jenen gewaltigen Fels, den das Ungeheuer emporhub.
Jetzo saß er und melkte die Schaf' und meckernden Ziegen,
Nach der Ordnung, und legte den Müttern die Säugling' ans Euter;
Ließ von der weißen Milch die Hälfte gerinnen und setzte
Sie zum Trocknen hinweg in dichtgeflochtnen Körben;
Und die andere Hälfte verwahrt' er in weiten Gefäßen,
Daß er beim Abendschmause den Durst mit dem Tranke sich löschte.
Und nachdem er seine Geschäft' in Eile verrichtet,
Zündet' er Feuer an und sah uns stehen und fragte:
Fremdlinge, sagt, wer seid ihr? Von wannen trägt euch die Woge?
Habt ihr wo ein Gewerb, oder schweift ihr ohne Bestimmung
Hin und her auf der See, wie küstenumirrende Räuber,
Die ihr Leben verachten, um fremden Völkern zu schaden?

Also sprach der Kyklop. Uns brach das Herz vor Entsetzen
Über das rauhe Gebrüll und das scheußliche Ungeheuer.
Dennoch ermannt ich mich und gab ihm dieses zur Antwort:
Griechen sind wir und kommen von Trojas fernem Gestade,
Über das große Meer von mancherlei Stürmen geschleudert,
Als wir ins Vaterland hinsteuerten; andere Fahrten,
Andere Bahnen verhängt' uns Kronions waltende Vorsicht!
Siehe wir preisen uns Völker von Atreus' Sohn Agamemnon,
Welchen der größte Ruhm itzt unter dem Himmel verherrlicht,
Weil er die mächtige Stadt und so viele Völker vertilgt hat!
Jetzo fallen wir dir zu Füßen und flehen in Demut:
Reich uns eine geringe Bewirtung oder ein andres
Kleines Geschenk, wie man gewöhnlich den Fremdlingen anbeut!
Scheue doch, Bester, die Götter! Wir Armen flehn dir um Hilfe!
Und ein Rächer ist Zeus den hilfeflehenden Fremden,
Zeus, der Gastliche, welcher die heiligen Gäste geleitet!
Also sprach ich; und drauf versetzte der grausame Wütrich:
Fremdling, du bist ein Narr oder kommst auch ferne von hinnen!
Mir befiehlst du, die Götter zu fürchten, die Götter zu ehren?
Wir Kyklopen kümmern uns nicht um den König des Himmels,
Noch um die seligen Götter; denn wir sind besser als jene!
Nimmer verschon ich euer aus Furcht vor der Rache Kronions,
Dein und deiner Gesellen, wofern es mir selbst nicht gelüstet!
Sage mir an: wo bist du mit deinem Schiffe gelandet?
Irgendwo in der Fern' oder nahe? damit ich es wisse!
Also sprach er voll Tück'; allein ich kannte dergleichen.
Eilend erwidert ich ihm die schlauersonnenen Worte:
Ach, mein Schiff hat der Erderschüttrer Poseidaon
Mir an den Klippen zerschmettert, indem er ans schroffe Gestade
Eures Landes es warf, und der Sturm aus dem Meer es verfolgte!

Ich nur und diese Gefährten entflohn dem Schreckenverhängnis!
Also sprach ich; und nichts versetzte der grausame Wütrich,
Sondern fuhr auf und streckte nach meinenGefährten die Händ' aus,
Deren er zween anpackt' und wie junge Hund' auf den Boden
Schmetterte: blutig entspritzt' ihr Gehirn und netzte den Boden.
Dann zerstückt' er sie Glied vor Glied und tischte den Schmaus auf,
Schluckte darein, wie ein Leu des Felsengebirgs, und verschmähte
Weder Eingeweide, noch Fleisch, noch die markichten Knochen.
Weinend erhuben wir die Hände zum Vater Kronion,
Als wir den Jammer sahn, und starres Entsetzen ergriff uns.
Doch kaum hatte der Riese den großen Wanst sich gestopfet
Mit dem Fraße von Menschenfleisch und dem lauteren Milchtrunk,
Siehe, da lag er im Fels weithingestreckt bei dem Viehe.
Jetzo stieg der Gedank' in meine zürnende Seele:
Näher zu gehn, das geschliffene Schwert von der Hüfte zu reißen,
Und ihm die Brust zu durchgraben, wo Zwerchfell und Leber sich treffen,
Mit nachbohrender Faust; doch ein andrer Gedanke verdrängt' ihn.
Denn so hätt ich uns selbst dem schrecklichen Tode geopfert;
Unsere Hände vermochten ja nicht, von der hohen Pforte
Abzuwälzen den mächtigen Fels, den der Riese davorschob.
Drum erwarteten wir mit Seufzen die heilige Frühe.
Als die dämmernde Frühe mit Rosenfingern erwachte,
Zündet' er Feuer an und melkte die Ziegen und Schafe,
Nach der Ordnung, und legte den Müttern die Säugling' ans Euter.

Und nachdem er seine Geschäft' in Eile verrichtet,
Packt' er abermals zween und tischte die Stücke zum Schmaus auf.
Nach dem Frühstück trieb er die feiste Herd' aus der Höhle.
Spielend enthob er die Last des großen Spundes, und spielend
Setzt' er sie vor, als setzt' er auf seinen Köcher den Deckel.
Und nun trieb der Kyklop mit gellendem Pfeifen die Herde
Auf das Gebirg. Ich blieb in der Höhle mit tausend Entwürfen,
Rache zu üben, wenn mir Athene Hilfe gewährte.
Aber von allen Entwürfen gefiel mir dieser am besten.
Neben dem Stalle lag des Kyklopen gewaltige Keule,
Grün, aus Olivenholze gehaun. Zum künftigen Stabe
Dorrte sie hier an der Wand, und kam uns vor nach dem Ansehn,
Wie der ragende Mast des zwanzigrudrichten Lastschiffs,
Welches mit breitem Bauch auf dem großen Wasser dahinfährt:
Diesem schien sie an Läng', und diesem an Dicke zu gleichen.
Und ich haute davon, so viel die Klafter umspannet,
Reichte meinen Gefährten den Pfahl und hieß ihn mir glätten;
Und sie schabten ihn glatt. Ich selber schärfte die Spitze
Oben und härtete sie in der lodernen Flamme des Feuers.
Drauf verbarg ich den Knüttel bedachtsam unter dem Miste,
Welcher dick und breit durch die ganze Höhle gesät war.
Jetzo befahl ich den andern, durchs heilige Los zu entscheiden,
Wer sich wagen sollte, mit mir den gehobenen Knüttel
Jenem ins Auge zu drehn, sobald ihn der Schlummer befiele.
Und es traf gerade das Los, die ich heimlich mir wünschte,
Vier von meinen Gefährten, ich selbst war der fünfte mit ihnen.
Und am Abende kam er mit seiner gemästeten Herde
Und trieb schnell in die weite Kluft die Ziegen und Schafe,
Mütter und Böcke zugleich, und ließ nichts draußen im Vorhof:
Weil er etwas besorgt' oder Gott es also geordnet.
Hochauf schwenkt' er und setzte das große Spund vor den Eingang.

Und nun saß er und melkte die Schaf' und meckernden Ziegen,
Nach der Ordnung, und legte den Müttern die Säugling' ans Euter.
Und nachdem er seine Geschäft' in Eile verrichtet,
Packt' er abermal zween und tischte die Stücke zum Schmaus auf.
Jetzo trat ich näher und sagte zu dem Kyklopen,
Einen hölzernen Becher voll schwarzes Weines in Händen:
Nimm, Kyklop, und trink eins; auf Menschenfleisch ist der Wein gut!
Daß du doch lernst, welch ein Trunk in unserem Schiffe ruhte!
Diesen rettet ich dir zum Opfer, damit du erbarmend
Heim mich sendetest. Aber du wütest ja ganz unerträglich!
Böser Mann, wer wird dich hinfort von den Erdebewohnern
Wieder besuchen wollen? Du hast nicht billig gehandelt!
Also sprach ich. Er nahm und trank und schmeckte gewaltig
Nach dem süßen Getränk, und bat, noch einmal zu füllen:
Lieber, schenk mir noch eins, und sage mir gleich, wie du heißest,
Daß ich dich wieder bewirt' und deine Seele sich labe!
Wiß, auch uns Kyklopen gebiert die fruchtbare Erde
Wein in geschwollenen Trauben, und Gottes Regen ernährt ihn.
Aber der ist ein Saft von Ambrosia oder von Nektar!
Also sprach er; ich bracht ihm von neuem des funkelnden Weines.
Dreimal schenkt ich ihn voll, und dreimal leerte der Dumme.
Aber da jetzo der geistige Trank in das Hirn des Kyklopen
Stieg, da schmeichelt ich ihm mit glatten Worten und sagte:
Meinen berühmten Namen, Kyklop? Du sollst ihn erfahren.
Aber vergiß mir auch nicht die Bewirtung, die du verhießest!
Niemand ist mein Name; denn Niemand nennen mich alle,
Meine Mutter, mein Vater und alle meine Gesellen.
Also sprach ich; und drauf versetzte der grausame Wütrich:

Niemand will ich zuletzt nach seinen Gesellen verzehren;
Alle die andern zuvor! Dies sei die verheißne Bewirtung!

Sprach's und streckte sich hin, fiel rücklings, und lag mit gesenktem
Feistem Nacken im Staub, und der allgewaltige Schlummer
Überwältiget' ihn; dem Rachen entstürzten mit Weine
Stücke von Menschenfleisch, die der schnarchende Trunkenbold ausbrach.

Und nun hielt ich die Spitze des Knüttels in glimmende Asche,
Bis sie Feuer fing, und stärkte mit herzhaften Worten
Meine Gefährten, daß keiner sich feig im Winkel verkröche.
Aber da eben jetzo der Ölbaumknüttel im Feuer
Drohte zu brennen, so grün er auch war, und fürchterlich glühte,
Zog ich ihn eilend zurück aus dem Feuer, und meine Gefährten
Standen um mich; und ein Himmlischer haucht' uns Mut in die Seele.
Und sie faßten den spitzen Olivenknüttel und stießen
Ihn dem Kyklopen ins Aug, und ich, in die Höhe mich reckend,
Drehete. Wie wenn ein Mann, den Bohrer lenkend, ein Schiffholz
Bohrt; die unteren ziehn an beiden Enden des Riemens,
Wirbeln ihn hin und her, und er flieget in dringender Eile:
Also hielten auch wir in das Auge den glühenden Knüttel,
Drehten, und heißes Blut umquoll die dringende Spitze.
Alle Wimpern und Augenborsten versengte die Lohe
Seines entflammten Sterns; es prasselten brennend die Wurzeln.
Wie wenn ein kluger Schmied die Holzaxt oder das Schlichtbeil
Aus der Ess' in den kühlenden Trog, der sprudelnd emporbraust,
Wirft und härtet; denn dieses ersetzt die Kräfte des Eisens:
Also zischte das Aug um die feurige Spitze des Ölbrands.
Fürchterlich heult' er auf, daß rings die dumpfige Kluft scholl.

Und wir erschraken und flohn in den innersten Winkel. Doch jener
Riß aus dem Auge den Knüttel, mit vielem Blute besudelt,
Schleudert' ihn ferne von dannen mit ungebärdigem Grimme,
Und nun rief er mit Zetergebrüll den andern Kyklopen,
Welche ringsum die Klüfte des stürmischen Felsen bewohnten.
Und sie vernahmen das Brüllen und drängten sich dorther und daher,
Standen rund um die Höhl' und fragten, was ihn betrübte:
  Was geschah dir für Leid, Polyphemos, daß du so brülltest
Durch die ambrosische Nacht und uns vom Schlummer erwecktest?
Raubt der Sterblichen einer dir deine Ziegen und Schafe?
Oder würgt man dich selbst, arglistig oder gewaltsam?
  Ihnen erwiderte drauf aus der Felsenkluft Polyphemos:
Niemand würgt mich, ihr Freund', arglistig! und Keiner gewaltsam!
  Drauf antworteten sie und schrien die geflügelten Worte:
Wenn dir denn Keiner Gewalt antut in der einsamen Höhle;
Gegen Schmerzen, die Zeus dir schickt, ist kein anderes Mittel:
Flehe zu deinem Vater, dem Meerbeherrscher Poseidon!
  Also schrien sie und gingen. Mir lachte die Seele vor Freude,
Daß sie mein falscher Name getäuscht und mein trefflicher Einfall.
Aber ächzend vor Qual, mit jammervollem Gewinsel
Tappte der blinde Kyklop und nahm den Stein von der Pforte,
Setzte sich dann in die Pforte mit ausgebreiteten Händen,
Tastend, ob nicht vielleicht mit den Schafen einer entwischte.
So einfältig hielt mich in seinem Herzen der Riese.
Aber ich sann umher, das sicherste Mittel zu finden,
Wie ich meine Gefährten und mich von dem schrecklichen Tode
Rettete. Tausend Entwürf' und Listen wurden ersonnen;
Denn es galt das Leben, und fürchterlich drang die Entscheidung!

Doch von allen Entwürfen gefiel mir dieser am besten.
Seine Widder waren sehr feist, dickbuschichter Vliese,
Groß und stattlich von Wuchs, mit brauner Wolle bekleidet.
Diese band ich geheim mit schwanken Ruten zusammen,
Wo der Kyklop auf schlief, das gottlose Ungeheuer!
Drei und drei: der mittelste Bock trug einen der Männer,
Und zween gingen beiher und schirmten meine Gefährten.
Also trugen jeglichen Mann drei Widder. Ich selber
Wählte mir einen Bock, den trefflichsten unter der Herde.
Diesen ergriff ich schnell beim Rücken, wälzte mich nieder
Unter den wollichten Bauch und lag mit duldendem Herzen,
Beide Hände fest im Gekräusel der Flocken verwickelt.
Also erwarteten wir mit Seufzen die heilige Frühe.
Als die dämmernde Frühe mit Rosenfingern erwachte,
Eilten die Männer der Herde mit Ungestüm auf die Weide.
Aber es blökten am Stalle die ungemelkten Mütter;
Denn die Euter strotzten von Milch. Der grausame Wütrich
Saß von Schmerzen gefoltert und tastete sorgsam die Rücken
Aller steigenden Widder, und ahndete nicht in der Dummheit,
Daß ich sie unter die Brust der wollichten Böcke gebunden.
Langsam folgte nun der übrigen Herde mein Widder,
Schwerbeladen mit Wolle und mir, der mancherlei dachte.
Streichelnd betastet' auch ihn das Ungeheuer und sagte:
Süßes Böckchen, wie gehts? Du kommst zuletzt aus der Höhle?
Ei, du pflegst mir ja sonst nicht hinter der Herde zu bleiben!
Trabst ja so hurtig voran und pflückst dir zuerst auf der Weide
Gräschen und Blümelein, eilst auch zuerst in die Wellen der Flüsse,
Trachtest auch immer zuerst in den Stall zu kommen des Abends!
Nun der letzte von allen? Ach, geht dir etwa das Auge
Deines Herren so nah? Der Bösewicht hat mirs entrissen,

Er samt seinem Gesindel, indem er mit Wein mich berauschte,
Niemand! Ich mein, er ist mir noch nicht dem Verderben entronnen!
Hättest du nur Gedanken wie ich und verstündest die Sprache,
Daß du mir sagtest, wo jener vor meiner Stärke sich hinbirgt!
Ha! Auf den Boden geschmettert, wie sollte sein Hirn durch die Höhle
Hiehin und dahin zerspritzen! Wie würde mein Herz von dem Jammer
Sich erlaben, den mir der Taugenichts machte, der Niemand!
Also sprach er und ließ den Widder von sich hinausgehn.
Als wir uns von der Höhl' und dem Hof ein wenig entfernet,
Macht ich zuerst vom Widder mich los und löste die andern.
Eilend trieben wir jetzo die wohlgemästeten großen
Hochgeschenkelten Böcke durch mancherlei Krümmen zum Schiffe.
Und mit herzlicher Freud empfingen die lieben Gefährten
Uns Entflohne des Todes und klagten schluchzend die andern.
Aber ich ließ es nicht zu; ich deutete jedem mit Blicken,
Nicht zu weinen; befahl dann, die schöne wollichte Herde
Hurtig ins Schiff zu werfen und über die Wogen zu steuern.
Und sie traten ins Schiff und setzten sich hin auf die Bänke,
Saßen in Reihn und schlugen die graue Woge mit Rudern.
Als ich so weit nun war, wie die Stimme des Rufenden schallet,
Da begann ich und rief dem Kyklopen mit schmähenden Worten:
Ha, Kyklope, so recht! Nicht eines Feigen Gefährten
Hast du, wütiger Ries, in der dunkeln Höhle gefressen!
Lange hattest du das mit deinen Sünden verschuldet!
Grausamer, weil du die Gäste nicht scheutest in deiner Behausung
Aufzuschlucken; drum strafte dich Zeus und die übrigen Götter!
Also rief ich. Noch wütender tobte der blinde Kyklope,

Riß herunter und warf den Gipfel des hohen Gebirges.
Aber er fiel jenseits des blaugeschnäbelten Schiffes
Nieder, und wenig gefehlt, so traf er die Spitze des Steuers.
Hochauf wogte das Meer von dem stürzenden Felsen; und plötzlich
Raffte mit Ungestüm der strudelnde Schwall der Gewässer,
Landwärts flutend, das Schiff und warf es zurück an das Ufer.
Aber ich nahm mit den Händen geschwind eine mächtige Stange,
Stieß es vom Land, und trieb und ermahnete meine Gefährten,
Hurtig die Ruder zu regen, daß wir dem Verderben entrönnen,
Deutend und nickend; sie flogen ans Werk und ruderten keuchend.

Als wir nun doppelt so weit in das hohe Meer uns gerettet,
Siehe, da rief ich von neuem dem Wüterich. Aber die Freunde
Sprangen umher und schweigten mich alle mit freundlichen Worten:

Waghals! willst du noch mehr den grausamen Riesen erbittern,
Welcher mit seinem Geschoß in die See hinspielet und eben
Wieder ans Ufer uns warf, wo Tod und Verderben uns drohte?
Hätt er von dir nur ein Wort, nur eine Stimme vernommen,
Wahrlich, mit Einem geschleuderten Fels hätt er unsere Schädel
Samt den Balken des Schiffes zerschellt! Er versteht sich aufs Schleudern!

Aber sie strebten umsonst, mein edles Herz zu bewegen.
Und ich rief dem Kyklopen von neuem mit zürnender Seele:

Hör, Kyklope! Sollte dich einst von den sterblichen Menschen
Jemand fragen, wer dir dein Auge so schändlich geblendet,
Sag ihm: Odysseus, der Sohn Laërtes', der Städteverwüster,
Der in Ithaka wohnt, der hat mein Auge geblendet!

Also rief ich ihm zu; und heulend gab er zur Antwort:
Weh mir! es trifft mich jetzo ein längstverkündetes Schicksal!

Hier war einst ein Prophet, ein Mann von Schönheit und Größe,
Telemos, Eurymos' Sohn, bekannt mit den Zeichen der Zukunft,
Und bis ins Alter beschäftigt, sie uns Kyklopen zu deuten;
Der weissagte mir alles, was jetzt nach Jahren erfüllt wird:
Durch Odysseus' Hände würd ich mein Auge verlieren.
Doch erwartet' ich immer, ein großer und stattlicher Riese
Würde mich hier besuchen, mit großer Stärke gerüstet!
Und nun kommt so ein Ding, so ein elender Wicht, so ein Weichling,
Und verbrennt mir das Auge, nachdem er mit Wein mich berauschet!
Komm doch her, Odysseus! Ich will dich herrlich bewirten,
Und dir ein sicher Geleit vom hohen Poseidon verschaffen.
Denn ich bin sein Sohn, und rühmend nennt er sich Vater!
Dieser kann mich auch heilen, wenns ihm gelüstet; kein andrer
Unter den seligen Göttern, noch unter den sterblichen Menschen!
Also sprach der Kyklop; ich gab ihm dieses zur Antwort:
Könnt ich nur so gewiß auch deines Geistes und Lebens
Dich entledigen und in die Schattenwohnungen senden,
Als dein Auge selbst der hohe Poseidon nicht heilet!
Also sprach ich. Da streckt' er empor zum sternichten Hmmel
Seine Händ' und flehte dem Meerbeherrscher Poseidon:
Höre mich, Erdumgürter, du bläulichgelockter Poseidon,
Bin ich wirklich dein Sohn, und nennst du rühmend dich Vater,
Gib, daß Odysseus, der Sohn Laërtes', der Städteverwüster,
Der in Ithaka wohnt, nicht wiederkehre zur Heimat!
Oder ward ihm bestimmt, die Freunde wiederzusehen
Und sein prächtiges Haus und seiner Väter Gefilde,
Laß ihn spät, unglücklich und ohne Gefährten, zur Heimat
Kehren auf fremdem Schiff, und Elend finden im Hause!
Also sprach er flehend; ihn hörte der Bläulichgelockte.
Und nun hub er von neuem noch einen größeren Fels auf,

Schwung ihn im Wirbel, und warf mit unermeßlicher Stärke.
Aber er fiel diesseits des blaugeschnäbelten Schiffes
Nieder, und wenig gefehlt, so traf er die Spitze des Steuers.
Hochauf wogte das Meer von dem stürzenden Felsen; und vorwärts
Trieben die Fluten das Schiff und warfen es an das Gestade.
Also erreichten wir des Eilands Bucht, wo die andern
Schöngebordeten Schiffe beisammen ruhten und ringsum
Traurend die Freunde saßen und uns beständig erwartend.
Jetzo landeten wir am sandigen Ufer des Eilands,
Stiegen dann aus dem Schiff ans krumme Gestade des Meeres,
Nahmen vom hohlen Schiffe die Herd' und teilten sie alle
Unter uns gleich, daß keiner leer von der Beute mir ausging.
Aber den Widder schenkten die schöngeharnischten Freunde
Mir bei der Teilung voraus. Ihn opfert' ich an dem Gestade
Zeus Kronion, dem Wolkenversammler, der alles beherrschet,
Und verbrannte die Lenden. Doch er verschmähte das Opfer,
Unversöhnt beschloß er in seinem Rate Vertilgung
Aller rüstigen Schiff' und meiner lieben Gefährten.
Also saßen wir dort den Tag, bis die Sonne sich neigte,
An der Fülle des Fleisches und süßen Weines uns labend.
Als die Sonne nun sank und Dunkel die Erde bedeckte,
Legten wir uns zum Schlummer am Strande des rauschenden Meeres.
Als die dämmernde Frühe mit Rosenfingern erwachte,
Trat ich selber ins Schiff und ermahnete meine Gefährten,
Einzusteigen und schnell die Seile vom Ufer zu lösen.
Und sie traten ins Schiff und setzten sich hin auf die Bänke,
Saßen in Reihn und schlugen die graue Woge mit Rudern.
Also steuerten wir mit trauriger Seele von dannen,
Froh der bestandnen Gefahr, doch ohne die lieben Gefährten.

ZEHNTER GESANG

Äolos, der Winde erregt und stillt, entsendet den Odysseus mit günstigem West und gibt ihm die Gewalt über die anderen in einem Zauberschlauch. Nahe vor Ithaka öffnen ihn die Genossen; der Sturm wirft sie nach dem schwimmenden Eiland zurück, woher, von Äolos verjagt, sie in die fabelhafte Westgegend geraten. Die Lästrygonen vertilgen elf Schiffe; in dem übrigen erreicht er Äaa. Kirke verwandelt die Hälfte der Seinigen in Schweine. Er selbst, durch ein Heilkraut des Hermes geschützt, gewinnt die Liebe der Zauberin und rettet die Freunde. Nach einem Jahre fordert er Heimkehr; Kirke befiehlt ihm zuvor, zum Eingange des Totenreichs am Okeanos zu schiffen und den Teiresias zu befragen. Elpenors Tod.

Und wir kamen zur Insel Äolia. Diese bewohnte
Äolos, Hippotes' Sohn, ein Freund der unsterblichen Götter;
Undurchdringlich erhebt sich rings um das schwimmende Eiland
Eine Mauer von Erz und ein glattes Felsengestade.
Kinder waren ihm zwölf in seinem Palaste geboren,
Lieblicher Töchter sechs und sechs der blühenden Söhne.
Und er hatte die Töchter den Söhnen zu Weibern gegeben.
Bei dem geliebten Vater und ihrer herrlichen Mutter
Schmausen sie stets, bewirtet mit tausend köstlichen Speisen.
Und das duftende Haus erschallt von Tönen der Flöte
Tages, aber des Nachts ruht neben der züchtigen Gattin
Jeder auf prächtigen Decken im schöngebildeten Bette.
Und wir kamen zu ihrer Stadt und schönem Palaste.
Einen Monat bewirtet' er mich und forschte nach allem,
Ilions Macht, der Achäer Schiffen und unserer Heimfahrt;
Und ich erzählt ihm darauf umständlich die ganze Geschichte.
Als ich nun weiter verlangte und ihn um sichre Geleitung
Bat, versagt' er mir nichts und rüstete mich zu der Abfahrt.

Und er gab mir, verschlossen im dichtgenäheten Schlauche
Vom neunjährigen Stiere, das Wehn lautbrausender Winde.
Denn ihn hatte Kronion zum Herrscher der Winde geordnet,
Sie durch seinen Befehl zu empören oder zu schweigen.
Und er knüpfte den Schlauch mit glänzendem silbernem Seile
Fest in dem hohlen Schiffe, daß auch kein Lüftchen entwehte.
Vor mir ließ der den Hauch des freundlichen Westes einherwehn,
Daß sie das Schiff und uns selbst heimführeten. Aber dies sollte
Nicht geschehn; denn wir sanken durch eigene Torheit in Unglück.
Schon durchsegelten wir neun Tag' und Nächte die Wogen,
Und in der zehnten Nacht erschien uns das heimische Ufer,
Daß wir schon in der Nähe die Feuerwachen erblickten.
Jetzo schlummert ich ein, ermüdet von langer Arbeit;
Denn ich lenkte beständig das Steu'r, und ließ der Gefährten
Keinen dazu, um geschwinder das Vaterland zu erreichen.
Und die Genossen besprachen sich heimlich untereinander,
Wähnend, ich führte mit mir viel Gold und Silber zur Heimat,
Äolos' Ehrengeschenke, des hippotadischen Königs.
Und man wendete sich zu seinem Nachbar und sagte:
Wunderbar! Dieser Mann gewinnt die Achtung und Liebe
Aller Menschen, wohin er auch kommt, in Städten und Ländern!
Aus der troischen Beute wie manches unschätzbare Kleinod
Bringet er mit. Und wir, die alle Gefahren geteilet,
Kehren am Ende doch mit leeren Händen zur Heimat.
Nun hat Äolos dieses Geschenk aus besonderer Freundschaft
Ihm verehrt! Auf, laßt uns denn eilen und sehen, was dies sei,
Wieviel Silber und Gold in diesem Schlauche doch stecke.
Also sprach man. Es siegte der böse Rat der Genossen;
Und sie lösten den Schlauch, und mit einmal entsausten die Winde.

Plötzlich ergriff sie der Sturm und schleuderte weit in das Weltmeer
Hin die Weinenden, ferne vom Vaterlande. Da fuhr ich
Schnell aus dem Schlaf und erwog in meiner unsträflichen Seele,
Ob ich vom Schiffe hinab in die tobenden Wogen mich stürzte,
Oder es schweigend erduldet' und noch bei den Lebenden bliebe;
Aber ich duldet und blieb und lag mit verhülltem Antlitz
Auf dem Verdeck; und es warf der Orkan lautbrausend die Schiffe
Nach der äolischen Insel zurück; es seufzten die Männer.
Allda stiegen wir aus an den Strand und schöpften uns Wasser.
Schnell bereiteten uns die Gefährten ein Mahl bei den Schiffen.
Und sobald wir das Herz mit Trank und Speise gestärket,
Eilt ich, von unserem Herold und einem Gefährten begleitet,
Zu der herrlichen Burg des Äolos. Diesen erblickt ich
Sitzend mit seinem Weib und seinen Kindern beim Schmause.
Und wir gingen ins Haus und setzten uns neben den Pfosten
Auf die Schwelle dahin; sie erschraken im Herzen und fragten:
Siehe, woher, Odysseus? Welch böser Dämon verfolgt dich?
Haben wir doch die Fahrt so sorgsam gefördert, damit du
Heim in dein Vaterland, und wohin dirs beliebte, gelangtest!
Also sprach man; und ich antwortete traurigen Herzens:
Meine bösen Gefährten, die sind mein Verderben, mit diesen
Ein unseliger Schlaf! Ach, helft mir, Freunde! Ihr könnt es.
Also wollt ich sie mir mit schmeichelnden Worten gewinnen.
Aber sie schwiegen still; der Vater gab mir zur Antwort:
Hebe dich eilig hinweg von der Insel, du Ärgster der Menschen!
Denn es geziemet mir nicht, zu bewirten, noch weiter zu senden
Einen Mann, den die Rache der seligen Götter verfolget.
Hebe dich weg, denn du kommst mit dem Zorne der Götter beladen!

Also sprach er und trieb mich Seufzenden aus dem Palaste.
Und wir steuerten jetzo mit trauriger Seele von dannen.
Aber den Männern entschwand das Herz am ermüdenden Ruder,
Unserer Torheit halber, weil weiter kein Ende zu sehn war.
Als wir nun sechs Tag' und Nächte die Wogen durchrudert,
Landeten wir bei der Feste der Lästrygonen, bei Lamos'
Stadt Telepylos an. Hier wechseln Hirten mit Hirten;
Welcher heraustreibt, hört das Rufen des, der hereintreibt.
Und ein Mann ohne Schlaf erfreute sich doppeltes Lohnes,
Eines als Rinderhirte, des andern als Hirte der Schafe;
Denn nicht weit sind die Triften der Nacht und des Tages entfernet.
Jetzo erreichten wir den trefflichen Hafen, den ringsum
Himmelanstrebende Felsen von beiden Seiten umschließen,
Und wo vorn in der Mündung sich zwo vorragende Spitzen
Gegeneinander drehn, ein enggeschlossener Eingang!
Meine Gefährten lenkten die gleichgezimmerten Schiffe
Alle hinein in die Bucht und banden sie dicht beieinander
Fest; denn niemals erhob sich eine Welle darinnen,
Weder groß noch klein; rings herrschet spiegelnde Stille.
Ich allein blieb draußen mit meinem schwärzlichen Schiffe,
An dem Ende der Bucht, und band es mit Seilen am Felsen,
Kletterte dann auf den zackichten weitumschauenden Gipfel,
Aber es zeigte sich nirgends die Spur von Stieren und Pflügern,
Sondern wir sahn nur Rauch von der Erd' am Himmel hinaufziehn.
Jetzo sandt ich Männer voraus, das Land zu erkunden,
Was für Sterbliche dort die Frucht des Halmes genössen,
Zween erlesne Gefährten; ein Herold war ihr Begleiter.
Und sie stiegen ans Land und gingen die Straße, worauf man
Holzbeladene Wagen vom hohen Gebirge zur Stadt fährt.
Ihnen begegnete dicht vor der Stadt ein Mädchen, das Wasser
Schöpfte, des Lästrygonen Antiphates rüstige Tochter.

Diese stieg zu der Nymphe Artakia sprudelnder Quelle
Nieder; denn daraus schöpften die Lästrygonen ihr Wasser.
Und sie traten hinzu, begrüßten das Mädchen und fragten,
Wer dort König wäre, und welches Volk er beherrschte.
Jene wies sie sogleich zum hohen Palaste des Vaters.
Und sie gingen hinein in die Burg und fanden des Königs
Weib, so groß wie ein Gipfel des Bergs; und ein Grauen befiel sie.
Jene rief den berühmten Antiphates aus der Versammlung,
Ihren Gemahl, der ihnen ein schreckliches Ende bestimmte.
Ungestüm packt' er den einen Gefährten und tischte den Schmaus auf.
Aber die übrigen zween enteilten und flohn zu den Schiffen.
Und er erhub ein Gebrüll durch die Stadt; und siehe! mit einmal
Kamen hieher und dorther die rüstigen Lästrygonen
Zahllos zuhauf; sie glichen nicht Menschen, sondern Giganten.
Diese schleuderten jetzt von dem Fels unmenschliche Lasten
Steine herab; da entstand in den Schiffen ein schrecklich Getümmel,
Sterbender Männer Geschrei und das Krachen zerschmetterter Schiffe.
Und man durchstach sie wie Fische und trug sie zum scheußlichen Fraß hin.
Während diese die Männer im tiefen Hafen vertilgten,
Eilt ich geschwind und riß das geschliffene Schwert von der Hüfte,
Und zerhaute die Seile des blaugeschnäbelten Schiffes.
Dann ermahnt ich und trieb aufs äußerste meine Genossen,
Hurtig die Ruder zu regen, daß wir dem Verderben entrönnen;
Keuchend schlugen sie alle die Flut, aus Furcht vor dem Tode.
Aber glücklich enteilte mein Schiff von den hangenden Klippen
Über das Meer; die andern versanken dort all' in den Abgrund.
Also steuerten wir mit trauriger Seele von dannen,
Froh der bestandnen Gefahr, doch ohne die lieben Gefährten.

Und wir kamen zur Insel Ääa. Diese bewohnte
Kirke, die schöngelockte, die hehre melodische Göttin,
Eine leibliche Schwester des allerfahrnen Äetes.
Beide stammten vom Gotte der menschenerleuchtenden Sonne;
Ihre Mutter war Perse, des großen Okeanos Tochter.
Allda liefen wir still mit unserm Schiff ans Gestade
In die schirmende Bucht; ein Gott war unser Geleiter.
Und wir stiegen ans Land, wo wir zween Tag' und zwo Nächte
Ruhten, zugleich von der Arbeit und von dem Kummer entkräftet.
Als nun die Morgenröte des dritten Tages emporstieg,
Nahm ich die Lanz' in die Hand und hängte das Schwert um die Schulter,
Eilte vom Schiff und bestieg den Hügel, ob ich vielleicht wo
Spuren von Menschen erblickte und ihre Stimme vernähme.
Als ich jetzt von der Höhe des schroffen Felsen umhersah,
Kam es mir vor, daß Rauch von der weitumwanderten Erde
Hinter dem dicken Gebüsch aus Kirkes Wohnung emporstieg.
Jetzo sann ich umher und erwog den wankenden Vorsatz,
Hin nach dem dunkeln Rauche zu gehn und weiter zu forschen.
Dieser Gedanke schien mir Zweifelndem endlich der beste:
Erst zu dem schnellen Schiffe zu gehn am Strande des Meeres,
Meine Genossen mit Speise zu stärken und Späher zu senden.
Als ich schon nahe war dem gleichberuderten Schiffe,
Da erbarmte sich mein, des Einsamen, einer der Götter.
Und es lief ein gewaltiger Hirsch mit hohem Geweihe
Mir auf den Weg; er sprang aus der Weide des Waldes zum Bache
Lechzend hinab, denn ihn brannten bereits die Strahlen der Sonne.
Diesen schoß ich im Lauf und traf ihm die Mitte des Rückgrats,
Daß die eherne Lanz' am Bauch wieder herausfuhr;
Schreiend stürzt' er dahin in den Staub, und das Leben entflog ihm.

Hierauf zog ich, den Fuß anstemmend, die eherne Lanze
Aus der Wunde zurück, und legte sie dort auf den Boden
Nieder. Dann brach ich am Bache mir schwanke weidene Ruten,
Drehete links und rechts ein klafterlanges Geflechte,
Und verband die Füße des mächtigen Ungeheuers,
Hängt' es mir über den Hals und trug es zum schwärzlichen Schiffe,
Auf die Lanze gestützt; denn Einer Schulter und Hand war
Viel zu schwer die Last des riesenmäßigen Tieres.
Vor dem Schiffe warf ich es hin, und redete jedem
Meiner Genossen zu mit diesen freundlichen Worten:
  Lieben, wir werden ja doch, trotz unserm Grame, nicht früher
Sinken in Aïdes Reich, eh der Tag des Schicksals uns abruft!
Auf denn, solange das Schiff noch Trank und Speise verwahret,
Eßt nach Herzensbegier, damit uns der Hunger nicht töte!
  Also sprach ich; und schnell gehorchten sie meinem Befehle,
Kamen aus ihren Hüllen, am Ufer des wüsten Meeres,
Und verwunderten sich des riesenmäßigen Hirsches.
Und nachdem sie die Augen an seiner Größe geweidet,
Wuschen sie ihre Hände, das herrliche Mahl zu bereiten.
Also saßen wir dort den Tag, bis die Sonne sich neigte,
An der Fülle des Fleisches und süßen Weines uns labend.
Als die Sonne nun sank, und Dunkel die Erde bedeckte,
Legten wir uns zum Schlummer am Strande des rauschenden Meeres.
Als die dämmernde Frühe mit Rosenfingern erwachte,
Rief ich alle Gefährten zur Ratsversammlung und sagte:
  Höret jetzo mich an, ihr meine Genossen im Unglück!
Freunde, wir wissen ja nicht, wo Abend oder wo Morgen;
Nicht, wo die leuchtende Sonne sich unter die Erde hinabsenkt,
Noch, wo sie wiederkehrt; drum müssen wir schnell uns bedenken
Ist noch irgend ein Rat; ich sehe keinen mehr übrig.

Denn ich umschauete dort von der Höhe des zackichten Felsens
Diese Insel, die rings das unendliche Meer umgürtet.
Nahe liegt sie am Land; und in der Mitte der Insel
Sah ich Rauch, der hinter dem dicken Gebüsche hervorstieg.
  Also sprach ich; und ihnen brach das Herz vor Betrübnis,
Da sie des Lästrygonen Antiphates Taten bedachten
Und des Kyklopen Gewalt, des grausamen Menschenfressers.
Und sie weineten laut und vergossen häufige Tränen.
Aber sie konnten ja nichts mit ihrer Klage gewinnen.
  Jetzo teilt' ich die Schar der wohlgeharnischten Freunde
In zween Haufen und gab jedwedem einen Gebieter.
Diesen führte ich selbst, der edle Eurylochos jenen.
Eilend schüttelten wir im ehernen Helme die Lose;
Und das Los des beherzten Eurylochos sprang aus dem Helme.
Dieser machte sich auf mit zweiundzwanzig Gefährten;
Weinend gingen sie fort, und verließen uns traurend am Ufer.
  Und sie fanden im Tal des Gebirgs die Wohnung der Kirke,
Von gehauenen Steinen, in weitumschauender Gegend.
Sie umwandelten rings Bergwölfe und mähnichte Löwen,
Durch die verderblichen Säfte der mächtigen Kirke bezaubert.
Diese sprangen nicht wild auf die Männer, sondern sie stiegen
Schmeichelnd an ihnen empor mit langen wedelnden Schwänzen.
Also umwedeln die Hunde den Hausherrn, wenn er vom Schmause
Wiederkehrt, denn er bringt beständig leckere Bissen:
Also umwedelten sie starkklauige Löwen und Wölfe.
Aber sie fürchteten sich vor den schrecklichen Ungeheuern.
Und sie standen am Hofe der schöngelocketen Göttin,
Und vernahmen im Haus anmutige Melodien.
Singend webete Kirke den großen unsterblichen Teppich,
Fein und lieblich und glänzend, wie aller Göttinnen Arbeit.
Unter ihnen begann der Völkerführer Polites,
Welcher der liebste mir war und geehrteste meiner Genossen:

Freunde, hier wirket jemand und singt am großen Gewebe
Reizende Melodien, daß rings das Getäfel ertönet,
Eine Göttin oder ein Weib! Wir wollen ihr rufen!
Also sprach Polites; die Freunde gehorchten und riefen.
Jene kam und öffnete schnell die strahlende Pforte,
Nötigte sie; und alle, die Unbesonnenen, folgten.
Nur Eurylochos blieb, denn er vermutete Böses.
Und sie setzte die Männer auf prächtige Sessel und Throne,
Mengte geriebenen Käse mit Mehl und gelblichem Honig
Unter pramnischen Wein, und mischte betörende Säfte
In das Gericht, damit sie der Heimat gänzlich vergäßen.
Als sie dieses empfangen und ausgeleeret, da rührte
Kirke sie mit der Rute und sperrte sie dann in die Köfen.
Denn sie hatten von Schweinen die Köpfe, Stimmen und Leiber,
Auch die Borsten; allein ihr Verstand blieb völlig wie vormals.
Weinend ließen sie sich einsperren; da schüttete Kirke
Ihnen Eicheln und Buchenmast und rote Kornellen
Vor, das gewöhnliche Futter der erdaufwühlenden Schweine.
Und Eurylochos kam zu dem schwärzlichen Schiffe geeilet,
Uns das herbe Verhängnis der übrigen Freunde zu melden.
Aber er konnte kein Wort aussprechen, so gern er auch wollte.
Denn die entsetzliche Angst beklemmte sein Herz; die Augen
Waren mit Tränen erfüllt, und Jammer umschwebte die Seele.
Lange hatten wir all' ihn voll Erstaunen befraget;
Endlich hub er an und erzählte der Freunde Verderben:
Edler Odysseus, wir gingen, wie du befahlst, durch die Waldung!
Fanden im Tal des Gebirgs die schöngebauete Wohnung
Von gehauenen Steinen, in weitumschauender Gegend!
Allda wirkte jemand und sang am großen Gewebe,
Eine Göttin oder ein Weib! Ihr riefen die andern!
Jene kam und öffnete schnell die strahlende Pforte,

Nötigte sie; und alle, die Unbesonnenen folgten.
Ich allein blieb draußen, denn ich vermutete Böses!
Aber mit einmal waren die andern verschwunden, und keiner
Kehrte zurück, solang ich auch saß und nach ihnen mich umsah!
Also sprach er; und ich warf eilend das silberbeschlagne
Große eherne Schwert um die Schulter, samt Bogen und Köcher;
Und befahl ihm, mich gleich desselbigen Weges zu führen.
Aber er faßte mir flehend mit beiden Händen die Kniee
Und wehklagete laut und sprach die geflügelten Worte:
Göttlicher, lasse mich hier, und führe mich nicht mit Gewalt hin!
Denn ich weiß es, du kehrst nicht wieder von dannen und bringest
Keinen Gefährten zurück! Drum laß uns geschwinde mit diesen
Fliehn! Vielleicht daß wir noch dem Tage des Fluches entrinnen!
Also sprach er; und ich antwortete wieder und sagte:
Nun, so bleibe denn du, Eurylochos, hier auf der Stelle!
Iß und trink dich satt bei dem schwarzen gebogenen Schiffe!
Aber ich geh allein! denn ich fühle die Not, die mich hintreibt!
Also sprach ich und ging von dem Schiff und dem Ufer des Meeres.
Jetzo nähert' ich mich, die heiligen Tale durchwandelnd,
Schon dem hohen Palaste der furchtbaren Zauberin Kirke;
Da begegnete mir Hermeias mit goldenem Stabe
Auf dem Wege zur Burg, an Gestalt ein blühender Jüngling,
Dessen Wange sich bräunt, im holdesten Reize der Jugend.
Dieser gab mir die Hand und sagte mit freundlicher Stimme:
Armer, wie gehst du hier so allein durch die bergichte Waldung,
Da du die Gegend nicht kennst? Bei Kirke sind deine Gefährten
Eingesperrt, wie Schweine, in dichtverschlossenen Ställen.
Gehst du etwa dahin, sie zu retten? Ich fürchte, du kehrest
Nicht von dannen zurück, du bleibest selbst bei den andern.

Aber wohlan! Ich will dich vor allem Übel bewahren!
Nimm dies heilsame Mittel und gehe zum Hause der Kirke,
Sicher, von deinem Haupte den Tag des Fluches zu wenden.
Alle verderblichen Künste der Zauberin will ich dir nennen.
Weinmus rührt sie dir ein, und mischt ihr Gift in die Speise:
Dennoch gelingt es ihr nicht, dich umzuschaffen; die Tugend
Dieser heilsamen Pflanze verhindert sie. Höre nun weiter.
Wenn dich Kirke darauf mit der langen Rute berühret,
Siehe, dann reiße du schnell das geschliffene Schwert von der Hüfte,
Spring auf die Zauberin los und drohe, sie gleich zu erwürgen.
Diese wird in der Angst zu ihrem Lager dich rufen;
Und nun weigre dich nicht und besteige das Lager der Göttin,
Daß sie deine Gefährten erlös und dich selber bewirte.
Aber sie schwöre zuvor der Seligen großen Eidschwur,
Daß sie bei sich nichts anders zu deinem Schaden beschlossen;
Daß sie dir Waffenlosem nicht raube Tugend und Stärke.

Also sprach Hermeias und gab mir die heilsame Pflanze,
Die er dem Boden entriß, und zeigte mir ihre Natur an:
Ihre Wurzel war schwarz, und milchweiß blühte die Blume,
Moly wird sie genannt von den Göttern. Sterblichen Menschen
Ist sie schwer zu graben; doch alles vermögen die Götter.

Und der Argosbesieger enteilte zum hohen Olympos
Durch die waldichte Insel; ich ging zum Hause der Kirke
Hin, und viele Gedanken bewegten des Gehenden Seele.
Und ich stand an der Pforte der schöngelocketen Göttin,
Stand und rief; und die Göttin vernahm des Rufenden Stimme,
Kam sogleich und öffnete mir die strahlende Pforte,
Nötigte mich herein; und ich folgte mit traurigem Herzen.
Hierauf führte sie mich zu ihrem silberbeschlagnen
Schönen prächtigen Thron, mit füßestützendem Schemel,
Mischte mir dann ein Gemüs im goldenen Becher zu trinken,
Und vergiftet' es tückisch mit ihrem bezaubernden Safte.

Und sie reichte mirs hin; ich trank es, und ohne Verwandlung.
Drauf berührte sie mich mit der Zauberrute und sagte:
Gehe nun in den Kofen, und liege bei deinen Gefährten.
Also sprach sie; da riß ich das schneidende Schwert von der Hüfte,
Sprang auf die Zauberin los und drohte sie gleich zu erwürgen;
Aber sie schrie und eilte gebückt, mir die Kniee zu fassen;
Lautwehklagend rief sie die schnellgeflügelten Worte:
Wer, wes Volkes bist du, und wo ist deine Geburtsstadt?
Staunen ergreift mich, da dich der Zaubertrank nicht verwandelt!
Denn kein sterblicher Mensch hat diesen Zauber bestanden,
Welcher trank, sobald ihm der Wein die Zunge hinabglitt.
Aber du trägst ein unbezwingliches Herz in dem Busen!
Bist du jener Odysseus, der, viele Küsten umirrend,
Wann er von Ilion kehrt im schnellen Schiffe, auch hieher
Kommen soll, wie der Gott mit goldenem Stabe mir saget?
Lieber, so stecke dein Schwert in die Scheid', und laß uns zusammen
Unser Lager besteigen, damit wir, beide versöhnet
Durch die Freuden der Liebe, hinfort einander vertrauen!
Also sprach sie; und ich antwortete wieder und sagte:
Kirke, wie kannst du begehren, daß ich dir freundlich begegne?
Da du meine Gefährten im Hause zu Schweinen gemacht hast,
Und mich selber behältst und mir arglistig befiehlest,
In die Kammer zu gehn und auf dein Lager zu steigen;
Daß du mich Waffenlosen der Tugend und Stärke beraubest?
Nein! ich werde nimmer dein Lager besteigen, o Göttin,
Du willfahrest mir denn, mit hohem Schwur zu geloben,
Daß du bei dir nichts anders zu meinem Verderben beschließest!
Also sprach ich; und eilend beschwur sie, was ich verlangte.
Als sie es jetzo gelobt und vollendet den heiligen Eidschwur,
Da bestieg ich mit Kirke das köstlich bereitete Lager.
Und in dem hohen Palaste der schönen Zauberin dienten

Vier holdselige Mägde, die alle Geschäfte besorgten.
Diese waren Töchter der Quellen und schattigen Haine
Und der heiligen Ströme, die in das Meer sich ergießen.
Eine von diesen bedeckte die Throne mit zierlichen Polstern:
Oben legte sie Purpur und unten den leinenen Teppich.
Und die andere stellte die schönen Tische von Silber
Vor die Throne und setzte darauf die goldenen Körbe.
Und die dritte mischte in silberner Schale den süßen
Herzerfreuenden Wein und verteilte die goldenen Becher.
Aber die vierte Magd trug Wasser und zündete Feuer
Unter dem großen Dreifuß an, das Wasser wärmen.
Und nachdem das Wasser im blinkenden Erze gekochet,
Führte sie mich in das Bad und strömt' aus dem dampfenden Kessel
Lieblichgemischtes Wasser mir über das Haupt und die Schultern,
Und entnahm den Gliedern die geistentkräftende Arbeit.
Als sie mich jetzo gebadet und drauf mit Öle gesalbet,
Da umhüllte sie mir den prächtigen Mantel und Leibrock,
Und dann führte sie mich ins Gemach zum silberbeschlagnen
Schönen künstlichen Thron, mit füßestützendem Schemel.
Eine Dienerin trug in der schönen goldenen Kanne,
Über dem silbernen Becken, das Wasser, beströmte zum Waschen
Mir die Händ', und stellte vor mich die geglättete Tafel.
Und die ehrbare Schaffnerin kam und tischte das Brot auf,
Und der Gerichte viel' aus ihrem gesammelten Vorrat,
Und befahl mir zu essen. Doch meinem Herzen gefiels nicht;
Sondern ich saß zerstreut und ahndete Böses im Herzen.
  Kirke bemerkte mich jetzt, wie ich dasaß, ohne die Speise
Mit den Händen zu rühren, versunken in tiefe Schwermut;
Und sie nahte sich mir und sprach die geflügelten Worte:
  Warum sitzest du so wie ein Stummer am Tische, Odysseus,

Und zerquälst dein Herz und rührest nicht Speise noch Trank an?
Ist dir noch bange vor Hinterlist? Du mußt dich nicht fürchten!
Denn ich habe dirs ja mit hohem Eide geschworen!
Also sprach sie; und ich antwortete wieder und sagte:
Kirke, welcher Mann, dem Recht und Billigkeit obliegt,
Hätte das Herz, sich eher mit Trank und Speise zu laben,
Eh er die Freunde gerettet und selbst mit Augen gesehen?
Darum, wenn du aus Freundschaft zum Essen und Trinken mich nötigst,
Gib sie frei und zeige sie mir, die lieben Gefährten!
Also sprach ich. Sie ging, in der Hand die magische Rute,
Aus dem Gemach und öffnete schnell die Türe des Kofens
Und trieb jene heraus, in Gestalt neunjähriger Eber.
Alle stellten sich jetzt vor die mächtige Kirke, und diese
Ging umher und bestrich jedweden mit heilendem Safte.
Siehe, da sanken herab von den Gliedern die scheußlichen Borsten
Jenes vergifteten Tranks, den ihnen die Zauberin eingab.
Männer wurden sie schnell und jüngere Männer denn vormals,
Auch weit schönerer Bildung und weit erhabneren Wuchses.
Und sie erkannten mich gleich und gaben mir alle die Hände;
Alle huben an vor Freude zu weinen, daß ringsum
Laut die Wohnung erscholl. Es jammerte selber die Göttin.
Und sie nahte sich mir, die hehre Göttin, und sagte:
Edler Laërtiad', erfindungsreicher Odysseus,
Gehe nun hin zu dem rüstigen Schiff am Strande des Meeres;
Zieht vor allen Dingen das Schiff ans trockne Gestade,
Und verwahrt in den Höhlen die Güter und alle Geräte.
Dann komm eilig zurück und bringe die lieben Gefährten.
Also sprach sie und zwang mein edles Herz zum Gehorsam.
Eilend ging ich zum rüstigen Schiff am Strande des Meeres,
Und fand dort bei dem rüstigen Schiffe die lieben Gefährten,

Welche trostlos klagten und häufige Tränen vergossen.
Wie wenn im Meierhofe die Kälber den Kühen der Herde,
Welche satt von der Weide zum nächtlichen Stalle zurückgehn,
Alle mit freudigen Sprüngen entgegen eilen; es halten
Keine Gehege sie mehr, sie umhüpfen mit lautem Geblöke
Ihre Mütter: so flogen die Freunde, sobald sie mich sahen,
Alle weinend heran; und ihnen war also zu Mute,
Als gelangten sie heim in Ithakas rauhe Gefilde
Und in die Vaterstadt, wo jeder geboren und groß ward.
Und sie jammerten laut mit diesen geflügelten Worten:
Göttlicher Mann, wir freun uns so herzlich deiner Zurückkunft,
Als gelangten wir jetzo in Ithaka heimische Fluren!
Aber wohlan, erzähl uns der übrigen Freunde Verderben!
Also riefen sie aus; und ich antwortete freundlich:
Laßt uns vor allem das Schiff ans trockne Gestade hinaufziehn,
Und in den Höhlen die Güter und alle Geräte verwahren!
Und dann machet euch auf, mich allesamt zu begleiten,
Daß ihr unsere Freund' in Kirkes heiliger Wohnung
Essen und trinken seht; denn sie haben da volle Genüge!
Also sprach ich; und schnell gehorchten sie meinem Befehle.
Nur Eurylochos suchte die übrigen Freunde zu halten;
Und er redte sie an und sprach die geflügelten Worte:
Arme, wo gehen wir hin? welch heißes Verlangen nach Unglück
Treibt euch, in Kirkes Wohnung hinabzusteigen? Sie wird uns
Alle zusammen in Schwein', in Löwen und Wölfe verwandeln,
Und uns Verwandelte zwingen, ihr großes Haus zu bewachen!
Ebenso ging es auch dort den Freunden, die des Kyklopen
Felsengrotte besuchten, geführt von dem kühnen Odysseus!
Denn durch dessen Torheit verloren auch jene das Leben!
Also sprach er; und ich erwog den wankenden Vorsatz,

Mein geschliffenes Schwert von der nervichten Hüfte zu reißen,
Und sein Haupt, von dem Rumpfe getrennt, auf den Boden zu stürzen,
Ob er gleich nahe mit mir verwandt war. Aber die Freunde
Sprangen umher und hielten mich ab mit flehenden Worten:
Göttlicher Held, wir lassen ihn hier, wenn du es befiehlest,
Bleiben an dem Gestad, um unser Schiff zu bewahren.
Aber führe du uns zu Kirkes heiliger Wohnung.
Also sprachen die Freunde und gingen vom Strande des Meeres.
Auch Eurylochos blieb nicht bei dem gebogenen Schiffe,
Sondern folgte, geschreckt durch meine zürnende Drohung.
Aber der übrigen Freund' in der Wohnung hatte die Göttin
Sorgsam gepflegt, sie gebadet, mit duftendem Öle gesalbet,
Und mit schönen Gewanden, mit Rock und Mantel, bekleidet.
Und wir fanden sie jetzo im Saal beim fröhlichen Schmause.
Als sie einander gesehn und sich nun alles erzählet,
Weinten und jammerten sie, daß rings die Wohnung ertönte.
Aber sie nahte sich mir, die hehre Göttin, und sagte:
Edler Laërtiad', erfindungsreicher Odysseus!
Reget jetzo nicht mehr den unendlichen Jammer! Ich weiß ja,
Wieviel Elend ihr littet im fischdurchwimmelten Meere,
Und wieviel ihr zu Lande von feindlichen Männern erduldet.
Aber wohlan! Eßt jetzo der Speis und trinket des Weines,
Bis ihr so frischen Mut in eure Herzen gesammelt,
Als womit ihr zuerst der vaterländischen Insel
Rauhe Gefilde verließt! Nun seid ihr entkräftet und mutlos
Und erinnert euch stets der mühsamen Irren, und niemals
Stärkt euch die Freude den Mut: ihr habt sehr vieles gelitten!
Also sprach sie und zwang ihr edles Herz zum Gehorsam.
Und wir saßen ein ganzes Jahr von Tage zu Tage,
An der Fülle des Fleisches und süßen Weines uns labend.
Als nun endlich das Jahr von den kreisenden Horen erfüllt ward,

Und mit dem wechselnden Mond viel' Tage waren verschwunden,
Da beriefen mich heimlich die lieben Gefährten und sagten:
Unglückseliger, denke nun endlich des Vaterlandes,
Wenn dir das Schicksal bestimmt, lebendig wiederzukehren
In den hohen Palast und deiner Väter Gefilde.
Also bewegten die Freunde mein edles Herz zum Gehorsam.
Und wir saßen den ganzen Tag, bis die Sonne sich neigte,
An der Fülle des Fleisches und süßen Weines uns labend.
Als die Sonne nun sank und Dunkel die Erde bedeckte,
Legten sich meine Genossen im schattigen Hause zum Schlummer.
Und ich bestieg mit Kirke das köstlich bereitete Lager,
Faßt ihr flehend die Knie, und die Göttin hörte mein Flehen.
Und ich redte sie an und sprach die geflügelten Worte:
Kirke, erfülle mir jetzt das Gelübde, so du gelobtest,
Mich nach Hause zu senden! Mein Herz verlangt zur Heimat,
Und der übrigen Freunde, die rings mit Weinen und Klagen
Meine Seele bestürmen, sobald du den Rücken nur wendest.
Also sprach ich; mir gab die hehre Göttin zur Antwort:
Edler Laërtiad', erfindungsreicher Odysseus,
Länger zwing ich euch nicht, in meinem Hause zu bleiben.
Aber ihr müßt zuvor noch eine Reise vollenden,
Hin zu Aïdes' Reich und der strengen Persephoneia,
Um des thebäischen Greises Teiresias Seele zu fragen,
Jenes blinden Propheten mit ungeschwächtem Verstande.
Ihm gab Persephoneia im Tode selber Erkenntnis,
Und er allein ist weise: die andern sind flatternde Schatten.
Also sagte die Göttin; mir brach das Herz vor Betrübnis.
Weinend saß ich auf Kirkes Bett, und wünschte, nicht länger
Unter den Lebenden hier das Licht der Sonne zu schauen.
Als ich endlich mein Herz durch Weinen und Wälzen erleichtert,
Da antwortet ich ihr und sprach die geflügelten Worte:

Kirke, wer soll mich denn auf dieser Reise geleiten?
Noch kein Sterblicher fuhr im scharzen Schiffe zu Aïs.
Also sprach ich; mir gab die hehre Göttin zur Antwort:
Edler Laërtiad', erfindungsreicher Odysseus,
Kümmre dich nicht so sehr um einen Führer des Schiffes!
Sondern richte den Mast und spanne die schimmernden Segel;
Dann sitz ruhig, indes der Hauch des Nordens dich hintreibt!
Aber bist du im Schiffe den Ozean jetzo durchsegelt,
Und an dem niedern Gestad und den Hainen Persephoneiens,
Voll unfruchtbarer Weiden und hoher Erlen und Pappeln,
Lande dort mit dem Schiff an des Ozeans tiefem Gestrudel,
Und dann gehe du selber zu Aïdes' dumpfer Behausung.
Wo in den Acheron sich der Pyriphlegethon stürzet,
Und der Strom Kokytos, ein Arm der stygischen Wasser,
An dem Fels, wo die zween lautbrausenden Ströme sich mischen;
Nahe bei diesem Orte gebiet ich dir, edler Odysseus,
Eine Grube zu graben, von einer Ell' ins Gevierte.
Rings um die Grube gieß Sühnopfer für alle Toten:
Erst von Honig und Milch, von süßem Weine das zweite,
Und das dritte von Wasser, mit weißem Mehle bestreuet.
Dann gelobe flehend den Luftgebilden der Toten:
Wenn du gen Ithaka kommst, eine Kuh, unfruchtbar und fehllos,
In dem Palaste zu opfern und köstliches Gut zu verbrennen,
Und für Teiresias noch besonders den stattlichsten Widder
Eurer ganzen Herde, von schwarzer Farbe, zu schlachten.
Hast du den herrlichen Scharen der Toten geflehet, dann opfre
Einen Bock und ein Schaf von ungezeichneter Schwärze,
Ihre Häupter gekehrt zum Erebos; aber du selber
Wende dein Antlitz zurück nach den Fluten des Stromes. Dann werden
Viele Seelen kommen der abgeschiedenen Toten.
Jetzo ermahn und treib aufs äußerste deine Gefährten,

Beide liegenden Schafe, vom grausamen Erze getötet,
Abzuziehn und ins Feuer zu werfen, und anzubeten
Aïdes' schreckliche Macht und die strenge Persephoneia.
Aber du reiße schnell das geschliffene Schwert von der Hüfte,
Setze dich hin und laß die Luftgebilde der Toten
Sich dem Blute nicht nahn, bevor du Teiresias ratfragst.
Und bald wird der Prophet herwandeln, o Führer der Völker,
Daß er dir weissage den Weg und die Mittel der Reise,
Und wie du heimgelangst auf dem fischdurchwimmelten Meere.
 Also sprach sie; da kam die goldenthronende Eos.
Und sie bekleidete mich mit wollichtem Mantel und Leibrock;
Aber sich selber zog die Nymphe ihr Silbergewand an,
Lang, anmutig und fein, und schlang um die Hüfte den schönen
Goldgetriebenen Gürtel, und schmückte das Haupt mit dem Schleier.
Aber ich ging durch die Burg und ermunterte meine Gefährten,
Trat zu jeglichem Mann und sprach die freundlichen Worte:
 Lieget nun nicht länger, vom süßen Schlummer umduftet!
Laßt uns reisen, denn schon ermahnt mich die göttliche Kirke!
 Also sprach ich und zwang ihr edles Herz zum Gehorsam.
Aber ich führt auch von dannen nicht ohne Verlust die Gefährten.
Denn der jüngste der Schar, Elpenor, nicht eben besonders
Tapfer gegen den Feind, noch mit Verstande gesegnet,
Hatte sich heimlich beiseit auf Kirkes heiliges Wohnung,
Von der Hitze des Weins sich abzukühlen, gelagert.
Jetzo vernahm er den Lärm und das rege Getümmel der Freunde;
Plötzlich sprang er empor und vergaß in seiner Betäubung,
Wieder hinab die Stufen der langen Treppe zu steigen,
Sondern er stürzte sich grade vom Dache hinunter; der Nacken
Brach aus seinem Gelenk, und die Seele fuhr in die Tiefe.
 Zu der versammelten Schar der übrigen sprach ich im Gehen:

Freunde, ihr wähnt vielleicht, zur lieben heimischen Insel
Hinzugehn; doch Kirke gebeut eine andere Reise,
Hin zu Aïdes' Reich und der strengen Persephoneia,
Um des thebäischen Greises Teiresias Seele zu fragen.
Als sie dieses vernommen, da brach ihr Herz vor Betrübnis;
Jammernd setzten sie sich in den Staub und rauften ihr Haupthaar;
Aber sie konnten ja nichts mit ihrer Klage gewinnen.
Während wir nun zu dem rüstigen Schiff am Strande des Meeres
Herzlich bekümmert gingen, und viele Tränen vergießend,
Ging auch Kirke dahin und band bei dem schwärzlichen Schiffe
Einen Bock und ein Schaf von ungezeichneter Schwärze,
Leicht uns vorüberschlüpfend. Denn welches Sterblichen Auge
Mag des Unsterblichen Gang, der sich verhüllet, entdecken?

ELFTER GESANG

Ein nördlicher Götterwind führt den Odysseus zum Gestade der nächtlichen Kimmerier, wo der Weltstrom Okeanos ins Meer einströmt. An der Kluft, die in Aïdes' unterirdisches Reich hinabgeht, opfert er Totenopfer; worauf die Geister aus der Tiefe dem Blute nahn. Elpenor fleht um Bestattung. Die Mutter wird vom Blute gehemmt, bis Teiresias getrunken und geweissagt. Dann trinkt die Mutter und erkennt ihn. Dann Seelen uralter Heldinnen. Dann Agamemnon mit den Seinigen. Achilleus mit Patroklos und Antilochos; auch Aias, Telamons Sohn. In der Ferne der richtende Minos; Orion jagend; Tityos, Tantalos und Sisyphos gequält. Des Herakles Bild annahend. Rückfahrt aus dem Okeanos.

Als wir jetzo das Schiff und des Meeres Ufer erreichten,
Zogen wir erstlich das Schiff hinab in die heilige Meersflut,
Stellten die Masten empor und die Segel im schwärzlichen Schiffe,
Brachten darauf die Schafe hinein und traten dann selber
Herzlich bekümmert ins Schiff, und viele Tränen vergießend.
Jene sandte vom Ufer dem blaugeschnäbelten Schiffe
Günstigen segelschwellenden Wind zum guten Begleiter,
Kirke, die schöngelockte, die hehre melodische Göttin.
Eilig brachten wir jetzt die Geräte des Schiffes in Ordnung,
Saßen dann still und ließen vom Wind und Steuer uns lenken.
Und wir durchschifften den Tag mit vollem Segel die Wasser.
Und die Sonne sank, und Dunkel umhüllte die Pfade.

Jetzo erreichten wir des tiefen Ozeans Ende.
Allda liegt das Land und die Stadt der kimmerischen Männer.
Diese tappen beständig in Nacht und Nebel; und niemals
Schauet strahlend auf sie der Gott der leuchtenden Sonne,
Weder wenn er die Bahn des sternichten Himmels hinansteigt,
Noch wenn er wieder hinab vom Himmel zur Erde sich wendet:
Sondern schreckliche Nacht umhüllt die elenden Menschen.

Und wir zogen das Schiff an den Strand und nahmen die Schafe
Schnell aus dem Raum; dann gingen wir längs des Ozeans Ufer,
Bis wir den Ort erreichten, wovon uns Kirke gesaget.
Allda hielten die Opfer Eurylochos und Perimedes.
Aber nun eilt ich und zog das geschliffene Schwert von der Hüfte,
Eine Grube zu graben, von einer Ell' ins Gevierte.
Hierum gossen wir rings Sühnopfer für alle Toten:
Erst von Honig und Milch, von süßem Weine das zweite,
Und das dritte von Wasser, mit weißem Mehle bestreuet.
Dann gelobt ich flehend den Luftgebilden der Toten,
Wann ich gen Ithaka käm, eine Kuh, unfruchtbar und fehllos,

In dem Palaste zu opfern und köstliches Gut zu verbrennen
Und für Teiresias noch besonders den stattlichsten Widder
Unserer ganzen Herde, von schwarzer Farbe, zu schlachten.
Und nachdem ich flehend die Schar der Toten gesühnet,
Nahm ich die Schaf' und zerschnitt die Gurgeln über der Grube;
Schwarz entströmte das Blut: und aus dem Erebos kamen
Viele Seelen herauf der abgeschiedenen Toten.
Jüngling' und Bräute kamen, und kummerbeladene Greise,
Und aufblühende Mädchen, im jungen Grame verloren.
Viele kamen auch von ehernen Lanzen verwundet,
Kriegerschlagene Männer, mit blutbesudelter Rüstung.
Dicht umdrängten sie alle von allen Seiten die Grube,
Mit graunvollem Geschrei; und bleiches Entsetzen ergriff mich.
Nun befahl ich und trieb aufs äußerste meine Gefährten,
Beide liegenden Schafe, vom grausamen Erze getötet,
Abzuziehn und ins Feuer zu werfen und anzubeten
Aïdes' schreckliche Macht und die strenge Persephoneia.
Aber ich eilt und zog das geschliffene Schwert von der Hüfte,
Setzte mich hin, und ließ die Luftgebilde der Toten
Sich dem Blute nicht nahn, bevor ich Teiresias fragte.
Erstlich kam die Seele von unserm Gefährten Elpenor.
Denn er ruhte noch nicht in der weitumwanderten Erde;
Sondern wir hatten den Leichnam in Kirkes Wohnung verlassen,
Weder beweint noch begraben; uns drängten andere Sorgen.
Weinend erblickt ich ihn und fühlete herzliches Mitleid,
Und ich redet' ihn an und sprach die geflügelten Worte:
Sag, Elpenor, wie kamst du hinab ins nächtliche Dunkel?
Gingst du schneller zu Fuß als ich im schwärzlichen Schiffe?
Also sprach ich; und drauf begann er mit schluchzender Stimme:
Edler Laërtiad', erfindungsreicher Odysseus,
Ach, ein feindlicher Geist und der Weinrausch war mein Verderben!

Schlummernd auf Kirkes Palast, vergaß ich in meiner Betäubung,
Wieder hinab die Stufen der langen Treppe zu steigen,
Sondern ich stürzte mich grade vom Dache hinunter; der Nacken
Brach aus seinem Gelenk, und die Seele fuhr in die Tiefe.
Doch nun fleh ich dich an bei deinen verlassenen Lieben,
Deiner Gemahlin, dem Vater, der dich als Knaben gepfleget,
Und bei dem einzigen Sohne Telemachos, welcher daheim blieb;
Denn ich weiß es, du kehrst zurück aus Aïdes' Herrschaft,
Und dein rüstiges Schiff erreicht die Insel Ääa!
Dort, begehr ich von dir, gedenke meiner, o König:
Laß nicht unbeweinet und unbegraben mich liegen,
Wenn du scheidest, damit dich der Götter Rache nicht treffe!
Sondern verbrenne mich samt meiner gewöhnlichen Rüstung,
Häufe mir dann am Gestade des grauen Meeres ein Grabmal,
Daß die Enkel noch hören von mir unglücklichem Manne!
Dieses richte mir aus und pflanz auf den Hügel das Ruder,
Welches ich lebend geführt in meiner Freunde Gesellschaft.
  Also sprach er; und ich antwortete wieder und sagte:
Dies, unglücklicher Freund, will ich dir alles vollenden.
  Also saßen wir dort und redeten traurige Worte,
Ich an der einen Seite, der über dem Blute das Schwert hielt,
Und an der andern der Geist des kummervollen Gefährten.
  Jetzo kam die Seele von meiner gestorbenen Mutter,
Antikleia, des großgesinnten Autolykos Tochter,
Welche noch lebte, da ich zur heiligen Ilios schiffte.
Weinend erblickt ich sie, und fühlete herzliches Mitleid;
Dennoch verbot ich ihr, obgleich mit inniger Wehmut,
Sich dem Blute zu nahn, bevor ich Teiresias fragte.
  Jetzo kam des alten Thebäers Teiresias Seele,
Haltend den goldenen Stab; er kannte mich gleich und begann so:

Edler Laërtiad', erfindungsreicher Odysseus,
Warum verließest du doch das Licht der Sonne, du Armer,
Und kamst hier, die Toten zu schaun und den Ort des Entsetzens?
Aber weiche zurück und wende das Schwert von der Grube,
Daß ich trinke des Blutes und dir dein Schicksal verkünde.
Also sprach er; ich wich und steckte das silberbeschlagne
Schwert in die Scheid'. Und sobald er des schwarzen Blutes getrunken,
Da begann er und sprach, der hocherleuchtete Seher:
Glückliche Heimfahrt suchst du, o weitberühmter Odysseus:
Aber sie wird dir ein Gott schwer machen; denn nimmer entrinnen
Wirst du dem Erderschüttrer! Er trägt dir heimlichen Groll nach,
Zürnend, weil du den Sohn des Augenlichtes beraubt hast.
Dennoch kämet ihr einst, obzwar unglücklich, zur Heimat,
Möchtest du nur dein Herz und deiner Freunde bezähmen,
Wann du jetzo, den Schrecken des dunkeln Meeres entfliehend,
Mit dem rüstigen Schiff an der Insel Thrinakia landest,
Und die weidenden Rinder und feisten Schafe da findest,
Heilig dem Sonnengotte, der alles siehet und höret.
Denn so du, eingedenk der Heimkunft, diese verschonest,
Könnet ihr einst, obzwar unglücklich, gen Ithaka kommen.
Aber verletzest du sie, alsdann weissag ich Verderben
Deinem Schiff und den Freunden. Und wenn du selber entrinnest,
Wirst du doch spät, unglücklich, und ohne Gefährten, zur Heimat
Kommen, auf fremdem Schiff, und Elend finden im Hause,
Übermütige Männer, die deine Habe verschlingen,
Und dein göttliches Weib mit Brautgeschenken umwerben:
Aber kommen wirst du und strafen den Trotz der Verräter.

Hast du jetzo die Freier, mit Klugheit oder gewaltsam
Mit der Schärfe des Schwerts, in deinem Palaste getötet,
Siehe, dann nimm in die Hand ein geglättetes Ruder und gehe
Fort in die Welt, bis du kommst zu Menschen, welche das Meer nicht
Kennen, und keine Speise gewürzt mit Salze genießen,
Welchen auch Kenntnis fehlt von rotgeschnäbelten Schiffen
Und von geglätteten Rudern, den Fittichen eilender Schiffe.
Deutlich will ich sie dir bezeichnen, daß du nicht irrest.
Wenn ein Wanderer einst, der dir in der Fremde begegnet,
Sagt, du tragst eine Schaufel auf deiner rüstigen Schulter,
Siehe, dann steck in die Erde das schöngeglättete Ruder,
Bringe stattliche Opfer dem Meerbeherrscher Poseidon,
Einen Widder und Stier und einen mutigen Eber.
Und nun kehre zurück und opfere heilige Gaben
Allen unsterblichen Göttern, des weiten Himmels Bewohnern,
Nach der Reihe herum. Zuletzt wird außer dem Meere
Kommen der Tod und dich vom hohen behaglichen Alter
Aufgelöseten sanft hinnehmen, wenn ringsum die Völker
Froh und glücklich sind. Nun hab ich dein Schicksal verkündet.
  Also sprach er; und ich antwortete wieder und sagte:
Ja, Teiresias, selbst die Götter beschieden mir solches!
Aber verkündige mir und sage die lautere Wahrheit.
Dort erblick ich die Seele von meiner gestorbenen Mutter:
Diese sitzet still bei dem Blut und würdigt dem Sohne
Weder ein Wort zu sagen, noch grad ins Antlitz zu schauen.
Wie beginn ich es, Herrscher, daß sie als Sohn mich erkenne?
  Also sprach ich; und schnell antwortete jener und sagte:
Leicht ist, was du mich fragst, ich will dir's gerne verkünden.
Wem du jetzo erlaubst der abgeschiedenen Toten,
Sich dem Blute zu nahn, der wird dir Wahres erzählen;
Aber wem du es wehrst, der wird stillschweigend zurückgehn.
  Also sprach des hohen Teiresias Seele, und eilte

Wieder in Aïdes' Wohnung, nachdem sie mein Schicksal geweissagt.
Aber ich blieb dort sitzen am Rande der Grube, bis endlich
Meine Mutter kam, des schwarzen Blutes zu trinken.
Und sie erkannte mich gleich und sprach mit trauriger Stimme:
Lieber Sohn, wie kamst du hinab ins nächtliche Dunkel,
Da du noch lebst? Denn schwer wird Lebenden, dieses zu schauen.
Große Ströme fließen und furchtbare Fluten dazwischen,
Und vor allen der Strom des Ozeans, welchen zu Fuße
Niemand, sondern allein im rüstigen Schiffe durchwandert.
Schweifst du jetzo hieher, nachdem du vom troischen Ufer
Mit dem Schiff und den Freunden so lange geirret? Und kamst du
Noch gen Ithaka nicht und sahst zu Hause die Gattin?
Also sprach sie; und ich antwortete wieder und sagte:
Meine Mutter, mich trieb die Not in Aïdes' Wohnung,
Und des thebäischen Greises Teiresias Seele zu fragen.
Denn noch hab ich Achäa, noch hab ich unsere Heimat
Nicht berührt; ich irre noch stets von Leiden zu Leiden,
Seit ich zuerst in dem Heere des göttlichen Agamemnon
Hin gen Ilion zog, zum Kampf mit den Reisigen Trojas.
Aber verkündige mir und sage die lautere Wahrheit:
Welches Schicksal bezwang dich des schlummergebenden Todes?
Zehrte dich Krankheit aus? Oder traf dich die Freundin der Pfeile,
Artemis, unversehns mit ihrem sanften Geschosse?
Sage mir auch von dem Vater und Sohne, den ich daheim ließ:
Ruht noch meine Würde auf ihnen, oder empfing sie
Schon ein anderer Mann, und glaubt man, ich kehre nicht wieder?
Melde mir auch die Gesinnung von meiner Ehegenossin:
Bleibt sie noch bei dem Sohn und hält die Güter in Ordnung,
Oder ward sie bereits die Gattin des besten Achäers?

Also sprach ich; mir gab die teure Mutter zur Antwort:
Allerdings weilt jene mit treuer duldender Seele
Noch in deinem Palast; und immer schwinden in Jammer
Ihre Tage dahin und unter Tränen die Nächte.
Deine Würde empfing kein anderer, sondern in Frieden
Baut Telemachos noch des Königes Erbe und speiset
Mit am Mahle des Volks, wie des Landes Richter gebühret;
Denn sie laden ihn alle. Dein Vater lebt auf dem Lande,
Wandelt nie in die Stadt, und wählet nimmer zum Lager
Bettgestelle, bedeckt mit Mänteln und prächtigen Polstern,
Sondern den Winter schläft er bei seinen Knechten im Hause
Neben dem Feuer im Staube, mit schlechten Gewändern umhüllet.
Und in den milderen Tagen des Sommers und reifenden Herbstes
Bettet er überall im fruchtbaren Rebengefilde
Auf der Erde sein Lager von abgefallenen Blättern.
Seufzend liegt er darauf, bejammert dein Schicksal und häufet
Größeren Schmerz auf die Seele; und schwerer drückt ihn das Alter.
Denn so starb auch ich und fand mein Todesverhängnis.
Sohn, mich tötete nicht die Freundin der treffenden Pfeile,
Artemis, unversehens mit ihrem sanften Geschosse.
Auch besiegten mich nicht Krankheiten, welche gewöhnlich
Mit verzehrendem Schmerze den Geist den Gliedern entreißen.
Bloß das Verlangen nach dir und die Angst, mein edler Odysseus,
Dein holdseliges Bild nahm deiner Mutter das Leben!
Also sprach sie; da schwoll mein Herz vor inniger Sehnsucht,
Sie zu umarmen, die Seele von meiner gestorbenen Mutter.
Dreimal sprang ich hinzu, an mein Herz die Geliebte zu drücken;
Dreimal entschwebte sie leicht, wie ein Schatten oder ein Traumbild,

Meinen umschlingenden Armen; und stärker ergriff mich die Wehmut.
Und ich redte sie an und sprach die geflügelten Worte:
Meine Mutter, warum entfliehst du meiner Umarmung?
Wollen wir nicht in der Tiefe, mit liebenden Händen umschlungen,
Unser trauriges Herz durch Tränen einander erleichtern?
Oder welches Gebild hat die furchtbare Persephoneia
Mir gesandt, damit ich noch mehr mein Elend beseufze?
Also sprach ich; mir gab die treffliche Mutter zur Antwort:
Mein geliebtester Sohn, unglücklichster aller, die leben!
Ach! sie täuschet dich nicht, Zeus' Tochter Persephoneia!
Sondern dies ist das Los der Menschen, wann sie gestorben.
Denn nicht Fleisch und Gebein wird mehr durch Nerven verbunden,
Sondern die große Gewalt der brennenden Flamme verzehret
Alles, sobald der Geist die weißen Gebeine verlassen.
Und die Seele entfliegt, wie ein Traum, zu den Schatten der Tiefe.
Aber nun eile geschwinde zum Lichte zurück; und behalte
Alles, damit du es einst der lieben Gattin erzählest.
Also besprachen wir uns miteinander. Siehe, da kamen
Viele Seelen, gesandt von der furchtbaren Persephoneia,
Alle Gemahlinnen, einst und Töchter der edelsten Helden.
Diese versammelten sich um das schwarze Blut in der Grube.
Jetzo sann ich umher, wie ich jedwede befragte.
Aber von allen Entwürfen gefiel mir dieser am besten:
Eilend zog ich das lange Schwert von der nervichten Hüfte,
Und verwehrte den Seelen, zugleich des Blutes zu trinken.
Also nahten sie sich nacheinander; jede besonders
Meldete mir ihr Geschlecht; und so befragt ich sie alle.
Jetzo erblickt ich zuerst die edelentsprossene Tyro,
Welche sich Tochter nannte des tadellosen Salmoneus,

Und die Ehegenossin von Kretheus, Äolos' Sohne.
Diese liebte vordem den göttlichen Strom Enipeus,
Der durch seine Gefilde, der Ströme schönster, einherwallt.
Einst lustwandelte sie an Enipeus' schönen Gewässern;
Siehe, da nahm der Erderschütterer seine Gestalt an,
Und beschlief sie im Sand, an der Mündung des wirbelnden Stromes.
Rings um die Liebenden stand, wie ein Berg, die purpurne Woge,
Hochgewölbt, und verbarg den Gott und die sterbliche Jungfrau.
Schmeichelnd löst' er den Gürtel der Keuschheit und ließ sie entschlummern.
Und da jetzo der Gott das Werk der Liebe vollendet,
Drückt' er des Mädchens Hand und sagte mit freundlicher Stimme:
Freue dich, Mädchen, der Liebe! Du wirst im Laufe des Jahres
Herrliche Söhne gebären. Denn nicht unfruchtbaren Samen
Streut ein unsterblicher Gott. Du pfleg und nähre sie sorgsam.
Jetzo gehe nach Haus, und schweig und sage dies niemand:
Ich, dein Geliebter, bin der Erderschüttrer Poseidon.
Also sprach er und sprang in des Meers hochwallende Woge.
Tyro ward schwanger und kam mit Pelias nieder und Neleus,
Welche beide des großen Zeus gewaltige Diener
Wurden: Pelias einst, der iaolkischen Fluren
Herdenreicher Beherrscher, und Neleus der sandigen Pylos.
Andre Söhne gebar dem Kretheus die Fürstin der Weiber,
Äson und Pheres und drauf Amythaon, den Tummler der Rosse.
Auch Antiope kam, die schöne Tochter Asopos',
Rühmend, sie habe geruht in Zeus', des Kroniden, Umarmung.
Und sie gebar dem Gott zween Söhne, Amphion und Zethos.
Diese bauten zuerst die siebentorige Thebe,
Und befestigten sie, denn unbefestiget konnten
Beide, wie stark sie auch waren, die große Thebe nicht schützen.

Hierauf kam Alkmene, Amphitryons Ehegenossin,
Welche den Allbesieger, den löwenbeherzten Herakles,
Hatte geboren, aus Zeus', des großen Kroniden, Umarmung.
Auch Megare, die Tochter des übermütigen Kreion
Und des nimmer bezwungnen Amphitryoniden Gemahlin.
Hierauf kam Epikaste, die schöne, Ödipus' Mutter,
Welche die schrecklichste Tat mit geblendete Seele verübet.
Ihren leiblichen Sohn, der seinen Vater ermordet,
Nahm sie zum Mann! Allein bald rügten die Götter die Schandtat.
Ödipus herrschte, mit Kummer behäuft, in der lieblichen Thebe,
Über Kadmos' Geschlecht durch der Götter verderblichen Ratschluß.
Aber sie fuhr hinab zu den festen Toren des Todes,
Denn sie knüpft' an das hohe Gebälk, in der Wut der Verzweiflung,
Selbst das erdrosselnde Seil, und ließ unnennbares Elend
Jenem zurück, den Fluch der blutgeschändeten Mutter.
Jetzo nahte sich Chloris, die schöne Gemahlin von Neleus.
Mit unzähligen Gaben gewann er die schönste der Jungfraun,
Sie, die jüngste Tochter des Jasiden Amphion,
Welcher der Minyer Stadt Orchomenos mächtig beherrschte.
Pylos' Fürstin gebar dem Neleus herrliche Söhne,
Nestor gebar sie ihm und Chromios und den berühmten
Periklymenos, drauf die weltbewunderte Pero.
Diese liebeten alle benachbarten Fürsten; doch Neleus
Gab sie keinem, der nicht des mächtigen Königs Iphikles
Breitgestirnete Rinder aus Phylakes Augen entführte.
Schwer war die Tat, und nur der treffliche Seher Melampus
Unternahm sie: allein ihn hinderte Gottes Verhängnis,
Seine grausamen Band' und die Hirten der weidenden Rinder.
Aber nachdem die Monden und Tage waren vollendet,
Und ein neues Jahr mit den kreisenden Horen herankam,

Siehe, da löste den Seher der mächtige König Iphykles,
Weil er ihm prophezeit. So geschah der Wille Kronions.
Jetzo erblickt ich Leda, Tyndareos' Ehegenossin,
Welche ihrem Gemahl zween mutige Söhne geboren:
Kastor, durch Rosse berühmt, und Polydeukes im Faustkampf.
Diese leben noch beid' in der allernährenden Erde.
Denn auch unter der Erde beehrte sie Zeus mit dem Vorrecht,
Daß sie beid' abwechselnd den einen Tag um den andern
Leben und wieder sterben, und göttlicher Ehre genießen.
Drauf kam Iphimedeia, die Ehegenossin Aloëus',
Rühmend, sie habe geruht in Poseidaons Umarmung.
Und sie gebar zween Söhne, wiewohl ihr Leben nur kurz war:
Otos, voll göttlicher Kraft, und den ruchtbaren Ephialtes.
Diese waren die längsten von allen Erdebewohnern,
Und bei weitem die schönsten nach jenem berühmten Orion.
Denn im neunten Jahre, da maß neun Ellen die Breite
Ihres Rumpfes, da maß neun Klaftern die Höhe des Hauptes.
Und sie drohten sogar den Unsterblichen, ihren Olympos
Mit verheerendem Sturm und Schlachtengetümmel zu füllen.
Ossa mühten sie sich auf Olympos zu setzen, auf Ossa
Pelions Waldgebirge, um hinauf in den Himmel zu steigen.
Und sie hätten's vollbracht, wäre ihre Jugend gereifet,
Aber sie traf Zeus' Sohn, den die reizende Leto geboren,
Beide mit Todesgeschoß, eh' unter den Schläfen des Bartes
Blume wuchs, und dem Kinn die zarten Sprößlinge bräunten.
Drauf kam Phädra und Prokris und Ariadne, die schöne,
Jene Tochter Minos', des allerfahrnen, die Theseus
Einst aus Kreta entführte zur heiligen Flur von Athenä.
Aber er brachte sie nicht; denn in der umflossenen Dia
Hielt sie Artemis an, auf Dionysos' Verkündung.
Mära und Klymene kam und das schändliche Weib Eriphyle,
Welche den teuren Gemahl um ein goldenes Kleinod verkaufte.
Aber ich kann unmöglich sie alle beschreiben und nennen,

Welche Weiber und Töchter berühmter Helden ich schaute.
Sonst vergeht die ambrosische Nacht; und die Stunde gebeut mir,
Schlafen zu gehn bei den Freunden in unserm gerüsteten Schiffe,
Oder auch hier. Die Reise befahl ich euch und den Göttern.
Also sprach er; und alle verstummten umher und schwiegen,
Horchten noch, wie entzückt, im großen schattigen Saale.
Endlich begann Arete, die lilienarmige Fürstin:
Sagt mir doch, ihr Phäaken, was haltet ihr von dem Manne,
Seiner Gestalt und Größe, mit solchem Geiste vereinigt?
Seht, das ist mein Gast! Doch jeder hat teil an der Ehre.
Darum sendet ihn nicht so eilend und spart die Geschenke
Bei dem darbenden Manne nicht allzu kärglich; ihr habt ja
Reiche Schätze daheim, durch die Gnade der Götter verwahret!
Hierauf sprach zur Versammlung der graue Held Echeneos,
Welcher der älteste war von allen phäakischen Männern:
Freunde, nicht unserem Wunsch, noch unsrer Erwartung entgegen
Redete jetzt voll Weisheit die Königin; darum gehorchet!
Aber Alkinoos selber gebührt es, zu reden und handeln.
Ihm antwortete drauf Alkinoos wieder und sagte:
Ja, dies Wort soll wahrlich erfüllet werden, wofern ich
Leben bleib, ein König der rudergeübten Phäaken!
Aber der Fremdling wolle, wie sehr er zur Heimat verlanget,
Noch bis morgen bei uns verweilen, bis ich das ganze
Ehrengeschenk ihm bereitet. Die Fahrt liegt allen am Herzen,
Aber vor allem mir; denn mein ist die Herrschaft des Volkes.
Ihm antwortete drauf der erfindungsreiche Odysseus:
Weitgepriesener Held, Alkinoos, mächtigster König!
Zwänget ihr mich, allhier auch ein ganzes Jahr zu verweilen,
Und betriebt nur die Fahrt und schenktet mir Ehrengeschenke,
Gerne willigt ich ein; auch wäre mir besser geraten,
Wenn ich mit vollerer Hand in mein liebes Vaterland kehrte.

Weit willkommener würd' ich und weit ehrwürdiger allen
Männer in Ithaka sein, die mich Heimkehrenden sähen.
  Ihm antwortete drauf Alkinoos wieder und sagte:
Deine ganze Gestalt, Odysseus, kündet mitnichten
Einen Betrüger uns an, noch losen Schwätzer, wie viele
Sonst die verbreiteten Völker der schwarzen Erde durchstreifen,
Welche Lügen erdichten, woher sie keiner vermutet.
Aber in deinen Worten ist Anmut und edle Gesinnung;
Gleich dem weisesten Sänger erzähltest du die Geschichte
Von des argeiischen Heers und deinen traurigen Leiden.
Aber verkündige mir und sage die lautere Wahrheit,
Ob du einige sahst der göttlichen Freunde, die mit dir
Hin gen Ilios zogen und dort ihr Schicksal erreichten.
Diese Nächte sind lang, sehr lang! Und noch ist die Stunde
Schlafen zu gehn nicht da. Erzähle mir Wundergeschichten.
Selbst bis zur heiligen Frühe vermöcht ich zu hören, solange
Du in diesem Gemache mir deine Leiden erzähltest!
  Ihm antwortete drauf der erfindungsreiche Odysseus:
Weitgepriesener Held, Alkinoos, mächtigster König!
Reden hat seine Stund und seine Stunde der Schlummer.
Aber wenn du verlangst, mich weiter zu hören, so will ich
Ohne Weigern dir jetzt noch tränenwerteres Unglück
Meiner Freunde verkünden, die nachmals ihr Leben verloren,
Die den blutigen Schlachten des troischen Krieges entrannen,
Und auf der Heimkehr starben, durch List des heillosen Weibes.
  Als sie auf den Befehl der schrecklichen Persephoneia
Alle Seelen der Weiber umher in die Tiefe zerstreuet,
Siehe, da kam die Seele von Atreus' Sohn Agamemnon
Traurend daher, umringt von anderen Seelen, die mit ihm
In Ägisthos' Palaste das Ziel des Todes erreichten.
Dieser erkannte mich gleich, sobald er des Blutes gekostet.
Und nun weint' er laut und vergoß die bittersten Tränen,
Streckte die Hände nach mir und strebte mich zu umarmen,

Aber ihm mangelte jetzo die spannende Kraft und die Schnelle,
Welche die biegsamen Glieder des Helden vormals belebte.
Weinend erblickt ich ihn und fühlete herzliches Mitleid;
Und ich redet ihn an und sprach die geflügelten Worte:
Atreus' rühmlicher Sohn, weitherrschender Held Agamemnon,
Welches Schicksal bezwang dich des schlummergebenden Todes?
Tötete dich auf der Fahrt der Erderschüttrer Poseidon,
Da er den wilden Orkan lautbrausender Winde dir sandte?
Oder ermordeten dich auf dem Lande feindliche Männer,
Als du die schönen Herden der Rinder und Schafe hinwegtriebst,
Oder indem sie die Stadt und ihre Weiber verfochten?
Also sprach ich; und drauf antwortete jener und sagte:
Edler Laërtiad', erfindungsreicher Odysseus,
Nein, mich tötete nicht der Erderschüttrer Poseidon,
Da er den wilden Orkan lautbrausender Winde mir sandte;
Noch ermordeten mich auf dem Lande feindliche Männer.
Sondern Ägisthos bereitete mir das Schicksal des Todes,
Samt dem heillosen Weibe! Er lud mich zu Gast und erschlug mich
Unter den Freuden des Mahls; so erschlägt man den Stier an der Krippe!
Also starb ich den kläglichsten Tod; und alle Gefährten
Stürzten in Haufen umher, wie hauerbewaffnete Eber,
Die man im Hause des reichen gewaltigen Mannes zur Hochzeit
Oder zum Feiergelag abschlachtet oder zum Gastmahl.
Schon bei vieler Männer Ermordung warst du zugegen,
Die in dem Zweikampf blieben und in der wütenden Feldschlacht;
Doch kein Anblick hätte dein Herz so innig gerühret,
Als wie wir um den Kelch und die speisebeladenen Tische

Lagen im weiten Gemach und rings der Boden in Blut schwamm!
Jämmerlich hört ich vor allen Kassandra, Priamos' Tochter,
Winseln, es tötete sie die tückische Klytämnestra
Über mir; da erhub ich die Hände noch von der Erde,
Und griff sterbend ins Schwert der Mörderin. Aber die Freche
Ging von mir weg, ohn einmal die Augen des sterbenden Mannes
Zuzudrücken, noch ihm die kalten Lippen zu schließen.
Nichts ist scheußlicher doch, nichts unverschämter auf Erden
Als ein Weib, entschlossen zu solcher entsetzlichen Schandtat,
Wie sie jene verübt, die Grausame, welche den Liebling
Ihrer Jugend mit List hinrichtete! Ach, wie entzückte
Mich die Hoffnung, daheim von meinen Leuten und Kindern
Freudig begrüßt zu werden! Doch jene, das Scheusal an Bosheit,
Hat ihr eignes Gedächtnis und alle Weiber der Nachwelt
Ewig entehrt, wenn eine sich auch des Guten befleißigt!
Also sprach er; und ich antwortete wieder und sagte:
Wehe! wie fürchterlich hat Kronions waltende Vorsicht
Durch arglistige Weiber den Samen Atreus' von Anfang
Heimgesucht! Wie viele sind Helenens halber gestorben!
Und du verlorst, heimkehrend, durch Klytämnestra dein Leben!
Also sprach ich; und drauf antwortete jener und sagte:
Laß deshalben auch du von dem Weibe nimmer dich lenken,
Und vertrau ihr nicht aus Zärtlichkeit jedes Geheimnis,
Sondern verkündige dies, und jenes halte verborgen!
Aber, Odysseus, du wirst nicht sterben durch deine Gemahlin;
Denn sie ist rechtschaffen, und Weisheit adelt die Seele
Von Ikarios' Tochter, der klugen Penelopeia.
Ach, wir verließen sie einst als junge Frau im Palaste,
Da wir zum Streit auszogen, und ihr unmündiges Knäblein
Lag an der Brust, der nun in den Kreis der Männer sich hinsetzt.
Glücklicher Sohn! ihn schaut einst wiederkehrend sein Vater,

Und er begrüßt den Vater mit frommer kindlicher Liebe!
Aber mir hat mein Weib nicht einmal den freudigen Anblick
Meines Sohnes erlaubt; sie hat zuvor mich ermordet.
Höre nun meinen Rat und bewahr ihn sorgsam im Herzen:
Lande mit deinem Schiff ans vaterländische Ufer
Heimlich, nicht öffentlich an; denn nimmer ist Weibern zu trauen!
Aber verkündige mir und sage die lautere Wahrheit:
Habt ihr etwa gehört von meinem noch lebenden Sohne,
In Orchomenos, oder vielleicht in der sandigen Pylos,
Oder bei Menelaos in Spartas weiten Gefilden?
Denn noch starb er nicht auf Erden, der edle Orestes.
 Also sprach er; und ich antwortete wieder und sagte:
Warum fragst du mich das, Sohn Atreus'? Ich weiß nicht, ob jener
Tot sei oder noch lebe; und Eitles schwatzen ist unrecht.
 Also standen wir beide mit trauervollen Gesprächen
Herzlich bekümmert da, und viele Tränen vergießend.
Siehe, da kam die Seele des Peleïden Achilleus
Und die Seele Patroklos', des tapfern Antilochos Seele,
Und des gewaltigen Aias, des Ersten an Wuchs und Bildung
In dem achäischen Heer, nach dem tadellosen Achilleus.
Mich erkannte die Seele des schnellen äakischen Helden,
Und sie begann wehklagend und sprach die geflügelten Worte:
 Edler Laërtiad', erfindungsreicher Odysseus,
Welche noch größere Tat, Unglücklicher, wagest du jetzo?
Welche Kühnheit, herab in die Tiefe zu steigen, wo Tote
Nichtig und sinnlos wohnen, die Schatten gestorbener Menschen!
 Also sprach er, und ich antwortete wieder und sagte:
Peleus' Sohn, o Achilleus, du trefflichster aller Achäer,
Wegen Teiresias mußt ich herab, wenn etwa der Seher
Mir weissagte, wie ich zur felsichten Ithaka käme.

Denn noch hab ich Achäa, noch hab ich unsere Heimat
Nicht berührt; ich leide noch stets! Doch keiner, Achilleus,
Glich an Seligkeit dir, und keiner wird jemals dir gleichen.
Vormals im Leben ehrten wir dich wie einen der Götter,
Wir Achäer, und nun, da du hier bist, herrschest du mächtig
Unter den Geistern. Drum laß dich den Tod nicht reuen,
Achilleus!

Also sprach ich; und drauf antwortete jener und sagte:
Preise mir jetzt nicht tröstend den Tod, ruhmvoller Odysseus.
Lieber möchte ich fürwahr dem unbegüterten Meier,
Der nur kümmerlich lebt, als Tagelöhner das Feld baun,
Als die ganze Schar vermoderter Toten beherrschen.
Aber verkündige mir von meinem trefflichen Sohne,
Ob an der Spitze des Heers er schaltete oder daheim blieb.
Melde mir auch, wo du Kunde vom großen Peleus vernahmest,
Ob er noch weitgeehrt die Myrmidonen beherrsche,
Oder ob man ihn schon durch Hellas und Phthia verachte,
Weil vor hohem Alter ihm Händ' und Schenkel erbeben.
Denn ich wandle nicht mehr ein Helfer im Lichte der Sonnen,
Wie ich war, da ich einst in Trojas weitem Gefilde,
Für die Danaer streitend, die tapfersten Völker erlegte.
Käm ich in jener Kraft nur ein wenig zum Hause des Vaters,
Schaudern vor der Gewalt der unüberwundenen Hände
Sollte, wer ihn antastet, des Königs Ehre zu rauben.

Also sprach er; und ich antwortete wieder und sagte:
Keine Kunde hab ich vom großen Peleus vernommen.
Aber von deinem Sohn Neoptolemos, deinem Geliebten,
Will ich, wie du verlangst, dir lautere Wahrheit verkünden.
Denn ich selber hab ihn im gleichgezimmerten Schiffe
Her von Skyros gebracht zu den schöngeharnischten Griechen.
Wann wir Achäer vor Ilions Stadt uns setzten zum Kriegsrat,
Redet' er immer zuerst und sprach nicht flatternde Worte:
Nur der göttliche Nestor und ich besiegten den Jüngling.

Wann wir Achäer vor Ilions Stadt auszogen zur Feldschlacht,
Blieb er nimmer im Schwarm, noch unter den Haufen der Heerschar:
Sondern er eilte vorauf mit freudiger Kühnheit und stürzte
Viele Männer dahin im schrecklichen Waffengetümmel.
Alle will ich sie dir nicht nennen oder beschreiben,
Wie viel Volkes dein Sohn, für die Danaer streitend, erlegte;
Sondern Eurypylos nur, den kriegerischen Telephiden.
Diesen durchstach er mit ehernem Spieß, und viele Keteier
Sanken blutig um ihn, durch Weibergeschenke verleitet.
Nach dem göttlichen Memnon war er der schönste der Feinde.
Als wir nun stiegen ins Roß, wir tapfersten Helden Achäas,
Welches Epeios gebaut; und mir die Sorge vertraut ward,
Unser festes Gehäuse zu öffnen oder zu schließen:
Siehe, da saßen viele der hohen Fürsten und Pfleger,
Trockneten ihre Tränen und bebten an Händen und Füßen.
Aber ich habe nie mit meinen Augen gesehen,
Daß der blühende Jüngling erblaßte oder sein Antlitz
Feige Tränen benetzten; mit Flehen bat er mich oftmal,
Ihn aus dem Rosse zu lassen, ergriff die eherne Lanze,
Legte die Hand an das Schwert, und drohte den Troern Verderben.
Als wir die hohe Stadt des Priamos endlich zerstöret,
Stieg er, mit Ehrengeschenken und großer Beute bereichert,
Unbeschädigt ins Schiff, von keinem fliegenden Erze,
Noch von der Schärfe des Schwerts verwundet, welches doch selten
Tapfere Streiter verschont; denn blindlings wütet der Kriegsgott.
Also sprach ich; da ging die Seele des schnellen Achilleus
Zur Asphodeloswiese mit großen Schritten hinunter,
Freudenvoll, daß ich ihm des Sohnes Tugend verkündigt.
Aber die andern Seelen der abgeschiedenen Toten
Standen traurend da und sprachen von ihrer Betrübnis.

Nur allein die Seele des telamonischen Aias
Blieb von ferne stehn und zürnte noch wegen des Sieges,
Den ich einst von den Schiffen, mit ihm um die Waffen Achilleus'
Rechtend, gewann; sie setzte zum Preis die göttliche Mutter,
Und die Söhne der Troer entschieden und Pallas Athene.
Hätt ich doch nimmermehr in diesem Streite gesieget!
Denn ein solches Haupt birgt ihrenthalben die Erde:
Aias, der an Gestalt und Edeltaten der größte
Unter den Danaern war, nach dem tadellosen Achilleus.
Diesen redet ich an und sagte mit freundlicher Stimme:
Aias, Telamons Sohn, des Herrlichen! mußtest du also
Selbst nach dem Tode den Groll forttragen wegen der Rüstung,
Welche der Götter Rat zum Verderben der Griechen bestimmte?
Denn du sankst, ihr Turm in der Feldschlacht; und wir Achäer
Müssen, wie um das Haupt des Peleïden Achilleus,
Stets um deinen Verlust Leid tragen! Doch keiner ist hieran
Schuldig als Zeus, der, entbrannt vom schrecklichen Eifer, Achäas
Kriegerscharen verwarf und dein Verhängnis dir sandte!
Aber wohlan! tritt näher zu mir, o König, und höre
Meine Red und bezwinge den Zorn des erhabenen Herzens.
Also sprach ich; er schwieg und ging in des Erebos Dunkel
Zu den übrigen Seelen der abgeschiedenen Toten.
Dennoch hätte mich dort der Zürnende angeredet,
Oder ich ihn; allein mich trieb die Begierde des Herzens,
Auch die Seelen der andern gestorbenen Helden zu schauen.
Und ich wandte den Blick auf Minos, den göttlichen Zeus' Sohn:
Dieser saß, in der Hand das goldene Zepter, und teilte
Strafe den Toten und Lohn; sie rechteten rings um den König,
Sitzend und stehend, im weitgeöffneten Hause des Aïs.
Und nach diesem erblickt ich den ungeheuren Orion.

Auf der Asphodeloswiese verfolgt' er die drängenden Tiere,
Die er im Leben einst auf wüsten Gebirgen getötet:
In den Händen die eherne, nie zerbrechliche Keule.
  Auch den Tityos sah ich, den Sohn der gepriesenen Erde.
Dieser lag auf dem Boden und maß neun Hufen an Länge;
Und zween Geier saßen ihm links und rechts und zerhackten
Unter der Haut ihm die Leber; vergebens scheuchte der Frevler,
Weil er Leto entehrt, Zeus' heilige Lagergenossin,
Als sie gen Pytho ging durch Panopeus' liebliche Fluren.
  Auch den Tantalos sah ich, mit schweren Qualen belastet.
Mitten im Teiche stand er, das Kinn von der Welle bespület,
Lechzte hinab vor Durst und konnte zum Trinken nicht kommen.
Denn sooft sich der Greis hinbückte, die Zunge zu kühlen,
Schwand das versiegende Wasser hinweg, und rings um die Füße
Zeigte sich schwarzer Sand, getrocknet vom feindlichen Dämon.
Fruchtbare Bäume neigten um seinen Scheitel die Zweige,
Voll balsamischer Birnen, Granaten und grüner Oliven,
Oder voll süßer Feigen und rötlichgesprenkelter Äpfel.
Aber sobald sich der Greis aufreckte, der Früchte zu pflücken,
Wirbelte plötzlich der Sturm sie empor zu den schattigen Wolken.
  Auch den Sisyphos sah ich, von schrecklicher Mühe gefoltert,
Einen schweren Marmor mit großer Gewalt fortheben.
Angestemmt arbeitet' er stark mit Händen und Füßen,
Ihn von der Au aufwälzend zum Berge. Doch glaubt' er ihn jetzo
Auf den Gipfeln zu drehn, da mit einmal stürzte die Last um;
Hurtig mit Donnergepolter entrollte der tückische Marmor.
Und von vorn arbeitet' er, angestemmt, daß der Angstschweiß
Seinen Gliedern entfloß und Staub sein Antlitz umwölkte.
  Und nach diesem erblickt ich die hohe Kraft Herakles',
Seine Gestalt; denn er selber feirt mit den ewigen Göttern
Himmlische Wonnegelag' und umarmt die blühende Hebe,

Zeus', des gewaltigen, Tochter und Heres mit goldenen Sohlen.
Ringsum schrie, wie Vögelgeschrei, das Geschrei der gescheuchten
Flatternden Geister um ihn; er stand, der graulichen Nacht gleich,
Hielt den entblößten Bogen gespannt, und den Pfeil auf der Senne,
Schauete drohend umher und schien beständig zu schnellen.
Seine Brust umgürtet' ein fürchterlich Wehrgehenke,
Wo, getrieben aus Gold, die Wunderbildungen strahlten:
Bären und Eber voll Wut und grimmig funkelnde Löwen,
Treffen und blutige Schlachten und Niederlagen und Morde.
Immer feire der Künstler, auf immer von seiner Arbeit,
Der ein solches Gehenke mit hohem Geiste gebildet!
Dieser erkannte mich gleich, sobald er mit Augen mich sahe,
Wandte sich seufzend zu mir und sprach die geflügelten Worte:
Edler Laërtiad', erfindungsreicher Odysseus,
Armer, ruht auch auf dir ein trauervolles Verhängnis,
Wie ich weiland ertrug, da mir die Sonne noch strahlte?
Zeus', des Kroniden, Sohn war ich, und duldete dennoch
Unaussprechliches Elend; dem weit geringerem Manne
Dient' ich, und dieser gebot mir die fürchterlichsten Gefahren.
Selbst hier sandt er mich her, den Hund zu holen; denn dieses
Schien dem Tyrannen für mich die entsetzlichste aller Gefahren.
Aber ich brachte den Hund empor aus Aïdes' Wohnung;
Hermes geleitet mich und Zeus' blauäugichte Tochter.
Also sprach er und ging zurück in Aïdes' Wohnung.
Aber ich blieb und harrete dort, ob etwa noch jemand
Von den gestorbenen Helden des Altertumes sich nahte.
Und noch manchen vielleicht, den ich wünschte, hätt ich gesehen:
Theseus und seinen Freund Peirithoos, Söhne der Götter;

Aber es sammelten sich unzählige Scharen von Geistern
Mit graunvollem Getös, und bleiches Entsetzen ergriff mich.
Fürchtend, es sende mir jetzo die strenge Persephoneia
Tief aus der Nacht die Schreckengestalt des gorgonischen Unholds,
Floh ich eilend von dannen zum Schiffe, befahl den Gefährten,
Hurtig zu steigen ins Schiff und die Steile vom Ufer zu lösen;
Und sie stiegen hinein und setzten sich hin auf die Bänke.
Also durchschifften wir die Flut des Ozeanstromes,
Erst vom Ruder getrieben und drauf vom günstigen Winde.

ZWÖLFTER GESANG

Ankunft im Meer und Tageslicht bei Ääa. Elpenors Bestattung. Kirke meldet die Gefahren des Wegs; erst die Sirenen, dann rechts die malmenden Irrfelsen, links die Enge zwischen Skylla und Charybdis; jenseits diesen die Sonnenherden in Thrinakia. Abfahrt mit Götterwind. Nach Vermeidung der Sirenen läßt Odysseus die Irrfelsen rechts, und steuert an Skyllas Fels in die Meerenge, indem Charybdis einschlurft; Skylla raubt sechs Männer. Erzwungene Landung an Thrinakia, wo, durch Sturm ausgehungert, die Genossen heilige Rinder schlachten. Schiffbruch; Odysseus auf den Trümmern zur schlurfenden Charybdis zurückgetrieben, dann nach Ogygia zur Kalypso.

Als wir jetzo die Flut des Ozeanstromes durchsegelt,
Fuhren wir über die Woge des weithinhallenden Meeres
Zur ääischen Insel, allwo der dämmernden Frühe
Wohnung und Tänze sind und Helios' leuchtender Aufgang.
Jetzo landeten wir am sandigen Ufer der Insel,
Stiegen alsdann aus dem Schiff ans krumme Gestade des Meeres,

Schlummerten dort ein wenig und harrten der heiligen Frühe.
Als die dämmernde Frühe mit Rosenfingern erwachte,
Sandt ich einige Freunde zur Wohnung der göttlichen Kirke,
Unsres toten Gefährten Elpenor Leichnam zu holen.
Eilig fällten wir Holz auf der höchsten Spitze des Landes,
Und bestatteten ihn mit vielen Tränen und Seufzern.
Als der Tote nunmehr und des Toten Rüstung verbrannt war,
Häuften wir ihm ein Grab und errichteten drüber ein Denkmal,
Pflanzten dann hoch auf das Grab sein schöngeglättetes Ruder.
Also bestellten wir dies nach der Ordnung. Doch unsre Zurückkunft
Aus dem Reiche der Nacht blieb Kirke nicht lange verborgen;
Denn bald kam sie geschmückt, und ihre begleitenden Jungfraun
Trugen Gebacknes und Fleisch samt rotem funkelndem Weine.
Und sie trat in die Mitte, die hehre Göttin, und sagte:
Arme, die ihr lebendig Aïdes' Wohnung hinabfuhrt!
Zweimal schmeckt ihr den Tod, den andre nur einmal empfinden.
Aber wohlan, erquickt euch mit Speis und funkelndem Weine
Hier, bis die Sonne sinkt; und sobald der Morgen sich rötet,
Schifft! Ich will euch den Weg und alle Gefahren des Weges
Selbst verkünden, damit nicht hinfort unselige Torheit,
Weder zu Wasser noch Land, euch neuen Jammer bereite.
Also sprach sie und zwang der Edlen Herz zum Gehorsam.
Also saßen wir dort den Tag, bis die Sonne sich neigte,
An der Fülle des Fleisches und süßen Weines uns labend.
Als die Sonne nun sank und Dunkel die Erde bedeckte,
Legten sich jene zur Ruh am festgebundenen Schiffe.
Aber mich nahm bei der Hand die Göttin, führte mich abwärts,
Legte sich neben mir nieder und fragete, was mir begegnet;
Und ich erzählte darauf umständlich die ganze Geschichte.
Jetzt antwortete mir die hohe Kirke und sagte:

Dieses hast du denn alles vollbracht; vernimm nun, Odysseus,
Was ich dir sagen will: des wird auch ein Gott dich erinnern.
Erstlich erreichet dein Schiff die Sirenen; diese bezaubern
Alle sterblichen Menschen, wer ihre Wohnung berühret.
Welcher mit törichtem Herzen hinanfährt und der Sirenen
Stimme lauscht, dem wird zu Hause nimmer die Gattin
Und unmündige Kinder mit freudigem Gruße begegnen;
Denn es bezaubert ihn der helle Gesang der Sirenen,
Die auf der Wiese sitzen, von aufgehäuftem Gebeine
Modernder Menschen umringt und ausgetrockneten Häuten.
Aber du steure vorbei und verklebe die Ohren der Freunde
Mit dem geschmolzenen Wachse der Honigscheiben, daß niemand
Von den andern sie höre. Doch willst du selber sie hören,
Siehe, dann binde man dich an Händen und Füßen im Schiffe,
Aufrecht stehend am Maste, mit festumschlungenen Seilen:
Daß du den holden Gesang der zwo Sirenen vernehmest.
Flehst du die Freunde nun an und befiehlst die Seile zu lösen,
Eilend feßle man dich mit mehreren Banden noch stärker!

Sind nun deine Gefährten bei diesen vorüber gerudert,
Dann bestimm ich den Weg nicht weiter, ob du zur Rechten
Oder zur Linken dein Schiff hinsteuren müssest; erwäg es
Selber in deinem Geist. Ich will dir beide bezeichnen.

Hier stürmt gegen den Fuß der überhangenden Klippen
Hochaufbrausend die Woge der bläulichen Amphitrite.
Irrende Klippen nennt sie die Sprache der seligen Götter.
Selbst kein fliegender Vogel noch selbst die schüchternen Tauben
Eilen vorbei, die Zeus, dem Vater, Ambrosia bringen,
Sondern der glatte Fels raubt eine von ihnen beständig!
Aber der Vater erschafft eine andre, die Zahl zu ergänzen.
Und noch nimmer entrann ein Schiff, das ihnen sich nahte,

Sondern zugleich die Trümmer des Schiffs und die Leichen der Männer
Wirbelt die Woge des Meers und verzehrende Feuerorkane.
Eins nur steurte vorbei von den meerdurchwandelnden Schiffen,
Argo, die allbesungne, das sie von Äëtes zurückfuhr;
Und bald hätte die Flut auch sie an die Klippe geschmettert,
Doch sie geleitete Here, die waltende Göttin Jasons.
Dorthin drohn zween Felsen: der eine berühret den Himmel
Mit dem spitzigen Gipfel, vom düsterblauen Gewölke
Rings umhüllt, das nimmer zerfließt; und nimmer erhellen
Heitere Tage den Gipfel im Sommer oder im Herbste.
Keiner vermöchte hinauf und keiner hinunter zu steigen,
Wenn er auch zwanzig Händ' und zwanzig Füße bewegte;
Denn der Stein ist so glatt, als wäre er ringsum behauen.
In der Mitte der Felsen ist eine benachtete Höhle,
Abendwärts, gewandt nach des Erebos Gegend, allwo ihr
Euer gebogenes Schiff vorbeilenkt, edler Odysseus.
Von dem Boden des Schiffes vermöchte der fertigste Schütze
Nicht den gefiederten Pfeil bis an die Höhle zu schnellen.
Diese Höhle bewohnt die fürchterlich bellende Skylla,
Deren Stimme hell wie der jungen saugenden Hunde
Winseln tönt, sie selbst ein greuliches Scheusal, daß niemand
Ihrer Gestalt sich freut, wenn auch ein Gott ihr begegnet.
Siehe, das Ungeheuer hat zwölf abscheuliche Klauen,
Und sechs Häls' unglaublicher Läng', auf jeglichem Halse
Einen gräßlichen Kopf, mit dreifachen Reihen gespitzter
Dichtgeschlossener Zähne voll schwarzes Todes bewaffnet.
Bis an die Mitte steckt ihr Leib in der Höhle des Felsens,
Aber die Köpfe bewegt sie hervor aus dem schrecklichen Abgrund,
Blickt heißhungrig umher, und fischt sich rings um den Felsen
Meerhund' oft und Delphine und oft noch ein größeres Seewild

Aus der unzähligen Schar der brausenden Amphitrite.
Noch kein kühner Pilot, der Skyllas Felsen vorbeifuhr,
Rühmt sich verschont zu sein; sie schwinget in jeglichem Rachen
Einen geraubeten Mann aus dem blaugeschnäbelten Schiffe.
Doch weit niedriger ist der andere Felsen, Odysseus,
Und dem ersten so nahe, daß ihn dein Bogen erreichte.
Dort ist ein Feigenbaum mit großen laubichten Ästen;
Drunter lauert Charybdis, die wasserstrudelnde Göttin.
Dreimal gurgelt sie täglich es aus, und schlurfet es dreimal
Schrecklich hinein. Weh dir, wofern du der Schlurfenden nahest!
Selbst Poseidon könnte dich nicht dem Verderben entreißen:
Darum steure du dicht an Skyllas Felsen und rudre
Schnell mit dem Schiffe davon. Es ist doch besser, Odysseus,
Sechs Gefährten im Schiff zu vermissen als alle mit einmal!
Also sprach sie; und ich antwortete wieder und sagte:
Göttin, ich flehe dich an, verkünde mir lautere Wahrheit:
Kann ich nicht dort dem Strudel der wilden Charybdis entfliehen,
Aber Skylla bestrafen, sobald sie die Meinigen anfällt!
Also sprach ich; mir gab die hohe Göttin zur Antwort:
Unglückseliger, denkst du auch hier der kriegrischen Taten
Und der Gewalt und weichst nicht einmal unsterblichen Göttern?
Denn nicht sterblich ist jene; sie ist ein unsterbliches Scheusal,
Furchtbar und schreckenvoll und grausam und unüberwindlich.
Nichts hilft Tapferkeit dort; entfliehn ist die einzige Rettung.
Denn verweilst du am Felsen, zum Kampfe gerüstet, so fürcht ich,
Daß dich das Ungeheuer von oben herunter noch einmal
Mit sechs Rachen ereil und dir sechs Männer entreiße.
Rudre denn hurtig vorüber und rufe die Göttin Kratäis,
Skyllas Mutter, an, die die Plage der Menschen geboren:

Diese wird sie bezähmen, daß sie nicht ferner dir schade.
Jetzo erreichst du die Insel Thrinakia. Siehe, da weiden
Viele fette Rinder und Schafe des Sonnenbeherrschers:
Sieben Herden der Rinder und sieben der trefflichen Schafe,
Fünfzig in jeglicher Herd; und diese vermehren sich niemals,
Noch vermindern sie sich. Zwo Göttinnen pflegen der Weide,
Lieblichgelockte Nymphen, Lampetia und Phaëthusa,
Die mit der schönen Neaira der Hochhinwandelnde zeugte.
Denn die göttliche Mutter, sobald sie die Töchter erzogen,
Sandte sie fern hinweg in Thrinakias Insel, des Vaters
Fette Schafe zu hüten und sein schwerwandelndes Hornvieh.
Wenn du nun, eingedenk der Heimfahrt, diese verschonest:
Siehe, dann mögt ihr, obzwar unglücklich, gen Ithaka kehren.
Wenn du sie aber beraubst: alsdann weissag ich Verderben
Deinem Schiff und den Freunden; und so du auch selber entrinnest,
Kehrst du doch spät, unglücklich und ohne Gefährten, zur Heimat.
Also sprach sie; da kam die goldenthronende Eos;
Und die hohe Göttin verließ mich und ging durch die Insel.
Aber ich eilte zum Schiff und ermahnete meine Gefährten,
Einzusteigen und schnell am Ufer die Seile zu lösen.
Und sie traten ins Schiff und setzten sich hin auf die Bänke,
Saßen in Reihn und schlugen die graue Woge mit Rudern.
Jene sandte vom Ufer dem blaugeschnäbelten Schiffe
Günstigen segelschwellenden Wind zum guten Begleiter,
Kirke, die schöngelockte, die hehre melodische Göttin.
Eilig brachten wir jetzt die Geräte des Schiffes in Ordnung,
Saßen dann still und ließen vom Wind und Steuer uns lenken.
Jetzo begann ich und sprach zu den Freunden mit inniger Wehmut:
Freunde, nicht einem allein, noch zweenen, gebührt es zu wissen,

Welche Dinge mir Kirke, die hohe Göttin, geweissagt.
Drum verkünd ich sie euch, daß jeder sie wisse, wir mögen
Sterben oder entfliehn dem schrecklichen Todesverhängnis.
Erst befiehlt uns die Göttin, der zauberischen Sirenen
Süße Stimme zu meiden und ihre blumige Wiese.
Mir erlaubt sie allein, den Gesang zu hören; doch bindet
Ihr mich fest, damit ich kein Glied zu regen vermöge,
Aufrecht stehend am Maste, mit festumschlungenen Seilen.
Fleh ich aber euch an und befehle die Seile zu lösen,
Eilend fesselt mich dann mit mehreren Banden noch stärker.
Also verkündet ich jetzo den Freunden unser Verhängnis.
Und wie geflügelt entschwebte, vom freundlichen Winde getrieben,
Unser gerüstetes Schiff zu der Insel der beiden Sirenen.
Plötzlich ruhte der Wind, von heiterer Bläue des Himmels
Glänzte die stille See, ein Himmlischer senkte die Wasser.
Meine Gefährten gingen und falteten eilig die Segel,
Legten sie nieder im Schiff und setzten sich hin an die Ruder;
Schäumend enthüpfte die Woge den schöngeglätteten Tannen.
Aber ich schnitt mit dem Schwert aus der großen Scheibe des Wachses
Kleine Kugeln, knetete sie mit nervichten Händen;
Und bald weichte das Wachs, vom starken Drucke bezwungen
Und dem Strahle des hochhinwandelnden Sonnenbeherrschers.
Hierauf ging ich umher und verklebte die Ohren der Freunde.
Jene banden mich jetzo an Händen und Füßen im Schiffe,
Aufrecht stehend am Maste, mit festumschlungenen Seilen;
Setzten sich dann und schlugen die graue Woge mit Rudern.
Als wir jetzo so weit, wie die Stimme des Rufenden schallet,
Kamen im eilenden Lauf, da erblickten jene das nahe
Meerdurchgleitende Schiff und huben den hellen Gesang an:
Komm, besungner Odysseus, du großer Ruhm der Achäer!
Lenke dein Schiff ans Land und horche unserer Stimme.

Denn hier steurte noch keiner im schwarzen Schiffe vorüber,
Eh er dem süßen Gesang aus unserem Munde gelauschet;
Und dann ging er von hinnen, vergnügt und weiser als vormals.
Uns ist alles bekannt, was ihr Argeier und Troer
Durch der Götter Verhängnis in Trojas Fluren geduldet:
Alles, was irgend geschieht auf der lebenschenkenden Erde!
Also sangen jene voll Anmut. Heißes Verlangen
Fühlt ich, weiter zu hören, und winkte den Freunden Befehle,
Meine Bande zu lösen; doch hurtiger ruderten diese.
Und es erhoben sich schnell Eurylochos und Perimedes,
Legten noch mehrere Fesseln mir an und banden mich stärker.
Also steuerten wir den Sirenen vorüber, und leiser,
Immer leiser verhallte der Singenden Lied und Stimme.
Eilend nahmen sich nun die teuren Genossen des Schiffes
Von den Ohren das Wachs, und lösten mich wieder vom Mastbaum.
Als wir jetzo der Insel entruderten, sah ich von ferne
Dampf und brandende Flut und hört ein dumpfes Getöse.
Schnell entflogen den Händen der zitternden Freunde die Ruder,
Rauschend schleppten sie alle dem Strome nach, und das Schiff stand
Still, weil keiner mehr das lange Ruder bewegte.
Aber ich eilte durchs Schiff und ermahnete meine Gefährten,
Trat zu jeglichem Mann und sprach mit freundlicher Stimme:
Freunde, wir sind ja bisher nicht ungeübt in Gefahren;
Und nicht größere drohet uns jetzt, als da der Kyklope
Mit unmenschlicher Kraft im dunkeln Felsen uns einschloß;
Dennoch entflohn wir auch jener durch meine Tugend und Weisheit;
Und ich hoffe, wir werden uns einst auch dieser erinnern.
Auf denn, Geliebteste, tut, was ich euch jetzo befehle!
Ihr, schlagt alle des Meers hochstürmende Woge mit Rudern,

Sitzend auf euren Bänken! Vielleicht verstattet Kronion
Zeus, daß wir durch die Flucht doch diesem Verderben entrinnen.
Aber dir, o Pilot, befehl ich dieses; verschließ es
Tief im Herzen, denn du besorgst das Steuer des Schiffes!
Lenke das Schiff mit aller Gewalt aus dem Dampf und der Brandung,
Und arbeite gerad auf den Fels zu, daß es nicht dorthin
Unversehens sich wend', und du ins Verderben uns stürzest!
Also sprach ich, und schnell gehorchten sie meinem Befehle.
Aber von Skylla schwieg ich, dem unvermeidlichen Unglück!
Daß nicht meine Gefährten aus Furcht des Todes die Ruder
Sinken ließen und all' im Schiffe zusammen sich drängten.
Jetzo dacht ich nicht mehr des schreckenvollen Gebotes,
Welches mir Kirke geboten, mich nicht zum Kampfe zu rüsten;
Sondern ich gürtete mich mit stattlichen Waffen und faßte
Zween weitschattende Speer' in der Hand und stieg auf des Schiffes
Vorderverdeck; denn ich hoffte, die Felsenbewohnerin Skylla
Dorther kommen zu sehn, um mir die Freunde zu rauben.
Aber ich schaute sie nirgends, obgleich die Augen mir schmerzten,
Da ich nach jeder Kluft des braunen Felsen emporsah.
Seufzend ruderten wir hinein in die schreckliche Enge:
Denn hier drohete Skylla, und dort die wilde Charybdis,
Welche die salzige Flut des Meeres fürchterlich einschlang.
Wenn sie die Flut ausbrach: wie ein Kessel auf flammendem Feuer,
Brauste mit Ungestüm ihr siedender Strudel, und hochauf
Spritzte der Schaum und bedeckte die beiden Gipfel der Felsen.
Wenn sie die salzige Flut des Meeres wieder hineinschlang,
Senkte sich mitten der Schlund des reißenden Strudels, und ringsum

Donnerte furchtbar der Fels, und unten blickten des Grundes
Schwarze Kiesel hervor. Und bleiches Entsetzen ergriff uns.
Während wir nun in der Angst des Todes alle dahin sahn,
Neigte sich Skylla herab, und nahm aus dem Raume des Schiffes
Mir sechs Männer, die stärksten an Mut und nervichten Armen.
Als ich jetzt auf das eilende Schiff und die Freunde zurücksah,
Da erblickt ich schon oben die Händ' und Füße der Lieben,
Die hoch über mir schwebten; sie schrien und jammerten alle
Laut und riefen mich, ach, zum letzten Male, beim Namen.
Wie am Vorgebirge mit langer Rute der Fischer
Laurend den kleinen Fischen die ködertragende Angel
An dem Horne des Stiers hinab in die Fluten des Meeres
Wirft und zappelnde Beute geschwind ans Ufer hinaufschwenkt:
Also wurden sie zappelnd empor an dem Felsen gehoben.
Dort an der Höhle fraß sie das Ungeheuer, und schreiend
Streckten jene nach mir in der grausamsten Marter die Händ' aus.
Nichts Erbärmlichers hab ich mit meinen Augen gesehen,
So viel Jammer mich auch im stürmenden Meere verfolgte!
Als wir jetzo die Felsen der Skylla und wilden Charybdis
Flohn, da erreichten wir bald des Gottes herrliche Insel,
Wo die Herden des hochhinwandelnden Helios weiden,
Viele treffliche Schaf' und viel breitstirniges Hornvieh.
Als ich noch auf dem Meer im schwarzen Schiffe heranfuhr,
Hört ich schon das Gebrüll der eingeschlossenen Rinder
Und der Schafe Geblök. Da erwacht' in meinen Gedanken
Jenes thebäischen Sehers, des blinden Teiresias, Warnung,
Und der ääischen Kirke, die mir aufs strengste befohlen,
Ja die Insel zu meiden der menschenerfreuenden Sonne.
Und mit trauriger Seele begann ich zu meinen Gefährten:
Höret meine Worte, ihr teuren Genossen im Unglück,
Daß ich euch sage, was mir Teiresias' Seele geweissagt,
Und die ääische Kirke, die mir aufs strengste befohlen,

Ja die Insel zu meiden der menschenerfreuenden Sonne;
Denn dort würden wir uns den schrecklichsten Jammer bereiten.
Auf denn, Geliebteste, lenkt das Schiff bei der Insel vorüber!
Also sprach ich, und jenen brach das Herz vor Betrübnis.
Aber Eurylochos gab mir diese zürnende Antwort:
Grausamer Mann, du strotzest von Kraft, und nimmer ermüden
Deine Glieder; sie sind aus hartem Stahle gebildet!
Daß du den müden Freunden, von Arbeit und Schlummer entkräftet,
Nicht an Land zu steigen erlaubst, damit wir uns wieder
Auf der umflossenen Insel mit lieblichen Speisen erquicken,
Sondern befiehlst, daß wir die Insel meiden und blindlings
Durch die dickeste Nacht im düstern Meere verirren!
Und die Stürme der Nacht sind fürchterlich; Schiffe zertrümmert
Ihre Gewalt! Wo entflöhn wir dem schrecklichen Todesverhängnis,
Wenn nun mit einmal im wilden Orkan der gewaltige Südwind
Oder der sausende West herwirbelte, welche die Schiffe
Oft auch gegen den Willen der herrschenden Götter zerschmettern?
Laßt uns denn jetzo der Nacht aufsteigenden Schatten gehorchen,
Und am Ufer ein Mahl bei dem schnellen Schiffe bereiten.
Morgen steigen wir ein und steuren ins offene Weltmeer.
Also sprach er; und laut rief jeder Eurylochos Beifall.
Und ich erkannte jetzt, daß ein Himmlischer Böses verhängte;
Drauf antwortet ich ihm und sprach die geflügelten Worte:
Freilich, Eurylochos, zwingt ihr mich einzelnen leicht zum Gehorsam.
Aber wohlan! jetzt schwöret mir alle den heiligen Eidschwur:
Wenn wir irgendwo Herden von Rindern oder von Schafen

Finden, daß keiner mir dann, durch schreckliche Bosheit verblendet,
Weder ein Rind noch ein Schaf abschlachte, sondern geruhig
Esse der Speise, die uns die unsterbliche Kirke gereicht hat!
Also sprach ich; und schnell beschworen sie, was ich verlangte.
Als sie es jetzo gelobt und vollendet den heiligen Eidschwur,
Landeten wir in der Bucht mit dem starkgezimmerten Schiffe,
Nahe bei süßem Wasser, und meine Gefährten entstiegen
Alle dem Schiff und bereiteten schnell am Ufer die Mahlzeit.
Und nachdem die Begierde des Tranks und der Speise gestillt war,
Da beweineten sie der lieben Freunde Gedächtnis,
Welche Skylla geraubt und vor der Höhle verschlungen;
Auf die Weinenden sank allmählich der süße Schlummer.
Schon war die dritte Wache der Nacht, und es sanken die Sterne;
Siehe, da sendete Zeus, der Wolkenversammler, der Windsbraut
Fürchterlich zuckenden Sturm, verhüllt' in dicke Gewölke
Meer und Erde zugleich; und dem düstern Himmel entsank Nacht.
Als nun die dämmernde Frühe mit Rosenfingern erwachte,
Zogen wir unser Schiff in die felsenbeschattete Grotte,
Welche die schönen Reigen und Sitze der Nymphen verbirget.
Jetzo rief ich die Freunde zur Ratsversammlung und sagte:
Freunde, wir haben ja noch im Schiffe zu essen und trinken;
Darum schonet der Rinder, daß uns kein Böses begegne!
Diese Rinder und Schafe sind jenes furchtbaren Gottes
Helios Eigentum, der alles sieht und höret.
Also sprach ich und zwang ihr edles Herz zum Gehorsam.
Aber der Süd durchstürmte den ganzen Monat, und niemals
Hub sich ein anderer Wind als der Ost und der herrschende Südwind.
Doch solange es an Speis und rotem Weine nicht fehlte,

Schoneten jene der Rinder, ihr süßes Leben zu retten.
Und da endlich im Schiffe der ganze Vorrat verzehrt war,
Streiften sie alle aus Not, vom nagenden Hunger gefoltert,
Durch die Insel umher, mit krummer Angel sich Fische
Oder Vögel zu fangen, was ihren Händen nur vorkam.
Jetzo ging ich allein durch die Insel, um einsam die Götter
Anzuflehn, ob einer den Weg mir zeigte zur Heimkehr.
Als ich, die Insel durchgehend, mich weit von den Freunden entfernet,
Am windfreien Gestade, da wusch ich die Händ' und flehte
Alle Götter an, die Bewohner des hohen Olympos.
Und sie deckten mir sanft die Augen mit süßem Schlummer.
Aber Eurylochos reizte die andern Freunde zum Bösen:
Höret meine Worte, ihr teuren Genossen im Unglück.
Zwar ist jeglicher Tod den armen Sterblichen furchtbar,
Aber so jammervoll ist keiner, als Hungers sterben.
Auf denn, und treibt die besten der Sonnenrinder zum Opfer
Für die Unsterblichen her, die den weiten Himmel bewohnen.
Kommen wir einst zurück in Ithakas heimische Fluren,
Seht, dann weihen wir schnell dem hohen Sonnenbeherrscher
Einen prächtigen Tempel, mit köstlichem Schmucke gezieret.
Aber beschließt der Gott, um gehörnete Rinder entrüstet,
Unser Schiff zu verderben, und ihm willfahren die Götter,
Lieber will ich mit einmal den Geist in den Fluten verhauchen,
Als noch lang hinschmachten auf dieser einsamen Insel!
Also sprach er, und laut rief jeder Eurylochos Beifall.
Und sie trieben die besten der Sonnenrinder zum Opfer
Eilend daher; denn nahe dem blaugeschnäbelten Schiffe
Weideten jetzt, breitstirnig und schön, die heiligen Rinder.
Diese umstanden die Freunde, den Göttern flehend, und streuten
Zarte Blätter, gepflückt von der hochgewipfelten Eiche;
Denn an Gerste gebrach es im schöngebordeten Schiffe.

Also fleheten sie und schlachteten, zogen die Haut ab,
Schnitten die Lenden aus, umwickelten diese mit Fette,
Und bedeckten sie drauf mit blutigen Stücken der Glieder.
Auch an Weine gebrach es, das brennende Opfer zu sprengen,
Aber sie weihten mit Wasser die röstenden Eingeweide.
Als sie die Lenden verbrannt und die Eingeweide gekostet,
Schnitten sie auch das übrige klein und steckten's an Spieße.
  Meinen Augen entfloh nunmehr der liebliche Schlummer,
Und ich ging zu dem rüstigen Schiff am Ufer des Meeres.
Aber sobald ich mich nahte dem gleichgeruderten Schiffe,
Kam mir der süße Duft des Opferrauches entgegen.
Da erschrak ich und rief wehklagend den ewigen Göttern:
  Vater Zeus, und ihr andern, unsterbliche selige Götter!
Ach! ihr habt mir zum Fluche den grausamen Schlummer gesendet,
Daß die Gefährten indes den entsetzlichen Frevel verübten!
  Und Lampetia stieg zu Helios' leuchtendem Sitze
Schnell mit der Botschaft empor, daß jene die Rinder getötet;
Dieser entbrannte vor Zorn und sprach zu den ewigen Göttern:
  Vater Zeus, und ihr andern, unsterbliche selige Götter,
Rächt mich an den Gefährten Odysseus', des Sohnes Laërtes',
Welche mir übermütig die Rinder getötet, die Freude
Meiner Tage, sooft ich den sternichten Himmel hinanstieg
Oder wieder hinab vom Himmel zur Erde mich wandte!
Büßen die Frevler mir nicht vollgütige Buße des Raubes,
Steig ich hinab in Aïdes' Reich und leuchte den Toten!
  Ihm antwortete drauf der Wolkenversammler Kronion:
Helios, leuchte forthin den unsterblichen Göttern des Himmels
Und den sterblichen Menschen auf lebenschenkender Erde.
Bald will ich jenen das rüstige Schiff mit dem flammenden Donner,
Mitten im dunkeln Meer, in kleine Trümmer zerschmettern!
  Dieses erfuhr ich hernach von der schöngelockten Kalypso,

Die es selbst von Hermeias, dem Göttergesandten, erfahren.
Als ich jetzo das Schiff und des Meeres Ufer erreichte,
Schalt ich die Missetäter vom ersten zum letzten, doch nirgends
Fand ich Rettung für uns, die Rinder lagen schon tot da.
Bald erschienen darauf die schrecklichen Zeichen der Götter:
Ringsum krochen die Häute, es brüllte das Fleisch an den Spießen,
Rohes zugleich und gebratnes, und laut wie Rindergebrüll scholl's.
Und sechs Tage schwelgten die unglückseligen Freunde
Von den besten Rindern des hohen Sonnenbeherrschers.
Als nun der siebente Tag von Zeus Kronion gesandt ward,
Siehe, da legten sich schnell die reißenden Wirbel der Windsbraut;
Und wir stiegen ins Schiff und steurten ins offene Weltmeer,
Aufgerichtet den Mast und gespannt die schimmernden Segel.
Als wir das grüne Gestade Thrinakias jetzo verlassen,
Und ringsum kein Land, nur Meer und Himmel zu sehn war,
Breitete Zeus Kronion ein dunkelblaues Gewölk aus
Über das laufende Schiff, und Nacht lag über der Tiefe.
Und nicht lange mehr eilte das laufende Schiff; denn mit einmal
Kam lautbrausend der West mit fürchterlich zuckenden Wirbeln.
Plötzlich zerbrach der Orkan die beiden Taue des Mastbaums;
Aber der Mast fiel krachend zurück, und Segel und Stange
Sanken hinab in den Raum; die Last des Fallenden stürzte
Hinten im Schiff dem Piloten aufs Haupt und zerknirschte mit einmal
Alle Gebeine des Haupts; da schoß er, ähnlich dem Taucher,
Köpflings herab vom Verdeck, und der Geist entwich den Gebeinen.
Und nun donnerte Zeus; der hochgeschleuderte Strahl schlug
Schmetternd ins Schiff; und es schwankte, vom Donner des Gottes erschüttert;

Alles war Schwefeldampf, und die Freund' entstürzten dem Boden.
Ähnlich den Wasserkrähn bekämpften sie, rings um das Schiff her,
Steigend und sinkend die Flut; doch Gott nahm ihnen die Heimkehr.
Einsam durchwandelt ich jetzo das Schiff; da trennte der Wogen
Sturz von den Seiten den Kiel, und trug die eroberten Trümmer;
Schmetterte dann auf den Kiel den Mastbaum nieder; an diesem
Hing noch das Segeltau, von Ochsenleder geflochten.
Eilend ergriff ich das Tau und verband den Kiel und den Mastbaum,
Setzte mich drauf und trieb durch den Sturm und die tobenden Fluten.
Jetzo legten sich schnell die reißenden Wirbel des Westes;
Doch es erhub sich der Süd, der, mit neuen Schrecken gerüstet,
Wieder zurück mich stürmte zum Schlunde der wilden Charybdis.
Und ich trieb durch die ganze Nacht; da die Sonne nun aufging,
Kam ich an Skyllas Fels und die schreckenvolle Charybdis.
Diese verschlang anjetzo des Meeres salzige Fluten;
Aber ich hob mich empor, an des Feigenbaumes Gezweige
Angeklammert, und hing wie die Fledermaus und vermochte
Nirgendwo mit den Füßen zu ruhn noch höher zu klimmen.
Denn fern waren die Wurzeln und nieder schwankten die Äste,
Welche, lang und groß, Charybdis mit Schatten bedeckten.
Also hielt ich mich fest an den Zweig, bis der Kiel und der Mastbaum
Wieder dem Strudel entflögen; und endlich nach langem Harren
Kamen sie. Wenn zum Mahle der Richter aus der Versammlung
Kehrt, der viele Zwiste der hadernden Jüngling' entschieden;
Zu der Stund entstürzten Charybdis' Schlunde die Balken.
Aber ich schwang mich von oben mit Händen und Füßen hinunter,

Und sprang rauschend hinab in den Strudel neben die Balken,
Setzte mich eilend darauf und ruderte fort mit den Händen.
Aber Skylla ließ mich der Vater der Menschen und Götter
Nicht mehr schaun; ich wäre sonst nie dem Verderben entronnen!
Und neun Tage trieb ich umher; in der zehnten der Nächte
Führten die Himmlischen mich gen Ogygia, wo Kalypso
Wohnet, die schöngelockte, die hehre melodische Göttin;
Huldreich nahm sie mich auf… Doch warum erzähl' ich dir dieses?
Hab ich es doch schon dir und deiner edlen Gemahlin
Gestern in diesem Gemach erzählt; und es ist mir zuwider,
Einmal erzählete Dinge von neuem zu wiederholen.

DREIZEHNTER GESANG

Odysseus, von neuem beschenkt, geht am Abend zu Schiffe, wird schlafend nach Ithaka gebracht und in Phorkys' Bucht ausgesetzt. Das heimkehrende Schiff versteinert Poseidon. Odysseus, in Götternebel, verkennt sein Vaterland. Athene entnebelt ihm Ithaka, verbirgt sein Gut in der Höhle der Nymphen, entwirft der Freier Ermordung und gibt ihm die Gestalt eines bettelnden Greises.

Also sprach er; und alle verstummten umher und schwiegen,
Horchten noch, wie entzückt, im großen schattigen Saale.
Ihm antwortete drauf Alkinoos wieder und sagte:
Da du zu meiner hohen mit Erz gegründeten Wohnung
Kamst, so hoff ich, Odysseus, dich sollen doch jetzt von der Heimfahrt
Keine Stürme verwehn, wie sehr du auch immer geduldet!
Aber gehorchet nun, ihr alle, meiner Ermahnung,

Die ihr beständig allhier, in meinem Palaste, des roten
Ehrenweines genießt, und des Sängers Begeisterung anhört.
Kleider liegen bereits in der schön geglätteten Lade
Für den Fremdling, auch Gold von künstlicher Arbeit und andre
Reiche Geschenke, so viel die phäakischen Fürsten ihm brachten.
Laßt uns noch jeden ein groß dreifüßig Geschirr und ein Becken
Ihm verehren. Wir fordern uns dann vom versammelten Volke
Wieder Ersatz; denn einen belästigen solche Geschenke.
Also sprach er; und allen gefiel die Rede des Königs.
Hierauf gingen sie heim, der süßen Ruhe zu pflegen.
Als die dämmernde Frühe mit Rosenfingern erwachte,
Eilten sie alle zum Schiffe mit männerehrendem Erze.
Aber die heilige Macht Alkinoos' legte das alles,
Selber das Schiff durchgehend, mit Sorgfalt unter die Bänke,
Daß es die Ruderer nicht an der Arbeit möchte verhindern.
Hierauf gingen sie alle zur Burg und besorgten das Gastmahl.
Ihnen versöhnte der König mit einem geopferten Stiere
Zeus, den donnerumwölkten Kroniden, der alles beherrschet.
Und sie verbrannten die Lenden und feirten das herrliche Gastmahl,
Fröhlichen Muts; auch sang vor ihnen der göttliche Sänger,
Unter den Völkern geehrt, Demodokos. Aber Odysseus
Wandte zur strahlenden Sonn' oft ungeduldig sein Haupt auf,
Daß sie doch unterginge; denn herzlich verlangt' ihn zur Heimat.
Also sehnt sich ein Pflüger zur Mahlzeit, welcher vom Morgen
Bis zum Abend die Brache mit rötlichen Stieren geackert;
Freudig sieht er, wie sich die leuchtende Sonne hinabsenkt,
Eilet zur Abendkost, und dem Gehenden wanken die Kniee:
Also freute sich jetzt Odysseus der sinkenden Sonne.
Schnell begann er darauf zu den rudergeübten Phäaken,
Aber vor allen wandt er sich gegen den König und sagte:

Weitgepriesener Held, Alkinoos, mächtigster König,
Sendet mich jetzt, nach geopfertem Trank, in Frieden, und lebt wohl!
Denn ich habe nun alles, was meine Seele gewünscht hat:
Eine sichere Fahrt und werte Geschenke. Die Götter
Lassen mir alles gedeihn! daß ich unsträflich die Gattin
Wiederfinde daheim und unbeschädigt die Freunde.
Ihr, die ich jetzo verlasse, beglückt noch lange die Weiber
Eurer Jugend und Kinder! Euch segnen die Götter mit Tugend
Und mit Heil, und nie heimsuche die Insel ein Unglück!
Also sprach er; es lobten ihn alle Fürsten und rieten,
Heimzusenden den Gast, weil seine Bitte gerecht war.
Aber die heilige Macht Alkinoos' sprach zu dem Herold:
Mische Wein in dem Kelche, Pontonoos; reiche dann allen
Männern im Saal umher, daß wir dem Vater Kronion
Flehn und unseren Gast zu seiner Heimat befördern.
Sprachs; und Pontonoos mischte des herzerfreuenden Weines,
Ging umher und verteilte die vollen Becher. Sie gossen
Flehend den Göttern des Tranks, die den weiten Himmel bewohnen,
Jeder von seinem Sitz. Da erhub sich der edle Odysseus,
Gab in Aretes Hand den schönen doppelten Becher,
Redete freundlich sie an und sprach die geflügelten Worte:
Lebe beständig wohl, o Königin, bis dich das Alter
Sanft beschleicht und der Tod, die allen Menschen bevorstehn!
Jetzo scheid ich von dir. Sei glücklich in diesem Palaste,
Samt den Kindern, dem Volk und Alkinoos, deinem Gemahle!
Eilend ging nun der Held Odysseus über die Schwelle.
Und die heilige Macht Alkinoos' sandte den Herold,
Ihn zu dem rüstigen Schiff ans Meergestade zu führen.
Auch die Königin ließ ihn von drei Jungfrauen begleiten:
Eine trug ihm den schöngewaschenen Mantel und Leibrock;
Diese sandte sie mit, die zierliche Lade zu bringen;

Jene folgte dem Zuge mit Speis und rötlichem Weine.
Als sie jetzo das Schiff und des Meeres Ufer erreichten,
Nahmen eilig von ihnen die edlen Geleiter Odysseus'
Alles, auch Speis und Trank, und legten es nieder im Schiffe;
Betteten jetzt für Odysseus ein Polster und leinenen Teppich
Auf dem Hinterverdeck des hohlen Schiffes, damit er
Ruhig schliefe. Dann stieg er hinein und legte sich schweigend
Auf sein Lager. Nun setzten sich alle hin auf die Bänke,
Nach der Ordnung, und lösten das Seil vom durchlöcherten Steine,
Beugten sich vor und zurück und schlugen das Meer mit dem Ruder.
Und ein sanfter Schlaf bedeckte die Augen Odysseus',
Unerwecklich und süß, und fast dem Tode zu gleichen.
Wie wenn auf ebener Bahn vier gleichgespannete Hengste
Alle zugleich hinstürzen, umschwirrt von der treibenden Geißel,
Hoch sich erhebend, und hurtig zum Ziele des Laufes gelangen:
Also erhob sich das Steuer des Schiffs, und es rollte von hinten
Dunkel und groß die Woge des lautaufrauschenden Meeres.
Schnell und sicheres Laufes enteilten sie; selber kein Habicht
Hätte sie eingeholt, der geschwindeste unter den Vögeln.
Also durcheilte der schneidende Kiel die Fluten des Meeres,
Heimwärts tragend den Mann, an Weisheit ähnlich den Göttern.
Ach! er hatte so viel' unnennbare Leiden erduldet,
Da er die Schlachten der Männer und tobende Fluten durchkämpfte;
Und nun schlief er so ruhig und alle sein Leiden vergessend.
Als nun östlich der Stern mit funkelndem Schimmer emporstieg,
Welcher das kommende Licht der Morgenröte verkündet,
Schwebten sie nahe der Insel im meerdurchwallenden Schiffe.
Phorkys, dem Greise des Meers, ist eine der Buchten geheiligt,
Gegen der Ithaker Stadt, wo zwo vorragende schroffe

Felsenspitzen der Reede sich an der Mündung begegnen.
Diese zwingen die Flut, die der Sturm lautbrausend heranwälzt,
Draußen zurück; inwendig am stillen Ufer des Hafens
Ruhn unangebunden die schöngebordeten Schiffe.
Oben grünt am Gestad ein weitumschattender Ölbaum.
Eine Grotte, nicht fern von dem Ölbaum, lieblich und dunkel,
Ist den Nymphen geweiht, die man Najaden benennet.
Steinerne Krüge stehn und zweigehenkelte Urnen
Innerhalb; und Bienen bereiten drinnen ihr Honig.
Aber die Nymphen weben auf langen steinernen Stühlen
Feiergewande, mit Purpur gefärbt, ein Wunder zu schauen.
Unversiegende Quellen durchströmen sie. Zwo sind die Pforten:
Eine gen Mitternacht, durch welche die Menschen hinabgehn,
Mittagwärts die andre geheiligte: diese durchwandelt
Nie ein sterblicher Mensch; sie ist der Unsterblichen Eingang.
Jene lenkten hinein, denn sie kannten den Hafen schon vormals.
Siehe, da eilte das Schiff bis an die Hälfte des Kieles
Stürmend ans Land: so stark war der Schwung von der Ruderer Händen.
Und sie stiegen vom Schiffe mit zierlichen Bänken ans Ufer,
Hoben zuerst Odysseus vom Hinterverdecke des Schiffes,
Samt dem leinenen Teppich und schönen purpurnen Polster,
Und dann legten sie ihn, wie er schlummerte, nieder im Sande.
Und sie enthoben das Gut, das die edlen Phäaken beim Abschied
Ihm geschenkt, durch Fügung der mutigen Pallas Athene.
Dieses legten sie alles zuhauf am Stamme des Ölbaums,
Außer dem Wege, daß kein vorübergehender Wandrer
Heimlich zu rauben käme, bevor Odysseus erwachte.
Und nun fuhren sie heim. Doch Poseidaon vergaß nicht
Seiner Drohung, die er dem göttergleichen Odysseus
Ehmals hatte gedroht; er forschte den Willen Kronions:
Vater Zeus, auf immer ist bei den unsterblichen Göttern

Meine Ehre dahin, da Sterbliche meiner nicht achten,
Jene Phäaken, die selbst von meinem Blute gezeugt sind!
Sieh, ich vermutet', es sollte nach vielen Leiden Odysseus
Kommen ins Vaterland; denn gänzlich hätt ich die Heimkehr
Nimmer gewehrt, da dein allmächtiger Wink sie verheißen:
Und sie bringen im Schlaf ihn über die Wogen und setzen
Ihn in Ithaka aus und geben ihm teure Geschenke,
Erzes und Goldes die Meng' und schöngewebete Kleider,
Mehr als Odysseus je aus Ilion hätte geführet,
Wär er auch ohne Schaden mit seiner Beute gekommen!
Ihm antwortete drauf der Wolkenversammler Kronion:
Welche Red entfiel dir, du erderschütternder König?
Nimmer verachten dich die Götter! Vermessene Kühnheit
Wär es, den ältesten mächtigsten Gott mit Verachtung zu reizen.
Weigert sich aber ein Mensch, durch Kraft und Stärke verleitet,
Dich, wie er soll, zu ehren, so bleibt dir ja immer die Rache.
Tue jetzt, wie du willst und deinem Herzen gelüstet!
Drauf erwiderte jenem der Erderschüttrer Poseidon:
Gerne vollendet' ich gleich, Schwarzwolkichter, was du gestattest;
Aber ich fürchte mich stets vor deinem eifernden Zorne.
Jetzo will ich das schöngezimmerte Schiff der Phäaken,
Das vom Geleiten kehrt, im dunkelwogenden Meere
Plötzlich verderben, damit sie sich scheun und die Männergeleitung
Lassen; und rings um die Stadt will ich ein hohes Gebirg ziehn.
Ihm antwortete drauf der Wolkenversammler Kronion:
Teuerster, dieser Rat scheint meinem Sinne der beste.
Wenn die Bürger der Stadt dem näher rudernden Schiffe
Alle entgegen schaun, dann verwandel es nahe dem Ufer
Zum schiffähnlichen Fels: daß alle Menschen dem Wunder
Staunen; und rings um die Stadt magst du ein hohes Gebirg ziehn.

Als er solches vernommen, der Erderschüttrer Poseidon,
Ging er gen Scheria hin, dem Lande der stolzen Phäaken.
Allda harrt' er; und bald kam nahe dem Ufer das schnelle
Meerdurchgleitende Schiff. Da nahte sich Poseidaon,
Schlug es mit flacher Hand, und siehe, plötzlich versteinert,
Wurzelt' es fest am Boden des Meers. Drauf ging er von dannen.
Aber am Ufer besprachen mit schnellgeflügelten Worten
Sich die Phäaken, die Führer der langberuderten Schiffe.
Einer wendete sich zu seinem Nachbar und sagte:
Wehe, wer hemmt im Meere den Lauf des rüstigen Schiffes,
Welches zur Heimat eilte? Wir sahn es ja völlig mit Augen!
Also redeten sie und wußten nicht, was geschehn war.
Aber jetzo begann Alkinoos in der Versammlung:
Weh mir! Es trifft mich jetzo ein längst verkündetes Schicksal.
Mir erzählte mein Vater vordem, uns zürne Poseidon,
Weil wir ohne Gefahr jedweden zu Schiffe geleiten.
Dieser würde dereinst ein treffliches Schiff der Phäaken,
Das vom Geleiten kehrte, im dunkelwogenden Meere
Plötzlich verderben und rings um die Stadt ein hohes Gebirg ziehn.
So weissagte der Greis; das wird nun alles erfüllet.
Aber wohlan, gehorcht nun alle meinem Befehle.
Laßt die Männergeleitung, woher auch ein Sterblicher komme,
Unserem Volke zu flehn; und opfert jetzo Poseidon
Zwölf erlesene Stiere! Vielleicht erbarmt er sich unser,
Daß er nicht rings um die Stadt ein hohes Felsengebirg zieht.
Also sprach er, und bange bereiteten jene das Opfer.
Also beteten dort zum Meerbeherrscher Poseidon
Für der Phäaken Stadt die erhabenen Fürsten und Pfleger,
Stehend um den Altar. Da erwachte der edle Odysseus,
Ruhend auf dem Boden der lange verlassenen Heimat.
Und er erkannte sie nicht; denn eine Göttin umhüllt' ihn
Rings mit dunkler Nacht, Zeus' Tochter, Pallas Athene,

Ihn unkennbar zu machen und alles mit ihm zu besprechen:
Daß ihn weder sein Weib, noch die Freund' und Bürger erkennten,
Bis die üppigen Freier für allen Frevel gebüßet.
Alles erschien daher dem ringsumschauenden König
Unter fremder Gestalt: Heerstraßen, schiffbare Häfen,
Wolkenberührende Felsen und hochgewipfelte Bäume.
Jetzo erhub er sich, stand; und da er sein Vaterland ansah,
Hub er bitterlich an zu weinen und schlug sich die Hüften
Beide mit flacher Hand und sprach mit klagender Stimme:
Weh mir! zu welchem Volke bin ich nun wieder gekommen?
Sind's unmenschliche Räuber und sittenlose Barbaren,
Oder Diener der Götter und Freunde des heiligen Gastrechts?
Wo verberg ich dies viele Gut? und wohin soll ich selber
Irren? Oh, wäre doch dies im phäakischen Lande geblieben!
Und mir hätte dagegen ein anderer mächtiger König
Hilfe gewährt, mich bewirtet und hingesendet zur Heimat!
Jetzo weiß ich es weder wo hinzulegen, noch kann ich's
Hier verlassen, damit es nicht andern werde zur Beute!
Ach, so galt denn bei jenen Gerechtigkeit weder, noch Weisheit,
Bei des phäakischen Volks erhabenen Fürsten und Pflegern,
Die in ein fremdes Land mich gebracht! Sie versprachen so heilig,
Mich nach Ithakas Höhn zu führen, und täuschten mich dennoch!
Zeus vergelt' es ihnen, der Leidenden Rächer, der aller
Menschen Beginnen schaut und alle Sünde bestrafet!
Aber ich will doch jetzo die Güter zählen und nachsehn,
Ob sie mir etwas geraubt, als sie im Schiffe davon flohn.
Also sprach er und zählte die Becken und schönen Geschirre
Mit drei Füßen, das Gold und die prächtig gewebeten Kleider;
Und ihm fehlte kein Stück. Nun weint' er sein Vaterland wieder,
Wankt' umher am Ufer des lautaufrauschenden Meeres

Und wehklagete laut. Da nahte sich Pallas Athene,
Eingehüllt in Jünglingsgestalt, als Hüter der Herden,
Zart und lieblich von Wuchs, wie Königskinder einhergehn.
Diese trug um die Schultern ein wallendes feines Gewebe,
Einen Spieß in der Hand und Sohlen an glänzenden Füßen.
Als sie Odysseus erblickte, da freut' er sich, ging ihr entgegen,
Redete freundlich sie an und sprach die geflügelten Worte:
  Lieber, weil du zuerst mir an diesem Orte begegnest,
Sei mir gegrüßt, und nahe dich nicht mit feindlichem Herzen,
Sondern beschütze mich selbst und dieses. Wie einem der Götter
Fleh ich dir und umfasse die werten Kniee voll Demut.
Auch verkündige mir aufrichtig, damit ich es wisse:
Wie benennt ihr das Land, die Stadt und ihre Bewohner?
Ist dies eine der Inseln voll sonnenreicher Gebirge,
Oder die meereinlaufende Spitze der fruchtbaren Feste?
  Ihm antwortete Zeus' blauäugichte Tochter Athene:
Fremdling, du bist nicht klug oder ferne von hinnen gebürtig,
Da du nach diesem Lande mich fragst! Ich dächte, so gänzlich
Wär es nicht unberühmt, und sicherlich kennen es viele:
Alle, die morgenwärts und wo die Sonne sich umdreht
Wohnen, oder da hinten, gewandt zum nächtlichen Dunkel.
Freilich ist es rauh und taugt nicht, Rosse zu tummeln,
Doch ganz elend auch nicht, wiewohl es an Ebnen ihm mangelt.
Reichlich gedeihet bei uns die Frucht des Feldes, und reichlich
Lohnet der Wein; denn Regen und Tau befruchten das Erdreich.
Treffliche Ziegenweiden sind hier, auch Weiden der Rinder,
Waldungen jeglicher Art und immerfließende Bäche.
Fremdling, Ithakas Ruf ist selbst nach Troja gekommen;
Und das, sagen sie, liegt sehr fern vom achäischen Lande!
  Also sprach er; da freute der herrliche Dulder Odysseus
Sich im innersten Herzen des Vaterlandes, das jetzo
Pallas Athene ihm nannte, des Wetterleuchtenden Tochter.
Und er redet' sie an und sprach die geflügelten Worte;

Doch vermied er die Wahrheit mit schlauabweichender Rede,
Und sein erfindungsreicher Verstand war in steter Bewegung:
  Ja, von Ithaka hört ich in Kretas weitem Gefilde,
Ferne jenseits des Meers. Nun komm ich selber mit diesem
Gute hieher und ließ den Kindern noch eben so vieles,
Als ich entfloh. Ich nahm Idomeneus' Sohne das Leben,
Jenem hurtigen Helden Orsilochos, welcher in Kreta
Alle geübtesten Läufer an Schnelle der Füße besiegte.
Denn er wollte mich ganz der troischen Beute berauben,
Derenthalb ich so viel' unnennbare Leiden erduldet,
Blutige Schlachten der Männer und tobende Fluten durchkämpfend;
Weil ich seinem Vater zu dienen nimmer gewillfahrt
In dem troischen Land und selbst ein Geschwader geführet.
Aber mit ehernem Speer erschoß ich ihn, als er vom Felde
Kam; ich laurte versteckt mit einem Gefährten am Wege.
Eine düstere Nacht umhüllte den Himmel, und unser
Nahm kein Sterblicher wahr, und heimlich raubt ich sein Leben.
Dennoch, sobald ich jenen mit ehernem Speere getötet,
Eilt ich ans Ufer des Meers zum Schiffe der stolzen Phöniker,
Flehte sie an und gewann sie mit einem Teile der Beute,
Daß sie an Pylos' Gestade mich auszusetzen versprachen,
Oder der göttlichen Elis, die von den Epeiern beherrscht wird.
Aber leider, sie trieb die Gewalt des Orkanes von dannen,
Ihnen zum großen Verdruß, denn sie dachten mich nicht zu betrügen.
Und wir irrten umher und kamen hier in der Nacht an.
Mühsam ruderten wir das Schiff in den Hafen, und niemand
Dachte der Abendkost, so sehr wir auch ihrer bedurften,
Sondern wir stiegen nur so ans Ufer und legten uns nieder.
Und ich entschlummerte sanft, ermüdet von langer Arbeit.
Jene huben indes mein Gut aus dem Raume des Schiffes,
Legten es auf dem Sande, wo ich sanft schlummerte, nieder;

Stiegen dann ein und steurten der wohlbevölkerten Küste
Von Sidonia zu; ich blieb mit traurigem Herzen.
Also sprach er; da lächelte Zeus' blauäugichte Tochter,
Streichelt' ihn mit der Hand; und schien nun plötzlich ein Mädchen,
Schöngebildet und groß und klug in künstlicher Arbeit.
Und sie redet' ihn an und sprach die geflügelten Worte:
Geist erforderte das und Verschlagenheit, dich an Erfindung
Jeglicher Art zu besiegen, und käm auch einer der Götter!
Überlistiger Schalk voll unergründlicher Ränke,
Also gebrauchst du noch selbst im Vaterlande Verstellung
Und erdichtete Worte, die du als Knabe schon liebtest?
Aber laß uns hievon nicht weiter reden; wir kennen
Beide die Kunst: du bist von allen Menschen der Erste
An Verstand und Reden, und ich bin unter den Göttern
Hochgepriesen an Rat und Weisheit. Aber du kanntest
Pallas Athene nicht, Zeus' Tochter, welche beständig
Unter allen Gefahren dir beistand und dich beschirmte,
Und dir auch die Liebe von allen Phäaken verschaffte.
Jetzo komm ich hieher, um dir Anschläge zu geben,
Und zu verbergen das Gut, so viel die edlen Phäaken
Dir Heimkehrenden schenkten, durch meine Klugheit geleitet;
Auch zu verkünden, daß deiner im schöngebauten Palaste
Viele Drangsal noch harrt. Doch du ertrage sie standhaft,
Und entdecke dich keinem der Männer oder der Weiber,
Daß du von Leiden verfolgt hier ankamst, sondern erdulde
Schweigend dein trauriges Los und schmiege dich unter die Stolzen.
Ihr antwortete drauf der erfindungsreiche Odysseus:
Schwer, o Göttin, erkennt dich ein Sterblicher, dem du begegnest,
Sei er auch noch so geübt; denn du nimmst jede Gestalt an.
Dennoch weiß ich es wohl, daß du vor Zeiten mir hold warst,

Als wir Achäer noch die hohe Troja bekriegten.
Aber seit wir die Stadt des Priamos niedergerissen
Und von dannen geschifft und ein Gott die Achäer zerstreuet,
Hab ich dich nimmer gesehn, Zeus' Tochter, und nimmer vernommen,
Daß du mein Schiff betratst, mich einer Gefahr zu entreißen;
Sondern immer, im Herzen von tausend Sorgen verwundet,
Irrt ich umher, bis die Götter sich meines Jammers erbarmten:
Außer daß du zuletzt in dem fetten phäakischen Eiland
Mich durch Worte gestärkt und zu der Stadt mich geführt hast.
Jetzo fleh ich dich an bei deinem Vater (ich fürchte
Immer, ich sei noch nicht in Ithaka, sondern durchirre
Wieder ein anderes Land, und spottend habest du, Göttin,
Mir dies alles verkündet, um meine Seele zu täuschen):
Sage mir, bin ich denn wirklich im lieben Vaterlande?
Drauf antwortete Zeus' blauäugichte Tochter Athene:
Stets bewahrest du doch im Herzen jene Gesinnung;
Darum kann ich dich auch im Unglück nimmer verlassen,
Weil du behutsam bist, scharfsinnig und männlichen Herzens.
Jeder irrende Mann, der spät heimkehrte, wie freudig
Würd' er nach Hause nun eilen, sein Weib und die Kinder zu sehen!
Aber dich kümmert das nicht, zu wissen, oder zu fragen,
Eh du selber dein Weib geprüft hast, welches beständig
So im Hause sitzt; denn immer schwinden in Jammer
Ihre Tage dahin und unter Tränen die Nächte.
Zwar ich zweifelte nie an der Wahrheit, sondern mein Herz war
Überzeugt, du kehrtest ohn alle Gefährten zur Heimat;
Aber ich scheuete mich, Poseidon entgegen zu kämpfen,
Meines Vaters Bruder, der dich mit Rache verfolgte,
Zürnend, weil du das Auge des lieben Sohnes geblendet.
Aber damit du mir glaubest, so zeig ich dir Ithakas Lage.

Phorkys, dem Greise des Meers, ist dieser Hafen geheiligt;
Hier am Gestade grünt der weltumschattende Ölbaum;
Dieses ist die große gewölbete Grotte des Felsens,
Wo du den Nymphen oft vollkommene Opfer gebracht hast;
Jenes hohe Gebirg ist Neritons waldichter Gipfel.
Sprach's und zerstreute den Nebel; und hell lag vor ihm die Gegend.
Siehe, da freuete sich der edle Dulder Odysseus
Herzlich des Vaterlandes und küßte die fruchtbare Erde.
Und nun fleht' er den Nymphen mit aufgehobenen Händen:
Zeus' unsterbliche Töchter, ihr hohen Najaden, ich hoffte
Nimmer, euch wieder zu sehn; seid nun in frommem Gebete
Mir gegrüßt: bald bringen wir euch Geschenke wie ehmals,
Wenn mir anders die Gnade von Zeus' siegprangender Tochter
Jetzo das Leben erhält und den lieben Sohn mir gesegnet!
Drauf antwortete Zeus' blauäugichte Tochter Athene:
Sei getrost und laß dich diese Gedanken nicht kümmern!
Aber wohlan, wir wollen im Winkel der heiligen Grotte
Gleich verbergen das Gut, damit es in Sicherheit liege,
Und uns dann beraten, was jetzo das beste zu tun sei.
Also sprach die Göttin und ging in die dämmernde Grotte,
Heimliche Winkel umher ausspähend. Aber Odysseus
Brachte das Gut hinein, die schöngewebeten Kleider,
Gold und daurendes Erz, das ihm die Phäaken geschenket,
Und verbarg es behende; dann setzte Pallas Athene
Einen Stein vor die Türe, des Wetterleuchtenden Tochter.
Hierauf setzten sie sich am Stamme des heiligen Ölbaums
Und beschlossen den Tod der übermütigen Freier.
Also redete Zeus' blauäugichte Tochter Athene:
Edler Laërtiad', erfindungsreicher Odysseus,
Denk itzt nach, wie dein Arm die schamlosen Freier bestrafe,
Welche nun schon drei Jahr' obwalten in deinem Palaste,
Und dein göttliches Weib mit Brautgeschenken umwerben.

Aber mit herzlichen Tränen erwartet sie deine Zurückkunft.
Allen verheißt sie Gunst und sendet jedem besonders
Schmeichelnde Botschaft; allein im Herzen denket sie anders.
Ihr antwortete drauf der erfindungsreiche Odysseus:
Weh mir, ich wäre gewiß, wie Atreus' Sohn Agamemnon,
Nun des schmählichsten Todes in meinem Hause gestorben,
Hättest du, Göttin, mir nicht umständlich das alles verkündigt!
Aber nun gib mir Rat, wie ich die Freier bestrafe.
Stehe du selber mir bei, und hauche mir Mut und Entschluß ein,
Wie vordem, da wir Troja, die prächtiggetürmte, zerstörten!
Stündest du nun so eifrig mir bei, blauäugichte Göttin,
Siehe, so ging' ich getrost dreihundert Feinden entgegen,
Heilige Göttin, mit dir, wenn du mir Hilfe gewährtest!
Drauf antwortete Zeus' blauäugichte Tochter Athene:
Gerne steh ich dir bei; du sollst mein nimmer entbehren,
Wann wir die Arbeit einst beginnen. Auch hoff ich, es werde
Mancher mit Blut und Gehirn den weiten Boden besudeln
Von der Rotte der Freier, die deine Habe verzehren.
Aber damit dich keiner der sterblichen Menschen erkenne,
Muß einschrumpfen das schöne Fleisch der biegsamen Glieder,
Und das bräunliche Haar vom Haupte verschwinden; ein Kittel
Dich umhüllen, den jeglicher Mensch mit Ekel betrachte;
Triefend und blöde sein die anmutsstrahlenden Augen:
Daß du so ungestalt vor allen Freiern erscheinest,
Deinem Weib und dem Sohne, den du im Hause verließest.
Hierauf gehe zuerst dorthin, wo der treffliche Sauhirt
Deiner Schweine hütet, der stets mit Eifer dir anhängt,
Und Telemachos liebt und die züchtige Penelopeia.
Sitzend findest du ihn bei der Schweine weidender Herde,
Nahe bei Korax' Felsen, am arethusischen Borne.
Allda mästen sie sich mit lieblichen Eicheln und trinken
Schattiges Wasser, wovon das Fett den Schweinen entblühet.
Bleib bei jenem und setze dich hin und frage nach allem.

Ich will indes gen Sparta, dem Lande rosiger Mädchen,
Gehn und deinen Sohn Telemachos rufen, Odysseus,
Welcher zu Menelaos in Lakedämons Gefilde
Fuhr, um Kundschaft zu spähn, ob du noch irgendwo lebtest.
 Ihr antwortete drauf der erfindungsreiche Odysseus:
Warum sagtest du ihm nicht alles, da du es wußtest?
Etwa damit auch er in des Meeres wüsten Gewässern
Todesgefahren durchirrte, da Fremde sein Eigentum fressen?
 Drauf antwortete Zeus' blauäugichte Tochter Athene:
Sorge für deinen Sohn nicht allzu ängstlich, Odysseus.
Ich geleitet' ihn selbst, damit er dort in der Fremde
Ruhm sich erwürb; auch sitzt er, ohn allen Kummer, geruhig
In des Atreiden Palast und hat dort volle Genüge.
Jünglinge lauren zwar auf ihn im schwärzlichen Schiffe,
Daß sie ihn töten, bevor er in seine Heimat zurückkehrt.
Aber ich hoffe das nicht; erst deckt die Erde noch manchen
Von der Rotte der Freier, die deine Habe verzehren.
 Also sprach die Göttin und rührt' ihn sanft mit der Rute:
Siehe, da schrumpfte das schöne Fleisch der biegsamen Glieder,
Und die bräunlichen Haare des Hauptes verschwanden, und ringsum
Hing an den schlaffen Gliedern die Haut des alternden Greises;
Triefend und blöde wurden die anmutstrahlenden Augen.
Statt der Gewand' umhüllt' ihn ein häßlicher Kittel und Leibrock,
Beide zerlumpt und schmutzig, vom häßlichen Rauche besudelt.
Auch bedeckt' ihn ein großes Fell des hurtigen Hirsches,
Kahl von Haaren. Er trug einen Stab und garstigen Ranzen,
Allenthalben geflickt, mit einem geflochtenen Tragband.
 Also besprachen sie sich und schieden. Pallas Athene
Ging zu Odysseus' Sohn in die göttliche Stadt Lakedämon.

VIERZEHNTER GESANG

Odysseus, vom Sauhirten Eumäos in die Hütte geführt und mit zwei Ferkeln bewirtet. Seine Versicherung von Odysseus' Heimkehr findet nicht Glauben. Erdichtete Erzählung von sich. Die Unterhirten treiben die Schweine vom Felde, und Eumäos opfert ein Mastschwein zum Abendschmaus. Stürmische Nacht. Odysseus verschafft sich durch Erdichtung einen Mantel zur Decke, indes Eumäos draußen die Eber bewacht.

Aber Odysseus ging den rauhen Pfad von dem Hafen
Über die waldbewachsnen Gebirge hin, wo Athene
Ihm den trefflichen Hirten bezeichnete, welcher am treusten
Haushielt unter den Knechten des göttergleichen Odysseus.
Sitzend fand er ihn jetzt an der Schwelle des Hauses im Hofe,
Welcher hoch, auf weitumschauendem Hügel, gebaut war,
Schön und ringsumgehbar und groß. Ihn hatte der Sauhirt
Selber den Schweinen erbaut, indes sein König entfernt war,
Ohne Penelopeia und ohne den alten Laërtes.
Von gesammelten Steinen und oben mit Dornen umflochten.
Draußen hatt er Pfähle von allen Seiten in Menge
Dicht aneinander gepflanzt, vom Kern der gespaltenen Eiche.
Innerhalb des Gehegs hatt er zwölf Kofen bereitet,
Einen nahe dem andern, zum nächtlichen Lager der Schweine.
Fünfzig lagen in jedem der erdaufwühlenden Schweine,
Alle gebärende Mütter; und draußen schliefen die Eber,
Weit geringer an Zahl: denn schmausend verminderten diese
Täglich die göttlichen Freier; es sandte jenen der Sauhirt
Immer die besten zum Schmause von allen gemästeten Ebern;
Und der übrigen Zahl war nur dreihundert und sechzig.
Auch vier große Hunde, wie reißende Tiere, bewachten
Stets den Hof; sie erzog der männerbeherrschende Sauhirt.
Jetzo zerschnitt er des Stiers schönfarbiges Leder und fügte

Sohlen um seine Füße. Die untergeordneten Hirten
Hatten sich schon zerstreut: drei hüteten weidende Schweine;
Aber der vierte war in die Stadt gesendet, ein Mastschwein
Hinzuführen, den Zoll für die übermütigen Freier.
Daß beim festlichen Schmaus ihr Herz an dem Fleische sich labte.
Plötzlich erblickten Odysseus die wachsambellenden Hunde,
Und sie stürzten auf ihn lautschreiend. Aber Odysseus
Setzte sich klüglich nieder, und legte den Stab aus den Händen.
Dennoch hätt er auch dort unwürdige Schmerzen erduldet;
Aber der Sauhirt lief aus der Türe mit hurtigen Füßen
Hinter den Bellenden her, und warf aus den Händen das Leder;
Scheltend verfolgt' er die Hund' und zerstreute sie hierhin und dorthin
Mit geworfenen Steinen; und jetzo sprach er zum König:
Alter, es fehlte nicht viel, so hätten die Hunde mit einmal
Dich zerrissen, und mich hätt' ewige Schande getroffen!
Und mir gaben die Götter vorhin schon Kummer und Trübsal.
Denn um den göttlichen König die bittersten Tränen vergießend,
Sitz ich hier, und sende die fettgemästeten Schweine
Andern zum Schmause, da jener vielleicht des Brotes entbehret
Und die Länder und Städte barbarischer Völker durchwandert,
Wenn er anders noch lebt und das Licht der Sonne noch schauet!
Aber folge mir, Greis, in meine Hütte, damit du,
Wenn sich deine Seele mit Brot und Weine gelabt hat,
Sagest, von wannen du kommst und welche Leiden du littest.
Also sprach er und führt' ihn hinein, der treffliche Sauhirt,
Hieß den folgenden Gast sich auf ein laubichtes Lager
Setzen und breitete drauf der buntgesprenkelten Gemse
Großes und zottichtes Fell, worauf er zu schlafen gewohnt war.
Und Odysseus freute sich dieses Empfanges und sagte:
Zeus beschere dir, Freund, und die andern unsterblichen Götter,

Was du am meisten verlangst, weil du so gütig mich aufnimmst!
Ihm antwortest du, Eumäos, Hüter der Schweine:
Fremdling, es ziemte mir nicht, und wär er geringer als du bist,
Einen Gast zu verschmähn; denn Gott gehören ja alle
Fremdling' und Darbende an. Doch kleine Gaben erfreun auch,
Heißt es bei unsereinem; denn also geht es mit Knechten,
Welche sich immer scheun, weil ihre gebietenden Herren
Jünglinge sind. Denn ach, ihm wehren die Götter die Heimkehr,
Der mir Gutes getan und ein Eigentum hätte gegeben,
Was auch der gütigste Herr je seinem Diener geschenkt hat:
Nämlich Haus und Hof und ein liebenswürdiges Ehweib:
Weil er ihm treulich gedient und Gott die Arbeit gedeihn ließ.
Also gedeiht auch mir die Arbeit, welche mir obliegt;
Und mein Herr, wenn er hier sanft alterte, lohnte mir's reichlich!
Aber er starb! Das Geschlecht der Helena müßte von Grund aus
Stürzen, die in den Staub so viele Männer gestürzt hat!
Denn auch jener zog, Agamemnons Ehre zu rächen,
Gegen Ilion hin und bekämpfte die Reisigen Trojas.
Also sprach er; und schnell umband er den Rock mit dem Gürtel,
Ging zu den Kofen, worin der Ferkel Menge gesperrt war,
Und zwei nahm er heraus und schlachtete beide zur Mahlzeit,
Sengte sie, haute sie klein und steckte die Glieder an Spieße,
Briet sie über der Glut und setzte sie hin vor Odysseus,
Brätelnd noch an den Spießen, mit weißem Mehle bestreuet;
Mischte dann süßen Wein in seinem hölzernen Becher,
Setzte sich gegen ihm über, und nötigt' ihn also zum Essen:
Iß nun, fremder Mann, so gut wir Hirten es haben,
Ferkelfleisch; die gemästeten Schweine verzehren die Freier,
Deren Herz nicht Furcht vor den Göttern kennet, noch Mitleid.
Alle gewaltsame Tat mißfällt ja den seligen Göttern,
Tugend ehren sie nur und Gerechtigkeit unter den Menschen.

Selbst die barbarischen Räuber, die durch Kronions Verhängnis
An ein fremdes Gestad anlandeten, Beute gewannen,
Und mit beladenen Schiffen die Heimat glücklich erreichten,
Fühlen dennoch im Herzen die Macht des empörten Gewissens!
Aber diesen entdeckte vielleicht die Stimme der Götter
Jenes traurigen Tod, da sie nicht werben, wie recht ist,
Und zu den Ihrigen nicht heimkehren, sondern in Ruhe
Fremdes Gut unmäßig und ohne Schonen verprassen.
Alle Tag' und Nächte, die Zeus den Sterblichen sendet,
Opfern die Üppigen stets, und nicht ein Opfer noch zwei bloß!
Und verschwelgen den Wein mit ungezähmter Begierde.
Reichlich war er gesegnet an Lebensgütern; es hatte
Keiner der Edlen so viel, nicht dort auf der fruchtbaren Feste,
Noch in Ithaka hier; nicht zwanzig Männer zusammen
Haben so viel' Reichtümer. Ich will sie dir jetzo beschreiben.
Rinderherden sind zwölf auf der Feste, der weidenden Schafe
Ebenso viel', auch der Schweine so viel' und der streifenden Ziegen.
Mietlinge hüten sie teils, und teils leibeigene Hirten.
Hier in Ithaka gehn elf Herden streifender Ziegen
Auf entlegener Weide, von wackern Männern gehütet.
Jeder von diesen sendet zum täglichen Schmause den Freiern
Immer die trefflichste Ziege der fettgemästeten Herde.
Unter meiner Gewalt und Aufsicht weiden die Schweine,
Und ich sende zum Schmause das auserlesenste Mastschwein.
Also sprach er; und schnell aß jener des Fleisches, begierig
Trank er des Weins und schwieg; er dachte der Freier Verderben.
Als er jetzo gespeist und seine Seele gelabet,
Füllete jener den Becher, woraus er zu trinken gewohnt war,
Reichte den Wein ihm dar; und er nahm ihn mit herzlicher Freude,
Redete jenen an und sprach die geflügelten Worte:

Lieber, wer kaufte dich denn mit seinem Vermögen? Wie heißt er,
Jener so mächtige Mann und begüterte, wie du erzählest,
Und der sein Leben verlor, Agamemnons Ehre zu rächen?
Nenne mir ihn; vielleicht ist er von meiner Bekanntschaft.
Zeus und die Götter des Himmels, die wissen es, ob ich von ihm nicht
Botschaft verkündigen kann! Ich sah viel' Männer auf Reisen!
Ihm antwortete drauf der männerbeherrschende Sauhirt:
Alter, kein irrender Mann, der Botschaft von jenem verkündigt,
Möchte so leicht bei der Frau und dem Sohne Glauben gewinnen.
Solche Wanderer suchen gewöhnlich milde Bewirtung
Durch die schmeichelnde Lüg, und reden selten die Wahrheit.
Jeder Fremdling, wen auch das Schicksal nach Ithaka führet,
Geht zu meiner Königin hin und schwatzet Erdichtung.
Freundlich empfängt und bewirtet sie ihn und forschet nach allem,
Und der Traurenden Antlitz umfließen Tränen der Wehmut,
Wie es dem Weibe geziemt, der fern ihr Gatte verschieden.
Und bald würdest auch du, o Greis, ein Märchen ersinnen,
Deckte dir jemand nur die Blöße mit Mantel und Leibrock.
Aber ihm rissen vielleicht die Hund' und die Vögel des Himmels
Schon die Haut von dem weißen Gebein, und die Seele verließ es;
Oder ihn fraßen die Fische des Meers, und seine Gebeine
Dorren an fremdem Gestade, vom wehenden Sande bedecket.
Also verlor er das Leben, und seine verlassenen Freunde
Klagen ihm alle nach, und ich am meisten; denn nimmer
Find ich einen so gütigen Herrn, wohin ich auch gehe,
Käm ich auch wieder ins Haus, das Vater und Mutter bewohnen,
Wo ich geboren ward und meine Jugend verlebte.

Auch bewein ich die Eltern nicht so sehr, da ich doch herzlich
Wünsche, sie wieder zu sehn und meiner Väter Gefilde,
Als Odysseus' Verlust mein ganzes Leben verbittert.
Ja, ich schäme mich, Fremdling, ihn bloß beim Namen zu nennen,
Ob er es zwar nicht hört; denn er pflegte mich gar zu liebreich!
Sondern ich nenn ihn, auch fern, stets meinen älteren Bruder.
Ihm antwortete drauf der herrliche Dulder Odysseus:
Lieber, weil du es denn ganz leugnest und nimmer vermutest,
Daß er zur Heimat kehrt, und stets ungläubig dein Herz bleibt;
Siehe, so will ich es nicht bloß sagen, sondern beschwören:
Daß Odysseus kommt! Zum Lohn für die fröhliche Botschaft
Sollst du sogleich, wann jener in seine Wohnung zurückkommt,
Mich mit schönen Gewanden, mit Rock und Mantel, bekleiden.
Eher, wie sehr ich auch jetzo entblößt bin, nähm ich sie nimmer!
Denn der ist mir verhaßt, wie die Pforten der untersten Tiefe,
Welcher, von Mangel verführt, mit leeren Erdichtungen schmeichelt!
Zeus von den Göttern bezeug es und diese gastliche Tafel
Und Odysseus' heiliger Herd, zu welchem ich fliehe:
Daß dies alles gewiß geschehn wird, wie ich verkünde!
Selbst noch in diesem Jahre wird wiederkehren Odysseus!
Wann der jetzige Mond abnimmt und der folgende zunimmt,
Wird er sein Haus betreten und strafen, wer seiner Gemahlin
Und des glänzenden Sohnes Gewalt und Ehre gekränkt hat!
Ihm antwortest du, Eumäos, Hüter der Schweine:
Alter, ich werde wohl nie den Lohn der Botschaft bezahlen,
Noch wird Odysseus je heimkehren! Trinke geruhig
Deinen Wein, und laß uns von etwas anderem reden.
Hieran erinnere mich nicht; denn meine Seele durchdringet
Schmerz, wann einer mich nur an den besten König erinnert!
Was du geschworen hast, laß gut sein; aber Odysseus
Komme, wie ich es wünsche und seine Penelopeia

Und Laërtes, der Greis, und Telemachos, göttlich an Bildung!
Jetzo bewein ich von Herzen den Sohn des edlen Odysseus!
Ach, Telemachos nährten, wie eine Pflanze, die Götter,
Und ich hofft ihn dereinst nicht schlechter unter den Männern
Als den Vater zu finden, an Geist und Bildung ein Wunder;
Doch der Unsterblichen einer verrückt' ihm die richtigen Sinne,
Oder ein sterblicher Mensch! Er ging, den Vater zu suchen,
Nach der göttlichen Pylos; nun stellen die mutigen Freier
Ihm, wann er heimkehrt, nach: damit Arkeisios' Name
Und sein Heldengeschlecht aus Ithaka werde vertilget!
Aber laß uns davon nicht weiter reden; er möge
Fallen oder entfliehn und Gottes Hand ihn bedecken.
Auf! Erzähle mir jetzo von deinen Leiden, o Alter!
Auch verkündige mir aufrichtig, damit ich es wisse:
Wer, wes Volkes bist du und wo ist deine Geburtsstadt?
Und in welcherlei Schiff kamst du? Wie brachten die Schiffer
Dich nach Ithaka her? Was rühmen sich jene für Leute?
Denn unmöglich bist du doch hier zu Fuße gekommen!
  Ihm antwortete drauf der erfindungsreiche Odysseus:
Dieses will ich dir gern und nach der Wahrheit erzählen.
Wären wir beide mit Speis auf lange Zeiten versorget
Und erfreuendem Wein, und blieben hier stets in der Hütte
Ruhig sitzen am Mahl und andre bestellten die Arbeit;
Siehe, dann könnte leicht ein Jahr verfliegen, und dennoch
Hätt ich nicht die Erzählung von allen Leiden vollendet,
Welche der Götter Rat auf meine Seele gehäuft hat.
Aus dem weiten Gefilde von Kreta stamm ich; mein Vater
War ein begüterter Mann, und noch viel' andere Söhne
Wurden in seinem Hause geboren und auferzogen,
Echte Kinder der Frau. Doch mich gebar ein erkauftes
Kebsweib; aber es ehrte mich, gleich den ehelichen Kindern,
Kastor, Hylakos' Sohn, aus dessen Blut ich gezeugt bin.
Dieser ward, wie ein Gott, im kretischen Volke geehret,

Wegen seiner Gewalt, Reichtümer und rühmlicher Söhne.
Aber ihn führeten bald des Todes Schrecken in Aïs'
Schattenbehausung hinab; die übermütigen Söhne
Warfen darauf das Los und teilten das Erbe des Vaters.
Mir beschieden sie nur ein Haus und wenige Güter.
Aber ich nahm mir ein Weib aus einem der reichsten Geschlechter,
Das ich durch Tugend gewann; denn ich war kein entarteter Jüngling,
Noch ein Feiger im Kriege! Doch nun ist alles vergangen!
Dennoch glaub ich, du wirst noch aus der Stoppel die Ähre
Kennen; denn ach, es drückte mich sehr viel Drangsal zu Boden!
Wahrlich, Entschlossenheit hatte mir Ares verliehn und Athene,
Und vertilgende Kraft! Wann ich, dem Feinde zu schaden,
Mit erlesenen Helden im Hinterhalte versteckt lag,
Schwebte mir nimmer des Todes Bild vor der mutigen Seele,
Sondern ich sprang zuerst von allen hervor und streckte
Jeglichen Feind in den Staub, den meine Schenkel ereilten.
Also focht ich im Krieg und liebte weder den Feldbau,
Noch die Sorge des Hauses und blühender Kinder Erziehung;
Aber das Ruderschiff war meine Freude beständig,
Schlachtengetös' und blinkende Speer' und gefiederte Pfeile:
Lauter schreckliche Dinge, die andre mit Grauen erfüllen!
Aber ich liebte, was Gott in meine Seele geleget;
Denn dem einen gefällt dies Werk, dem anderen jenes.
Eh der Achäer Söhne gen Troja waren gesegelt,
Führt ich neunmal Männer in schnellgeruderten Schiffen
Gegen entlegene Völker und kehrte mit Beute zur Heimat.
Hievon nahm ich zuerst das schönste Kleinod, und vieles
Teilte das Los mir zu. So mehrte sich schnell mein Vermögen,
Und ich ward geehrt und hochgeachtet in Kreta.
Aber da Zeus' Vorsehung die jammerbringende Kriegsfahrt
Ordnete, welche das Leben so vieler Männer geraubt hat,

Da befahlen sie mir, mit Idomeneus, unserm Beherrscher,
Führer der Schiffe zu sein gen Ilios; alle Versuche,
Mich zu befrein, mißlangen; mich schreckte der Tadel des Volkes.
Und neun blutige Jahre durchkämpften wir Söhne der Griechen,
Und im zehnten verheerten wir Priamos' türmende Feste,
Steurten dann heim mit den Schiffen, und Gott zerstreute die Griechen.
Über mich Armen verhängte der Rat Kronions ein Unglück.
Denn nur einen Monat verweilt ich daheim, mit dem Weibe
Meiner Jugend, den Kindern und meinem Gesinde mich freuend.
Und mich reizte mein Herz, mit göttergleichen Gefährten
Einige Schiffe zu rüsten und nach dem Ägyptos zu segeln.
Und ich rüstete neun, und schnell war die Menge versammelt.
Hierauf schmausten bei mir sechs Tage die lieben Gefährten,
Und ich schlachtete viele gemästete Tiere zum Opfer
Für die seligen Götter und zum erfreuenden Schmause.
Aber am siebenten Tage verließen wir Kreta und fuhren
Unter dem lieblichen Wehn des reinen beständigen Nordwinds,
Sanft, mit dem Strome, dahin; und keines der Schiffe
Wurde verletzt; wir saßen, gesund und fröhlichen Mutes,
Auf dem Verdeck, und ließen vom Wind und Steuer uns lenken.
Aber am fünften Tag erreichten wir des Ägyptos
Herrlichen Strom, und ich legte die gleichen Schiffe vor Anker.
Dringend ermahnt ich jetzo die lieben Reisegefährten,
An dem Gestade zu bleiben und unsere Schiffe zu hüten,
Und versendete Wachen umher auf die Höhen des Landes.
Aber sie wurden von Trotz und Übermute verleitet,
Daß sie ohne Verzug der Ägypter schöne Gefilde
Plünderten, ihre Weiber gefangen führten, die Männer
Und unmündigen Kinder ermordeten. Und ihr Geschrei kam
Schnell in die Stadt. Sobald der Morgen sich rötete, zogen

Streiter zu Roß und zu Fuße daher, und vom blitzenden Erze
Strahlte das ganze Gefild. Der Donnerer Zeus Kronion
Sendete meinen Gefährten die schändliche Flucht, und es wagte
Keiner dem Feinde zu stehn; denn ringsum drohte Verderben.
Viele töteten sie mit ehernen Lanzen, und viele
Schleppten sie lebend hinweg zu harter sklavischer Arbeit.
Aber Kronion Zeus gab selber diesen Gedanken
Mir ins Herz (o hätte mich lieber des Todes Verhängnis
Dort in Ägyptos ereilt, denn meiner harrte nur Unglück!):
Eilend nahm ich den schöngebildeten Helm von dem Haupte
Und von der Schulter den Schild und warf den Speer aus der Rechten,
Ging dem Wagen des Königs entgegen, küßt und umarmte
Seine Knie, und er schenkte mir voll Erbarmen das Leben,
Hieß in den Wagen mich steigen und führte mich Weinenden heimwärts.
Zwar es stürzten noch oft mit eschenen Lanzen die Feinde,
Mich zu ermorden, heran, denn sie waren noch heftig erbittert;
Aber er wehrte sie ab, aus Furcht vor der Rache Kronions,
Welcher die Fremdlinge schützt und ihre Beleidiger strafet.
Sieben Jahre blieb ich bei ihm und sammelte Reichtum
Von dem ägyptischen Volke genug; denn sie gaben mir alle.
Doch wie das achte Jahr im Laufe der Zeiten herankam,
Siehe, da kam ein phönikischer Mann, ein arger Betrüger
Und Erzschinder, der viele Menschen ins Elend gestürzt hat.
Dieser beredete mich, mit ihm nach Phönike zu fahren,
Wo der Bube sein Haus und sein Erworbenes hatte.
Und ein volles Jahr verweilt ich bei ihm in Phönike.
Aber da jetzt die Monden und Tage waren vollendet,
Und ein anderes Jahr mit den kreisenden Horen herankam,
Führt' er gen Libya mich im meerdurchwallenden Schiffe,
Unter dem listigen Schein, als braucht' er mich bei der Ladung:
Um mich dort zu verkaufen und großen Gewinn zu erwerben.

Ihn begleitet ich zwar argwöhnend, aber ich mußte.
Und sie steurten, im Wehn des reinen beständigen Nordwinds,
Über Kreta dahin; doch Zeus beschloß ihr Verderben.
Als wir das grüne Gestade von Kreta jetzo verlassen,
Und ringsum kein Land, nur Meer und Himmel zu sehn war,
Breitete Zeus Kronion ein dunkelblaues Gewölk aus
Über das laufende Schiff, und Nacht lag über der Tiefe.
Und nun donnerte Zeus, der hochgeschleuderte Strahl schlug
Schmetternd ins Schiff; und es schwankte, vom Donner des Gottes erschüttert;
Alles war Schwefeldampf, und die Männer entstürzten dem Boden.
Ähnlich den Wasserkrähn, bekämpften sie, rings um das Schiff her,
Steigend und sinkend die Flut; doch Gott nahm ihnen die Heimkehr.
Aber Kronion gab, in der schrecklichen Angst und Betäubung,
Selber den hohen Mast des blaugeschnäbelten Schiffes
Mir in die Hände, damit ich noch dem Verderben entflöhe.
Diesen umschlang ich und trieb durch den Sturm und die tobenden Fluten.
Und neun Tage trieb ich umher; in der zehnten der Nächte
Warf mich ans Land der Thesproten die hochherrollende Woge.
Allda nahm mich Pheidon, der edle thesprotische König,
Freundlich und gastfrei auf; denn es fand sein Sohn am Gestade
Mich von Frost und Arbeit Entkräfteten liegen und führte
Mich mit stützender Hand zu seines Vaters Palaste,
Und bekleidete mich mit prächtigem Mantel und Leibrock.
Jener erzählte mir dort von Odysseus, welcher, zur Heimat
Kehrend, ihn hätte besucht und viele Freundschaft genossen.
Und er zeigte mir auch die gesammelten Güter Odysseus',
Erzes und Goldes die Meng' und künstlichgeschmiedeten Eisens,

Daß bis ins zehnte Glied sein Geschlecht noch könnte versorgt sein.
Solch ein unendlicher Schatz lag dort im Hause des Königs.
Jener war, wie es hieß, nach Dodona gegangen, aus Gottes
Hochgewipfelter Eiche Kronions Willen zu hören,
Wie er in Ithaka ihm, nach seiner langen Entfernung,
Heimzukehren beföhle, ob öffentlich oder verborgen.
Pheidon beschwur es mir selbst, und beim Trankopfer im Hause,
Segelfertig wäre das Schiff, und bereit die Gefährten,
Um ihn heimzusenden in seiner Väter Gefilde.
Aber mich sandt er zuvor: denn ein Schiff thesprotischer Männer
Ging zu dem weizenreichen Dulichion. Diesen befahl er,
Mich sorgfältig dahin zum König Akastos zu bringen.
Aber ihrem Herzen gefiel der grausamste Ratschluß
Über mir, daß ich ganz in des Elends Tiefe versänke.
Als das segelnde Schiff nun weit von dem Ufer entfernt war,
Droheten jene mir gleich mit dem schrecklichen Tage der Knechtschaft.
Meinen Mantel und Rock entrissen mir jetzo die Räuber
Und umhüllten mir drauf den häßlichen Kittel und Leibrock,
Beide zerlumpt, wie du selber mit deinen Augen hier siehest.
Und am Abend erreichten wir Ithakas sonnige Hügel.
Jetzo banden sie mich im schöngezimmerten Schiffe
Fest mit dem starkgeflochtenen Seil, und stiegen dann selber
An das Gestad und nahmen die schnellbereitete Mahlzeit.
Aber die Götter lösten mir leicht die Knoten der Fessel.
Und ich band um das Haupt die zusammengewickelten Lumpen,
Ließ am geglätteten Steuer mich nieder, legte mich vorwärts
Auf das Wasser und schwamm, mit beiden Händen mich rudernd,
Hurtig von dannen, und bald war ich ferne von ihnen gekommen.

Jetzo stieg ich ans Land, kroch unter ein dickes Gebüsche,
Schmiegte mich hin und lag. Die andern suchten indessen
Mich lautkeuchend umher; allein sie fanden nicht ratsam,
Tiefer ins Land zu gehn. Sie kehrten zurück und bestiegen
Wieder das hohle Schiff; und mich entrissen die Götter
Leicht der Gefahr, und führten zu eines verständigen Mannes
Hütte mich hin. Denn noch verlängt das Schicksal mein Leben.
Ihm antwortetest du, Eumäos, Hüter der Schweine:
Unglückseliger Fremdling, ich fühl es im innersten Herzen,
Was du von deinen Leiden und Irren mir alles erzählt hast.
Eins nur scheinet mir nicht in der Ordnung, das von Odysseus;
Nimmer glaub ich es dir! Was zwingt dich, ehrlicher Alter,
So in den Wind zu lügen? Ich weiß zu gut von der Heimkehr
Meines Herren Bescheid! Er ist den Unsterblichen allen
Ganz verhaßt! Nicht einmal vor Troja ließ man ihn sterben,
Noch in den Armen der Freunde, nachdem er den Krieg vollendet;
Denn ein Denkmal hätt ihm das Volk der Achäer errichtet,
Und so wäre zugleich sein Sohn bei den Enkeln verherrlicht!
Sondern er ward unrühmlich ein Raub der wilden Harpyien.
Aber ich lebe hier bei den Schweinen so einsam und komme
Nie in die Stadt, wo nicht die kluge Penelopeia
Mir zu kommen gebeut, wann Botschaft irgendwoher kam.
Ringsum sitzen sie dann und fragen den Fremdling nach allem:
Einige grämen sich um den langabwesenden König,
Andere freuen sich drob, die seine Habe verprassen.
Aber mir ward die Lust zu fragen gänzlich verbittert,
Seit mich jüngst ein ätolischer Mann durch Märchen getäuscht hat.
Dieser war Totschlags halber schon weit geflüchtet und irrte
Endlich zu meiner Hütte, wo ich mit Freundschaft ihn aufnahm.
Und er verkündigte mir: bei Idomeneus unter den Kretern
Hab er ihn bessern gesehen die sturmzerschlagenen Schiffe,

Und er käme gewiß, im Sommer oder im Herbste,
Mit dem unendlichen Schatz und den göttergleichen Gefährten.
Drum, unglücklicher Greis, den mir ein Himmlischer zuführt,
Trachte nicht meine Gunst durch Lügen dir zu erschmeicheln.
Denn nicht darum werd ich dich ehren oder bewirten,
Sondern aus Furcht vor dem gastlichen Zeus und weil du mich jammerst.
Ihm antwortete drauf der erfindungsreiche Odysseus:
Wahrlich, du trägst ein sehr ungläubiges Herz in dem Busen,
Da mir der Eidschwur selbst nicht dein Zutrauen gewinnet!
Aber wohlan, wir wollen uns jetzt vergleichen, und Zeugen
Sei'n die Unsterblichen uns, des hohen Olympos Bewohner!
Kehrt er wieder zurück zu diesem Hause, dein König,
Siehe, dann sollst du mich, mit Rock und Mantel bekleidet,
Gen Dulichion senden: denn dort verlanget mein Herz hin.
Kehret er nicht zurück, dein König, wie ich verkünde,
Alsdann reize die Knechte, vom Felsen herab mich zu stürzen:
Daß die Bettler hinfort sich scheuen, Lügen zu schwatzen.
Ihm antwortete drauf der edle Hüter der Schweine:
Fremdling, da wäre mir, traun, bei allen Menschen auf Erden
Großes Lob und Verdienst für jetzt und immer gesichert,
Hätt ich dich erst in die Hütte geführt und freundlich bewirtet,
Und erschlüge dich dann und raubte dein liebes Leben!
Freudigkeit gäbe mir das, vor Zeus Kronion zu beten!
Aber die Stunde zum Essen ist da; bald kommen die Leute
Heim, mit mir in der Hütte das köstliche Mahl zu bereiten.
Also besprachen diese sich jetzo untereinander.
Und nun kamen die Schwein' und ihre Hirten vom Felde.
Diese schlossen sich drauf in ihre Ställe zum Schlafen,
Und laut tönte das Schreien der eingetriebenen Schweine.
Aber seinen Gehilfen befahl der treffliche Sauhirt:
Bringt das fetteste Schwein, für den fremden Gast es zu opfern
Und uns selber einmal zu erquicken, da wir so lange

Um weißzahnichte Schweine Verdruß und Kummer erduldet,
Während andre umsonst all' unsere Mühe verprassen!
  Also sprach er und spaltete Holz mit dem grausamen Erze.
Jene führten ins Haus ein fett fünfjähriges Mastschwein,
Stellten es drauf an den Herd. Es vergaß der treffliche Sauhirt
Auch der Unsterblichen nicht, denn fromm war seine Gesinnung;
Sondern begann das Opfer und warf in die Flamme das Stirnhaar
Vom weißzahnichten Schwein, und flehte den Himmlischen allen,
Daß sie dem weisen Odysseus doch heimzukehren vergönnten;
Schwang nun die Eichenkluft, die er beim Spalten zurückwarf,
Schlug's, und sein Leben entfloh; die andern schlachteten, sengten
Und zerstückten es schnell. Das Fett bedeckte der Sauhirt
Mit dem blutigen Fleische, von allen Gliedern geschnitten;
Dieses warf er ins Feuer, mit feinem Mehle bestreuet.
Und sie schnitten das übrige klein und steckten's an Spieße,
Brieten's mit Vorsicht über der Glut und zogen's herunter,
Legten dann alles zusammen auf Küchentische. Der Sauhirt
Stellte sich hin, es zu teilen; denn Billigkeit lag ihm am Herzen.
Und in sieben Teile zerlegt' er alles Gebratne:
Einen legt' er den Nymphen, und Hermes, dem Sohne der Mäa,
Betend den andern hin; die übrigen reicht' er den Männern.
Aber Odysseus verehrt' er den unzerschnittenen Rücken
Vom weißzahnichten Schwein und erfreute die Seele des Königs.
Fröhlich sagte zu ihm der erfindungsreiche Odysseus:
  Liebe dich, Vater Zeus, wie ich dich liebe, Eumäos,
Da du mir armem Manne so milde Gaben verehrest!
  Drauf antwortetest du, Eumäos, Hüter der Schweine:
Iß, mein unglückseliger Freund, und freue dich dessen,
Wie du es hast. Gott gibt uns dieses, und jenes versagt er,

Wie es seinem Herzen gefällt; denn er herrschet mit Allmacht.
Sprach's und weihte den Göttern die Erstlinge, opferte selber
Funkelnden Wein und gab ihn dem Städteverwüster Odysseus
In die Hand; er saß bei seinem beschiedenen Anteil.
Ihnen verteilte das Brot Mesaulios, welchen der Sauhirt
Selber sich angeschafft, indes sein König entfernt war:
Ohne Penelopeia und ohne den alten Laërtes,
Hatt er von Taphiern ihn mit eigenem Gute gekaufet.
Und sie erhoben die Hände zum leckerbereiteten Mahle.
Und nachdem die Begierde des Tranks und der Speise gestillt war,
Trug Mesaulios wieder das Brot von dannen, und alle,
Von dem Brot und dem Fleische gesättiget, eilten zur Ruhe.
Eine grauliche Nacht, unerleuchtet vom schwindenden Monde,
Kam; es regnete Zeus, naßstürmend sauste der Westwind.
Beim Entkleiden versucht' Odysseus, ob ihm der Sauhirt
Nicht den Mantel vielleicht darbieten oder der Knechte
Einem es würde befehlen, da er für ihn so besorgt war:
Höre mich jetzt, Eumäos, und hört, ihr übrigen Hirten!
Rühmend red ich ein Wort, vom betörenden Weine besieget,
Welcher den Weisesten oft anreizt zum lauten Gesange,
Ihn zum herzlichen Lachen und Gaukeltanze verleitet,
Und manch Wort ihm entlockt, das besser wäre verschwiegen.
Aber weil das Geschwätz doch anfing, will ich's vollenden.
Wollte Gott, ich grünte noch jetzt in der Fülle der Jugend,
Als da vor Troja wir uns im Hinterhalte verbargen!
Führer waren Odysseus und Atreus' Sohn Menelaos,
Und der dritte war ich; denn sie verlangten es selber.
Als wir jetzo die Stadt und die hohe Mauer erreichten,
Legten wir nahe der Burg, im dichtverwachsenen Sumpfe,
Zwischen Weiden und Schilfen uns nieder, unter der Rüstung.
Eine stürmische Nacht brach an; der erstarrende Nordwind
Stürzte daher; und stöbernder Schnee, gleich duftigem Reife,

Fiel anfrierend herab und umzog die Schilde mit Glatteis.
Alle die andern lagen, gehüllt in Mantel und Leibrock,
Mit dem Schilde die Schulter bedeckt, und schlummerten ruhig.
Aber ich Unbesonnener ließ den Mantel beim Weggehn
Meinen Gefährten zurück, denn ich achtete gar nicht der Kälte,
Und ging bloß mit dem Schild und schöngegürteten Leibrock.
Doch in der dritten Wache der Nacht, da die Sterne sich neigten,
Stieß ich Odysseus, der mir zur Seiten lag, mit dem Arme
Und sprach schaudernd zu ihm; und schnell war er munter und hörte:
Edler Laërtiad', erfindungsreicher Odysseus,
Lange bleib ich nicht mehr bei den Lebenden; sondern mich tötet
Frost, denn ich ließ den Mantel zurück; mich verführte mein Dämon,
Bloß im Rocke zu gehn: und nun ist keine Errettung!
Also sprach ich; und schnell beschloß er dieses im Herzen,
So wie immer der Held zum Rat und Kampfe bereit war:
Eilend erwidert' er mir mit leiseflüsternder Stimme:
Schweige jetzt, damit kein andrer Achäer dich höre!
Sprach's und stützte das Haupt auf den Ellenbogen und sagte:
Hört ihr Lieben, ein göttlicher Traum erschien mir im Schlafe.
Wir sind weit von den Schiffen entfernt! O ginge doch einer,
Atreus' Sohn Agamemnon, dem Hirten der Völker, zu sagen,
Daß er noch mehreren vom Ufer hieher zu eilen geböte!
Also sprach er; und Thoas, der Sohn Andrämons, erhob sich
Eilend und warf zur Erde den schönen purpurnen Mantel,
Und lief schnell zu den Schiffen; und ich umhüllte mir freudig
Sein Gewand und lag, bis die Morgenröte heraufstieg.
Wollte Gott, ich grünte noch jetzt in der Fülle der Jugend!
Ach! dann schenkte mir wohl ein Sauhirt hier in der Hütte
Einen Mantel, aus Lieb' und Achtung gegen den Tapfern!

Nun verachten sie mich, weil ich so elend bedeckt bin!
  Ihm antwortetest du, Eumäos, Hüter der Schweine:
Greis, untadelig ist das Gleichnis, so du erzählet,
Und kein unnütz Wort ist deinen Lippen entfallen.
Drum soll's weder an Kleidung noch etwas anderm dir mangeln,
Was unglücklichen Fremden, die Hilfe suchen, gebühret,
Jetzt! Doch morgen mußt du in deine Lumpen dich hüllen.
Denn nicht viele Mäntel und oftveränderte Röcke
Haben wir anzuziehn; nur einen hat jeglicher Sauhirt.
Kehrt einst wieder zurück der geliebte Sohn von Odysseus,
Gerne wird dich dieser mit Rock und Mantel bekleiden,
Und dich senden, wohin es deinem Herzen gelüstet.
  Also sprach er, erhub sich und setzte neben dem Feuer
Ihm ein Bette, bedeckt mit Fellen von Ziegen und Schafen.
Und Odysseus legte sich hin. Da bedeckte der Sauhirt
Ihn mit dem großen wollichten Mantel, womit er sich pflegte
Umzukleiden, wenn draußen ein schrecklicher Winterorkan
    blies.
  Also schlummerte dort Odysseus; neben Odysseus
Legten die Jünglinge sich zum Schlummer. Aber der Sauhirt
Liebte nicht, in dem Bett, entfernt von den Schweinen, zu
    schlafen;
Sondern er waffnete sich, hinauszugehn; und Odysseus
Freute sich, daß er so treu des Entfernten Güter besorgte.
Erstlich hängt' er ein scharfes Schwert um die rüstigen
    Schultern,
Hüllte sich dann in den windabwehrenden wollichten Mantel,
Nahm das zottichte Fell der großen gemästeten Ziege,
Nahm auch den scharfen Speer, den Schrecken der Menschen
    und Hunde,
Eilte nun hin, zu ruhn, wo die hauerbewaffneten Eber
Lagen, unter dem Hange des Felsen, geschirmt vor dem
    Nordwind.

FÜNFZEHNTER GESANG

Telemachos, dem Athene die Heimkehr befiehlt und sichert, eilt von Menelaos gerade zum Schiffe, nimmt den Wahrsager Theoklymenos auf und vermeidet die nachstellenden Freier durch einen Umweg zu den spitzigen Inseln. Des Sauhirten Eumäos Gespräch mit Odysseus beim Abendessen und Erzählung, wie ihn, eines sikanischen Königes Sohn der Insel Syria bei Ortygia, entführende Phöniker dem Laërtes verkauft. Telemachos, in der Frühe jenseits anlandend, läßt sein Schiff nach der Stadt herumfahren und geht zu Eumäos.

Pallas Athene ging zu der großen Stadt Lakedämon,
Daß sie den rühmlichen Sohn des hochgesinnten Odysseus
Reizte, des Vaterlandes zu gedenken und wiederzukehren.
Und Telemachos lag mit Nestors blühendem Sohne
Ruhend vor dem Palast Menelaos', des ehregekrönten.
Nestors blühender Sohn lag sanft vom Schlummer gefesselt;
Aber Telemachos floh der süße Schlummer; er wachte
Durch die ambrosische Nacht, um den Vater herzlich bekümmert.
Vor ihn stellte sich Zeus' blauäugichte Tochter und sagte:
Länger ziemt es sich nicht, Telemachos, ferne zu irren,
Da du alle dein Gut und so übermütige Männer
In dem Palaste verließest; damit sie nicht alles verzehren,
Deine Habe sich teilend, und fruchtlos ende die Reise!
Auf! Erinnere gleich den Rufer im Streit Menelaos,
Heim dich zu senden, damit du die treffliche Mutter noch findest.
Denn schon wird sie vom Vater und ihren Brüdern gedränget,
Daß sie Eurymachos nehme; denn dieser schenkte das meiste
Unter den Freiern und beut die reichste Bräutigamsgabe.
Und man könnte dir leicht, ohn deinen Dank, aus dem Hause

Manches Gut mitnehmen; du kennst ja des Weibes Gesinnung!
Immer sucht sie den Mann, der ihr beiwohnt, zu bereichern;
Aber die vorigen Kinder und ihrer Jugend Geliebten
Kennt sie nicht mehr, da er starb, und fraget nimmer nach ihnen.
Darum eile nun heim und vertraue selber die Güter
Einer Dienerin an, die dir im tüchtigsten scheinet,
Bis die himmlischen Götter ein edles Weib dir verleihen.
Noch ein andres verkünd ich dir jetzt, bewahr es im Herzen!
Wachsam lauren auf dich die tapfersten unter den Freiern
In dem Sunde, der Ithaka trennt und die bergichte Samos,
Daß sie dich töten, bevor du die Heimat wieder erreichest.
Aber ich hoffe das nicht! Erst deckt die Erde noch manchen
Von der Rotte der Freier, die deine Habe verzehren.
Steure dein rüstiges Schiff, Telemachos, fern von den Inseln;
Fahr auch nur in der Nacht! Dir wird der Unsterblichen einer
Günstigen Wind nachsenden, der dich behütet und schützet.
Wenn du das nächste Gestade von Ithaka jetzo erreicht hast,
Siehe, dann sende zur Stadt das Schiff und alle Gefährten,
Und du gehe zuerst dorthin, wo der treffliche Sauhirt
Deiner Schweine hütet, der stets mit Eifer dir anhängt.
Allda bleibe die Nacht, und sende jenen zur Stadt hin,
Um die Botschaft zu bringen der klugen Penelopeia,
Daß du gesund und wohl von Pylos wieder zurückkamst.
Also sprach die Göttin und eilte zum großen Olympos.
Und Telemachos weckte den Nestoriden vom Schlummer,
Ihn mit der Ferse berührend, und sprach zu dem blühenden Jüngling:
Nestors Sohn, wach auf, Peisistratos; spann an den Wagen
Hurtig die stampfenden Rosse, damit wir die Reise vollenden.
Und der Nestoride Peisistratos gab ihm zur Antwort:
Ganz unmöglich, Telemachos, wär es, wie sehr wir auch eilten,
Diese düstere Nacht zu durchfahren! Und bald ist es Morgen!
Darum warte, bis uns mit Geschenken den Wagen belade

Atreus' edler Sohn, der kriegerische Held Menelaos,
Und mit gefälligen Worten uns freundlich von sich entlasse.
Denn es erinnert sich ein Gast zeitlebens des Mannes,
Welcher in fernem Lande mit Lieb' und Freundschaft ihn aufnahm.
Also sprach er; da kam die goldenthronende Eos.
Jetzo nahte sich ihnen der Rufer im Streit Menelaos,
Seiner Helena Lager, der schöngelockten, verlassend.
Als der geliebte Sohn von Odysseus diesen bemerkte,
Hüllte sich eilend der Held in den feinen prächtigen Leibrock,
Warf den großen Mantel sich über die rüstigen Schultern,
Ging dann hinaus und trat zu Menelaos und sagte:
Atreus' göttlicher Sohn, Menelaos, Führer der Völker,
Laß mich jetzo von dir ins liebe Vaterland ziehen;
Denn von ganzem Herzen begehr ich jetzo der Heimkehr.
Ihm antwortete drauf der Rufer im Streit Menelaos:
Ferne sei es von mir, Telemachos, dich zu verweilen,
Wenn du nach Hause dich sehnst! Ich tadle selber den Gastfreund,
Dessen Höflichkeit uns und überzärtliche Freundschaft
Plagende Feindschaft wird. Das Beste bei allem ist Ordnung!
Traun, gleich arg sind beide: wer seinem zögernden Gaste
Heimzukehren gebeut, und wer den eilenden aufhält.
Bleibt er, so pflege des Gastes; und will er gehen, so laß ihn!
Aber warte, bis ich ein schönes Geschenk auf den Wagen
Leg, und du selber es sehest, und meinen Weibern befehle,
Dir von des Hauses Kost ein reichliches Mahl zu bereiten.
Freudigkeit fühlt der Gast und höheren Mut und Erquickung,
Der, mit Speise gestärkt, in ferne Länder verreiset.
Hast du auch Lust, umher durch Hellas und Argos zu reisen,
Warte, bis ich die Ross' anspanne, dich selber begleite,
Und zu jeglicher Stadt hinführe. Keines der Völker
Sendet uns leer hinweg; man schenkt uns wenigstens ein Stück:

Ein dreifüßig Geschirr von Kupfer oder ein Becken,
Oder ein Joch Maultiere, auch wohl einen goldenen Becher.
Und der verständige Jüngling Telemachos sagte dagegen:
Atreus' göttlicher Sohn, Menelaos, Führer der Völker,
Jetzo eil ich zurück zu dem Unsrigen (denn da ich abfuhr,
Ließ ich niemand im Hause, mein Eigentum zu bewahren):
Daß ich, den Vater suchend, nicht selber das Leben verliere,
Oder ein köstliches Gut aus meinem Hause verschwinde.
Als er solches vernommen, der Rufer im Streit Menelaos,
Rief er schnell der Gemahlin und ihren Mägden, im Saale
Hurtig ein Mahl zu bereiten vom reichlichgesammelten Vorrat.
Jetzo nahte sich auch Boëthos' Sohn Eteoneus,
Seinem Lager entstiegen; er wohnte nicht ferne vom König.
Diesem befahl der Held Menelaos, Feuer zu machen
Und des Fleisches zu braten; und schnell gehorcht' er dem Worte.
Hierauf stieg er hinab ins duftende hohe Gewölbe:
Nicht er allein; mit ihm ging Helena und Megapenthes.
Als sie die Kammer erreicht, wo seine Kleinode lagen,
Nahm Menelaos Atreides sich einen doppelten Becher,
Reichte dann seines Sohns Megapenthes Händen zu tragen
Einen silbernen Kelch; und Helena trat zu den Kisten,
Wo sie die schönen Gewande verwahrt, die sie selber gewirket.
Eines von diesen nahm die Königin unter den Weibern,
Welches das größeste war und reichste an künstlicher Arbeit:
Hell wie ein Stern, so strahlt' es und lag von allen zuunterst.
Und sie gingen zurück durch die Wohnungen, bis sie Odysseus'
Sohn erreichten; da sprach Menelaos, der bräunlichgelockte:
Deine Heimkehr lasse, Telemachos, wie du sie wünschest,
Zeus Kronion gelingen, der donnernde Gatte der Here;
Von den Schätzen, soviel' ich in meinem Hause bewahre,
Geb ich dir zum Geschenk das schönste und köstlichste Kleinod:
Gebe dir einen Kelch von künstlicherhobener Arbeit,
Aus geglättetem Silber, gefaßt mit goldenem Rande,

Und ein Werk von Hephästos! Ihn gab der Sidonier König
Phädimos mir, der Held, der einst in seinem Palaste
Mich Heimkehrenden pflegte. Den will ich jetzo dir schenken.
Also sprach er und reichte, der Held Menelaos Atreides,
Ihm den doppelten Becher. Sein tapferer Sohn Megapenthes
Trug den schimmernden Kelch von lauterem Silber und setzt' ihn
Nieder vor ihm. Auch Helena kam, das Gewand in den Händen,
Und holdselig begann die rosenwangichte Fürstin:
Dieses Geschenk will ich, mein liebes Kind, dir verehren,
Zum Andenken von Helenas Hand. Bei der lieblichen Hochzeit
Trag es deine Gemahlin; bis dahin lieg es im Hause
Deiner geliebten Mutter. Du aber kehre mit Frieden
In dein prächtiges Haus und deiner Väter Gefilde.
Also sprach sie und reicht' es ihm hin; und freudig empfing er's.
Jetzo legte der Held Peisistratos alle Geschenke
Nieder im Wagenkorb und bewunderte jedes im Herzen.
Und sie führt' in den Saal Menelaos, der bräunlichgelockte;
Allda setzten sie sich auf prächtige Sessel und Throne.
Eine Dienerin trug in der schönen goldenen Kanne,
Über dem silbernen Becken, das Wasser, beströmte zum Waschen
Ihnen die Händ' und stellte vor sie die geglättete Tafel.
Und die ehrbare Schaffnerin kam und tischte das Brot auf
Und der Gerichte viel' aus ihrem gesammelten Vorrat.
Aber das Fleisch zerschnitt und verteilte der Sohn des Boëthos,
Und des Königs Sohn verteilte die Becher voll Weines.
Und sie erhoben die Hände zum leckerbereiteten Mahle.
Jetzo war die Begierde des Tranks und der Speise gestillet,
Und Telemachos spannte mit Nestors blühendem Sohne
Hurtig die Rosse vor; sie bestiegen den künstlichen Wagen,
Lenkten darauf aus dem Tore des Hofs und der tönenden Halle.
Ihnen zur Seite ging Menelaos, der bräunlichgelockte;

Einen goldenen Becher voll herzerfreuenden Weines
Trug er in seiner Rechten, um noch vor der Reise zu opfern,
Stand vor den Rossen und trank, reicht' ihnen den Becher und sagte:
Lebt, ihr Jünglinge, wohl und grüßt den Hirten der Völker
Nestor von mir; denn wahrlich, er liebte mich stets wie ein Vater,
Als wir Achäer noch die Stadt der Troer bekriegten!
Und der verständige Jüngling Telemachos sagte dagegen:
Gerne wollen wir ihm, du Göttlicher, wie du befiehlest,
Dieses alles verkünden, sobald wir kommen. O fänd' ich,
Heim gen Ithaka kehrend, auch meinen Vater zu Hause,
Daß ich ihm sagte, wie ich von dir so gütig bewirtet
Wiederkomm und so viel' und köstliche Kleinode bringe!
Sprach's; und zur Rechten flog ein heilweissagender Adler,
Welcher die ungeheure, im Hofe gemästete weiße
Gans in den Klauen trug; mit überlautem Geschreie
Folgten ihm Männer und Weiber; er kam in stürmendem Fluge
Rechtsher nahe den Rossen der Jünglinge. Als sie ihn sahen,
Freuten sie sich, und allen durchglühete Wonne die Herzen.
Nestors blühender Sohn Peisistratos redete jetzo:
Denke nach, Menelaos, du göttlicher Führer der Völker,
Ob Gott uns dies Zeichen gesendet oder dir selber.
Also sprach er; da sann der kriegrische Held Menelaos
Hin und her, mit Verstand das Wunderzeichen zu deuten.
Aber Helena kam ihm zuvor; so sprach die geschmückte:
Höret; ich will euch jetzt weissagen, wie es die Götter
Mir in die Seele gelegt, und wie's wahrscheinlich geschehn wird.
Gleichwie der Adler die Gans, die im Hause sich nährte, geraubt hat,
Kommend aus dem Gebirge, von seinem Nest und Geschlechte:
Also wird auch Odysseus, nach vielen Leiden und Irren,
Endlich zur Heimat kehren und strafen; oder er kehrte

Schon und rüstet sich nun zu aller Freier Verderben.
Und der verständige Jüngling Telemachos sagte dagegen:
Also vollend es Zeus, der donnernde Gatte der Here!
Oh, dann werd ich auch dort, wie eine Göttin, dich anflehn!
Sprach's, und schwang auf die Rosse die Geißel; mit hurtiger Eile
Stürmten sie über die Gassen der Stadt in das freie Gefilde.
Also schüttelten sie bis zum Abend das Joch an den Nacken.
Und die Sonne sank, und Dunkel umhüllte die Pfade.
Und sie kamen gen Pherä, zur Burg des edlen Diokles,
Welchen Alpheios' Sohn Orsilochos hatte gezeuget,
Ruhten bei ihm die Nacht und wurden freundlich bewirtet.
Als die dämmernde Frühe mit Rosenfingern erwachte,
Rüsteten sie ihr Gespann und bestiegen den zierlichen Wagen,
Lenkten darauf aus dem Tor des Hofs und der tönenden Halle.
Treibend schwang er die Geißel, und willig enteilten die Rosse.
Und sie erreichten bald die hochgebauete Pylos;
Und Telemachos sprach zu Nestors blühendem Sohne:
Kannst du mir, Nestors Sohn, wohl eine Bitte gewähren?
Siehe, wir rühmen uns ja von den Zeiten unserer Väter
Schon Gastfreunde zu sein und sind auch einerlei Alters;
Und noch inniger wird uns diese Reise verbinden.
Fahre mein Schiff nicht vorbei, du Göttlicher, laß mich hier bleiben!
Denn mich möchte der Greis aufhalten in seinem Palaste,
Um mir Gutes zu tun; und ich muß aufs eiligste reisen.
Also sprach er; und Nestors Sohn bedachte sich schweigend,
Wie er mit guter Art ihm seine Bitte gewährte.
Dieser Gedanke schien dem Zweifelnden endlich der beste:
An das Gestade des Meers zu dem Schiffe lenkt' er die Rosse,
Legte dann hinten ins Schiff Telemachos' schöne Geschenke,
Sein Gewand und das Gold, so ihm Menelaos verehret.
Und nun trieb er ihn an und sprach die geflügelten Worte:

Steige nun eilend ins Schiff und ermuntere deine Gefährten,
Eh ich nach Hause komm und dem Greise dieses verkünde!
Denn ich kenne zu gut in meinem Herzen des Vaters
Heftigen starren Sinn: er würde dich nimmer entlassen,
Sondern selbst herkommen, dich einzuladen; und schwerlich
Ging' er dann leer zurück, so sehr würd er zürnen und eifern!
Also sprach er und lenkte die Rosse mit wallenden Mähnen
Heim zu der Pylier Stadt, und bald erreicht' er die Wohnung.
Aber Telemachos trieb und ermahnete seine Genossen:
Freunde, bringt die Geräte des schwarzen Schiffes in Ordnung,
Und steigt selber hinein, damit wir die Reise vollenden!
Also sprach er; sie hörten ihn alle mit Fleiß und gehorchten:
Stiegen eilend ins Schiff und setzten sich hin auf die Bänke.
Also besorgt' er dieses und opferte Pallas Athenen
Flehend hinten am Schiff. Und siehe, ein eilender Fremdling
Nahte sich ihm, der aus Argos entfloh, wo er jemand getötet.
Dieser war ein Prophet und stammte vom alten Melampus,
Welcher vor langer Zeit in der schafegebärenden Pylos
Wohnete, mächtig im Volk, und prächtige Häuser beherrschte.
Aber sein Vaterland verließ er und floh in die Fremde
Vor dem gewaltigen Neleus, dem Stolzesten aller, die lebten,
Welcher ein ganzes Jahr mit Gewalt sein großes Vermögen
Vorenthielt; indes lag jener in Phylakos' Wohnung,
Hartgefesselt mit Banden und schwere Leiden erduldend,
Wegen der Tochter Neleus' und seines rasenden Wahnsinns,
Welchen ihm die Erinnys, die schreckliche Göttin, gesendet.
Dennoch entfloh er dem Tod und trieb aus Phylakes Auen
Heim die brüllenden Rinder gen Pylos, strafte den Hochmut
Neleus', des göttergleichen, und führte dem Bruder zur Gattin
Seine Tochter ins Haus. Er aber zog in die ferne
Rossenährende Argos; denn dort bestimmte das Schicksal
Ihm, forthin zu wohnen, ein Herrscher vieler Argeier.

Allda nahm er ein Weib und baute die prächtige Wohnung,
Zeugte Antiphates dann und Mantios, tapfere Söhne!
Aber Antiphates zeugte den großgesinnten Oïkles,
Und Oïkles den Völkererhalter Amphiaraos.
Diesen liebte der Donnerer Zeus und Phöbus Apollon
Mit allwaltender Huld; doch erreicht' er die Schwelle des Alters
Nicht; er starb vor Thebä, durch seines Weibes Geschenke.
Seine Söhne waren Amphilochos und Alkmäon.
Aber Mantios zeugte den Polypheides und Kleitos.
Diesen Kleitos entführte die goldenthronende Eos,
Seiner Schönheit halben, zum Sitz der unsterblichen Götter.
Aber auf Polypheides, dem hocherleuchteten, ruhte
Phöbos' prophetischer Geist, nach dem Tode des Amphiaraos.
Zürnend dem Vater, zog er gen Hyperesia, wohnte
Und weissagete dort den Sterblichen allen ihr Schicksal.
Dessen Sohn, genannt Theoklymenos, nahte sich jetzo,
Trat zu Telemachos hin, der dort vor Pallas Athene
Heiligen Wein ausgoß und betete, neben dem Schiffe;
Und er redet' ihn an und sprach die geflügelten Worte:
Lieber, weil ich allhier beim heiligen Opfer dich finde,
Siehe, so fleh ich dich an, beim Opfer und bei der Gottheit,
Deinem eigenen Heil und der Freunde, welche dir folgen:
Sage mir Fragendem treulich und unverhohlen die Wahrheit!
Wer, wes Volkes bist du? Und wo ist deine Geburtstadt?
Und der verständige Jüngling Telemachos sagte dagegen:
Dieses will ich dir, Fremdling, und nach der Wahrheit verkünden.
Ich bin aus Ithaka her; mein Vater heißet Odysseus,
Wenn er noch lebt; allein er starb des traurigsten Todes.
Darum nahm ich jetzo dies Schiff und diese Gefährten,
Kundschaft mir zu erforschen vom langabwesenden Vater.
Und der göttliche Mann Theoklymenos gab ihm zur Antwort:
Ich bin auch aus der Heimat entflohn! denn ich tötete jemand,

Einen Bürger der Stadt; und viele Brüder und Vettern
Hat er, gewaltig im Volke der rossenährenden Argos!
Diesen bin ich entronnen, den Tod und das schwarze Verhängnis
Fliehend! Von nun an ist mein Schicksal, die Welt zu durchirren!
Aber nimm mich ins Schiff, den Flüchtling, welcher dich anfleht,
Daß sie mich nicht umbringen; denn sicher verfolgen mich jene!
Und der verständige Jüngling Telemachos sagte dagegen:
Freund, ich werde dich nicht von unserem Schiffe verstoßen!
Folg uns; wir wollen dich dort bewirten, so gut wir es haben.
Also sprach er und nahm Theoklymenos' eherne Lanze,
Legte sie auf das Verdeck des gleichgeruderten Schiffes,
Stieg dann über den Bord des meerdurchwallenden Schiffes,
Setzte sich hinten am Steuer, und neben dem Jünglinge setzte
Theoklymenos sich. Die andern lösten die Seile.
Aber Telemachos trieb und ermahnte die lieben Gefährten,
Schnell die Geräte zu ordnen. Sie folgeten seinem Befehle:
Stellten den fichtenen Mast in die mittlere Höhle des Bodens,
Richteten hoch ihn empor und banden ihn fest mit den Seilen;
Spannten die weißen Segel mit starkgeflochtenen Riemen.
Einen günstigen Wind sandt' ihnen Pallas Athene;
Stürmend saust' er vom Äther daher in die Segel des Schiffes,
Und mit geflügelter Eile durchlief es die salzige Woge,
Segelte Krunö vorüber und Chalkis' liebliche Mündung.
Und die Sonne sank, und Dunkel umhüllte die Pfade.
Und er steurte gen Pherä, vom Winde Gottes erfreuet,
Und zu der göttlichen Elis, die von den Epeiern beherrscht wird.
Aber von dannen lenkt' er das Schiff zu den spitzigen Inseln,
Sorgend, ob er dem Tod entfliehn würd' oder erliegen.
Und in der Hütte genoß mit Odysseus der treffliche Sauhirt
Jetzo die Abendkost, auch aßen die übrigen Hirten.
Und nachdem die Begierde des Tranks und der Speise gestillt war,

Da versuchte der Held Odysseus, ob ihn der Sauhirt
Noch in der Hütte dort herbergen und freundlich bewirten,
Oder ihn treiben würd', in die Stadt zu eilen; so sprach er:
Höre mich jetzt, Eumäos, und hört, ihr übrigen Hirten.
Morgen hätt ich wohl Lust, in die Stadt als Bettler zu gehen,
Daß ich deine Freunde und dich nicht länger beschwere.
Sage mir denn Bescheid und gib mir einen Gefährten,
Welcher den Weg mich führe. Die Stadt muß ich selber durchirren,
Ob man ein Becherchen Weins und ein wenig Brosam mir biete.
Gerne möchte ich auch wohl zum Hause des edlen Odysseus
Gehen und Botschaft bringen der klugen Penelopeia,
Und alsdann in die Schar der stolzen Freier mich mischen,
Ob sie mich einmal speisen von ihrem reichlichen Gastmahl.
Alles, was sie befehlen, bin ich bereit zu verrichten.
Denn ich verkündige dir; merk auf und höre die Worte:
Durch Hermeias' Gnade, des Göttergesandten, der alles,
Was die Menschen beginnen, mit Ehre schmücket und Anmut,
Kann der Sterblichen keiner mit mir wetteifern im Dienste:
Feuer geschickt zu legen und trockene Klötze zu spalten,
Wein zu schenken und Fleisch zu verteilen oder zu braten:
Was vornehme Leute vom Dienste Geringerer fordern.
Zürnend erwidertest du, Eumäos, Hüter der Schweine:
Wehe mir, Fremdling, wie kann in dein Herz ein solcher Gedanke
Kommen? Wahrlich, du eilst, dich dort ins Verderben zu stürzen,
Ist es dein ernstlicher Wille zu gehn in der Freier Gesellschaft,
Deren Trotz und Gewalt den eisernen Himmel erreichet.
Wahrlich, solche Leute sind ihre Diener mitnichten;
Jünglinge sind's, mit Mantel und Leibrock zierlich gekleidet,
Und stets duftet von Salben ihr Haar und blühendes Antlitz:
Diese dienen dort; und die schöngeglätteten Tische

Sind mit Brot und Fleisch und Weine stets belastet.
Aber bleibe; du bist hier keinem Menschen beschwerlich,
Weder mir noch einem der Freunde, welche mir helfen.
Kehrt einst wieder zurück der geliebte Sohn von Odysseus,
Gerne wird dich dieser mit Rock und Mantel bekleiden,
Und dich senden, wohin es deinem Herzen gelüstet.

Ihm antwortete drauf der herrliche Dulder Odysseus:
Liebe dich Vater Zeus, wie ich dich liebe, Eumäos,
Weil du nach schrecklicher Not mir Irrendem Ruhe gewährest!
Nichts ist kummervoller als unstet leben und flüchtig!
Oft zur Verzweiflung bringt der unversöhnliche Hunger
Leute, die Lebensgefahr und bitterer Mangel umhertreibt.
Aber weil du begehrst, daß ich bleib' und jenen erwarte:
Nun so erzähle mir von der Mutter des edlen Odysseus
Und dem Vater, den er an der Schwelle des Alters daheimließ;
Leben sie etwa noch im Strahle der leuchtenden Sonne,
Oder sind sie schon tot und in der Schatten Behausung?

Ihm antwortete drauf der männerbeherrschende Sauhirt:
Dieses will ich dir, Fremdling, und nach der Wahrheit erzählen.
Immer noch lebt Laërtes; doch täglich flehet er Zeus an,
Daß in seinem Hause sein Geist den Gliedern entschwinde.
Denn untröstlich beweint er des fernen Sohnes Gedächtnis
Und den Tod des edlen geliebten Weibes der Jugend,
Der ihn so innig gekränkt und sein herbes Alter beschleunigt.
Diese starb vor Gram um ihren berühmten Odysseus,
Ach! den traurigsten Tod! So sterbe keiner der Freunde,
Welcher in diesem Lande mir Liebes und Gutes getan hat.
Als noch jene lebte, wiewohl in steter Betrübnis,
Hatt ich noch etwas Lust zu fragen und mich zu erkunden.
Denn sie erzog mich selbst mit Ktimene, ihrer geschmückten
Tugendreichen Tochter, der jüngsten ihres Geschlechtes;
Diese erzog sie mit mir und ehrte mich wenig geringer.
Und da wir beide das Ziel der lieblichen Jugend erreichten,

Gaben sie jene nach Same und nahmen große Geschenke.
Und mich kleidete sie, die Mutter, mit prächtigen Kleidern,
Einem Mantel und Rock, und gab mir Schuh' an die Füße,
Sandte mich her aufs Land und tat mir Gutes auf Gutes.
Dieses muß ich nun alles entbehren; aber die Götter
Segnen mit reichem Gedeihn die Arbeit, welche mir obliegt;
Hievon ess' ich und trinke und gab' auch ehrlichen Leuten.
Von der Königin selbst ist keine Freude zu hoffen,
Weder Wort noch Tat, seitdem die Plage das Haus traf,
Jener verwüstende Schwarm! Und Knechte wünschen doch herzlich,
Vor der Frau des Hauses zu reden und alles zu hören
Und zu essen und trinken, und dann auch etwas zu Felde
Mitzunehmen, wodurch das Herz der Bedienten erfreut wird.
Ihm antwortete drauf der erfindungsreiche Odysseus:
Ei, so bist du als Kind, Eumäos, Hüter der Schweine,
Fern von dem Vaterland und deinen Eltern verirret!
Aber verkündige mir und sage die lautere Wahrheit:
Ward die prächtige Stadt von Kriegesscharen verwüstet,
Welche dein Vater einst und die treffliche Mutter bewohnten?
Oder fanden dich einsam bei Schafen oder bei Rindern
Räuber und schleppten dich fort zu den Schiffen und boten im Hause
Dieses Mannes dich feil, der dich nach Würden bezahlte?
Ihm antwortete drauf der männerbeherrschende Sauhirt:
Fremdling, weil du mich fragst und so genau dich erkundest,
Nun, so sitze still, erfreue dich horchend und trinke
Wein. Die Nächte sind lang; man kann ausruhen und kann auch
Angenehme Gespräch' anhören. Es zwingt dich niemand,
Frühe schlafen zu gehn; auch vieles Schlafen ist schädlich.
Sehnt sich der übrigen einer in seinem Herzen zur Ruhe,
Dieser gehe zu Bett; und sobald der Morgen sich rötet,
Frühstück' er und treibe des Königes Schweine zu Felde.

Aber wir wollen hier in der Hütte noch essen und trinken,
Um einander das Herz durch Erinnerung trauriger Leiden
Aufzuheitern; denn auch der Trübsal denket man gerne,
Wenn man so vieles erduldet, so viele Länder durchirrt ist.
Jetzo will ich dir das verkündigen, was du mich fragtest:
  Eine der Inseln im Meer heißt Syria, wenn du sie kennest,
Über Ortygia hin, wo die Sonnenwende zu sehn ist.
Groß ist diese nicht sehr von Umfang, aber doch fruchtbar,
Reich an Schafen und Rindern, an Wein und schönem Getreide.
Nimmer besucht der Hunger und nimmer eine der andern
Schrecklichen Seuchen das Volk, die die armen Sterblichen hinrafft.
Sondern wenn in der Stadt die Menschen das Alter erreichen,
Kommt die Freundin der Pfeil' und der Gott des silbernen Bogens,
Welche sie unversehens mit sanften Geschossen erlegen.
Allda sind zwo Städte, die zwiefach alles geteilet;
Und von diesen beiden war einst mein Vater Beherrscher,
Ktesios, Ormenos' Sohn, ein Bild der unsterblichen Götter.
  Einst besuchten uns der Phöniker, berühmt in der Seefahrt
Und Erzschinder, und führten im Schiff unzähliges Spielzeug.
Aber im Hause des Vaters war eine phönikische Sklavin,
Schöngebildet und groß und klug in künstlicher Arbeit.
Diese verführten mit List die ränkegeübten Phöniker.
Einer von ihnen pflog, da sie wusch, beim schwärzlichen Schiffe,
Heimlicher Liebe mit ihr, die das Herz der biegsamen Weiber
Ganz in die Irre führt, wenn eine die Tugend auch ehret.
Dieser fragte darauf, wer sie wär, und von wannen sie käme,
Und sie zeigte sogleich zu des Vaters hohem Palaste:
  Meine Geburtstadt ist die erzdurchschimmerte Sidon,
Und ich rühme mich dort des reichen Arybas Tochter.
Aber mich raubeten einst, da ich vom Felde zurückkam,

Taphische Räuber und brachten mich hier und boten im Hause
Dieses Mannes mich feil, der mich nach Würden bezahlte.
Ihr antwortete drauf der Mann, der sie heimlich beschlafen:
Möchtest du jetzo denn nicht mit uns nach Hause zurückgehn,
Deiner Eltern hohen Palast und Vater und Mutter
Wiederzusehn? Denn sie leben noch beid', und man nennt sie begütert.
Und das phönikische Weib antwortete jenem und sagte:
Ja, auch dieses geschehe, wofern ihr Schiffer mir eidlich
Angelobt, mich sicher und wohl nach Hause zu bringen.
Also sprach sie; und alle beschworen, was sie verlangte.
Als sie es jetzo gelobt und vollendet den heiligen Eidschwur,
Hub die Phönikerin an und sprach zu der Männer Versammlung:
Seid nun still, und keiner von eures Schiffes Genossen
Rede mit Worten mich an, er begegne mir auf der Straße
Oder beim Wasserschöpfen, daß niemand, zu unserem Hause
Gehend, dem Alten es sag, und dieser vielleicht mir aus Argwohn
Schwere Band' anlege und euch das Verderben bereite!
Sondern haltet die Sache geheim und beschleunigt den Einkauf.
Aber sobald ihr das Schiff mit Lebensgütern beladen,
Dann geh einer geschwind in die Burg und bringe mir Botschaft.
Nehmen will ich, was mir an goldnem Geschirr in die Hand fällt;
Und ich möchte euch gerne die Fahrt noch höher bezahlen.
Denn ich erziehe den Sohn des alten Herrn im Palaste,
Welcher schon witzig ist und aus dem Hause so mitläuft.
Diesen brächt ich gerne zum Schiff; ihr würdet nicht wenig
Für ihn lösen, wohin ihr ihn auch in die Fremde verkauftet.
Also sprach das Weib und kehrte zum schönen Palaste.
Und die Phöniker weilten ein ganzes Jahr auf der Insel,
Kauften und schleppten ins Schiff unzählige Güter zusammen.
Als sie das hohle Schiff zur Heimfahrt hatten befrachtet,

Sandten sie einen Genossen, dem Weibe die Botschaft zu bringen.
Dieser listige Mann, der in des Vaters Palast kam,
Bracht ein goldnes Geschmeide, besetzt mit köstlichem Bernstein,
Welches die Mägde des Hauses und meine treffliche Mutter
Mit den Händen befühlten und sehr aufmerksam besahen.
Als sie über den Preis nun handelten, winkt' er der Sklavin
Heimlich und eilte zurück zu dem hohlen Schiffe. Die Sklavin
Nahm mich drauf bei der Hand und führte mich aus dem Palaste.
Und sie fand in dem vorderen Saal Weinbecher und Tische
Für die Gäste gestellt, die meinen Vater besuchten;
Diese waren anitzt auf dem Markt in des Volkes Versammlung.
Hurtig raubte sie drei der Gefäße, verbarg sie im Busen,
Eilte dann weg, von mir einfältigem Kinde begleitet.
Und die Sonne sank, und Dunkel umhüllte die Pfade.
Jetzo hatten wir schnell den berühmten Hafen erreichet,
Wo der Phöniker Schiff das Meer zu durcheilen bereit lag.
Diese bestiegen mit uns das Verdeck des Schiffes und steurten
Über die Woge des Meers, von Gottes Winde getrieben.
Also durchsegelten wir sechs Tag' und Nächte die Wasser.
Als der siebente Tag von Zeus Kronion gesandt ward,
Tötete Artemis plötzlich das Weib mit ihrem Geschosse.
Rauschend fiel sie hinab in das Wasser des Raums, wie ein Seehuhn.
Und man warf sie, den Fischen und Ungeheuern zur Beute,
Über den Bord; allein ich blieb mit traurigem Herzen.
Wind und Woge trieben sie jetzt an Ithakas Ufer,
Wo Laërtes mich mit seinem Vermögen erkaufte.
Also hab ich dies Land zuerst mit Augen gesehen.
Und der göttliche Held Odysseus gab ihm zur Antwort:
Wahrlich, Eumäos, ich fühl es im Innersten meines Herzens,
Alles, was du mir jetzo von deinen Leiden erzählt hast!

Aber dir hat doch Zeus bei dem Bösen auch Gutes verliehen,
Da du, nach großen Leiden, in dieses gütigen Mannes
Wohnung kamst, der dir sorgfältig zu essen und trinken
Reicht; denn du lebst hier ganz gemächlich. Aber ich Armer
Irre, von Stadt zu Stadt vertrieben, Hilfe zu suchen!
Also besprachen diese sich jetzo untereinander,
Legten sich dann zur Ruh, nicht lange, sondern ein wenig:
Denn bald rötete sich der Morgen. Aber am Ufer
Lösten Telemachos' Freunde die Segel, senkten den Mastbaum
Eilend herab, vollendeten dann mit Rudern die Landung,
Warfen die Anker aus und banden mit Seilen das Schiff an.
Und nun stiegen sie selbst ans krumme Gestade des Meeres,
Eilten das Mahl zu bereiten und mischten des funkelnden Weines.
Und nachdem die Begierde des Tranks und der Speise gestillt war,
Sprach der verständige Jüngling Telemachos zu der Versammlung:
Rudert ihr andern jetzt nach der Stadt mit dem schwärzlichen Schiffe;
Ich will erst ein wenig zu meinen Hirten aufs Land gehn.
Abends komm ich zur Stadt, sobald ich das Meine besehen.
Morgen dächt ich euch wohl ein gutes Mahl nach der Reise
Vorzusetzen, von Fleisch und herzerfreuendem Weine.
Und der göttliche Mann Theoklymenos gab ihm zur Antwort:
Aber wohin geh ich denn, mein Sohn? Zu wessen Palaste
Unter den Männern, die hier in der felsichten Ithaka herrschen?
Geh ich gerade zu deinem und deiner Mutter Palaste?
Und der verständige Jüngling Telemachos sagte dagegen:
Sonst gebôt ich dir wohl, gerade zu unserem Hause
Hinzugehn; auch sollt es an nichts gebrechen: doch jetzo
Würd es dich selbst beschweren. Denn ich bin fern, und die Mutter

Siehet dich nicht; sie erscheint nicht oft vor den Freiern im Saale;
Abgesondert wirkt sie im oberen Stock ihr Gewebe.
Aber ich will indes dir einen anderen nennen:
Geh zu Eurymachos hin, des Polybos trefflichem Sohne,
Welcher jetzt wie ein Gott in der Ithaker Volke geehrt wird.
Und er ist auch bei weitem der Edelste, wünscht auch am meisten
Meine Mutter zum Weib und Odysseus' Würde zu erben.
Aber das weiß Kronion, der Gott des hohen Olympos,
Ob vor der Hochzeit noch der böse Tag sie ereile!
Sprach's; und rechtsher flog ein heilweissagender Vogel,
Phöbos' schneller Gesandte, der Habicht; zwischen den Klauen
Hielt er und rupfte die Taub' und goß die Federn zur Erde
Zwischen Telemachos nieder und seinem schwärzlichen Schiffe.
Eilend rief Theoklymenos ihn von den Freunden besonders,
Faßte des Jünglings Hand und erhub die Stimme der Weisheit:
Jüngling, nicht ohne Gott flog dir zur Rechten der Vogel;
Denn ich erkenn an ihm die heilweissagenden Zeichen!
Außer eurem Geschlecht erhebt sich nimmer ein König
In der Ithaker Volk, auf euch ruht ewig die Herrschaft!
Und der verständige Jüngling Telemachos sagte dagegen:
Fremdling, erfülleten doch die Götter, was du geweissagt!
Dann erkenntest du bald an vielen und großen Geschenken
Deinen Freund, und jeder Begegnende priese dich selig!
Also sprach er und rief dem treuen Gefährten Peiräos:
Klytios' Sohn Peiräos, du bist von allen Gefährten,
Die mich nach Pylos gebracht, mir immer am meisten gewillfahrt.
Führe mich denn auch nun zu deinem Hause den Fremdling,
Ehr und bewirt ihn dort, bis ich heimkehre, mit Sorgfalt!
Und der lanzenberühmte Peiräos sagte dagegen:
Wenn du auch noch so lange, Telemachos, draußen verweilest,

Gerne bewirt ich den Gast, auch soll es an nichts ihm gebrechen!
Also sprach er und trat in das Schiff, und befahl den Gefährten,
Einzusteigen und schnell die Seile vom Ufer zu lösen.
Und sie traten ins Schiff und setzten sich hin auf die Bänke.
Aber Telemachos band um die Füße die prächtigen Sohlen,
Nahm dann die mächtige Lanze, mit scharfer eherner Spitze,
Von des Schiffes Verdeck. Die andern lösten die Seile,
Stießen ab und fuhren zur Stadt mit dem schwärzlichen Schiffe,
Wie es Telemachos hieß, der geliebte Sohn von Odysseus.
Dieser eilte von dannen mit hurtigen Füßen zum Hofe,
Wo die Herden der Schwein' itzt ruheten, welche der Sauhirt
Schützte, der gute Mann, der seinen Herren so treu war.

Sechzehnter Gesang

Ankunft des Telemachos in des Sauhirten Gehege. Während Eumäos der Königin die Botschaft bringt, entdeckt sich Odysseus dem Sohne und verabredet der Freier Ermordung. An der Stadt landen Telemachos' Genossen, und drauf seine Nachsteller, die ihn in Ithaka zu ermorden beschließen. Des Sauhirten Rückkehr.

Frühe bereitete schon mit Odysseus der treffliche Sauhirt
In der Hütte das Mahl bei angezündetem Feuer,
Sandte darauf die Hirten mit ihren Schweinen zu Felde.
Und Telemachos kam; ihn umhüpften die wachsamen Hunde
Schmeichelnd und bellten nicht. Der göttergleiche Odysseus
Sah die schmeichelnden Hund' und hörte des Kommenden Fußtritt;
Wandte sich schnell zu Eumäos und sprach die geflügelten Worte:

Sicher, Eumäos, besucht dich einer von deinen Gesellen,
Oder auch sonst ein Bekannter, denn ihn umhüpften die Hunde
Schmeichelnd und bellen nicht; auch hör ich des Kommenden Fußtritt.
Als er noch redete, siehe, da stand an der Schwelle des Hauses
Sein geliebtester Sohn. Voll Schrecken erhub sich der Sauhirt;
Seinen Händen entsank das Geschirr, das er eben gebrauchte,
Funkelnden Wein zu mischen; er eilte dem Fürsten entgegen,
Küßte sein Angesicht und beide glänzenden Augen,
Beide Hände dazu; und Tränen umflossen sein Antlitz.
Wie den geliebten Sohn ein gütiger Vater bewillkommt,
Ihn, der im zehnten Jahr aus fernen Landen zurückkehrt,
Ach, den einzigen, spätgebornen, mit Kummer erzognen:
Also umarmte den schönen Telemachos jetzo der Sauhirt
Und bedeckt' ihn mit Küssen, als wär er vom Tod erstanden.
Und lautweinend begann er und sprach die geflügelten Worte:
Kommst du, Telemachos, kommst du, mein süßes Leben? Ich hoffte
Nimmer dich wiederzusehn, da du nach Pylos geschifft warst!
Komm doch herein, du trautes Kind, daß mein Herz sich erfreue
Deines Anblicks, du, der erst aus der Fremde zurückkommt!
Oft besuchst du ja nicht uns Hirtenleut' auf dem Felde,
Sondern bleibst in der Stadt; denn du findest ein eignes Vergnügen,
Stets den verwüstenden Schwarm der bösen Freier zu sehen!
Und der verständige Jüngling Telemachos sagte dagegen:
Väterchen, dieses geschehe; denn deinethalben nur komm ich,
Um dich wieder mit Augen zu sehn und von dir zu erfahren,
Ob die Mutter daheim noch weile oder der andern
Einen zum Manne gewählt und nun das Lager Odysseus',
Aller Betten beraubt, von Spinneweben entstellt sei?
Ihm antwortete drauf der männerbeherrschende Sauhirt:
Allerdings weilt jene mit treuer, duldender Seele

Noch in deinem Palast; und immer schwinden in Jammer
Ihre Tage dahin und unter Tränen die Nächte!
Also sprach er und nahm ihm die eherne Lanze, da jener
Über die steinerne Schwell' in seine Kammer hineintrat.
Vor dem Kommenden wich sein Vater Odysseus vom Sitze;
Aber Telemachos hielt ihn und sprach mit freundlicher Stimme:
Fremder Mann, bleib sitzen; wir finden in unserer Wohnung
Wohl noch anderswo Platz; der Mann hier wird mich schon setzen!
Sprach's; und Odysseus kam und setzte sich. Aber der Sauhirt
Breitete grüne Zweige für jenen und drüber ein Geißfell;
Hierauf setzte sich dann der geliebte Sohn von Odysseus.
Und nun tischte vor ihnen der Sauhirt Schüsseln gebratnes
Fleisches auf, die sie letzt von der Mahlzeit übrig gelassen,
Eilte hinweg und brachte gehäufte Körbe mit Kuchen,
Mischte dann süßen Wein im großen hölzernen Becher;
Hierauf setzt' er sich gegen den göttergleichen Odysseus.
Und sie erhoben die Hände zum leckerbereiteten Mahle.
Jetzo war die Begierde des Tranks und der Speise gestillet;
Und Telemachos sprach zu dem edlen Hüter der Schweine:
Vater, woher kam dieser Gast? Wie brachten die Schiffer
Ihn nach Ithaka her? Was rühmen sich jene für Leute?
Denn unmöglich ist er doch hier zu Fuße gekommen!
Ihm antwortetest du, Eumäos, Hüter der Schweine:
Dieses will ich dir, Sohn, und nach der Wahrheit, erzählen.
Aus dem weiten Gefilde von Kreta stammet der Fremdling;
Viele Städte, sagt er, der Sterblichen sei er durchwandert,
Seit ihn der Himmlischen einer, die Welt zu durchflüchten, verurteilt.
Jetzo entrann er vom Schiffe thesprotischer Männer und eilte
Her in mein Hirtengeheg. Ich geb ihn dir in die Hände:
Tue mit ihm, wie du willst; denn deiner Gnade vertraut er.
Und der verständige Jüngling Telemachos sagte dagegen:

Was du mir jetzo gesagt, Eumäos, kümmert mich herzlich!
Denn wie kann ich den Fremdling in meinem Hause bewirten?
Sieh, ich selber bin jung und Stärke fehlet den Händen,
Abzuwehren den Mann, der ihn zu beleidigen wagte.
Aber der Mutter Herz wankt zwischen beiden Entschlüssen:
Ob sie noch weile bei mir und meine Güter bewahre,
Scheuend das Lager des Ehegemahls und die Stimme des Volkes,
Oder jetzt von den Freiern im Hause den tapfersten Jüngling,
Welcher das meiste geschenkt, zu ihrem Bräutigam wähle.
Aber da dieser Fremdling zu deiner Hütte geflohn ist,
Will ich mit schönen Gewändern, mit Rock und Mantel, ihn kleiden,
Ein zweischneidiges Schwert und tüchtige Sohlen ihm schenken,
Und ihn senden, wohin es seinem Herzen gelüstet.
Wenn du willst, so behalt du und pfleg ihn hier in der Hütte.
Ich will Kleider hieher und allerlei Speise zum Essen
Senden, daß er nicht dich und deine Freunde beschwere.
Aber dort gestatt' ich ihm nicht in der Freier Gesellschaft
Hinzugehn; sie schalten mit zu unbändiger Frechheit,
Daß sie ihn nicht verhöhnen! Es würde mich äußerst betrüben!
Und ein einzelner Mann kann gegen mehrere wenig,
Sei er auch noch so stark; sie behalten immer den Vorrang!
Ihm antwortete drauf der herrliche Dulder Odysseus:
Lieber, erlaubst du mir, auch meine Gedanken zu sagen?
Wahrlich mir blutet das Herz vor Mitleid, wenn ich es höre,
Wie unbändig und frech in deinem Hause die Freier
Unfug treiben und dein – solch eines Jünglings! nicht achten.
Sprich: erträgst du das Joch freiwillig, oder verabscheun
Dich die Völker des Landes, gewarnt durch göttlichen Ausspruch;
Oder liegt die Schuld an den Brüdern, welchen ein Streiter
Sonst in der Schlacht vertraut, auch wann sie am hitzigsten wütet?
Wollten die Götter, ich wäre so jung mit dieser Gesinnung,

Oder ein Sohn von Odysseus, dem herrlichen! oder er selber …
Kehrete heim, der Verirrte; denn noch ist Hoffnung zur Heimkehr:
Siehe, so sollte mein Feind das Haupt von der Schulter mir abhaun,
Wenn ich nicht zum Verderben der ganzen Räubergesellschaft
Eilt' in den hohen Palast des Laërtiaden Odysseus!
Und wenn ich einzelner auch von der Menge würde besieget,
Oh, so wollt ich doch lieber in meinem Hause des Todes
Sterben, als immerfort den Greul der Verwüstungen ansehn:
Wie sie die Fremdlinge dort mißhandeln, die Mägde des Hauses
Zur abscheulichen Lust in den prächtigen Kammern umherziehn,
Allen Wein ausleeren und alle Speise verprassen,
Frech, ohne Maß, ohne Ziel, mit unersättlicher Raubgier!
Und der verständige Jüngling Telemachos sagte dagegen:
Dieses will ich dir, Fremdling, und nach der Wahrheit erzählen.
Weder das ganze Volk verabscheut oder verfolgt mich,
Noch liegt etwa die Schuld an den Brüdern, welchen ein Streiter
Sonst in der Schlacht vertraut, auch wann sie am hitzigsten wütet.
Denn nur einzeln pflanzte Kronion unser Geschlecht fort:
Von Arkeisios war der einzige Erbe Laërtes,
Und von Laërtes war's nur Odysseus; aber Odysseus
Zeugte nur mich, den er noch ungenossen daheim ließ!
Diesem erfüllen anitzt unzählige Feinde die Wohnung.
Alle Fürsten, so viel' in diesen Inseln gebieten,
Same, Dulichion und der waldbewachsnen Zakynthos,
Und so viele hier in der felsichten Ithaka herrschen:
Alle werben um meine Mutter und zehren das Gut auf.
Aber die Mutter kann die aufgedrungne Vermählung
Nicht ausschlagen und nicht vollziehn. Nun verprassen die Schwelger

All mein Gut und werden in kurzem mich selber zerreißen!
Aber dieses ruhet im Schoße der seligen Götter.
Väterchen, eile du schnell zu der klugen Penelopeia,
Sag ihr, daß ich gesund aus Pylos wieder zurückkam.
Ich will indes hier bleiben, bis du heimkehrest. Doch bring ihr
Ja die Botschaft allein, und keiner der andern Achäer
Höre dich; denn es trachten mir viele das Leben zu rauben!
Ihm antwortetest du, Eumäos, Hüter der Schweine:
Gut, ich verstehe dich schon; das sind auch meine Gedanken.
Aber verkündige mir und sage die lautere Wahrheit:
Soll ich auf diesem Weg auch dem armen Laërtes die Botschaft
Bringen, welcher bisher, aus Gram um seinen Odysseus,
Selber das Land bestellte, doch stets mit den Knechten des Hauses
Aß und trank, sooft die Begierde des Herzens ihn antrieb?
Aber seit du von hinnen zur göttlichen Pylos geschifft warst,
Sagt man, hab er nicht mehr gegessen oder getrunken,
Noch auf die Wirtschaft gesehn; in unaufhörlicher Schwermut
Sitzt er und härmt sich ab, daß die Haut an den Knochen verdorret.
Und der verständige Jüngling Telemachos sagte dagegen:
Traurig! Doch müssen wir jetzo in seinem Kummer ihn lassen.
Denn wenn alles sogleich, wie es Sterbliche wünschen, geschähe,
Wahrlich, so wünschten wir vor allem des Vaters Zurückkunft!
Aber kehre zurück, sobald du's verkündet und schweife
Nicht auf dem Lande herum zu jenem. Doch sage der Mutter,
Daß sie eilend zu ihm die treue Schaffnerin heimlich
Sende; sie kann es ja auch dem alten Greise verkünden.
Also sprach er und trieb ihn. Der Sauhirt langte die Sohlen,
Band sie unter die Füß' und eilete. Aber Athene
Ward des Hirten gewahr, der aus dem Gehege zur Stadt ging,
Und sie nahete sich und schien nun plötzlich ein Mädchen,
Schöngebildet und groß und klug in künstlicher Arbeit,

Stand an der Türe des Hofs und erschien dem edlen Odysseus.
Aber Telemachos sah und merkte nichts von der Göttin;
Denn nicht allen sichtbar erscheinen die seligen Götter:
Nur die Hunde sahen sie und bellten nicht, sondern entflohen
Winselnd und zitternd vor ihr nach der andern Seite des Hofes.
Und sie winkte; den Wink verstand der edle Odysseus,
Ging aus der Hütte hinaus vor die hohe Mauer des Hofes,
Stellete sich vor die Göttin; da sagte Pallas Athene:
Edler Laërtiad', erfindungsreicher Odysseus,
Rede mit deinem Sohne und gib dich ihm zu erkennen,
Daß ihr beide, den Freiern ein blutiges Ende bereitend,
Zu der berühmten Stadt der Ithaker wandelt. Ich selber
Werd euch nicht lange verlassen; mich drängt die Begierde des Kampfes.
Also sprach die Göttin und rührt' ihn mit goldener Rute.
Plötzlich umhüllte der schöngewaschene Mantel und Leibrock
Wieder Odysseus' Brust, und Hoheit schmückt' ihn und Jugend;
Brauner ward des Helden Gestalt und voller die Wangen,
Und sein silberner Bart zerfloß in finstere Locken.
Hierauf eilte die Göttin von dannen. Aber Odysseus
Ging zurück in die Hütte: mit Staunen erblickte der Sohn ihn,
Wandte die Augen hinweg und fürchtete, daß er ein Gott sei;
Und er redet' ihn an und sprach die geflügelten Worte:
Anders erscheinst du mir jetzt, o Fremdling, als vormals, auch hast du
Andere Kleider an; die ganze Gestalt ist verwandelt!
Wahrlich, du bist ein Gott, des weiten Himmels Bewohner!
Sei uns gnädig! Wir wollen auch liebliche Opfer dir bringen
Und Geschenke von köstlichem Gold! Erbarme dich unser!
Ihm antwortete drauf der herrliche Dulder Odysseus:
Wahrlich, ich bin kein Gott und keinem Unsterblichen ähnlich;
Sondern ich bin dein Vater, um den du so herzlich dich grämest,
Und so viele Schmach von trotzigen Männern erduldest.

Also sprach er und küßte den Sohn, und über die Wange
Stürzten die Tränen zur Erde, die lange verhaltenen Tränen.
Aber Telemachos stand noch staunend und konnte nicht glauben,
Daß es sein Vater sei; und nun antwortet' er also:
Nein! du bist nicht mein Vater Odysseus, sondern ein Dämon
Täuscht mich, daß ich noch mehr mein großes Elend beseufze.
Denn kein sterblicher Mann vermöchte mit seinem Verstande
Solch ein Wunder zu tun, ihm hülfe denn einer der Götter,
Welcher leicht, wie er will, zu Greisen und Jünglingen umschafft!
Siehe, nur eben warst du ein Greis und häßlich bekleidet,
Jetzo den Göttern gleich, die den weiten Himmel bewohnen!
Ihm antwortete drauf der erfindungsreiche Odysseus:
Deinen geliebten Vater, Telemachos, welcher nun heimkehrt,
Mußt du nicht allzusehr anstaunen oder bewundern!
Wahrlich, in Ithaka kommt hinfort kein andrer Odysseus,
Sondern ich bin der Mann, der nach vielem Jammer und Elend
Endlich im zwanzigsten Jahr in seine Heimat zurückkehrt.
Aber dies ist das Werk der siegenden Göttin Athene,
Welche mich, wie sie will, verwandelt; denn sie vermag es!
Darum erschein ich jetzo zerlumpt wie ein Bettler, und jetzo
Wieder in Jünglingsgestalt, mit schönen Gewändern bekleidet.
Denn leicht können die Götter, des weiten Himmels Bewohner,
Jeden sterblichen Mann erniedrigen oder erhöhen.
Also sprach er und setzte sich hin. Da umarmte der Jüngling
Seinen herrlichen Vater mit Inbrunst, bitterlich weinend.
Und in beiden erhob sich ein süßes Verlangen zu trauren.
Ach! Sie weineten laut und klagender noch als Vögel,
Als scharfklauichte Geier und Habichte, welchen der Landmann
Ihre Jungen geraubt, bevor sie flügge geworden:
So zum Erbarmen weinten sie beide Tränen der Wehmut.
Über der Klage wäre die Sonne niedergesunken,

Hätte Telemachos nicht zu seinem Vater geredet:
  Und in welcherlei Schiffe, mein Vater, brachten die Schiffer
Dich nach Ithaka her? Was rühmen sich jene für Leute?
Denn unmöglich bist du doch hier zu Fuße gekommen!
  Ihm antwortete drauf der herrliche Dulder Odysseus:
Dieses will ich dir, Sohn, und nach der Wahrheit erzählen.
Siehe, mich brachte das Schiff der segelberühmten Phäaken,
Welche jeden geleiten, der kommt und um Hilfe sie anfleht.
Diese brachten im Schlafe mich über die Wogen und setzten
Mich in Ithaka aus und gaben mir teure Geschenke,
Erzes und Goldes in Meng' und schöngewebete Kleider.
Dieses liegt, nach dem Willen der Götter, in Höhlen verborgen.
Aber ich kam hieher auf Befehl der hohen Athene,
Daß wir uns über den Tod der Feindlichgesinnten beraten.
Auf denn, verkündige mir die Zahl der trotzigen Freier:
Daß ich wisse, wie viel' und was für Leute so trotzen.
Denn ich muß zuvor in meiner unsträflichen Seele
Überlegen, ob wir allein, ohn andere Freunde,
Streiten können oder ob's nötig sei, Hilfe zu suchen.
  Und der verständige Jüngling Telemachos sagte dagegen:
Vater, ich habe viel von dem großen Ruhme gehöret
Deines Mutes im Kampf und deiner Weisheit im Rate.
Aber du sprachst zu kühn! Ich erstaune! Wie wär es doch möglich,
Daß zween Männer allein so viele Starke bekämpften?
Siehe, der Freier sind nicht zehn nur oder nur zwanzig,
Sondern bei weitem mehr! Berechne du selber die Menge:
Aus Dulichions Fluren sind zweiundfünfzig erlesne
Mutige Jünglinge hier, von sechs Aufwärtern begleitet;
Aus der bergichten Same sind vierundzwanzig in allem,
Aus Zakynthos' Gefilden sind zwanzig achäische Fürsten,
Und aus Ithaka selbst sind zwölfe der tapfersten Männer.
Diesen großen Haufen begleitet Medon, der Herold,

Und der göttliche Sänger und zween erfahrene Köche.
Wollten wir diesen allen im Hause begegnen, du möchtest
Traurig und schreckenvoll die Strafe der Trotzigen enden.
Überlege vielmehr, ob du noch andere Freunde
Finden kannst, die uns mit freudigem Mute beschützen.
Ihm antwortete drauf der herrliche Dulder Odysseus:
Nun ich verkündige dir, merk auf und höre die Worte!
Denke nach: wird uns Athene und Vater Kronion
Gnügen, oder ist's nötig, noch andere Hilfe zu suchen?
Und der verständige Jüngling Telemachos sagte dagegen:
Wahrlich, mächtige Helfer sind jene, welche du nennest!
Denn sie sitzen hoch in den Wolken und herrschen mit Allmacht
Über die Menschen auf Erden und alle unsterblichen Götter.
Ihm antwortete drauf der herrliche Dulder Odysseus:
Diese werden gewiß in der schrecklichen Stunde des Kampfes
Uns nicht lange verlassen, wenn nun in meinem Palaste
Zwischen den Freiern und uns die Gewalt des Krieges entscheidet.
Aber gehe du jetzo, sobald der Morgen sich rötet,
Heim und bleib in dem Schwarm der übermütigen Freier.
Dorthin folg ich dir bald, geführt von dem Hirten Eumäos,
Und wie ein mühebeladner bejahrter Bettler gestaltet.
Werden mich dann im Hause die Freier beschimpfen, so dulde
Standhaft dein Herz im Busen, wie sehr ich beleidiget werde!
Schleppten sie auch bei den Füßen mich durch den Saal vor die Haustür,
Oder würfen nach mir; du mußt geduldig es ansehn!
Freilich kannst du sie wohl mit freundlichen Worten ermahnen,
Ihr ruchloses Verfahren zu mäßigen; aber sie werden
Dich nicht hören; denn schon naht ihnen der Tag des Verderbens!
Noch verkünd ich dir dieses, bewahr es im innersten Herzen!

Wenn die Göttin des Rats Athene mir es gebietet,
Siehe, dann werd ich dir mit dem Haupte winken. Sobald du
Dieses siehst, dann nimm aus dem Saale die Waffen des Krieges,
Und verwahre sie alle im Winkel des oberen Söllers.
Aber erkundigen sich die Freier, wo sie geblieben,
Dann besänftige sie mit guten Worten: Ich trug sie
Aus dem Rauche hinweg; denn sie sehn den alten nicht ähnlich,
Wie sie Odysseus einst, gen Troja schiffend, zurückließ,
Sondern sind ganz entstellt von dem rußichten Dampfe des
Feuers.
Und noch ein Größeres gab Kronion mir zu bedenken:
Daß ihr nicht etwa im Rausch euch zankt und einander
verwundet
Und die Freuden des Mahls und die Liebe zu Penelopeia
Blutig entweiht; denn selbst das Eisen ziehet den Mann an! –
Aber uns beiden laß zwei Schwerter unten im Saale
Und zween Speere zurück und zween stierlederne Schilde,
Daß wir beim Überfall sie ergreifen. Jene wird sicher
Pallas Athene verblenden und Zeus' allwaltende Vorsicht!
Noch verkünd ich dir dieses, bewahr es im innersten Herzen!
Bist du wirklich mein Sohn und unseres edlen Geblütes,
So erfahre von dir kein Mensch, daß Odysseus daheim sei:
Nicht Laërtes einmal darf's wissen oder der Sauhirt,
Keiner auch von dem Gesinde, ja selbst nicht Penelopeia,
Sondern nur ich und du: damit wir der Weiber Gesinnung
Prüfen, auch unsere Knechte zugleich ein wenig erforschen,
Wo man uns beide noch mit treuem Herzen verehret,
Oder wer untreu ward und deine Ehre dir weigert.
Und sein trefflicher Sohn Telemachos sagte dagegen:
Vater, ich hoffe, du sollst mein Herz hinfüro noch näher
Kennen lernen; ich bin nicht unvorsichtig und sorglos!
Aber ich glaube doch nicht, daß diese Prüfung uns beiden
Auch im mindesten nütze. Denn überlege nur selber:

Lange gingst du umher, wenn du die Werke der Männer
Nahe belauschen wolltest; indes verschwelgen die andern
Ruhig in deinem Palast und ohne Scheu dein Vermögen.
Zwar der Weiber Gesinnung zu prüfen, rat ich dir selber:
Wer dich im Hause verachtet und wer unsträflich geblieben.
Aber daß wir die Männer auf allen Höfen erforschen,
Dieses wünscht' ich nicht; verspar es lieber auf künftig,
Wenn du wirklich ein Zeichen vom großen Kronion gesehn hast.

Also besprachen diese sich jetzo untereinander.
Aber Telemachos' Freunde, die ihn von Pylos geleitet,
Steurten nach Ithakas Stadt mit dem schöngezimmerten Schiffe.
Als sie jetzo die Bucht des tiefen Hafens erreichten,
Zogen sie eilend das schwärzliche Schiff ans hohe Gestade;
Ihre Geräte trugen die stolzen Diener von dannen,
Und sie brachten in Klytios' Haus die schönen Geschenke,
Sandten dann einen Herold voran zu des edlen Odysseus
Hause, um Botschaft zu bringen der klugen Penelopeia,
Daß ihr Sohn auf dem Lande sei und dem Schiffe befohlen,
Nach der Stadt zu fahren, damit vor Kummer des Herzens
Nicht die hohe Fürstin ihr Antlitz mit Tränen benetzte.
Diesem begegnete jetzo der edle Hüter der Schweine;
Beide gingen, der Mutter die selbige Botschaft zu bringen.

Als sie jetzo ins Haus des göttlichen Königes kamen,
Hob der Herold an vor allen Mägden und sagte:

Fürstin, dein lieber Sohn ist jetzo wiedergekommen!
Aber der Sauhirt trat zu Penelopeia und sagte
Alles, was ihm ihr Sohn befohlen hatte zu sagen.
Und nachdem er der Fürstin Telemachos' Worte verkündigt,
Eilt' er zurück zu den Schweinen, den Hof des Hauses verlassend.

Aber die Freier wurden bestürzt und niedergeschlagen;
Und sie gingen hinaus vor die hohe Mauer des Hofes,

Allda setzten sie sich ratschlagend nieder am Tore.
Und des Polybos Sohn Eurymachos sprach zur Versammlung:
Lieben, ein großes Werk hat Telemachos kühnlich vollendet,
Diese Reise! Wir dachten, er würde sie nimmer vollenden!
Aber wohlan, man ziehe das beste der schwärzlichen Schiffe
In das Meer und rüst es mit Ruderern, daß sie den andern
Schnell die Botschaft verkünden, um eilig wiederzukehren.
Also sprach er; und siehe, Amphinomos wandte sein Antlitz
Gegen den tiefen Hafen und sahe das Schiff in der Mündung,
Sahe die Segel gesenkt und die Ruder in eilenden Händen;
Und mit herzlicher Lache begann er zu seinen Gesellen:
Keiner ferneren Botschaft bedarf es; sie sind schon zu Hause!
Ihnen verkündete dieses ein Himmlischer, oder sie selber
Sahn das segelnde Schiff und vermochten es nicht zu erreichen!
Sprach's; da erhoben sie sich und gingen zum Ufer des Meeres,
Zogen dann eilend das schwärzliche Schiff ans hohe Gestade;
Ihre Geräte trugen die stolzen Diener nach Hause.
Aber sie selber eilten zum Markt, und keinen der andern
Ließen sie unter sich sitzen, der Jünglinge oder der Greise.
Und Eupheithes' Sohn Antinoos sprach zur Versammlung:
Wunder! wie haben die Götter doch den vom Verderben errettet!
Tages stellten wir Späher umher auf die luftigen Höhen,
Immer andre nach andern; und wann die Sonne sich senkte,
Ruhten wir nimmer die Nacht auf dem Lande, sondern im Meere
Kreuzten wir mit dem Schiff und harrten der heiligen Frühe,
Auf Telemachos laurend, damit wir ihn fingen und heimlich
Töteten. Aber ihn führte der Himmlischen einer nach Hause!
Nun, so wollen wir hier auf den Tod des Telemachos sinnen!
Laßt ihn ja nicht entfliehn! Denn ich fürchte, solange der Jüngling

Lebt, wir werden nimmer zu unserem Zwecke gelangen.
Denn er selber kennt schon alle Künste der Klugheit,
Und die Völker sind uns nicht mehr so gänzlich gewogen.
Aber wohlan, bevor er zur allgemeinen Versammlung
Rufe das Volk der Achäer; denn säumen wird er gewiß nicht,
Sondern im heftigen Zorn aufstehen und allen verkünden,
Wie wir ihn zu ermorden gesucht und wie er entflohn sei.
Diese werden die Tat nicht loben, wenn sie ihn hören;
Ja sie könnten uns gar mißhandeln und aus dem Lande
Unserer Väter uns alle zu fremden Völkern verjagen.
Darum laßt uns zuvor ihn töten, fern auf dem Lande
Oder auch auf dem Wege! Die Güter behalten wir selber,
Alles unter uns teilend nach Billigkeit, aber die Häuser
Geben wir seiner Mutter und wen sie zum Bräutigam wählet.
Mißfällt aber mein Rat der Versammlung und wünschet ihr lieber,
Daß Telemachos leb und des Vaters Erbe behalte,
Nun, so laßt uns nicht länger in solcher großen Versammlung
Seine köstlichen Schätze verprassen, sondern es werbe
Jeder außer dem Hause mit Brautgeschenken; sie aber
Wähle den Mann, der am meisten ihr schenkt und dem sie beschert ist.
   Also sprach er; und alle verstummten umher und schwiegen.
Endlich erhub sich und sprach Amphinomos vor der Versammlung,
Nisos' rühmlicher Sohn, des aretiadischen Königs,
Der aus des weizenreichen Dulichions grünen Gefilden
War der erste der Freier und dessen Rede der Fürstin
Noch am meisten gefiel; denn edel war seine Gesinnung;
Dieser erhub sich und sprach wohlmeinend zu der Versammlung:
   Lieben, ich wünschte nicht, daß wir Telemachos heimlich
Töteten; fürchterlich ist es, ein Königsgeschlecht zu ermorden!

Aber laßt uns zuvor der Götter Willen erforschen.
Wenn der ewige Rat des großen Kronions es billigt,
Dann ermord ich ihn selber und rat es jedem der andern;
Aber verbieten es uns die Götter, dann rat ich zu ruhen.
Also sprach er; und allen gefiel Amphinomos' Rede.
Schnell erhuben sie sich und gingen zur Wohnung Odysseus',
Kamen und setzten sich nieder auf schöngebildete Throne.
Aber jetzo beschloß die kluge Penelopeia,
Sich zu zeigen den Freiern voll übermütiger Bosheit.
Denn sie vernahm des Sohnes Gefahr in ihren Gemächern;
Medon, der Herold, entdeckte sie ihr, der die Freier belauschet.
Und sie ging zu dem Saale, von ihren Mägden begleitet.
Als das göttliche Weib die Freier jetzo erreichte,
Stand sie still an der Schwelle des schönen gewölbeten Saales;
Ihre Wangen umwallte der feine Schleier des Hauptes.
Und sie redet' Antinoos an mit scheltenden Worten:
Tückischer, frecher Empörer Antinoos, nennen doch alle
Dich in Ithakas Volke den besten deiner Gespielen
An Verstand und Reden; allein du warest es nimmer!
Rasender, sprich, was suchst du Telemachos' Tod und Verderben
Und verachtest die Stimme der Leidenden, deren Kronion
Waltet? Es ist ja Sünde, das Unglück andrer zu suchen!
Weißt du nicht mehr, wie einst dein Vater flehend zu uns kam,
Von dem Volke geschreckt? Denn sie waren heftig erbittert,
Weil er die Räuberschiffe der Taphier hatte begleitet
Und die Thesproten beraubt, die Genossen unseres Bundes.
Töten wollten sie ihn und sein Herz dem Busen entreißen,
Und ausplündern den reichen Palast voll köstlicher Güter;
Aber Odysseus hielt sie zurück und stillte den Aufruhr.
Und nun entehrst du sein Haus durch Schwelgen, wirbst um die Gattin,
Tötest sein einziges Kind, und meine Seele betrübst du.

Aber ich rate dir jetzt, halt ein und zähme die andern!
Aber Polybos' Sohn Eurymachos sagte dagegen:
O Ikarios' Tochter, du kluge Penelopeia,
Sei getrost und laß dich diese Gedanken nicht kümmern!
Wahrlich, er lebt nicht, der Mann, und wird nicht leben noch aufstehn,
Welcher an deinen Sohn Telemachos Hand anlege,
Nimmer, solang ich leb und mein Auge die Erde noch schauet!
Denn ich sage hier frei und werd es wahrlich erfüllen:
Schnell wird sein schwarzes Blut an meiner Lanze herunter
Triefen! Auch mir hat oft der Städteverwüster Odysseus,
Sitzend auf seinem Schoß, ein Stück gebratenes Fleisches
In die Hände gegeben, und roten Wein mir gereichet.
Drum ist Telemachos mir von allen Menschen der liebste;
Und ich sag es, er soll sich durchaus vor dem Tode nicht fürchten
Von den Freiern; allein von Gott ist er unvermeidlich!
Also sprach er ihr zu und dacht ihn selbst zu ermorden.
Jene stieg hinauf in den prächtigen Söller und weinte
Ihren trauten Gemahl Odysseus, bis ihr Athene
Sanft mit süßem Schlummer die Augenlider bedeckte.
Abends kam zu Odysseus und seinem Sohne der Sauhirt.
Diese standen jetzt und bereiteten emsig die Mahlzeit,
Da sie ein jähriges Schwein geopfert. Aber Athene
Hatte zuvor sich genaht dem Laërtiaden Odysseus,
Ihn mit der Rute gerührt und wieder zum Greise verwandelt,
Und mit schmutzigen Lumpen bekleidet: daß ihn der Sauhirt
Nicht erkennte und dann mit überwallendem Herzen
Liefe, die Botschaft zu bringen der keuschen Penelopeia.
Und Telemachos rief dem kommenden Hirten entgegen:
Kommst du, edler Eumäos? Was hört man in Ithaka Neues?
Ob wohl die mutigen Freier vom Hinterhalte zurück sind,
Oder ob sie noch immer auf mich Heimkehrenden lauren?

Ihm antwortetest du, Eumäos, Hüter der Schweine:
Hierum hab ich mich nicht bekümmert, die Stadt zu durchwandern
Und die Leute zu fragen; es lag mir näher am Herzen,
Da ich die Botschaft gebracht, aufs eiligste wiederzukehren.
Doch begegnete mir von deinen Gefährten ein Herold,
Der auch deiner Mutter zuerst die Botschaft verkündet.
Noch ein anderes weiß ich, das sah ich selber mit Augen.
Diesseits über der Stadt, dicht an dem hermeischen Hügel,
War ich bereits gekommen: da sah ich in unserem Hafen
Landen ein hurtiges Schiff, mit vielen Männern gerüstet,
Und mit Schilden beschwert und langen doppelten Lanzen.
Und ich meinte, sie waren's; allein ich weiß es nicht sicher.
Also sprach er; da blickte Telemachos' heilige Stärke
Lächelnd den Vater an, doch unbemerkt von Eumäos.
Als sie die Arbeit jetzo vollbracht und die Speise bereitet,
Teilten sie alles gleich und labten ihr Herz an dem Mahle.
Und nachdem die Begierde des Tranks und der Speise gestillt war,
Legten sie sich zur Ruh und genossen die Gabe des Schlafes.

SIEBZEHNTER GESANG

Am Morgen geht Telemachos in die Stadt. Odysseus, als Bettler, mit Eumäos nachfolgend, wird vom Ziegenhirten Melantheus gemißhandelt. Sein Hund Argos erkennt ihn. Den Bettelnden wirft Antinoos. Der Königin, die ihn zu sprechen wünscht, bestimmt er den Abend. Eumäos geht ab.

Als die dämmernde Frühe mit Rosenfingern erwachte,
Stand Telemachos auf, der Sohn des großen Odysseus,

Band die schönen Sohlen sich unter die glänzenden Füße,
Nahm dann die mächtige Lanze, die seinen Händen gerecht war,
Hinzugehn in die Stadt, und sprach zum Hüter der Schweine:
Väterchen, ich will jetzt in die Stadt gehen, daß mich die Mutter
Wiedersehe; denn eher, besorg ich, ruhet sie schwerlich
Von dem bangen Gewinsel und ihrer tränenden Wehmut,
Bis sie mich selber sieht. Dir aber, Eumäos, befehl ich:
Führ ihn auch zu der Stadt, den unglückseligen Fremdling,
Daß er sich Nahrung bettle; ihm gebe jeder nach Willkür
Etwas Brosam und Wein. Ich kann unmöglich mir aller
Menschen Last aufbürden, mich drückt schon Kummer die Menge.
Dünkt sich der Fremdling etwa durch diese Worte beleidigt,
Desto schlimmer für ihn; ich rede gerne die Wahrheit.
Ihm antwortete drauf der erfindungsreiche Odysseus:
Lieber, ich selbst begehre nicht länger hier zu verweilen.
Leichter wird's in der Stadt als auf dem Lande dem Bettler,
Seine Nahrung zu finden; mir gebe jeder nach Willkür.
Denn mein Alter verstattet mir nicht, auf dem Lande zu bleiben
Und die Dienste zu tun, die mir ein Schaffner geböte.
Gehe denn. Dieser Mann wird mich nachführen, sobald ich
Mich am Feuer gewärmt und die Sonne höher gestiegen.
Diese Lumpen bedecken mich nur! Die Kälte des Morgens
Möchte mir schaden; ihr sagt ja, die Stadt sei ferne von hinnen.
Also sprach er. Telemachos ging aus der Pforte des Hofes,
Eilte mit hurtigen Füßen und sann auf der Freier Verderben.
Als er jetzo erreichte die schöngebauete Wohnung,
Stellt' er die Lanze hin an eine ragende Säule,
Überschritt dann selber die steinerne Schwelle des Saales.
Ihn erblickte zuerst die Pflegerin Eurykleia,
Welche mit Fellen bedeckte die künstlich gebildeten Throne.
Weinend lief sie gerad auf ihn zu; es drängten sich um ihn

Auch die übrigen Mägde des leidengeübten Odysseus,
Hießen ihn froh willkommen und küßten ihm Schultern und Antlitz.
Jetzo ging aus der Kammer die kluge Penelopeia,
Artemis gleich an Gestalt und der goldenen Aphrodite;
Und mit Tränen schlang sie den lieben Sohn in die Arme,
Küßte sein Angesicht und beide glänzenden Augen,
Und begann lautweinend und sprach die geflügelten Worte:
Kommst du, Telemachos, kommst du, mein süßes Leben? Ich hoffte
Nimmer dich wiederzusehn, da du ohne mein Wissen und Wollen
Warst gen Pylos geschifft, den lieben Vater zu suchen!
Aber verkündige mir, was du auf der Reise gesehn hast!
Und der verständige Jüngling Telemachos sagte dagegen:
Mutter, erinnre mich nicht an meinen Kummer und reize
Nicht zur Klage mein Herz, da ich kaum den Verderben entflohn bin.
Sondern bade dich erst und lege reine Gewand' an,
Steig in das Obergemach, von deinen Mägden begleitet,
Und gelobe den Göttern, vollkommene Hekatomben
Darzubringen, wenn Zeus doch endlich Rache vergölte.
Aber ich selber will zum Markte gehen, den Fremdling
Einzuladen, der mir hieher aus der Fremde gefolgt ist.
Diesen sandt ich voran mit meinen edlen Gefährten,
Und befahl Peiräos, ihn mit nach Hause zu nehmen
Und sorgfältig zu pflegen, bis ich heimkehrte vom Lande.
Also sprach er zu ihr und redete nicht in die Winde.
Jene badete sich und legte reine Gewand' an,
Und gelobte den Göttern, vollkommene Hekatomben
Darzubringen, wenn Zeus doch endlich Rache vergölte.
Aber Telemachos ging, mit seiner Lanze gerüstet,
Aus dem Palast; es begleiteten ihn schnellfüßige Hunde.

Siehe, mit himmlischer Anmut umstrahlt' ihn Pallas Athene,
Daß die Völker alle dem kommenden Jünglinge staunten.
Um ihn versammelten sich die übermütigen Freier,
Die viel Gutes ihm sagten und Böses im Herzen gedachten.
Aber Telemachos mied der Heuchler dichtes Gedränge
Und ging hin zu Mentor und Antiphos und Halitherses,
Welche von Anbeginn des Vaters Freunde gewesen,
Setzte bei ihnen sich nieder; und diese fragten nach allem.
Ihnen nahte sich jetzo der lanzenberühmte Peiräos,
Welcher den Gast durch die Stadt zur Versammlung führte; und länger
Säumte Telemachos nicht, er eilte dem Fremdling entgegen.
Ihn ermahnte zuerst mit diesen Worten Peiräos:
Eile, Telemachos, Mägde nach meinem Hause zu senden,
Um die Geschenke zu holen, die dir Menelaos geschenkt hat.
Und der verständige Jüngling Telemachos sagte dagegen:
Freund, wir wissen ja nicht, welch Ende die Sache gewinne!
Wenn mich in meinem Hause die übermütigen Freier
Heimlich ermorden und dann mein väterlich Erbe sich teilen,
Will ich doch lieber, daß du als ein anderer, jenes besitze.
Wenn es mir aber gelingt, sie mit blutigem Tode zu strafen,
Siehe, dann magst du es fröhlich zum Hause des Fröhlichen bringen.
Sprach's, und führte nach Hause den unglückseligen Fremdling.
Als sie jetzo erreichten die schöngebauete Wohnung,
Legten sie ihre Mäntel auf prächtige Sessel und Throne,
Gingen und badeten sich in schöngeglätteten Wannen.
Als die Mägde sie jetzo gebadet, mit Öle gesalbet
Und mit wollichtem Mantel und Leibrock hatten bekleidet,
Stiegen sie aus dem Bad und setzten sich nieder auf Sessel.
Eine Dienerin trug in der schönen goldenen Kanne,
Über dem silbernen Becken, das Wasser, beströmte zum Waschen

Ihnen die Händ' und stellte vor sie die geglättete Tafel.
Und die ehrbare Schaffnerin kam und tischte das Brot auf.
Und der Gerichte viel' aus ihrem gesammelten Vorrat.
Gegenüber saß auf dem Ruhesessel die Mutter
An der Schwelle des Saals und drehte die zierliche Spindel.
Und sie erhoben die Hände zum leckerbereiteten Mahle.
Und nachdem die Begierde des Tranks und der Speise gestillt war,
Da begann das Gespräch die kluge Penelopeia:
Sohn, ich muß wohl wieder in meine Kammer hinaufgehn,
Auf dem Lager zu ruhn, dem jammervollen, das immer
Meine Tränen benetzten, seitdem der edle Odysseus
Mit den Atreiden gen Ilion zog; denn du findest Bedenken,
Ehe der Freier Schwarm zum Freudengelage zurückkehrt,
Mir zu erzählen, was du von deinem Vater gehört hast!
Und der verständige Jüngling Telemachos sagte dagegen:
Gerne will ich dir, Mutter, die lautere Wahrheit verkünden.
Siehe, wir schifften gen Pylos, zu Nestor, dem Hirten der Völker.
Freundlich empfing mich dieser in seinem hohen Palaste
Und bewirtete mich mit so geschäftiger Liebc,
Als ein Vater den Sohn, der spät aus der Fremde zurückkehrt;
So viel Liebe genoß ich von ihm und den trefflichen Söhnen.
Doch von dem leidengeübten Odysseus hatte der König
Nicht das geringste gehört, ob er tot sei oder noch lebe.
Aber zu Atreus' Sohn Menelaos, dem lanzenberühmten,
Sandt er mit Rossen mich hin und einem zierlichen Wagen:
Wo ich Argos' Helena sah, um welche die Troer
Und Argeier so viel, nach dem Rat der Götter, erduldet.
Und mich fragte sogleich der Rufer im Streit Menelaos,
Was mich zu kommen genötigt zur göttlichen Stadt Lakedämon.
Und ich erzählte darauf umständlich die ganze Geschichte.
Nun antwortete mir der Held Menelaos und sagte:
O ihr Götter, ins Lager des übergewaltigen Mannes

Wollten jene sich legen, die feigen verworfenen Menschen!
Aber wie wenn in den Dickicht des starken Löwen die Hirschkuh
Ihre saugenden Jungen, die neugeborenen, hinlegt,
Dann auf den Bergen umher und kräuterbewachsenen Tälern
Weide sucht; und jener darauf in sein Lager zurückkehrt,
Und den Zwillingen beiden ein schreckliches Ende bereitet:
So wird jenen Odysseus ein schreckliches Ende bereiten!
Wenn er, o Vater Zeus, Athene und Phöbos Apollon!
Doch in jener Gestalt, wie er einst in der fruchtbaren Lesbos
Sich mit Philomeleides zum Wetteringen emporhub,
Und auf den Boden ihn warf, daß alle Achäer sich freuten;
Wenn doch in jener Gestalt Odysseus den Freiern erschiene!
Bald wär ihr Leben gekürzt und ihnen die Heirat verbittert!
Aber warum du mich fragst und bittest, das will ich geradaus
Ohn Umschweife dir sagen, und nicht durch Lügen dich täuschen;
Sondern was mir der wahrhafte Greis des Meeres geweissagt,
Davon will ich kein Wort dir bergen oder verhehlen.
Jener hatt' auf der Insel den jammernden Helden gesehen,
In dem Hause der Nymphe Kalypso, die mit Gewalt ihn
Hält; und er sehnt sich umsonst nach seiner heimischen Insel:
Denn es gebricht ihm dort an Ruderschiffen und Männern,
Über den weiten Rücken des Meeres ihn zu geleiten.
Also verkündigte mir Menelaos, der lanzenberühmte.
Als ich dieses vollendet, da kehrt ich von dannen; die Götter
Sandten mir günstigen Wind und führten mich bald zu der Heimat.
Also sprach er; ihn hörte mit inniger Rührung die Mutter.
Und der göttliche Mann Theoklymenos redete jetzo:
Du ehrwürdiges Weib des Laërtiaden Odysseus,
Jener wußte nicht alles, vernimm, was ich dir verkünde:
Denn ich will dir genau weissagen und nichts dir verhehlen.

Zeus von den Göttern bezeug es und diese gastliche Tafel
Und Odysseus' heiliger Herd, zu welchem ich fliehe:
Daß Odysseus schon im Vaterlande verborgen
Sitzet oder geheim umherschleicht, diese Verwüstung
Untersucht und den Freiern ein schreckliches Ende bereitet.
Dieses ersah ich, sitzend im schöngebordeten Schiffe,
Aus des Vogels Fluge und sagt' es Telemachos heimlich.
Ihm antwortete drauf die kluge Penelopeia:
Fremdling, erfülleten doch die Götter, was du geweissagt!
Dann erkenntest du bald an vielen und großen Geschenken
Deine Freundin, und jeder Begegnende priese dich selig!
Also besprachen diese sich jetzo untereinander.
Aber vor dem Palaste Odysseus' schwärmten die Freier
Und belustigten sich, die Scheib' und die Lanze zu werfen,
Auf dem geebneten Platz, wo sie sonst Mutwillen verübten.
Jetzo kam die Stunde des Mahls, und die Hirten vom Felde
Brachten den täglichen Zoll des auserlesensten Mastviehs.
Da sprach Medon zu ihnen, der Herold, welcher am meisten
Unter den Freiern galt, und ihrer Schmäuse Genoss' war:
Jünglinge, da ihr euch alle mit edlen Spielen erfreuet,
Geht nun wieder ins Haus und bereitet die köstliche Mahlzeit;
Denn es ist nicht übel, zur rechten Stunde zu essen.
Also sprach er; da standen sie auf und folgten dem Herold.
Als sie jetzo erreichten die schöngebauete Wohnung,
Legten sie ihre Mäntel auf prächtige Sessel und Throne,
Schlachteten große Schafe zum Mahl und gemästete Ziegen,
Schlachteten fette Schwein' und eine Kuh von der Weide,
Und bereiteten eilig die Mahlzeit. Aber vom Landhof
Eilt' Odysseus zur Stadt und der edle Hüter der Schweine.
Also begann das Gespräch der männerbeherrschende Sauhirt:
Fremdling, weil du denn doch in die Stadt zu gehen verlangest,
Heute noch, wie mein Herr es dir befohlen (ich wünschte
Freilich, du wärest hier als Hüter des Hofes geblieben,

Aber ich scheue mich und fürchte, Telemachos möchte
Nachmals schelten; und kränkend sind doch die Verweise der Herren!);
Auf denn, so wollen wir gehn! Die größte Hälfte des Tages
Ist dahin, und die Kälte wird gegen Abend noch strenger.
Ihm antwortete drauf der erfindungsreiche Odysseus:
Gut, ich verstehe dich schon; das sind auch meine Gedanken.
Laß uns denn gehn, und du sei mein Begleiter und Führer.
Hast du auch einen Stab zurechtgeschnitten, so gib ihn
Mir zur Stütze; ihr sagt ja, der Weg sei rauh und gefährlich.
Also sprach er und hängt' um die Schulter den häßlichen Ranzen,
Allenthalben geflickt, mit einem geflochtenen Tragband;
Einen bequemen Stab zur Stütze gab ihm Eumäos;
Und sie gingen. Den Hof bewachten indessen die Hunde
Und die übrigen Hirten; und dieser führte den König,
Der, wie ein alter Mann und mühebeladener Bettler,
Wankend am Stabe schlich, mit häßlichen Lumpen bekleidet.
Als die Wandernden jetzo auf ihrem höckrichten Wege
Nahe kamen der Stadt, am schöngebaueten Brunnen,
Welchem die Bürger der Stadt das klare Wasser entschöpften
(Ithakos hatt ihn gebaut und Neritos und Polyktor;
Ringsum war ein Hain von wasserliebenden Pappeln
In die Runde gepflanzt, und hoch von Felsen herunter
Schäumte das kalte Wasser; ein Altar stand auf der Höhe,
Wo die Wanderer alle den Nymphen pflegten zu opfern):
Da erreichte sie Dolios' Sohn, der Hirte Melantheus,
Welcher die trefflichsten Ziegen der ganzen Herde den Freiern
Brachte zum Schmaus; es begleiteten ihn zween andere Hirten.
Als sie dieser erblickte, da stieß er mit schreiender Stimme
Freche Schmähungen aus, und reizte die Seele des Königs:
Wahrlich, das heißt wohl recht, ein Taugenichts führet den andern!

Wie gesellet doch Gott beständig Gleiche zu Gleichen!
Sprich, wo führst du den Hungrigen hin, nichtswürdiger Sauhirt,
Diesen beschwerlichen Bettler, der schmierigen Brocken Verschlinger,
Welcher von Türe zu Tür an den Pfosten die Schulter sich reibet
Und sich Krümchen erbettelt, nicht Schwerter noch eherne Kessel!
Gäbest du mir den Kerl zum Hüter meines Geheges,
Daß er die Ställe fegt' und Laub vortrüge den Zicklein,
Molken sollt er mir saufen, um Fleisch auf die Lenden zu kriegen!
Aber da er nun nichts als Bubenstücke gelernt hat,
Wird er nicht gern arbeiten und lieber das Land durchstreichen,
Seinen gefräßigen Leib mit Bettelbrote zu stopfen.
Aber ich sage dir an, und das wird wahrlich erfüllet:
Kommt er je in das Haus des göttergleichen Odysseus,
Hageln werden die Schemel im Saal aus den Händen der Männer
Rings um sein Haupt und die Ecken an seinen Rippen zerstoßen!
  Also sprach er und kam und stieß mit der Ferse vor Bosheit
Ihm in die Seit'; allein er wankte nicht aus dem Wege,
Sondern stand unerschüttert. Nun überlegte Odysseus:
Ob er auf ihn mit dem Stab anrennt' und das Leben ihm raubte,
Oder ihn hoch erhüb und sein Haupt auf den Boden zerknirschte:
Doch er bezwang sein Herz und duldete. Aber der Sauhirt
Schalt ihn ins Antlitz und betete laut mit erhobenen Händen:
  Nymphen des heiligen Quells, Zeus' Töchter! Hat jemals Odysseus
Lenden, mit Fette bedeckt, von jungen Ziegen und Lämmern
Euch zur Ehre verbrannt, so erfüllt mein heißes Verlangen:

Daß heimkehre der Held und ihn ein Himmlischer führe!
Oh, dann würd er dir bald die hohen Gedanken vertreiben,
Welche du Trotziger jetzo hegst, da du immer die Stadt durch
Irrst, indes die Herde von bösen Hirten verderbt wird!
Und der Ziegenhirte Melanthios gab ihm zur Antwort:
Götter, was plaudert er da, der Hund voll hämischer Tücke!
Ha! ich werd ihn noch einst im schwarzen gerüsteten Schiffe
Fern von Ithaka bringen, damit ich ihn teuer verkaufe!
Tötete doch so gewiß der silberne Bogen Apollons
Oder der Freier Gewalt, Telemachos heut im Palaste:
Als Odysseus ferne von seiner Heimat dahinsank!
Also sprach er und eilte voran; sie folgten ihm langsam.
Und mit hurtigen Schritten erreicht' er des Königes Wohnung,
Ging gerade hinein und setzte sich unter die Freier,
Gegen Eurymachos über; denn diesen liebt' er am meisten.
Vor ihn legten ein Teil des Fleisches die hurtigen Diener;
Und die ehrbare Schaffnerin kam und tischte das Brot auf,
Und er aß. Nun kam mit Odysseus der treffliche Sauhirt
Nahe; sie standen still. Der hohlen Harfe Getön scholl
Ihnen melodisch entgegen; denn Phemios hub den Gesang an.
Und Odysseus faßte die Hand des Hirten und sagte:
Wahrlich, Eumäos, dies ist die prächtige Wohnung Odysseus'!
Diese würde man leicht auch unter vielen erkennen!
Zimmer stehen auf Zimmern; den Hof umschließet die schöne
Zinnenbefestigte Mauer mit einem doppelten starken
Flügeltor; sie vermöchte wohl schwerlich ein Mann zu erobern!
Auch bemerk ich dieses, daß viele Männer ein Gastmahl
Drinnen begehn; denn es duftet von Speisen umher, und die Harfe
Tönet, welche die Götter dem Mahl zur Freundin verliehen.
Ihm antwortetest du, Eumäos, Hüter der Schweine:
Richtig bemerkst du, da dir's auch sonst an Verstande nicht fehlet.

Aber wir wollen anitzt nachdenken, wie wir es machen.
Geh du entweder zuerst in die schöngebauete Wohnung
Unter den Haufen der Freier, so wart ich hier noch ein wenig;
Oder willst du, so bleib, und ich will erstlich hineingehn.
Aber zögere nicht; hier draußen möchte dich jemand
Schlagen oder auch werfen. Dies überlege nur selber.
Ihm antwortete drauf der herrliche Dulder Odysseus:
Gut, ich verstehe dich schon; dies sind auch meine Gedanken.
Gehe denn erst hinein; ich warte hier noch ein wenig.
Denn ich verstehe mich auf Schläg' und Würfe so ziemlich,
Und nicht schwach ist mein Herz. Ich habe schon vieles erduldet,
Schrecken des Meeres und des Kriegs; so mag auch dies noch geschehen!
Aber man kann unmöglich die Wut des hungrigen Magens
Bändigen, welcher den Menschen so vielen Kummer verursacht.
Ihn zu besänftigen gehn selbst schöngezimmerte Schiffe
Über das wilde Meer, mit Schrecken des Krieges gerüstet!
Also besprachen diese sich jetzo untereinander.
Aber ein Hund erhob auf dem Lager sein Haupt und die Ohren,
Argos: welchen vordem der leidengeübte Odysseus
Selber erzog; allein er schiffte zur heiligen Troja,
Eh er seiner genoß. Ihn führten die Jünglinge vormals
Immer auf wilde Ziegen und flüchtige Hasen und Rehe;
Aber jetzt, da sein Herr entfernt war, lag er verachtet
Auf dem großen Haufen vom Miste der Mäuler und Rinder,
Welcher am Tore des Hofes gehäuft ward, daß ihn Odysseus'
Knechte von dannen führen, des Königes Äcker zu düngen;
Hier lag Argos, der Hund, von Ungeziefer zerfressen.
Dieser, da er nun endlich den nahen Odysseus erkannte,
Wedelte zwar mit dem Schwanz und senkte die Ohren herunter,
Aber er war zu schwach, sich seinem Herren zu nähern.
Und Odysseus sah es und trocknete heimlich die Träne,

Unbemerkt von Eumäos, und fragete seinen Begleiter:
Wunderbar ist es, Eumäos, daß dieser Hund auf dem Miste
Liegt! Sein Körper ist schön von Bildung; aber ich weiß nicht,
Ob er mit dieser Gestalt auch schnell im Laufe gewesen,
Oder so, wie die Hund' um der Reichen Tische gewöhnlich
Sind; denn solche Herren erziehn sie bloß zum Vergnügen.
Ihm antwortetest du, Eumäos, Hüter der Schweine:
Freilich, denn dies ist der Hund des ferne gestorbenen Mannes.
Wär er derselbige noch an Gestalt und mutigen Taten,
Als wie Odysseus ihn, gen Troja schiffend, zurückließ,
Sicherlich würdest du jetzo die Kraft und die Schnelle bewundern!
Trieb er ein Wildbret auf im dichtverwachsenen Waldtal,
Nimmer entfloh es ihm; denn er war auch ein weidlicher Spürhund.
Aber nun liegt er im Elend hier; denn fern von der Heimat
Starb sein Herrr, und die Weiber, die faulen, versäumen ihn gänzlich.
Das ist die Art der Bedienten: Sobald ihr Herr sie nicht antreibt,
Werden sie träge zum Guten und gehn nicht gern an die Arbeit.
Zeus' allwaltender Rat nimmt schon die Hälfte der Tugend
Einem Manne, sobald er die heilige Freiheit verlieret.
Also sprach er und ging in die schöngebauete Wohnung,
Eilte dann grad in den Saal zu den übermütigen Freiern.
Aber Argos umhüllte der schwarze Schatten des Todes,
Da er im zwanzigsten Jahr Odysseus wiedergesehen.
Jenen sahe zuerst Telemachos, göttlich von Bildung,
Durch den Palast herwandeln, den trefflichen Hirten; er winkt' ihm
Eilig und rief ihn heran. Der ringsumschauende Sauhirt
Nahm den ledigen Stuhl, worauf der Zerleger gesessen,
Welcher den Freiern im Saale die Menge des Fleisches zerteilte;

Diesen trug er von dannen und stellt' ihn Telemachos' Tafel
Gegenüber und setzte sich drauf; dann brachte der Herold
Ihm ein Teil des Fleisches und gab ihm Brot aus dem Korbe.
Lange saß er noch nicht, da trat in die Wohnung Odysseus,
Der, wie ein alter Mann und mühebeladener Bettler,
Wankend am Stabe schlich, mit häßlichen Lumpen bekleidet.
Dieser setzte sich hin auf die eschene Schwelle der Pforte,
An der zypressene Pfoste den Rücken lehnend, die vormals
Künstlich der Meister gebildet und nach dem Maße der Richtschnur.
Und Telemachos rief dem edlen Hirten der Schweine,
Gab ihm ein ganzes Brot aus dem schöngeflochtenen Korbe
Und des Fleisches so viel, als er mit den Händen umfaßte:
Bringe dieses dem Fremdlinge hin und sag ihm, er möchte
Selber bei allen Freiern im Saale bittend umhergehn;
Denn die Blödigkeit ist dem darbenden Manne nicht heilsam.
Sprach's; und der Sauhirt ging, sobald er die Rede vernommen,
Trat vor Odysseus hin und sprach die geflügelten Worte:
Fremdling, Telemachos sendet dir dies, und saget, du möchtest
Selber bei allen Freiern im Saale bittend umhergehn;
Denn die Blödigkeit sei dem darbenden Manne nicht heilsam.
Ihm antwortete drauf der erfindungsreiche Odysseus:
Segne, du herrschender Zeus, Telemachos unter den Männern,
Und vollend ihm alles, was seine Seele begehret!
Also sprach er, empfing es mit beiden Händen und legt' es
Dort vor den Füßen nieder auf seinen häßlichen Ranzen;
Und dann aß er, solang das Lied des Sängers ertönte.
Als er jetzo gespeist, da schwieg auch der göttliche Sänger.
Aber die Freier durchlärmten den Saal; und Pallas Athene
Nahte sich abermal dem Laërtiaden Odysseus
Und ermahnt' ihn, sich Brosam von allen Freiern zu sammeln,

Daß er die mildegesinnten und ungerechten erkennte;
Dennoch sollte nicht einen die schreckliche Rache verschonen!
Und er wandte sich rechts und trat zu jeglichem Manne,
Reichte flehend die Hand, als hätt er schon lange gebettelt.
Jene gaben ihm mitleidsvoll, und fragten, verwundert
Über des Bettlers Gestalt: wer er wär und von wannen er käme.
Und der Ziegenhirte Melanthios sprach zur Versammlung:
Höret mich an, ihr Freier der weitgepriesenen Fürstin,
Wegen des Fremdlings hier. Ich hab ihn nur eben gesehen;
Denn er ging zu der Stadt und der Sauhirt war sein Geleiter.
Aber das weiß ich nicht, von welchem Geschlecht er sich rühme.
Sprach's; und Antinoos schalt den edlen Hirten der Schweine:
Warum führtest du diesen zur Stadt, du berüchtigter Sauhirt?
Irren nicht etwa genug Landstreicher vor unseren Türen,
Solche beschwerliche Bettler und schmieriger Brocken Verschlinger?
Oder glaubst du, hier fehl es an Gästen, welche die Güter
Deines Herren verschlingen, daß du auch diesen noch herrufst?
Ihm antwortetest du, Eumäos, Hüter der Schweine:
Edel, Antinoos, bist du, allein du redest nicht schicklich.
Denn wer gehet wohl aus und ladet selber den Fremdling,
Wo er nicht etwa im Volk durch nützliche Künste berühmt ist:
Als den erleuchteten Seher, den Arzt, den Meister des Baues
Oder den göttlichen Sänger, der uns durch Lieder erfreuet?
Diese laden die Menschen in allen Landen der Erde.
Aber den Bettler, der nur belästigt, lüde wohl niemand!
Doch beständig warst du, vor allen Freiern, Odysseus'
Knechten hart, und mir am härtesten; aber mich kümmert's
Nicht: denn siehe, noch lebt die kluge Penelopeia
Und ihr göttlicher Sohn Telemachos in dem Palaste!
Und der verständige Jüngling Telemachos sagte dagegen:
Väterchen, laß das sein! Was gibst du ihm vieles zur Antwort?
Denn das war ja beständig Antinoos' böse Gewohnheit:

Hart und beleidigend redet er selbst und verführt auch die andern!
Und zu Antinoos sprach er die schnellgeflügelten Worte:
Traun, wie der Vater des Sohns, Antinoos, waltest du meiner,
Da du befiehlst, den Fremdling mit harten Worten gewaltsam
Aus dem Hause zu treiben! Das wolle Gott nicht gefallen!
Nimm und gib ihm; ich sehe nicht scheel, ich heiß es dir selber!
Scheue dich hierin auch nicht vor meiner Mutter, noch jemand
Unter den Leuten im Hause des göttergleichen Odysseus!
Aber dein Herz bekümmern nicht solche Gedanken; du willst nur
Lieber alles allein aufschlingen, als etwas verschenken.
Und Antinoos rief und gab ihm dieses zur Antwort:
Jüngling von trotziger Red' und verwegenem Mute, was sagst du?
Schenkten so vieles, wie ich, ihm auch die übrigen Freier,
In drei Monden würd er dies Haus nicht wieder besuchen!
Also sprach er, und hob den Schemel unter dem Tische
Drohend empor, auf welchem die Füße des Schmausenden ruhten.
Aber die andern gaben ihm all', und füllten den Ranzen
Ihm mit Fleisch und Brot. Und jetzo wollte Odysseus
Wieder zur Schwelle gehn, der Achäer Geschenke zu kosten;
Aber er stellte sich erst vor Antinoos' Tafel und sagte:
Lieber, beschenke mich auch! Du scheinst mir nicht der geringste,
Sondern ein edler Achäer, du hast ein königlich Ansehn:
Darum mußt du mir auch mehr Speise geben als andre;
Und ich werde dein Lob in allen Landen verkünden.
Denn auch ich war ehmals ein glücklicher Mann und Bewohner
Eines reichen Palastes und gab dem irrenden Fremdling
Oftmals, wer er auch war, und welche Not ihn auch drängte;
Und unzählige Knechte besaß ich und andere Güter,

Die man zum Überfluß und zur Pracht der Reichen erfordert.
Aber das nahm mir Zeus nach seinem heiligen Ratschluß;
Denn er verleitete mich, mit küstenumirrenden Räubern
Weit nach Ägyptos zu schiffen, um mein Verderben zu finden.
Und ich legte die Schiff' im Strom Ägyptos vor Anker;
Dringend ermahnt ich jetzo die lieben Reisegefährten,
An dem Gestade zu bleiben und unsere Schiffe zu hüten,
Und versendete Wachen umher auf die Höhen des Landes.
Aber sie wurden vom Trotz und Übermute verleitet,
Daß sie ohne Verzug der Ägypter schöne Gefilde
Plünderten, ihre Weiber gefangen führten, die Männer
Und unmündigen Kinder ermordeten. Und ihr Geschrei kam
Schnell in die Stadt. Sobald der Morgen sich rötete, zogen
Streiter zu Roß und zu Fuße daher, und vom blitzenden Erze
Strahlte das ganze Gefilde. Der Donnerer Zeus Kronion
Sendete meinen Gefährten die schändliche Flucht, und es wagte
Keiner dem Feinde zu stehen; denn ringsum drohte Verderben.
Viele töteten sie mit ehernen Lanzen, und viele
Schleppten sie lebend hinweg zu harter sklavischer Arbeit.
Aber nach Kypros schenkten sie mich dem begegnenden Fremdling
Dmetor, Iasos' Sohne, dem mächtigen Herrscher in Kypros.
Und von dannen komm ich nun hier, mit Kummer beladen.

Und Antinoos rief und gab ihm dieses zur Antwort:
Welch ein Himmlischer straft uns mit dieser Plage des Gastmahls?
Stelle dich dort in die Mitte, und hebe dich weg von der Tafel,
Daß du mir nicht ein herbes Ägyptos und Kypros erblickest!
Ha, du bist mir der frechste, der unverschämteste Bettler!
Gehst nach der Reihe bei allen umher; und ohne Bedenken
Geben sie dir! Wozu auch so sparsam oder so ängstlich,
Fremdes Gut zu verschenken, wo man so reichlich versorgt ist!

Weichend erwiderte drauf der erfindungsreiche Odysseus:

Götter, wie wenig gleichen dein Herz und deine Gestalt sich!
Von dem Deinigen schenkst du dem Darbenden schwerlich ein Salzkorn,
Da du an fremdem Tische dich nicht erbarmest, ein wenig
Mir von der Speise zu geben, womit du so reichlich versorgt bist!
Also sprach er; da ward Antinoos' Herz noch erboster;
Drohend blickt' er ihn an und sprach die geflügelten Worte:
Nun, so sollst du gewiß aus diesem Saale nicht wieder
Unbeschädigt entrinnen, da du noch Schmähungen redest!
Sprach's und warf mit dem Schemel die rechte Schulter Odysseus'
Dicht am Gelenke des Halses. Er aber stand, wie ein Felsen,
Fest, und wankte nicht von Antinoos' mächtigem Wurfe,
Sondern schüttelte schweigend das Haupt und sann auf Verderben;
Ging dann zur Schwelle zurück und setzte sich, legte den Ranzen
Voll von Speise nieder und sprach zu der Freier Versammlung:
Höret mich an, ihr Freier der weitgepriesenen Fürstin,
Daß ich rede, wie mir das Herz im Busen gebietet.
Nicht der mindeste Schmerz noch Kummer beuget die Seele
Eines Mannes, der, streitend für seine Güter, vom Feinde
Wunden empfängt, für die Herden der Rinder und wollichten Schafe:
Doch Antinoos warf mich wegen des traurigen Hungers,
Welcher den elenden Menschen so vielen Kummer verursacht!
Aber beschützt auch die Armen der Götter und Göttinnen Rache,
Dann ereile der Tod Antinoos vor der Vermählung!
Und Eupeithes' Sohn Antinoos gab ihm zur Antwort:
Fremdling, sitze geruhig und iß oder gehe von hinnen,
Daß dich die Jünglinge nicht bei den Händen und Füßen, du Schwätzer,
Durch den Palast fortschleppen und deine Glieder zerreißen!

Also sprach er; allein die übrigen zürnten ihm heftig.
Also redete mancher der übermütigen Freier:
Übel, Antinoos, tatst du, den armen Fremdling zu werfen!
Unglückseliger! Wenn er nun gar ein Himmlischer wäre!
Denn oft tragen die Götter entfernter Fremdlinge Bildung;
Unter jeder Gestalt durchwandeln sie Länder und Städte,
Daß sie den Frevel der Menschen und ihre Frömmigkeit schauen.
Also sprachen die Freier; allein er verachtete solches.
Aber Telemachos schwoll das Herz von großer Betrübnis,
Als er ihn warf; doch netzt' ihm keine Träne die Wangen,
Sondern er schüttelte schweigend das Haupt und sann auf Verderben.
Auch in der Kammer vernahm es die kluge Penelopeia,
Als man ihn warf im Saal, und redete unter den Weibern:
Also treffe dich selbst der bogenberühmte Apollon!
Aber die Schaffnerin Eurynome gab ihr zur Antwort:
Ja, wenn die Sache, mein Kind, nach unseren Wünschen geschähe,
Keiner von diesen erlebte die goldene Röte des Morgens!
Ihr antwortete drauf die kluge Penelopeia:
Mutter, verhaßt sind mir alle, denn alle trachten nach Unglück!
Aber Antinoos gleicht doch am meisten dem schwarzen Verhängnis!
Denn es wanket im Saal ein unglückseliger Fremdling
Bittend umher bei den Männern; ihn zwingt der äußerste Mangel.
Und die übrigen füllten ihm alle den Ranzen mit Gaben,
Er nur warf ihm am Hals auf die rechte Schulter den Schemel.
Also redete sie, umringt von dienenden Weibern,
Sitzend in ihrer Kammer. Nun aß der edle Odysseus;
Und sie berief zu sich den edlen Hirten und sagte:
Eile schnell in den Saal, Eumäos, und heiße den Fremdling

Zu mir kommen. Ich möchte ihn ein wenig sprechen und fragen,
Ob er etwa gehört von dem leidengeübten Odysseus,
Oder ihn selber gesehn; denn er scheint viel' Länder zu kennen.
Ihr antwortetest du, Eumäos, Hüter der Schweine:
Schwiegen nur die Achäer, o Königin, drinnen im Saale,
Wahrlich, er würde dein Herz durch seine Reden erfreuen!
Denn ich hatt ihn bei mir drei Tag' und Nächt' in der Hütte,
Wo er zuerst ankam, nachdem er vom Schiffe geflohn war;
Und doch hat er mir nicht sein Leiden alles erzählet.
So aufmerksam ein Mann den gottbegeisterten Sänger
Anschaut, welcher die Menschen mit reizenden Liedern erfreuet;
Voller Begierde horcht die Versammlung seinem Gesange:
Eben so rührt' er mein Herz, da er bei mir saß in der Hütte.
Und er saget, er sei durch seinen Vater ein Gastfreund
Von Odysseus, und wohne in Kreta, Minos' Geburtsland;
Und von dannen komm er nun hier, durch mancherlei Trübsal
Weiter und weiter gewälzt; auch hab er gehört, daß Odysseus
Nahe bei uns im fetten Gebiet der thesprotischen Männer
Leb', und mit großem Gut heimkehre zu seinem Palaste.
Ihm antwortete drauf die kluge Penelopeia:
Geh und ruf ihn hieher, damit er mir selber erzähle.
Jene mögen indes vor der Türe sitzen und scherzen,
Oder auch dort im Saale, da ihre Herzen vergnügt sind.
Denn ihr eigenes Gut liegt unversehrt in den Häusern,
Speise und süßer Wein, und nähret bloß das Gesinde.
Aber sie schalten von Tage zu Tag in unserem Hause,
Schlachten unsere Rinder und Schaf' und gemästeten Ziegen
Für den üppigen Schmaus und schwelgen im funkelnden Weine
Ohne Scheu; und alles wird leer: denn es fehlt uns ein solcher
Mann, wie Odysseus war, die Plage vom Hause zu wenden.
Käm' Odysseus zurück in seine Heimat, er würde
Bald mit seinem Sohne den Frevel der Männer bestrafen!

Also sprach sie: da nieste Telemachos laut, und ringsum
Scholl vom Getöse der Saal. Da lächelte Penelopeia,
Wandte sich schnell zu Eumäos und sprach die geflügelten Worte:
Gehe mir gleich in den Saal, Eumäos, und rufe den Fremdling!
Siehst du nicht, wie mein Sohn mir alle Worte beniest hat?
Ja, nun werde der Tod das unvermeidliche Schicksal
Aller Freier, und keiner entfliehe dem blutigen Tode!
Eins verkünd ich dir noch, bewahre dieses im Herzen:
Wann ich merke, daß jener mir lautere Wahrheit erzählet,
Will ich mit schönen Gewändern, mit Rock und Mantel, ihn kleiden.
Sprach's; und der Sauhirt eilte, sobald er die Rede vernommen,
Trat vor Odysseus hin und sprach die geflügelten Worte:
Fremder Vater, dich läßt die kluge Penelopeia
Rufen, Telemachos' Mutter; denn ihre Seele gebeut ihr,
Wegen des Mannes zu fragen, um den sie so herzlich betrübt ist.
Wann sie merkt, daß du ihr lautere Wahrheit erzählest,
Will sie mit Rock und Mantel dich kleiden, die du am meisten
Nötig hast. Denn Speise, den Hunger zu stillen, erlangst du
Leicht durch Betteln im Volk; es gebe dir jeder nach Willkür.
Ihm antwortete drauf der herrliche Dulder Odysseus:
Gern erzählt' ich nun gleich, Eumäos, die lautere Wahrheit
Vor Ikarios' Tochter, der klugen Penelopeia.
Denn viel weiß ich von ihm; wir duldeten gleiches Verhängnis.
Aber ich fürchte nur der bösen Freier Versammlung,
Deren Trotz und Gewalt den eisernen Himmel erreichet.
Denn jetzt eben, da jener mich warf, daß der Schmerz mich betäubte,
Mich, der kein Böses tat und bittend im Saale umherging,
Hat mich Telemachos weder noch irgend ein andrer verteidigt.
Sage denn Penelopeien, sie möcht' in ihren Gemächern

Harren, wie sehr sie verlangt, bis erst die Sonne gesunken.
Alsdann frage sie mich nach ihres Mannes Zurückkunft,
Nahe beim Feuer mich setzend; denn meine Kleider sind elend.
Dieses weißt du auch selbst, du warst mein erster Beschützer.
Sprach's; und der Sauhirte eilte, sobald er die Rede vernommen.
Als er die Schwelle betrat, da fragte Penelopeia:
Bringst du ihn nicht, Eumäos? Warum bedenkt sich der Fremdling?
Hält ihn etwa die Furcht vor Gewalttat oder die Scham ab,
Durch den Palast zu gehn? Ein schamhafter Bettler ist elend!
Ihr antwortetest du, Eumäos, Hüter der Schweine:
Was er sagt, hat Grund; so würd' auch ein anderer denken,
Um den Trotz zu vermeiden der übermütigen Männer.
Darum, bittet er, harre, bis erst die Sonne gesunken.
Auch für dich selber ist der Abend bequemer, o Fürstin,
Daß du den fremden Mann allein befragest und hörest.
Ihm antwortete drauf die kluge Penelopeia:
Wer der Fremdling auch sei, so denkt er nicht unvernünftig;
Denn an keinem Orte, den sterbliche Menschen bewohnen,
Üben trotzige Männer so ausgelassene Greuel!
Also redete sie. Drauf ging der treffliche Sauhirt
Zu der Freier Versammlung, da sein Gewerbe bestellt war;
Und er neigte das Haupt zu Telemachos, redete leise,
Daß es die andern nicht hörten, und sprach die geflügelten Worte:
Lieber, ich gehe nun weg, die Schwein' und das andre zu hüten,
Dein und mein Vermögen; du sorg' indessen für dieses.
Aber vor allem erhalte dich selbst und siehe dich wohl vor,
Daß dir kein Böses geschehe; denn viele sinnen auf Unglück.
Doch Zeus rotte sie aus, bevor sie uns Schaden bereiten!
Und der verständige Jüngling Telemachos sagte dagegen:

Väterchen, also geschehe; doch warte bis gegen den Abend.
Morgen früh komm wieder und bring die gemästeten Opfer;
Für das übrige laß mich und die Unsterblichen sorgen.
Sprach's, und der Sauhirt setzte sich auf den zierlichen Sessel.
Und nachdem er sein Herz mit Trank und Speise gesättigt,
Eilt' er zurück zu den Schweinen, den Hof des Hauses verlassend,
Wo die schwelgenden Freier sich schon beim Tanz und Gesange
Freuten; denn jetzo neigte der Tag sich gegen den Abend.

ACHTZEHNTER GESANG

Odysseus kämpft mit dem Bettler Iros. Amphinomos wird umsonst gewarnt. Penelopeia besänftigt die Freier durch Hoffnung und empfängt Geschenke. Odysseus von den Mägden beleidigt, von Eurymachos verhöhnt und geworfen. Die Freier gehen zur Ruhe.

Jetzo kam ein Bettler von Ithaka, welcher die Gassen
Haus bei Haus durchlief, ein weitberüchtigter Vielfraß:
Immer füllt' er den Bauch mit Essen und Trinken und hatte
Weder Stärke noch Kraft, so groß auch seine Gestalt war.
Dieser hieß Arnäos; denn also nannt ihn die Mutter
Bei der Geburt; allein die Jünglinge nannten ihn Iros,
Weil er gerne mit Botschaft ging, wenn es einer verlangte.
Dieser kam, Odysseus von seinem eigenen Hause
Wegzutreiben; er schalt ihn und sprach die geflügelten Worte:
Geh von der Türe, du Greis, daß man nicht beim Fuße dich schleppe!
Merkst du nicht, wie man rings mit den Augenwimpern mir zuwinkt,

Dich von hinnen zu schleppen? Allein ich scheue mich dennoch.
Auf denn! oder es kommt noch zwischen uns beiden zum Faustkampf!
Zürnend schaute auf ihn und sprach der weise Odysseus:
Elender, hab ich doch nimmer mit Wort oder Tat dich beleidigt!
Auch mißgönn ich's dir nicht, wie viel dir einer auch schenke.
Und die Schwelle hat Raum für uns beide. Du mußt nicht so neidisch
Sehn bei anderer Milde; du scheinst mir ein irrender Fremdling,
Eben wie ich; der Reichtum kommt von den seligen Göttern.
Aber fordre mich nicht so übermütig zum Faustkampf,
Daß ich nicht zürn, und dir, trotz meines Alters, mit Blute
Brust und Lippen besudle! Dann säß ich morgen vermutlich
Noch geruhiger hier; denn schwerlich kehrtest du jemals
Wieder zurück in das Haus des Laërtiaden Odysseus!
Und mit zürnendem Blick antwortete Iros, der Bettler:
All' ihr Götter, wie rasch der verhungernde Bettler da plappert;
Recht wie ein Heizerweib! Ich möcht es ihm übel gedenken,
Rechts und links ihn zerdreschen und alle Zähn' aus dem Maul ihm
Schlagen, wie einer Sau, die fremde Saaten verwüstet!
Auf! und gürte dich jetzo, damit sie alle des Kampfes
Zeugen sei'n! Wie willst du des Jüngeren Stärke bestehen?
Also zankten sie sich vor der hohen Pforte des Saales
Auf der geglätteten Schwelle mit heftig erbitterten Worten.
Ihre Worte vernahm Antinoos' heilige Stärke,
Und mit herzlicher Lache begann er unter den Freiern:
So was, ihr Lieben, ist uns bisher noch nimmer begegnet!
Welche Freude beschert uns Gott in diesem Palaste!
Jener Fremdling und Iros, die fordern sich jetzo einander
Zum Faustkampfe heraus. Kommt eilig, wir wollen sie hetzen!
Also sprach er; und schnell erhoben sich alle mit Lachen,
Und versammelten sich um die schlechtgekleideten Bettler.

Aber Eupeithes' Sohn Antinoos sprach zur Versammlung:
  Höret, was ich euch sage, ihr edelmütigen Freier!
Hier sind Ziegenmagen, mit Fett und Blute gefüllet,
Die wir zum Abendschmaus auf glühende Kohlen geleget.
Wer nun am tapfersten kämpft und seinen Gegner besieget,
Dieser wähle sich selbst die beste der bratenden Würste.
Künftig find' er auch immer an unserem Mahle sein Anteil,
Und kein anderer Bettler soll diese Schwelle betreten.
  Also sprach er; und allen gefiel Antinoos' Rede.
Listensinnend begann der erfindungsreiche Odysseus:
  Lieben, ich alter Mann, durch so viel Elend entkräftet,
Kann unmöglich die Stärke des jüngeren Mannes bestehen.
Aber mich zwingt der Hunger, die härtesten Schläge zu dulden!
Nun wohlan! verheißt mir denn alle mit heiligem Eidschwur,
Daß nicht Iros zuliebe mich einer mit nervichter Rechten
Freventlich schlagen will, ihm seinen Sieg zu erleichtern.
  Also sprach er; und alle beschworen, was er verlangte.
Und die heilige Kraft Telemachos' redete jetzo:
  Fremdling, gebeut es dein Herz und deine mutige Seele,
Treib ihn getrost hinweg; und fürchte der andern Achäer
Keinen! Wer dich verletzt, der hat mit mehren zu kämpfen!
Dein Beschützer bin ich, und beide verständige Fürsten
Hegen, Antinoos dort und Eurymachos, gleiche Gesinnung.
  Seine Rede lobten die übrigen. Aber Odysseus
Gürtete sich um die Scham mit seinen Lumpen, und zeigte
Schöne rüstige Lenden; auch seine nervichten Arme
Wurden entblößt, die Brust und die breite Schulter; Athene
Schmückt' unsichtbar mit Kraft und Größe den Hirten der Völker.
Aber die Freier alle umstaunten die Wundererscheinung;
Einer wendete sich zu seinem Nachbar und sagte:
  Iros, der arme Iros bereitet sich wahrlich ein Unglück!

Welche fleischichte Lende der Greis aus den Lumpen hervorstreckt!
Also sprachen die Freier; und Iros ward übel zumute.
Aber es gürteten ihn mit Gewalt die Diener und führten
Ihn, wie er zitterte, fort, und sein Fleisch umbebte die Glieder.
Und Antinoos schalt ihn und sprach mit drohender Stimme:
Wärst du doch tot, Großprahler, ja wärst du nimmer geboren,
Da du vor diesem so bebst und so entsetzlich dich anstellst,
Vor dem alten Manne, den mancherlei Elend geschwächt hat!
Aber ich sage dir an, und das wird wahrlich erfüllet:
Schlägt dich dieser zu Boden und geht als Sieger vom Kampfplatz,
Siehe, dann send ich dich gleich im schwarzen Schiffe zum König
Echetos in Epeiros, dem Schrecken des Menschengeschlechtes,
Daß er dir Nas' und Ohren mit grausamem Erze verstümmle
Und die entrissene Scham den Hunden gebe zu fressen!
Sprach's; da zitterte jener noch stärker an Händen und Füßen.
Aber sie führten ihn hin; und beide erhuben die Fäuste.
Nun ratschlagte bei sich der herrliche Dulder Odysseus:
Ob er ihn schlüge, daß gleich auf der Stelle sein Leben entflöhe,
Oder mit sanftem Schlag nur bloß auf den Boden ihn streckte.
Dieser Gedanke schien dem Zweifelnden endlich der beste:
Sanft zu schlagen, um nicht den Achäern Verdacht zu erwecken.
Iros schlug mit der Faust die rechte Schulter Odysseus',
Dieser ihm unter das Ohr an den Hals, daß der Kiefer des Bettlers
Knirschend zerbrach und purpurnes Blut dem Rachen entstürzte.
Schreiend fiel er zu Boden, ihm klappten die Zähn', und die Füße
Zappelten stäubend im Sand. Da erhoben die mutigen Freier
Jauchzend die Händ' und lachten sich atemlos. Aber Odysseus
Zog ihn beim Fuß aus der Tür und schleppt' ihn über den Vorhof

Durch die Pforte der Halle; da lehnt' er ihn mit dem Rücken
Gegen die Mauer des Hofs und gab ihm den Stab in die Rechte;
Und er redet' ihn an und sprach die geflügelten Worte:
Sitze nun ruhig hier, und scheuche die Hund' und die Schweine!
Hüte dich ferner, den Armen und Fremdlingen hier zu befehlen,
Elender Mensch, damit dir kein größeres Übel begegne!
Also sprach er und warf um die Schulter den häßlichen Ranzen,
Allenthalben geflickt, mit einem geflochtenen Tragband,
Ging zur Schwelle zurück und setzte sich. Aber die Freier
Gingen mit herzlichem Lachen hinein und grüßten ihn also:
Fremdling, dir gebe Zeus und die andern unsterblichen Götter,
Was du am meisten verlangst und was dein Herz nur begehret,
Weil du unsere Stadt von dem unersättlichen Bettler
Hast befreit! Bald werden wir ihn fortsenden zum König
Echetos in Epeiros, dem Schrecken des Menschengeschlechtes.
Also sprachen die Freier; der vorbedeutenden Worte
Freute der edle Odysseus sich herzlich. Antinoos bracht ihm
Jetzo den großen Magen, mit Fett und Blute gefüllet;
Und Amphinomos nahm zwei Brot' aus dem zierlichen Korbe,
Brachte sie, trank ihm zu aus goldenem Becher und sagte:
Freue dich, fremder Vater! Es müsse dir wenigstens künftig
Wohl ergehn! denn jetzo umringt dich mancherlei Trübsal.
Ihm antwortete drauf der erfindungsreiche Odysseus:
Du, Amphinomos, scheinst mir ein sehr verständiger Jüngling,
Und ein würdiger Sohn von deinem rühmlichen Vater
Nisos, der, wie ich höre, ein edler und mächtiger König
In Dulichion ist. Dein Blick verkündiget Scharfsinn.
Darum sag ich dir jetzt, nimm meine Worte zu Herzen:
Siehe, kein Wesen ist so eitel und unbeständig
Als der Mensch, von allem, was lebt und webet auf Erden.

Denn solange die Götter ihm Heil und blühende Jugend
Schenken, trotzt er und wähnt, ihn treffe nimmer ein Unglück.
Aber züchtigen ihn die seligen Götter mit Trübsal,
Dann erträgt er sein Leiden mit Ungeduld und Verzweiflung.
Denn wie die Tage sich ändern, die Gott vom Himmel uns sendet,
Ändert sich auch das Herz der erdebewohnenden Menschen.
Siehe, ich selber war einst ein glücklicher Mann, und verübte
Viel Unarten, vom Trotz und Übermute verleitet,
Weil mein Vater mich schützte und meine mächtigen Brüder.
Drum erhebe sich nimmer ein Mann und frevele nimmer;
Sondern genieße, was ihm die Götter bescheren, in Demut!
Welchen Greuel erblick ich, den hier die Freier beginnen!
Wie sie die Güter verschwelgen und schmähn die Gattin des Mannes,
Welcher vielleicht nicht lange von seinen Freunden und Ländern
Ferne bleibt, vielleicht schon nah ist! Aber es führe
Dich ein Himmlischer heim, daß du nicht jenem begegnest,
Wann er wieder zurück in sein liebes Vaterland kehret!
Denn die Freier allhier und jener trennen sich schwerlich
Ohne Blut voneinander, sobald er unter sein Dach kommt!
Also sprach er und goß des süßen Weines den Göttern,
Trank und reichte den Becher zurück dem Führer der Völker.
Dieser ging durch den Saal mit tiefverwundeter Seele
Und mit gesunkenem Haupt; denn er ahndete Böses im Herzen.
Dennoch entrann er nicht dem Verderben; ihn fesselt' Athene,
Daß ihn Telemachos' Hand mit der Todeslanze vertilgte.
Und er setzte sich nieder auf seinen verlassenen Sessel.
Aber Ikarios' Tochter, der klugen Penelopeia,
Gab Athene, die Göttin mit blauen Augen, den Rat ein,
Sich den Freiern zu zeigen: auf daß sie mit täuschender Hoffnung

Ihre Herzen noch mehr erweiterte und bei Odysseus
Und Telemachos sich noch größerer Achtung erwürbe.
Und sie erzwang ein Lächeln und sprach mit freundlicher Stimme:
Jetzt, Eurynome, fühl ich zum erstenmal ein Verlangen,
Mich den Freiern zu zeigen, wie sehr sie mir immer verhaßt sind.
Gerne möchte ich den Sohn zu seinem Besten erinnern,
Daß er ganz die Gesellschaft der stolzen Freier vermiede;
Denn sie reden zwar gut, doch heimlich denken sie Böses.
Aber die Schaffnerin Eurynome gab ihr zur Antwort:
Wahrlich, mein Kind, du hast mit vielem Verstande geredet.
Gehe denn hin und sprich mit deinem Sohne von Herzen;
Aber bade zuvor den Leib und salbe dein Antlitz.
Denn du mußt nicht so mit tränenumflossenen Wangen
Hingehn; unaufhörlicher Gram vermehrt nur das Leiden!
Siehe, du hast den erwachsenen Sohn, und du wünschest ja herzlich,
Daß dir die Götter gewährten, ihn einst im Barte zu sehen!
Ihr antwortete drauf die kluge Penelopeia:
Oh! so gut du es meinst, Eurynome, rate mir das nicht,
Meinen Leib zu baden und meine Wangen zu salben!
Denn die Liebe zum Schmuck ward mir von den himmlischen Göttern
Gänzlich geraubt, seit Jener in hohlen Schiffen hinwegfuhr!
Aber laß mir Autonoe gleich und Hippodameia
Kommen, sie sollen mich in den Saal hinunter begleiten;
Denn es ziemet mir nicht, allein zu Männern zu gehen.
Also sprach sie; da ging die Schaffnerin aus dem Gemache,
Brachte der Fürstin Befehl und trieb die Mägde zu eilen.
Jetzo ersann ein andres die heilige Göttin Athene:
Siehe, mit süßem Schlummer umgoß sie Penelopeia.
Und sie entschlief hinsinkend; die hingesunkenen Glieder
Ruhten sanft auf dem Sessel. Da gab die heilige Göttin

Ihr unsterbliche Gaben, damit sie die Freier entzückte:
Wusch ihr schönes Gesicht mit ambrosischem Öle der Schönheit,
Jenem, womit Aphrodite, die schöngekränzte, sich salbet,
Wenn sie zum reizenden Chore der Charitinnen dahinschwebt;
Schuf sie höher an Wuchs und jugendlicher an Bildung,
Schuf sie weißer als Elfenbein, das der Künstler geglättet.
Als sie dieses vollbracht, entschwebte die heilige Göttin.
Lärmend stürzten anjetzo die Mägde mit Lilienarmen
Aus dem Saale herein: da verließ sie der süße Schlummer,
Und sie rieb mit den Händen die schönen Wangen und sagte:
Ach, ein sanfter Schlaf umhüllte mich Herzlichbetrübte!
Einen so sanften Tod beschere die göttliche Jungfrau
Artemis mir, jetzt gleich, damit ich Arme nicht länger
Mich abhärme, vor Gram um meines trauten Gemahles
Edles Verdienst; denn er war der herrlichste aller Achäer!
Also sprach sie und stieg vom prächtigen Söller herunter,
Nicht allein, sie wurde von zwo Jungfrauen begleitet.
Als das göttliche Weib die Freier jetzo erreichte,
Stand sie still an der Schwelle des schönen gewölbeten Saales;
Ihre Wangen umwallte der feine Schleier des Hauptes,
Und an jeglichem Arm stand eine der stattlichen Jungfraun.
Allen erbebten die Knie, es glühten die Herzen vor Inbrunst
Und vor banger Begierde, mit ihr das Lager zu teilen.
Und zu Telemachos sprach die zärtliche Penelopeia:
Sohn, in deinem Herzen ist weder Verstand noch Empfindung!
Weit vernünftiger hast du dich schon als Knabe bewiesen!
Nun, da du größer bist und des Jünglings Alter erreicht hast,
Und ein Fremder sogar aus der schönen und trefflichen Bildung
Schließen kann, du seist von edlem Samen entsprossen,
Siehe, nun zeigt dein Herz so wenig Verstand als Empfindung!
Welch unwürdige Tat ist hier im Saale geschehen!
Da man den Fremdling so sehr mißhandelte, saßest du ruhig?

Aber wie? wenn ein Fremdling bei uns in unserem Hause
Hilfe sucht, und dann so schnöde Beleidigung duldet!
Dieses bringt dir ja Schimpf und Verachtung unter den Menschen!
Und der verständige Jüngling Telemachos sagte dagegen:
Meine Mutter, ich will nicht murren, daß du mir zürnest.
Freilich fehlt es mir jetzo nicht mehr an Verstand und Erfahrung,
Gutes und Böses zu sehn (denn ehmals war ich ein Knabe!);
Aber ich kann nicht immer die klügsten Gedanken ersinnen;
Denn mich betäubt die Furcht vor diesen Übelgesinnten,
Welche mich rings umgeben; und niemand ist, der mir helfe.
Aber des Fremdlings Kampf mit Iros endigte gleichwohl
Nicht nach der Freier Sinn; denn dieser war stärker als Iros.
Gäbe doch Vater Zeus, Athene und Phöbos Apollon,
Daß auch jetzo die Freier, in unserem Hause bezwungen,
So ihr schwindelndes Haupt hinneigeten, draußen im Vorhof,
Oder auch hier im Saal, an allen Gliedern gelähmet:
So wie dort an der Pforte des Hofs der zerschlagene Iros
Jetzo mit wankendem Haupt gleich einem Betrunkenen dasitzt,
Und auf seinen Füßen nicht grade zu stehen noch wieder
Heimzukehren vermag, weil seine Glieder gelähmt sind!
Also besprachen diese sich jetzo untereinander.
Aber Eurymachos wandte sich drauf zu Penelopeia:
O Ikarios' Tochter, du kluge Penelopeia,
Sähen dich die Achäer im ganzen jasischen Argos,
Wahrlich, vom Morgen an erschienen noch mehrere Freier
Hier im Palaste zum Schmaus; denn dir gleicht keine der Weiber
An Gestalt, an Größe und Trefflichkeiten des Geistes!
Ihm antwortete drauf die kluge Penelopeia:
Ach, die Tugend des Geistes, Eurymachos, Schönheit und Bildung
Raubten die Himmlischen mir am Tage, da die Argeier

Schifften gen Troja, mit ihnen mein trauter Gemahl Odysseus!
Kehrete jener von dannen und lebt' in meiner Gesellschaft,
Ja, dann möchte mein Ruhm wohl größer werden und schöner.
Aber jetzo traur ich, denn Leiden beschied mir ein Dämon!
Ach! da er Abschied nahm am vaterländischen Ufer,
Faßt' er mich bei der Rechten und sprach mit freundlicher Stimme:
Frau, ich vermute nicht, die schöngeharnischten Griechen
Werden alle gesund und wohl von Ilion kehren;
Denn, wie man sagt, sind auch die Troer streitbare Männer,
Mit Wurfspießen geübt, und geübt, den Bogen zu spannen
Und schnellfüßige Rosse der Schlacht zu lenken, die immer
Hurtig den großen Kampf des blutigen Krieges entscheiden.
Darum weiß ich nicht, ob Gott von Troja mich heimführt,
Oder mich dort abfordert. Du sorg hier fleißig für alles!
Pfleg auch meinen Vater und meine Mutter im Hause,
So wie bisher, ja noch sorgfältiger, wenn ich entfernt bin.
Siehst du aber den Sohn im ersten Barte der Jugend,
Magst du das Haus verlassen, und, wem du willst, dich vermählen.
Also sprach er zuletzt! das wird nun alles erfüllet!
Kommen wird einst die Nacht, die schreckliche Nacht der Vermählung!
Mir unglücklichen Frau, die Zeus des Heiles beraubt hat!
Aber vor allem kränket mich das in der Tiefe des Herzens:
Unter den Freiern galt ja sonst nicht diese Begegnung!
Denn die ein edles Weib und eines Begüterten Tochter
Sich zur Gemahlin wünschen und Nebenbuhler befürchten,
Diese bringen ja Rinder und fette Schafe zum Schmause
Für die Freunde der Braut, und schenken ihr köstliche Gaben;
Aber verschwelgen nicht so umsonst ein fremdes Vermögen!
Sprach's; da freuete sich der herrliche Dulder Odysseus,
Daß sie von ihnen Geschenke zog und mit freundlichen Worten

Ihre Herzen bestrickte, doch anders im Herzen gedachte.
Aber Eupeithes' Sohn Antinoos gab ihr zur Antwort:
O Ikarios' Tochter, du kluge Penelopeia,
Was dir jeder Achäer an köstlichen Gaben hieher bringt,
Dieses empfang; es wäre nicht fein, das Geschenk dir zu weigern.
Aber wir weichen nicht eh zu den Unsrigen oder zu andern,
Eh du den besten Achäer zu deinem Bräutigam wählest!
Also sprach er, und allen gefiel Antinoos' Rede.
Und die Geschenke zu bringen, entsandte jeder den Herold.
Für Antinoos bracht er ein prächtiges blumengesticktes
Großes Frauengewand: zwölf schöne goldene Häklein
Waren daran und faßten in schöngebogene Ösen.
Für Eurymachos brachte er ein köstliches Halsgeschmeide,
Lauteres Gold, mit Ambra besetzt, der Sonne vergleichbar.
Für Eurydamas brachten zwei Ohrengehenke die Diener,
Dreigestirnt und künstlich gemacht, mit strahlender Anmut.
Aus Peisandros' Palast, des polyktoridischen Königs,
Brachte der Diener ein reiches und lieblichschimmerndes Halsband.
Also schenkte jeder Achäer ein anderes Kleinod.
Und das göttliche Weib stieg wieder zur oberen Wohnung;
Ihre Jungfraun trugen der Freier schöne Geschenke.
Aber die Freier wandten sich wieder zum Tanz und Gesange
Und belustigten sich, bis ihnen der Abend herabsank.
Als den Lustigen nun der dunkle Abend herabsank,
Setzten sie alsobald drei Feuerfässer im Saale,
Ihnen zu leuchten, umher und häuften trockene Splitter,
Welche sie frisch mit dem Erz aus dürrem Holze gespalten,
Und Kienstäbe darauf. Die Mägde des Helden Odysseus
Gingen von einem zum andern und schürten die sinkende Flamme.
Aber zu ihnen sprach der göttliche weise Odysseus:
O ihr Mägde Odysseus', des langabwesenden Königs,

Geht zu den Wohnungen hin, wo die edle Königin wohnet,
Sitzt bei ihr im Saale, sie aufzuheitern, und drehet
Fleißig die Spindel oder bereitet die flockichte Wolle.
Diese will ich schon alle mit leuchtender Flamme versorgen.
Blieben sie auch die ganze Nacht, bis der Morgen sich rötet,
Mich ermüden sie nicht; ich bin zum Dulden gehärtet.
Also sprach er; da lachten sie laut, und sahn nach einander.
Aber nun fuhr ihn Melantho, die rosenwangichte Tochter
Dolios', an. Es hatte sie Penelopeia erzogen
Und wie ihr Kind gepflegt und jeden Wunsch ihr gewähret:
Dennoch rührte sie nicht der Kummer Penelopeias,
Sondern sie buhlte geheim mit Eurymachos, ihrem Geliebten.
Diese lästerte schändlich den edlen Dulder Odysseus:
Elender Fremdling, du bist wohl deiner Sinne nicht mächtig,
Daß du nicht gehst, die Nacht in der Herberg oder des Schmiedes
Warmer Esse zu ruhn, und hier in der großen Gesellschaft
Solcher Männer so dreist, und ohne jemand zu fürchten,
Plauderst! Traun, dich betört der Weinrausch, oder du bist auch
Immer ein solcher Geck und schwatzest solche Geschwätze!
Oder schwindelt dein Hirn, weil du Iros, den Bettler, besiegt hast?
Daß sich nur keiner erhebe, der tapferer streitet als Iros!
Denn er möchte dein Haupt mit starken Fäusten zerschlagen
Und aus dem Hause dich stoßen, mit triefendem Blute besudelt.
Zürnend schaute auf sie und sprach der weise Odysseus:
Wahrlich, das sag ich Telemachos an, was du Hündin da plauderst
(Siehst du ihn dort?): damit er dich gleich in Stücke zerhaue!
Also sprach er und schreckte die bangen Weiber von hinnen;
Und sie entflohn aus dem Saal und eileten durch die Gemächer,
Zitternd vor Angst; denn sie meinten, er hab im Ernste geredet.
Und Odysseus stand, der leuchtenden Feuergeschirre

Flamme nährend, und sahe nach allen. Aber sein Herz war
Andrer Gedanken voll, die bald zu Handlungen reiften.
Aber den mutigen Freiern verstattete Pallas Athene
Nicht, des erbitternden Spottes sich ganz zu enthalten, damit noch
Heißer entbrennte das Herz des Laërtiaden Odysseus.
Siehe, Polybos' Sohn, Eurymachos, reizte den Helden
Vor der Versammlung zuerst, und erregte der Freunde Gelächter.
Höret mich an, ihr Freier der weitgepriesenen Fürstin, Odysseus'!
Daß ich rede, wie mir das Herz im Busen gebietet.
Wahrlich, ein Himmlischer führte den Mann in die Wohnung
Denn wo mir recht ist, kommt der Glanz nicht bloß von dem Feuer,
Sondern von seiner Glatze, worauf kein Härchen zu sehn ist.
Sprach's und wandte sich drauf zum Städteverwüster Odysseus:
Fremdling, willst du dich wohl bei mir zum Knechte verdingen,
Daß du, fern auf dem Land (ich meine, für gute Bezahlung!),
Dornenzäune mir flechtest und schattige Bäume mir pflanzest?
Siehe, dann reicht' ich dir ein tägliches Essen und Trinken,
Und bekleidete dich und gäbe dir Schuh' an die Füße.
Aber da du nun nichts als Bubenstücke gelernt hast,
Wirst du nicht gern arbeiten und lieber das Land durchstreichen,
Deinen gefräßigen Bauch mit Bettelbrote zu stopfen!
Ihm antwortete drauf der erfindungsreiche Odysseus:
Oh, arbeiteten wir, Eurymachos, beide zur Wette
Einst in der Frühlingszeit, wann die Tage heiter und lang sind,
Auf der grasichten Wiese; mit schöngebogener Sichel
Gingen wir, ich und du, und mähten nüchtern vom Morgen
Bis zur sinkenden Nacht, solang es an Grase nicht fehlte!
Oder trieb' ich ein Joch der trefflichsten Rinder am Pfluge,

Rötlich und groß von Wuchs, mit fettem Grase gesättigt,
Gleich an Alter und Kraft, mit unermüdlicher Stärke,
Eine Hufe zu ackern, und wiche die Erde der Pflugschar:
Sehen solltest du dann, wie grade Furchen ich zöge!
Oder sendete Zeus uns heute noch Krieg, und ging' ich
Mit zwo blinkenden Lanzen und einem Schilde gerüstet,
Und die Schläfe geschirmt mit einem ehernen Helme:
Sehen solltest du, traun, mich unter den vordersten Streitern,
Und mich nicht so höhnend an meinen Magen erinnern!
Aber du bist sehr stolz und menschenfeindliches Herzens!
Und du dünkst dir vielleicht ein großer und starker Achäer,
Weil du mit wenigen Leuten, und nicht den tapfersten, umgehst:
Aber käm Odysseus in seiner Väter Gefilde,
Oh, bald würde die Türe, so weit sie der Zimmerer baute,
Dennoch zu enge dir sein, wenn du zum Hause hinausflöhst!
Also sprach er; da ward Eurymachos' Herz noch erboster;
Zürnend schaut' er ihn an und sprach die geflügelten Worte:
Elender, gleich empfange den Lohn, daß du unter so vielen
Edlen Männern so dreist, und ohne jemand zu fürchten,
Plauderst! Traun, dich betört der Weinrausch, oder du bist auch
Immer ein solcher Geck und schwatzest solche Geschwätze!
Oder schwindelt dein Hirn, weil du Iros, den Bettler, besiegt hast?
Also sprach er und griff nach dem Schemel. Aber Odysseus
Warf zu Amphinomos' Knieen, des Dulichiers, eilend sich nieder,
Fürchtend Eurymachos' Wurf; und der Schemel flog an des Schenken
Rechte Hand, daß die Kanne voll Weins ihm tönend entstürzte
Und er selbst mit Geheul auf den Boden rücklings dahinsank.
Aber nun lärmten die Freier umher in dem schattichten Saale;
Einer wendete sich zu seinem Nachbarn und sagte:
Wäre der irrende Fremdling doch ferne gestorben, bevor er

Ithaka sah; dann brächt' er uns nicht dies laute Getümmel!
Aber wir zanken uns hier um den leidigen Bettler und schmecken
Nichts von den Freuden des Mahls; denn es wird je länger, je ärger!
Und die heilige Kraft Telemachos' sprach zur Versammlung:
Unglückselige Männer, ihr rast, und eure Gespräche
Zeugen von Speis und Trank; euch reizet wahrlich ein Dämon!
Aber nachdem ihr geschmaust, so geht und legt euch zu Hause
Schlafen, wann's euch gefällt; doch treib ich keinen von hinnen.
Also sprach er; da bissen sie ringsumher sich die Lippen,
Über den Jüngling erstaunt, der so entschlossen geredet.
Drauf erhub sich und sprach Amphinomos zu der Versammlung,
Nisos' rühmlicher Sohn, des aretiadischen Königs:
Freunde, Telemachos hat mit großem Rechte geredet;
Drum entrüste sich keiner, noch geb ihm trotzige Antwort!
Auch mißhandelt nicht ferner den armen Fremdling, noch jemand
Von den Leuten im Hause des göttergleichen Odysseus.
Auf! Es fülle von neuem der Schenk mit Weine die Becher,
Daß wir opfern und dann nach Hause gehen, zu schlafen.
Aber der Fremdling bleib' im Hause des edlen Odysseus
Unter Telemachos' Schutz; denn ihm vertraut' er sein Heil an.
Also sprach er, und allen gefiel Amphinomos' Rede.
Und Held Mulios mischte den Wein im Kelche mit Wasser,
Dieser dulichische Herold, Amphinomos' treuer Gefährte;
Reichte dann allen umher die vollen Becher. Die Freier
Opferten jetzt und tranken des herzerfreuenden Weines.
Und nachdem sie geopfert und nach Verlangen getrunken,
Gingen sie alle heim, der süßen Ruhe zu pflegen.

NEUNZEHNTER GESANG

Odysseus trägt mit Telemachos die Waffen in die obere Kammer und bleibt im Saale allein. Sein Gespräch mit Penelopeia. Er wird beim Fußwaschen von der Pflegerin Eurykleia an der Narbe erkannt. Die Königin, nachdem sie durch einen Bogenkampf die Freiwerbung zu endigen beschlossen, entfernt sich.

Aber im Saale blieb der göttergleiche Odysseus
Und umdachte den Tod der Freier mit Pallas Athene.
Eilend wandt er sich jetzt mit geflügelten Worten zum Sohne:
Laß uns, Telemachos, gleich die Waffen im Hause verbergen!
Aber erkundigen sich die Freier, wo sie geblieben,
Dann besänftige sie mit guten Worten: Ich trug sie
Aus dem Rauche hinweg; denn sie sehn den alten nicht ähnlich,
Wie sie Odysseus einst, gen Troja schiffend, zurückließ,
sondern sind ganz entstellt von dem rußichten Dampfe des Feuers.
Und noch ein Größeres gab ein Himmlischer mir zu bedenken:
Daß ihr nicht etwa im Rausch euch zankt und einander verwundet,
Und die Freuden des Mahls und die Liebe zu Penelopeia
Blutig entweiht; denn selbst das Eisen ziehet den Mann an.
Also sprach Odysseus. Der Sohn gehorchte dem Vater,
Und rief Eurykleia, die Pflegerin, zu sich und sagte:
Mütterchen, halte die Weiber so lang in ihren Gemächern,
Bis ich hinauf in den Söller die schönen Waffen des Vaters
Bringe, die hier im Saale der Rauch so schändlich entstellet;
Denn mein Vater ist weg, und ich war ehmals ein Knabe.
Jetzo verwahr ich sie dort, wo der Dampf des Feuers nicht hinkommt.
Ihm antwortete drauf die Pflegerin Eurykleia:

Wenn du doch endlich, mein Sohn, zu reifem Verstande gelangtest,
Um dein Haus zu besorgen und deine Güter zu schützen!
Aber wohlan, wer begleitet dich denn mit leuchtender Fackel,
Wenn die Mägde, die dir sonst leuchten, nicht dürfen herausgehn?
Und der verständige Jüngling Telemachos sagte dagegen:
Dieser Fremdling! Denn wer von meinem Tische sich nähret,
Darf mir nicht müßig stehn, und käm er auch fern aus der Fremde.
Also sprach er zu ihr und redete nicht in die Winde;
Schnell verschloß sie die Pforten der schöngebaueten Wohnung.
Nun erhob sich Odysseus mit seinem trefflichen Sohne,
Und sie trugen die Helme hinein, die gewölbeten Schilde
Und scharfspitzigen Lanzen; voran ging Pallas Athene
Mit der goldenen Lamp' und verbreitete leuchtenden Schimmer.
Und Telemachos sprach zu seinem Vater Odysseus:
Vater, ein großes Wunder erblick ich hier mit den Augen!
Alle Wände des Hauses und jegliche schöne Vertiefung
Und die fichtenen Balken und hocherhobenen Säulen
Glänzen mir vor den Augen, so hell als brennendes Feuer!
Wahrlich, ein Gott ist hier, des weiten Himmels Bewohner!
Ihm antwortete drauf der erfindungsreiche Odysseus:
Schweig und forsche nicht nach und bewahre deine Gedanken!
Siehe, das ist die Weise der himmelbewohnenden Götter!
Aber lege dich schlafen; ich bleibe hier noch ein wenig,
Um die Mägde hieher und deine Mutter zu locken:
Diese wird mich weinend nach allen Dingen befragen.
Sprach's; und Telemachos ging mit angezündeten Fackeln
Aus dem Saale hinaus in seine Kammer zu Bette,
Wo er gewöhnlich ruhte, wann süßer Schlummer ihn einlud;
Allda schlief er auch jetzt und harrte der heiligen Frühe.
Aber im Saale blieb der göttergleiche Odysseus

Und umdachte den Tod der Freier mit Pallas Athene.
Jetzo ging aus der Kammer die kluge Penelopeia,
Artemis gleich an Gestalt und der goldenen Aphrodite.
Neben das Feuer setzten sie ihren gewöhnlichen Sessel,
Welcher, mit Elfenbein und Silber umzogen, ein Kunstwerk
Von Ikmalios war; der Schemel unter den Füßen
Hing daran, und ein zottichtes Fell bedeckte den Sessel.
Allda setzte sich nun die kluge Penelopeia.
Und weißarmige Mägde, die aus der hinteren Wohnung
Kamen, trugen von dannen das viele Brot und die Tische
Und die Trinkgefäße der übermütigen Männer;
Schütteten aus den Geschirren die Glut zur Erden und häuften
Anderes Holz darauf, zum Leuchten und zur Erwärmung.
Aber Melantho schalt von neuem den edlen Odysseus:
Fremdling, willst du auch noch die Ruhe der Nacht uns verderben,
Um das Haus zu durchwandern und auf die Weiber zu lauren?
Elender, geh aus der Tür, und sei vergnügt mit der Mahlzeit,
Oder ich werfe dich gleich mit dem Brande, daß du hinausfliehst!
Zürnend schaute auf sie und sprach der weise Odysseus:
Unglückselige, sprich, was fährst du mich immer so hart an?
Weil ich nicht jung mehr bin und meine Kleider so schlecht sind?
Und weil die Not mich zwingt, als Bettler die Stadt zu durchwandern?
Dieses ist ja der Armen und irrenden Fremdlinge Schicksal!
Siehe, ich selber war einst ein glücklicher Mann und Bewohner
Eines reichen Palastes und gab dem irrenden Fremdling
Oftmals, wer er auch war, und welche Not ihn auch drängte.
Und unzählige Knechte besaß ich und andere Güter,
Die man zum Überfluß und zur Pracht der Reichen erfordert.
Aber das nahm mir Zeus nach seinem heiligen Ratschluß!

Darum, Mädchen, bedenk: wenn auch du so gänzlich dein Ansehn
Einst verlörst, womit du vor deinen Gespielinnen prangest,
Oder wenn dich einmal der Zorn der Königin träfe,
Oder Odysseus käme: denn noch ist Hoffnung zur Heimkehr!
Aber er sei schon tot und kehre nimmer zur Heimat:
Dennoch lebt ja sein Sohn Telemachos, welchen Apollons
Gnade beschirmt; und er weiß, wieviel Unarten die Weiber
Hier im Hause beginnen; denn er ist wahrlich kein Kind mehr!
Also sprach er; ihn hörte die kluge Penelopeia.
Zürnend wandte sie sich zu der Magd mit scheltenden Worten:
Unverschämteste Hündin, ich kenne jegliche Schandtat,
Welche du tust, und du sollst mit deinem Haupte sie büßen!
Alles wußtest du ja, du hattest von mir es gehöret:
Daß ich in meiner Kammer den Fremdling wollte befragen
Wegen meines Gemahls, um den ich so herzlich betrübt bin!
Und zu der Schaffnerin Eurynome sagte sie also:
Auf, Eurynome, bringe mir einen Stuhl und ein Schafsfell,
Drauf zu legen, hieher, damit er sitzend erzähle
Und mich höre, der Fremdling; ich will ihn jetzo befragen.
Also sprach sie; da ging die Schaffnerin eilig und brachte
Einen zierlichen Stuhl und legte drüber ein Schafsfell.
Hierauf setzte sich nun der herrliche Dulder Odysseus.
Und es begann das Gespräch die kluge Penelopeia:
Hierum muß ich dich, Fremdling, vor allen Dingen befragen:
Wer, wes Volkes bist du, und wo ist deine Geburtstadt?
Ihr antwortete drauf der erfindungsreiche Odysseus:
Keiner, o Königin, lebt auf der unermeßlichen Erde,
Der dich tadle; dein Ruhm erreicht die Feste des Himmels,
Gleich dem Ruhme des guten und gottesfürchtigen Königs,
Welcher ein großes Volk von starken Männern beherrschet
Und die Gerechtigkeit schützt. Die fetten Hügel und Täler
Wallen von Weizen und Gerste, die Bäume hängen voll Obstes,

Häufig gebiert das Vieh, und die Wasser wimmeln von Fischen
Unter dem weisen König, der seine Völker beseligt.
Aber frage mich hier im Hause nach anderen Dingen,
Und erkunde dich nicht nach meinem Geschlecht und Geburtsland:
Daß du nicht mein Herz mit herberen Qualen erfüllest,
Wenn ich mich alles Jammers erinnere, den ich erduldet.
Denn mit Klagen und Weinen im fremden Hause zu sitzen,
Ziemet mir nicht, und langer Gram vermehrt nur das Leiden.
Auch möchte eine der Mägde mir zürnen, oder du selber,
Und, wenn ich weinte, sagen, mir tränten die Augen vom Weinrausch.
Ihm antwortete drauf die kluge Penelopeia:
Fremdling, die Tugend des Geistes und meine Schönheit und Bildung
Raubten die Himmlischen mir am Tage, da die Argeier
Schifften gen Troja, mit ihnen mein trauter Gemahl Odysseus!
Kehrete jener von dannen und lebt' in meiner Gesellschaft,
Ja, dann möchte mein Ruhm wohl größer werden und schöner!
Aber jetzo traur ich; denn Leiden beschied mir ein Dämon.
Alle Fürsten, so viel' in diesen Inseln gebieten,
Same, Dulichion und der waldbewachsnen Zakynthos,
Und so viele hier in der sonnigen Ithaka wohnen:
Alle werben um mich mit Gewalt und zehren das Gut auf.
Darum kümmern mich Fremdling' und Hilfeflehende wenig,
Selbst die Herolde nicht, des Volks geheiligte Diener;
Sondern ich härme mich ab um meinen trauten Odysseus.
Jene treiben die Hochzeit, und ich ersinne Verzögrung.
Erst gab diesen Gedanken ein Himmlischer mir in die Seele.
Trüglich zettelt ich mir in meiner Kammer ein feines
Übergroßes Geweb und sprach zu der Freier Versammlung:
Jünglinge, die ihr mich liebt, nach dem Tode des edlen Odysseus!

Dringt auf meine Vermählung nicht eher, bis ich den Mantel
Fertig gewirkt (damit nicht umsonst das Garn mir verderbe!),
Welcher dem Helden Laërtes zum Leichengewande bestimmt ist,
Wann ihn die finstere Stunde mit Todesschlummer umschattet:
Daß nicht irgend im Lande mich eine Achäerin tadle,
Läg er uneingekleidet, der einst so vieles beherrschte.
Also sprach ich mit List und bewegte die Herzen der Edlen.
Und nun webt ich des Tages an meinem großen Gewande;
Aber des Nachts, dann trennt ich es auf beim Scheine der Fackeln.
Also täuschte ich sie drei Jahr' und betrog die Achäer.
Als nun das vierte Jahr im Geleite der Horen herankam,
Und mit dem wechselnden Mond viel' Tage waren verschwunden,
Da verrieten mich Mägde, die Hündinnen sonder Empfindung!
Und mich trafen die Freier und schalten mit drohenden Worten.
Also mußt ich es nun, auch wider Willen, vollenden.
Aber ich kann nicht länger die Hochzeit meiden, noch weiß ich
Neuen Rat zu erfinden. Denn dringend ermahnen die Eltern
Mich zur Heirat; auch sieht es mein Sohn mit großem Verdruß an,
Wie man sein Gut verzehrt: denn er ist nun ein Mann, der sein Erbe
Selber zu schützen vermag und dem Zeus Ehre verleihet.
Aber sage mir doch, aus welchem Geschlechte du herstammst,
Denn du stammst nicht vom Felsen noch von der gefabelten Eiche.
Ihr antwortete drauf der erfindungsreiche Odysseus:
Du ehrwürdiges Weib des Laërtiaden Odysseus,
Also hörst du nicht auf, nach meinem Stamme zu forschen?
Nun, so will ich's dir sagen, wiewohl du mein bitteres Leiden
Mir noch bitterer machst; denn Schmerz empfindet doch jeder,

Welcher so lang als ich von seiner Heimat entfernt ist,
Und, mit Jammer umringt, so viele Städte durchwandert.
Aber ich will dir doch, was du mich fragest, verkünden.
Kreta ist ein Land im dunkelwogenden Meere,
Fruchtbar und anmutsvoll und rings umflossen. Es wohnen
Dort unzählige Menschen, und ihrer Städte sind neunzig,
Völker von mancherlei Stamm und mancherlei Sprachen! Es wohnen
Dort Achäer, Kydonen und eingeborene Kreter,
Dorier, welche sich dreifach verteilet, und edle Pelasger.
Ihrer Könige Stadt ist Knossos, wo Minos geherrscht hat,
Der neunjährig mit Zeus, dem großen Gotte, geredet.
Dieser war des edelgesinnten Deukalions Vater,
Meines Vaters, der mich und den König Idomeneus zeugte.
Aber Idomeneus fuhr in schöngeschnäbelten Schiffen
Mit den Atreiden gen Troja; denn er ist älter und tapfrer:
Ich bin der jüngere Sohn, und mein rühmlicher Name ist Äthon.
Damals sah ich Odysseus und gab ihm Geschenke der Freundschaft.
Denn an Kretas Küste verschlug ihn die heftige Windsbraut,
Als er gen Ilion fuhr, und stürmt' ihn hinweg von Maleia.
In des Amnisos gefährlicher Bucht entrann er dem Sturme
Kaum und ankerte dort bei der Grotte der Eileithyia,
Ging dann gleich in die Stadt, um Idomeneus selber zu sehen;
Denn er nannt ihn seinen geliebten und teuersten Gastfreund.
Aber schon zehnmal ging die Sonn' auf, oder schon elfmal,
Seit Idomeneus war mit den Schiffen gen Troja gesegelt.
Und ich führte den werten Gast in unsere Wohnung:
Freundlich bewirtet ich ihn von des Hauses reichlichem Vorrat
Und versorgte sein Schiff und seine Reisegefährten
Reichlich, auf Kosten des Volks, mit Mehl und funkelndem Weine
Und mit gemästeten Rindern, daß ihre Seele sich labte.

Und zwölf Tage blieben bei uns die edlen Achäer;
Denn der gewaltige Nord, den ein zürnender Dämon gesendet,
Wütete, daß man kaum auf dem Lande zu stehen vermochte.
Am dreizehnten ruhte der Sturm, und sie schifften von dannen.
Also täuscht' er die Gattin mit wahrheitgleicher Erdichtung.
Aber die horchende Gattin zerfloß in Tränen der Wehmut.
Wie der Schnee, den der West auf hohen Bergen gehäuft hat,
Vor dem schmelzenden Hauche des Morgenwindes herabfließt,
Daß von geschmolzenem Schnee die Ströme den Ufern entschwellen:
Also flossen ihr Tränen die schönen Wangen herunter,
Da sie den nahen Gemahl beweinete. Aber Odysseus
Fühlt' im innersten Herzen den Gram der weinenden Gattin;
Dennoch standen die Augen wie Horn ihm oder wie Eisen,
Unbewegt in den Wimpern; denn klüglich hemmt' er die Träne,
Und nachdem sie ihr Herz mit vielen Tränen erleichtert,
Da begann sie von neuem und gab ihm dieses zur Antwort:
Nun, ich muß dich doch ein wenig prüfen, o Fremdling,
Ob du meinen Gemahl auch wirklich, wie du erzähltest,
Samt den edlen Genossen in deinem Hause bewirtet.
Sage mir denn, mit welcherlei Kleidern war er bekleidet?
Und wie sah er aus? Auch nenne mir seine Begleiter.
Ihr antwortete drauf der erfindungsreiche Odysseus:
Schwer, o Königin, ist es, nach seiner langen Entfernung
Ihn so genau zu beschreiben; wir sind schon im zwanzigsten Jahre,
Seit er von dannen zog aus meiner heimischen Insel.
Dennoch will ich dir sagen, so viel mein Geist sich erinnert.
Einen zottichten schönen, gefütterten Mantel von Purpur
Trug der edle Odysseus, mit einer zwiefachgeschloßnen
Goldenen Spange daran, und vorn gezieret mit Stickwerk.
Zwischen den Vorderklauen des gierigblickenden Hundes
Zappelt' ein fleckichtes Rehchen; und alle sahn mit Bewundrung,

Wie, aus Golde gebildet, der Hund an der Gurgel das Rehkalb
Hielt, und das ringende Reh zu entfliehn mit den Füßen sich sträubte.
Unter dem Mantel bemerkt ich den wunderköstlichen Leibrock;
Zart und weich, wie die Schale von einer getrockneten Zwiebel,
War das feine Geweb und glänzendweiß wie die Sonne.
Wahrlich, viele Weiber betrachteten ihn mit Entzücken.
Eines sag ich dir noch, und du nimm solches zu Herzen!
Sicher weiß ich es nicht, ob Odysseus die Kleider daheim trug,
Oder ob sie ein Freund ihm mit zu Schiffe gegeben,
Oder irgend ein Fremdling, der ihn bewirtet. Denn viele
Waren Odysseus hold, ihm glichen wenig Achäer.
Ich auch schenkt ihm ein ehernes Schwert, ein gefüttertes schönes
Purpurfarbenes Gewand und einen passenden Leibrock,
Und entließ ihn mit Ehren zum schöngebordeten Schiffe.
Endlich folgte dem Helden ein etwas älterer Herold
Nach; auch dessen Gestalt will ich dir jetzo beschreiben.
Bucklicht war er und schwarz sein Gesicht und lockicht sein Haupthaar;
Und Eurybates hieß er; Odysseus schätzte vor allen
Übrigen Freunden ihn hoch, denn er suchte sein Bestes mit Klugheit.

Also sprach er; da hub sie noch heftiger an zu weinen,
Als sie die Zeichen erkannte, die ihr Odysseus beschrieben.
Und nachdem sie ihr Herz mit vielen Tränen erleichtert,
Da begann sie von neuem und gab ihm dieses zur Antwort:

Nun, du sollst mir, o Fremdling, so jammervoll du vorhin warst,
Jetzo in meinem Haus auch Lieb' und Ehre genießen!
Denn ich selber gab ihm die Kleider, wovon du erzählest,
Wohlgefügt aus der Kammer und setzte die goldene Spange
Ihm zur Zierde daran. Doch niemals werd ich ihn wieder

Hier im Hause begrüßen, wenn er zur Heimat zurückkehrt!
Zur unseligen Stund entschiffte mein trauter Odysseus,
Troja zu sehn, die verwünschte, die keiner nennet ohn Abscheu!
Ihr antwortete drauf der erfindungsreiche Odysseus:
Du ehrwürdiges Weib des Laërtiaden Odysseus,
Schon der holden Gestalt und deines Lebens und jammre
Um den Gemahl nicht länger! Zwar tadeln kann ich den Schmerz nicht;
Denn es weint wohl jegliche Frau, die den Gatten verloren,
Ihrer Jugend Gemahl, mit dem sie Kinder gezeugt hat;
Und von Odysseus sagt man, er sei den Unsterblichen ähnlich.
Aber mäßige dich und höre, was ich dir sage:
Denn ich will dir die Wahrheit verkünden und nichts dir verhehlen,
Was ich von deines Gemahls Zurückkunft hörte, der jetzo
Nahe von hier im fetten Gebiet der thesprotischen Männer
Lebt. Er kehret mit großen und köstlichem Gute zur Heimat,
Das ihm die Völker geschenkt. Doch seine lieben Gefährten
Und sein rüstiges Schiff verlor er im stürmenden Meere,
Als er Thrinakiens Ufer verließ; denn es zürnten dem Helden
Zeus und der Sonnengott, des Rinder die Seinen geschlachtet.
Alle diese versanken im dunkelwogenden Meere.
Aber er rettete sich auf den Kiel und trieb mit den Wellen
An das glückliche Land der götternahen Phäaken.
Diese verehrten ihn herzlich, wie einen der seligen Götter,
Schenkten ihm großes Gut und wollten ihn unbeschädigt
Heim gen Ithaka bringen. Dann wäre vermutlich Odysseus
Lange schon hier; allein ihm schien es ein besserer Anschlag,
Noch durch mehrere Länder zu reisen und Güter zu sammeln:
So wie immer Odysseus vor allen Menschen auf Erden
Wußte, was Vorteil schafft; kein Sterblicher gleicht ihm an Weisheit!
Also sagte mir Pheidon, der edle thesprotische König;

Dieser beschwor es mir selbst und beim Trankopfer im Hause,
Segelfertig wäre das Schiff und bereit die Gefährten,
Um ihn heimzusenden in seiner Väter Gefilde.
Aber mich sandt' er zuvor im Schiffe thesprotischer Männer,
Welches zum weizenreichen Gefilde Dulichions abfuhr.
Pheidon zeigte mir auch die gesammelten Güter Odysseus'.
Noch bis ins zehnte Glied sind seine Kinder versorget:
Solch ein unendlicher Schatz lag dort im Hause des Königs!
Jener war, wie es hieß, nach Dodona gegangen, aus Gottes
Hochgewipfelter Eiche Kronions Willen zu hören:
Wie er in Ithaka ihm, nach seiner langen Entfernung,
Heimzukehren beföhle, ob öffentlich oder verborgen.
Also lebt er noch frisch und gesund und kehret gewiß nun
Bald zurück; er irrt nicht lange mehr in der Fremde
Von den Seinigen fern; und das beschwör ich dir heilig!
Zeus bezeuge mir das, der höchste und beste der Götter,
Und Odysseus' heiliger Herd, zu welchem ich fliehe:
Daß dies alles gewiß geschehn wird, wie ich verkünde!
Selbst noch in diesem Jahre wird wiederkehren Odysseus,
Wann der jetzige Mond abnimmt und der folgende zunimmt!
 Ihm antwortete drauf die kluge Penelopeia:
Fremdling, erfülleten doch die Götter, was du geweissagt!
Dann erkenntest du bald an vielen und großen Geschenken
Deine Freundin, und jeder Begegnende priese dich selig!
Aber es ahndet mir schon im Geiste, wie es geschehn wird.
Weder Odysseus kehrt zur Heimat wieder, noch wirst du
Jemals weiter gebracht; denn hier sind keine Gebieter,
Welche, wie einst der Held Odysseus, da er noch lebte,
Edle Gäste mit Ehren bewirteten oder entließen.
Aber ihr Mägde, wascht ihm die Füß' und bereitet sein Lager,
Bringet ein Bett und bedeckt es mit Mänteln und prächtigen
 Polstern,
Daß er in warmer Ruhe den goldenen Morgen erwarte.

Aber morgen sollt ihr ihn frühe baden und salben,
Daß er also geschmückt an Telemachos' Seite das Frühmahl
Hier im Saale genieße. Doch reuen soll er den Freier,
Der ihn wieder so frech mißhandelt: nicht das geringste
Hab' er hier ferner zu schaffen, und zürnt' er noch so gewaltig!
Denn wie erkenntest du doch, o Fremdling, ob ich an Klugheit
Und verständigem Herzen vor andern Frauen geschmückt sei,
Ließ' ich dich ungewaschen und schlecht gekleidet im Hause
Speisen? Es sind ja den Menschen nur wenige Tage beschieden.
Wer nun grausam denkt und grausame Handlungen ausübt,
Diesem wünschen alle, solang er lebet, nur Unglück,
Und noch selbst im Tode wird sein Gedächtnis verabscheut.
Aber wer edel denkt und edle Handlungen ausübt,
Dessen würdigen Ruhm verbreiten die Fremdlinge weithin
Unter die Menschen auf Erden, und jeder segnet den Guten.

Ihr antwortete drauf der erfindungsreiche Odysseus:
Du ehrwürdiges Weib des Laërtiaden Odysseus,
Ach, mir wurden Mäntel und weiche prächtige Polster
Ganz verhaßt, seitdem ich von Kretas schneeichten Bergen
Über die Wogen fuhr im langberuderten Schiffe!
Laß mich denn diese Nacht so ruhn, wie ich es gewohnt bin:
Viele schlaflose Nächte hab ich auf elendem Lager
Hingebracht und sehnlich den schönen Morgen erwartet.
Auch gebeut nicht diesen, mir meine Füße zu waschen;
Denn ich möchte nicht gern verstatten, daß eine der Mägde,
Die im Hause dir dienen, mir meine Füße berühre;
Wo du nicht etwa sonst eine alte verständige Frau hast;
Welche so vielen Kummer als ich im Leben erduldet:
Dieser wehr ich es nicht, mir meine Füße zu waschen.

Ihm antwortete drauf die kluge Penelopeia:
Lieber Gast! denn nie ist solch ein verständiger Fremdling,
Nie ein werterer Gast in meine Wohnung gekommen:
So verständig und klug ist alles, was du auch sagest!

Ja, ich hab eine alte und sehr vernünftige Frau hier,
Welche die Pflegerin war des unglückseligen Mannes,
Und in die Arme ihn nahm, sobald ihn die Mutter geboren:
Diese wird, so schwach sie auch ist, die Füße dir waschen.
Auf denn, und wasche den Greis, du redliche Eurykleia!
Er ist gleiches Alters mit deinem Herren. Vielleicht sind
Jetzt Odysseus' Händ' und Füße schon eben so kraftlos;
Denn im Unglück altern die armen Sterblichen frühe.

Also sprach sie. Die Alte verbarg mit den Händen ihr Antlitz,
Heiße Tränen vergießend, und sprach mit jammernder Stimme:

Wehe mir, wehe, mein Sohn! ich Verlassene! Also verwarf dich
Zeus vor allen Menschen, so gottesfürchtig dein Herz ist?
Denn kein Sterblicher hat dem Gotte des Donners so viele
Fette Lenden verbrannt und erlesene Hekatomben,
Als du jenem geweiht, im Vertrauen, ein ruhiges Alter
Einst zu erreichen und selber den edlen Sohn zu erziehen!
Und nun raubt er dir gänzlich den Tag der fröhlichen Heimkehr!
Ach, es höhnten vielleicht auch ihn in der Fremde die Weiber,
Wenn er hilfeflehend der Mächtigen Häuser besuchte:
Eben wie dich, o Fremdling, die Hündinnen alle verhöhnen,
Deren Schimpf und Spott zu vermeiden du jetzo dich weigerst,
Daß sie die Füße dir waschen. Doch mich, die willig gehorchet,
Heißt es Ikarios' Tochter, die kluge Penelopeia.
Und nicht Penelopeiens, auch deinethalben, o Fremdling,
Wasch ich dich gern, denn tief im innersten Herzen empfind ich
Mitleid! Aber wohlan, vernimm jetzt, was ich dir sage:
Unser Haus besuchte schon mancher bekümmerte Fremdling;
Aber ich habe noch nimmer so etwas Ähnliches gesehen,
Als du an Stimme, Gestalt und Füßen Odysseus gleichest.

Ihr antwortete drauf der erfindungsreiche Odysseus:
Mutter, so sagen alle, die uns mit Augen gesehen,
Daß wir beiden, Odysseus und ich, einander besonders

Ähnlich sind, wie auch du mit Scharfsinn jetzo bemerkest.
Also sprach er. Da trug die Alte die schimmernde Wanne
Zum Fußwaschen herbei; sie goß in die Wanne des Brunnens
Kaltes Wasser, und mischt' es mit kochendem. Aber Odysseus
Setzte sich neben den Herd, und wandte sich schnell in das Dunkel;
Denn es fiel ihm mit einmal aufs Herz, sie möchte beim Waschen
Seine Narbe bemerken und sein Geheimnis verraten.
Jene kam, wusch ihren Herrn und erkannte die Narbe
Gleich, die ein Eber ihm einst mit weißem Zahne gehauen,
Als er an dem Parnaß Autolykos, seiner Mutter
Edlen Vater, besucht' Autolykos' Söhne, des Klügsten
An Verstellung und Schwur! Hermeias selber gewährt' ihm
Diese Kunst; denn ihm verbrannt er der Lämmer und Zicklein
Lenden zum süßen Geruch, und huldreich schirmte der Gott ihn.
Dieser Autolykos kam in Ithakas fruchtbares Eiland,
Eben da seine Tochter ihm einen Enkel geboren.
Eurykleia setzte das neugeborene Knäblein
Nach dem fröhlichen Mahl auf die Kniee des Königs und sagte:
Finde nun selbst den Namen, Autolykos, deinen geliebten
Tochtersohn zu benennen, den du so herzlich erwünscht hast.
Und Autolykos sprach zu seinem Eidam und Tochter:
Liebe Kinder, gebt ihm den Namen, den ich euch sage.
Vielen Männern und Weibern auf lebenschenkender Erde
Zürnend, komm ich zu euch in Ithakas fruchtbares Eiland.
Darum soll das Knäblein Odysseus, der Zürnende, heißen.
Wann er mich einst als Jüngling im mütterlichen Palaste
Am Parnassos besucht, wo ich meine Güter beherrsche,
Will ich ihn reichlich beschenkt und fröhlich wieder entlassen.
Jetzo besucht' ihn Odysseus, die reichen Geschenke zu holen.
Aber Autolykos selbst und Autolykos' treffliche Söhne
Reichten Odysseus die Hand und hießen ihn freundlich willkommen;

Auch Amphithea lief dem Enkel entgegen, umarmt' ihn,
Küßte sein Angesicht und beide glänzenden Augen.
Und Autolykos rief und ermahnte die rühmlichen Söhne,
Daß sie Odysseus ein Mahl bereiteten. Diese gehorchten,
Eilten hinaus und führten ein stark fünfjähriges Rind her,
Schlachteten, zogen es ab und hauten es ganz voneinander,
Und zerstückten behende das Fleisch und steckten's an Spieße,
Brieten's mit Vorsicht über der Glut, und verteilten's den Gästen.
Also saßen sie dort den Tag, bis die Sonne sich neigte,
Und erfreuten ihr Herz am gleichgeteileten Mahle.
Als die Sonne nun sank und Dunkel die Erde bedeckte,
Legten sie sich zur Ruh und nahmen die Gabe des Schlafes.
Als die dämmernde Frühe mit Rosenfingern erwachte,
Gingen sie auf die Jagd, Autolykos' treffliche Söhne
Und die spürenden Hunde; mit ihnen der edle Odysseus.
Und sie erstiegen die Höhe des waldbewachsnen Parnassos,
Und durchwandelten bald des Berges luftige Krümmen.
Aus dem stillen Gewässer des Ozeans erhub sich
Jetzo die Sonn' und erhellte mit jungen Strahlen die Gegend.
Aber die Jäger durchsuchten das waldbewachsene Bergtal;
Vornan liefen die spürenden Hund', und hinter den Hunden
Gingen Autolykos' Söhne; doch eilte der edle Odysseus
Immer voraus und schwang den weithinschattenden Jagdspieß.
Allda lag im dichten Gesträuch ein gewaltiger Eber.
Nie durchstürmte den Ort die Wut naßhauchender Winde,
Ihn erleuchtete nimmer mit warmen Strahlen die Sonne;
Selbst der gießende Regen durchrang ihn nimmer: so dicht war
Dieses Gesträuch, und hoch bedeckten die Blätter den Boden.
Jener vernahm das Getös von den Füßen der Männer und Hunde,
Welche dem Lager sich nahten, und stürzte hervor aus dem Dickicht,

Hoch die Borsten gesträubt, mit feuerflammenden Augen,
Grad auf die Jäger und stand. Odysseus, welcher voranging,
Flog, in der nervichten Faust den langen erhobenen Jagdspieß,
Ihn zu verwunden, hinzu; doch er kam ihm zuvor und hieb ihm
Über dem Knie in die Lende; der seitwärts mähende Hauer
Riß viel Fleisch ihm hinweg, doch drang er nicht auf den Knochen.
Aber Odysseus traf die rechte Schulter des Ebers,
Und bis vorn durchdrang ihn die Spitze der schimmernden Lanze;
Schreiend stürzt' er dahin in den Staub, und das Leben verließ ihn.
Um ihn waren sogleich Autolykos' Söhne beschäftigt.
Diese verbanden dem edlen, dem göttergleichen Odysseus
Sorgsam die Wund' und stillten das schwarze Blut mit Beschwörung;
Und dann kehrten sie schnell zu ihres Vaters Palaste.
Als ihn Autolykos dort und Autolykos' Söhne mit Sorgfalt
Hatten geheilt, da beschenkten sie ihn sehr reichlich und ließen,
Froh des Jünglings, ihn froh nach seiner heimischen Insel
Ithaka ziehn. Sein Vater und seine treffliche Mutter
Freuten sich herzlich, ihn wiederzusehn, und fragten nach allem,
Wo er die Narbe bekommen; da sagt' er die ganze Geschichte:
Wie ein Eber sie ihm mit weißem Zahne gehauen,
Als er auf dem Parnaß mit Autolykos' Söhnen gejaget.
  Diese betastete jetzo mit flachen Händen die Alte
Und erkannte sie gleich und ließ den Fuß aus den Händen
Sinken, er fiel in die Wanne; da klang die eherne Wanne,
Stürzt' auf die Seite herum, und das Wasser floß auf den Boden.
Freud und Angst ergriffen das Herz der Alten: die Augen
Wurden mit Tränen erfüllt, und atmend stockte die Stimme.
Endlich erholte sie sich und faßt' ihn ans Kinn und sagte:

Wahrlich, du bist Odysseus, mein Kind! Und ich habe nicht eher
Meinen Herren erkannt, bevor ich dich ringsum betastet!
Also sprach sie und wandte die Augen nach Penelopeia,
Willens, ihr zu verkünden, ihr lieber Gemahl sei zu Hause.
Aber die Königin konnte so wenig hören als sehen;
Denn Athene lenkte ihr Herz ab. Aber Odysseus
Faßte schnell mit der rechten Hand die Kehle der Alten,
Und mit der andern zog er sie näher heran und sagte:
Mütterchen, mache mich nicht unglücklich! Du hast mich an deiner
Brust gesäugt; und jetzo, nach vielen Todesgefahren,
Bin ich im zwanzigsten Jahre zur Heimat wiedergekehret,
Aber da du mich nun durch Gottes Fügung erkannt hast,
Halt es geheim, damit es im Hause keiner erfahre!
Denn ich sage dir sonst, und das wird wahrlich erfüllet!
Wenn mir Gott die Vertilgung der stolzen Freier gewähret,
Siehe, dann werd ich auch deiner, die mich gesäuget, nicht schonen,
Sondern ich töte dich selbst mit den übrigen Weibern im Hause!
Ihm antwortete drauf die verständige Eurykleia:
Welche Rede, mein Kind, ist deinen Lippen entflohen?
Weißt du nicht selbst, wie stark und unerschüttert mein Herz ist?
Fest, wie Eisen und Stein, will ich das Geheimnis bewahren!
Eins verkünd ich dir noch, und du nimm solches zu Herzen:
Wann dir Gott die Vertilgung der stolzen Freier gewähret,
Siehe, dann will ich selbst die Weiber im Hause dir nennen,
Alle, die dich verraten und die unsträflich geblieben.
Ihr antwortete drauf der erfindungsreiche Odysseus:
Mütterchen, warum willst du sie nennen? Es ist ja nicht nötig.
Kann ich nicht selbst aufmerken und ihre Gesinnungen prüfen?
Aber verschweig die Sache, und überlaß sie den Göttern.

Also sprach er. Da eilte die Pflegerin aus dem Gemache,
Anderes Wasser zu holen; das erste war alles verschüttet.
Als sie ihn jetzo gewaschen und drauf mit Öle gesalbet,
Nahm Odysseus den Stuhl und zog ihn näher ans Feuer,
Sich zu wärmen, und bedeckte mit seinen Lumpen die Narbe.
Drauf begann das Gespräch die verständige Penelopeia:

Fremdling, ich will dich jetzo nur noch ein weniges fragen;
Denn es nahet bereits die Stunde der lieblichen Ruhe,
Wem sein Leiden vergönnt, in süßem Schlummer zu ruhen.
Aber mich Arme belastet ein unermeßlicher Jammer!
Meine Freude des Tags ist, unter Tränen und Seufzern
In dem Saale zu wirken und auf die Mägde zu sehen.
Aber kommt nun die Nacht, da alle Sterblichen ausruhn,
Lieg ich schlaflos im Bett, und tausend nagende Sorgen
Wühlen mit neuer Wut um meine zerrissene Seele.
Wie wenn die Nachtigall, Pandareos' liebliche Tochter,
Ihren schönen Gesang im beginnenden Frühling erneuert;
Sitzend unter dem Laube der dichtumschatteten Bäume,
Rollt sie von Tönen zu Tönen die schnelle melodische Stimme,
Ihren geliebten Sohn, den sie selber ermordet, die Törin!
Ihren Itylos klagend, den Sohn des Königes Zethos;
Also wendet sich auch mein Geist bald hiehin, bald dorthin:
Ob ich noch weile beim Sohn und alle Güter bewahre,
Meine Hab und die Mägd' und die hohe prächtige Wohnung,
Scheuend das Lager des Ehegemahls und die Stimme des Volkes,
Oder jetzt von den Freiern im Hause den tapfersten Jüngling,
Welcher das meiste geschenkt, zu meinem Bräutigam wähle.
Als mein Sohn noch ein Kind war und schwaches Verstandes, da durft ich
Ihm zuliebe nicht wählen noch diese Wohnung verlassen;
Nun, da er größer ist und des Jünglings Alter erreicht hat,
Wünscht er selber, ich möge nur bald aus dem Hause hinweggehn,

Zürnend wegen der Habe, so ihm die Achäer verschwelgen.
Aber höre den Traum und sage mir seine Bedeutung.
Zwanzig Gänse hab ich in meinem Hause, die fressen
Weizen mit Wasser gemischt, und ich freue mich, wenn ich sie anseh.
Aber es kam ein großer und krummgeschnabelter Adler
Von dem Gebirg und brach den Gänsen die Hälse; getötet
Lagen sie all' im Haus, und er flog in die heilige Luft auf.
Und ich begann zu weinen und schluchzt im Traume. Da kamen
Ringsumher, mich zu trösten, der Stadt schönlockige Frauen;
Aber ich jammerte laut, daß der Adler die Gänse getötet.
Plötzlich flog er zurück und saß auf dem Simse des Rauchfangs,
Wandte sich tröstend zu mir und sprach mit menschlicher Stimme:
Tochter des fernberühmten Ikarios, fröhliches Mutes!
Nicht ein Traum ist dieses, ein Göttergesicht, das dir Heil bringt.
Jene Gänse sind Freier, und ich war eben ein Adler;
Aber jetzo bin ich, dein Gatte, wiedergekommen,
Daß ich den Freiern allen ein schreckliches Ende bereite.
Also sprach der Adler. Der süße Schlummer verließ mich;
Eilend sah ich im Hause nach meinen Gänsen, und alle
Fraßen aus ihrem Troge den Weizen, so wie gewöhnlich.
Ihr antwortete drauf der erfindungsreiche Odysseus:
Fürstin, es wäre vergebens, nach einer anderen Deutung
Deines Traumes zu forschen. Dir sagte ja selber Odysseus,
Wie er ihn denkt zu erfüllen. Verderben drohet den Freiern
Allzumal, und keiner entrinnt dem Todesverhängnis.
Ihm antwortete drauf die kluge Penelopeia:
Fremdling, es gibt doch dunkle und unerklärbare Träume,
Und nicht alle verkünden der Menschen künftiges Schicksal.
Denn es sind, wie man sagt, zwo Pforten der nichtigen Träume:
Eine von Elfenbein, die andre von Horne gebauet.
Welche nun aus der Pforte von Elfenbeine herausgehn,

Diese täuschen den Geist durch lügenhafte Verkündung;
Andere, die aus der Pforte von glattem Horne hervorgehn,
Deuten Wirklichkeit an, wenn sie den Menschen erscheinen.
Aber ich zweifle, ob dorther ein vorbedeutendes Traumbild
Zu mir kam. Oh, wie herzlich erwünscht wär es mir und dem Sohne!
Eins verkünd ich dir noch, und du nimm solches zu Herzen.
Morgen erscheinet der Tag, der entsetzliche, der von Odysseus'
Hause mich trennen wird: denn morgen gebiet ich den Wettkampf,
Durch zwölf Äxte zu schießen, die jener in seinem Palaste
Pflegte, wie Hölzer des Kiels, in grader Reihe zu stellen;
Ferne stand er alsdann und schnellte den Pfeil durch die Äxte.
Diesen Wettkampf will ich den Freiern jetzo gebieten.
Wessen Hand von ihnen den Bogen am leichtesten spannet
Und mit der Senne den Pfeil durch alle zwölf Äxte hindurchschnellt.
Siehe, dem folg ich als Weib aus diesem werten Palaste
Meines ersten Gemahls, dem prächtigen, reichen Palaste,
Dessen mein Herz sich vielleicht noch künftig in Träumen erinnert.

Ihr antwortete drauf der erfindungsreiche Odysseus:
Du ehrwürdiges Weib des Laërtiaden Odysseus,
Zögere nicht und gebeut in deinem Hause den Wettkampf.
Wahrlich, noch eher kommt der erfindungsreiche Odysseus,
Ehe von allen, die mühsam den glatten Bogen versuchen,
Einer die Senne spannt und den Pfeil durch die Eisen hindurchschnellt,

Ihm antwortete drauf die kluge Penelopeia:
Fremdling, wolltest du mich, im Saale sitzend, noch länger
Unterhalten, mir würde kein Schlaf die Augen bedecken.
Aber es können ja doch die sterblichen Menschen nicht immer
Schlaflos sein; die Götter bestimmten jegliches Dinges

Maß und Ziel den Menschen auf lebenschenkender Erde.
Darum will ich jetzo in meine Kammer hinaufgehn,
Auf dem Lager zu ruhn, dem jammervollen, das immer
Meine Tränen benetzen, seitdem Odysseus hinwegfuhr,
Troja zu sehn, die verwünschte, die keiner nennet ohn
Abscheu!
Dorthin geh ich zu ruhn; du aber bereite dein Lager
Hier im Haus auf der Erd' oder laß ein Bette dir bringen.
Also sprach sie und stieg empor zu den schönen Gemächern,
Nicht allein, es gingen mit ihr die übrigen Jungfraun.
Als sie nun oben kam mit den Jungfraun, weinte sie wieder
Ihren trauten Gemahl Odysseus, bis ihr Athene
Sanft mit süßem Schlummer die Augenlider bedeckte.

ZWANZIGSTER GESANG

Odysseus, im Vorsaal ruhend, bemerkt die Unarten der Mägde. Den endlich Entschlafenen weckt das Jammern der Gemahlin. Glückliche Zeichen. Eurykleia bereitet den Saal zum früheren Schmause des Neumondfestes. Nach dem Sauhirten und Ziegenhirten kommt der Rinderhirt Philötios und bewährt seine Treue. Die Freier hindert ein Zeichen an Telemachos' Mord. Beim Schmause wird nach Odysseus ein Kuhfuß geworfen. Verwirrung der Freier, die in wilder Lust den Tod ahnden. Der weissagende Theoklymenos wird verhöhnt und geht weg. Penelopeia bemerkt die Ausgelassenheit.

Aber im Vorsaal lagerte sich der edle Odysseus.
Über die rohe Haut des Stieres bereitet' er viele
Wollichte Felle der Schafe vom üppigen Schmause der Freier;
Und Eurynome deckte den Ruhenden zu mit dem Mantel.

Allda lag Odysseus und sann dem Verderben der Freier
Wachend nach. Nun gingen die Weiber aus dem Palaste,
Welche schon ehemals mit den Freiern hatten geschaltet,
Und belustigten sich und lachten untereinander.
Aber dem Könige ward sein Herz im Busen erreget;
Und er bedachte sich hin und her mit wankendem Vorsatz:
Ob er sich plötzlich erhübe, die Frechen alle zu töten,
Oder ihnen noch einmal zum allerletzten erlaubte,
Mit den Freiern zu schalten. Im Innersten bellte sein Herz ihm:
So wie die mutige Hündin, die zarten Jungen umwandelnd,
Jemand, den sie nicht kennt, anbellt und zum Kampfe hervorspringt:
Also bellte sein Herz, durch die schändlichen Greuel erbittert.
Aber er schlug an die Brust und sprach die zürnenden Worte:
  Dulde, mein Herz! Du hast noch härtere Kränkung erduldet,
Damals, als der Kyklop, das Ungeheuer, die lieben
Tapfern Freunde dir fraß. Du duldetest, bis dich ein Anschlag
Aus der Höhle befreite, wo dir dein Tod schon bestimmt war.
  Also strafte der Edle sein Herz im wallenden Busen;
Und sein empörtes Herz ermannte sich schnell und harrte
Standhaft aus. Allein er wandte sich hiehin und dorthin.
Also wendet der Pflüger am großen brennenden Feuer
Einen Ziegenmagen, mit Fett und Blute gefüllet,
Hin und her, und erwartet es kaum, ihn gebraten zu sehen:
Also wandte der Held sich hin und wieder, bekümmert,
Wie er den schrecklichen Kampf mit den schamlosen Freiern begönne,
Er allein mit so vielen. Da schwebte Pallas Athene
Hoch vom Himmel herab und kam in weiblicher Bildung,
Neigte sich über sein Haupt und sprach mit freundlicher Stimme:
  Warum wachst du doch, Unglücklichster aller, die leben?
Dieses ist ja dein Haus, und drinnen ist deine Gemahlin

Und ein Sohn, so trefflich ihn irgend ein Vater sich wünschet!
Ihr antwortete drauf der erfindungsreiche Odysseus:
Dieses alles ist wahr, o Göttin, was du geredet.
Aber eines ist, was meine Seele bekümmert:
Wie ich den schrecklichen Kampf mit den schamlosen Freiern beginne,
Ich allein mit so vielen, die hier sich täglich versammeln.
Und noch ein Größeres ist, was meine Seele bekümmert:
Wenn ich jene mit Zeus' und deinem Willen ermorde,
Wo entflieh ich alsdann? Dies überlege nun selber.
Drauf antwortete Zeus' blauäugichte Tochter Athene:
O Kleinmütiger, traut man doch einem geringeren Freunde,
Welcher nur sterblich ist und eingeschränkten Verstandes;
Und der Unsterblichen eine bin ich, die deiner beständig
Waltet in jeder Gefahr. Vernimm denn, was ich dir sage:
Stünden auch fünfzig Scharen der vielfachredenden Menschen
Um uns her und trachteten dich im Kampfe zu töten,
Dennoch raubtest du ihnen die fetten Rinder und Schafe.
Aber schlummre nun ein! Die ganze Nacht zu durchwachen,
Ist ermattend; du wirst ja der Trübsal jetzo entrinnen!
Also sprach sie und deckte Odysseus' Augen mit Schlummer.
Und zum Olympos empor erhub sich die heilige Göttin,
Als ihn der Schlummer umfing, den Gram zerstreute, die Glieder
Sanft auflöste. Allein Odysseus' edle Gemahlin
Fuhr aus dem Schlafe, sie saß auf dem weichen Lager und weinte.
Als sie endlich ihr Herz mit vielen Tränen erleichtert,
Flehte sie Artemis an, die trefflichste unter den Weibern:
Hochgepriesene Göttin, o Artemis, Tochter Kronions,
Träfest du doch mein Herz mit deinem Bogen und nähmest
Meinen bekümmerten Geist gleich jetzo! Oder ein Sturmwind
Raubte durch finstere Wege mich schnell von hinnen und würfe
Mich am fernen Gestade des ebbenden Ozeans nieder:

So wie die Stürme vordem Pandareos' Töchter entführten!
Ihrer Eltern beraubt von den Göttern, blieben sie hilflos
In dem Palaste zurück; da nährte sie Aphrodite
Mit geronnener Milch und süßem Honig und Weine.
Ihnen schenkte dann Here vor allen sterblichen Weibern
Schönheit und klugen Verstand, die keusche Artemis Größe,
Und Athene die Kunde des Webestuhls und der Nadel.
Aber da einst Aphrodite zum großen Olympos emporstieg,
Daß der Donnerer Zeus den lieblichen Tag der Hochzeit
Ihren Mädchen gewährte (denn dessen ewige Vorsicht
Lenkt allwissend das Glück und Unglück sterblicher Menschen),
Raubten indes die Harpyien Pandareos' Töchter und schenkten
Sie den verhaßten Erinnyen zu harter sklavischer Arbeit.
Führten die Himmlischen so auch mich aus der Kunde der Menschen!
Oder entseelte mich Artemis' Pfeil! damit ich, Odysseus'
Bild im Herzen, nur unter die traurige Erde versänke,
Eh ich die schnöde Begierd' eines schlechteren Mannes gesättigt!
Ach, zu erdulden ist noch immer das Leiden, wenn jemand
Zwar die Tage durchweint und jammert, aber die Nächte
Ruhiger Schlummer beherrscht; denn dieser tilgt aus dem Herzen
Alles, Gutes und Böses, sobald er die Augen umschattet.
Doch mir sendet auch nachts ein Dämon schreckende Träume!
Eben schlief es wieder bei mir, ganz ähnlich ihm selber,
Wie er gen Ilion fuhr; und ich Arme freute mich herzlich,
Denn ich hielt es nicht für ein Traumbild, sondern für Wahrheit.

Also sprach sie; da kam die goldenthronende Eos.
Und der Weinenden Stimme vernahm der edle Odysseus.
Ängstlich sann er umher; ihn deucht' im Herzen, sie stünde
Ihn erkennend bereits zu seinem Haupte. Da nahm er
Hurtig Mantel und Felle, worauf er ruhte, zusammen,

Legte sie schnell in den Saal auf einen Sessel, die Stierhaut
Trug er hinaus, und flehete Zeus mit erhobenen Händen:
Vater Zeus, wenn ihr Götter nach vielem Jammer mich huldreich
Über Wasser und Land in meine Heimat geführt habt,
Oh, so rede nun einer der Wachenden glückliche Worte
Hier im Palast, und draußen gescheh ein Zeichen vom Himmel!
Also flehte der Held; den Flehenden hörte Kronion.
Und er donnerte schnell vom glanzerhellten Olympos
Hoch aus den Wolken herab. Da freute sich herzlich Odysseus.
Plötzlich hört' er ein mahlendes Weib, das glückliche Worte
Redete, nahe bei ihm, wo die Mühlen des Königes standen.
Täglich waren allhier zwölf Müllerinnen beschäftigt,
Weizen- und Gerstenmehl, das Mark der Männer, zu mahlen.
Aber die übrigen schliefen, nachdem sie den Weizen zermalmet;
Sie nur feirte noch nicht, denn sie war von allen die schwächste.
Stehen ließ sie die Mühl' und sprach die prophetischen Worte:
Vater Zeus, der Götter und sterblichen Menschen Beherrscher,
Wahrlich, du donnertest laut vom Sternenhimmel, und nirgends
Ist ein Gewölk; du sendest gewiß jemandem ein Zeichen.
Ach, so gewähr auch jetzo mir armem Weibe die Bitte!
Laß die stolzen Freier zum letztenmal heute, zum letzten,
Ihren üppigen Schmaus in Odysseus' Hause genießen,
Welche mir alle Kraft durch die seelenkränkende Arbeit,
Mehl zu bereiten, geraubt! Nun laß sie zum letztenmal schwelgen!
Sprach's, und freudig vernahm Odysseus ihre Verkündung
Und Zeus' Donnergetön; denn er hoffte die Frevler zu strafen.
Jetzo versammelten sich die andern Mägde des Königs,
Und es loderte bald auf dem Herde das mächtige Feuer.
Auch der göttliche Jüngling Telemachos sprang von dem Lager,

Legte die Kleider an und hängte sein Schwert um die Schulter,
Band die schönen Sohlen sich unter die rüstigen Füße,
Faßte den mächtigen Speer mit scharfer, eherner Spitze,
Ging und stand an der Schwelle und sagte zu Eurykleia:
Mütterchen, habt ihr auch für die Ruh und Pflege des Fremdlings
Hier im Saale gesorgt? Oder liegt er gänzlich versäumet?
Meine Mutter, die ist nun so (wie gut sie auch denket),
Daß sie den schlechteren Mann in ihres Herzens Verwirrung
Oftmals ehrt, und den besseren ungeehret hinwegschickt.
Ihm erwiderte drauf die verständige Eurykleia:
Sohn, beschuldige nicht die ganz unschuldige Mutter!
Denn er saß da und trank, solang er wollte, des Weines;
Speise, sagte er selbst, verlangt er nicht mehr; denn sie fragt' ihn.
Und als endlich die Stunde des süßen Schlafes herankam,
Da befahl sie den Mägden, ein Lager ihm zu bereiten;
Aber Er, als ein ganz Unglücklicher, Leidengeübter,
Weigerte sich, im Bette auf weichen Polstern zu schlafen:
Auf Schafsfellen allein und der unbereiteten Stierhaut
Wollt er im Vorsaal ruhn; wir deckten ihn noch mit dem Mantel.
Also sprach sie. Da ging, den Speer in der Rechten, der Jüngling
Aus dem Palast; es begleiteten ihn schnellfüßige Hunde;
Und er ging zur Versammlung der schöngeharnischten Griechen.
Aber den Mägden befahl die Edelste unter den Weibern,
Eurykleia, die Tochter Ops', des Sohnes Peisenors:
Hurtig, ihr Mägde! Kehrt mir den Saal geschwinde mit Besen,
Aber sprengt ihn zuvor; die purpurnen Teppiche legt dann
Auf die zierlichen Sessel! Ihr andern scheuret die Tische
Alle mit Schwämmen rein; dann spült die künstlichgegoßnen
Doppelbecher und Kelche mir aus! Ihr übrigen aber

Holet Wasser vom Quell; doch daß ihr nur eilig zurückkommt!
Heute zögern gewiß die Freier nicht lange, sie werden
Frühe sich hier versammeln; denn heut ist der heilige Neumond!
Also sprach sie; ihr hörten die Mägde mit Fleiß und gehorchten.
Zwanzig eileten schnell zum Wasser der schattichten Quelle,
Und die andern im Saale vollendeten klüglich die Arbeit.
Jetzo kamen ins Haus der Freier mutige Diener,
Welche das Holz geschickt zerspalteten; und von der Quelle
Kamen die Weiber zurück. Auch kam der treffliche Sauhirt,
Der drei Schweine, die besten der ganzen Herde, hereintrieb.
Diese ließ er weidend im schönen Hofe herumgehn,
Trat dann selbst zu Odysseus und sprach die freundlichen Worte:
Fremdling, hast du anitzt mehr Ansehn vor den Achäern?
Oder verschmähen sie dich, wie vormals, hier im Palaste?
Ihm antwortete drauf der erfindungsreiche Odysseus:
Ach, Eumäos, bestraften doch einst die Götter den Frevel
Dieser verruchten Empörer, die hier im fremden Palaste
Schändliche Greuel verüben und Scham und Ehre verachten!
Also besprachen diese sich jetzo untereinander;
Und es nahte sich ihnen der Ziegenhirte Melantheus,
Welcher die trefflichsten Ziegen der ganzen Herde den Freiern
Brachte zum Schmaus; es begleiteten ihn zween andere Hirten.
Diese banden sie fest dort unter der tönenden Halle,
Aber Melanthios sprach zu Odysseus die schmähenden Worte:
Fremdling, du willst noch jetzo in diesem Hause die Männer
Durch dein Betteln beschweren? Und nie zur Türe hinausgehn?
Nun, wir werden uns wohl nicht wieder trennen, bevor du
Diese Fäuste gekostet! Es ist ganz wider die Ordnung,
Solch ein Betteln! Es gibt ja noch andere Schmäuse der Griechen!
Also sprach er; und nichts antwortete jenem Odysseus,

Sondern schüttelte schweigend sein Haupt und sann auf Verderben.
Auch der Männerbeherrscher Philötios brachte den Freiern
Eine gemästete Kuh und fette Ziegen zum Schmause.
Diese kamen vom festen Land in der Fähre der Schiffer,
Die auch andere fahren, wenn jemand solches begehret.
Und er knüpfte sein Vieh auch unter der tönenden Halle
Fest; dann trat er näher und fragte den edlen Eumäos:
Hüter der Schweine, wer ist der neulich gekommene Fremdling
Hier in unserem Hause? Von welchen rühmlichen Eltern
Stammt er ab? Wo ist sein Geschlecht und väterlich Erbe?
Armer! Wahrlich, er trägt der herrschenden Könige Bildung!
Aber die Götter verdunkeln das Ansehn irrender Menschen,
Auch wenn Königen selbst ein solcher Jammer zuteil wird.
Also sprach er und kam und reichte dem edlen Odysseus
Freundlich die rechte Hand und sprach die geflügelten Worte:
Freue dich, fremder Vater! Es möge dir wenigstens künftig
Wohl ergehn! Denn jetzo umringt dich mancherlei Trübsal!
Vater Zeus, du bist doch vor allen Unsterblichen grausam!
Du erbarmest dich nicht der Menschen, die du gezeugt hast,
Sondern verdammst sie alle zu Not und schrecklichem Jammer!
Heißer und kalter Schweiß umströmte mich, als ich dich sahe,
Und mir tränten die Augen; ich dachte gleich an Odysseus,
Der wohl auch so zerlumpt bei fremden Leuten umherirrt,
Wo er anders noch lebt und das Licht der Sonne noch schauet!
Ist er aber schon tot und in der Schatten Behausung,
Weh mir! Wie klag ich Odysseus, den herrlichen, der mich als Jüngling
Über die Rinder im Lande der Kephallenier setzte!
Diese werden nun fast unzählbar; schwerlich hat jemand
Eine so frischaufwachsende Zucht breitstirniger Rinder.
Aber mich zwingen Fremde, sie ihnen zum üppigen Mahle

Herzuführen, und achten nicht des Sohnes im Hause,
Zittern auch nicht vor der Rache der Götter; ja, ihnen gelüstet
Schon, die Güter zu teilen des langabwesenden Königs.
Oh, wie oft hat mein Herz in Verzweifelung diesen Gedanken
Hin und wieder bewegt: Sehr unrecht wär's, da der Sohn lebt,
In ein anderes Land mit den Rindern zu fliehen und Hilfe
Fremder Leute zu suchen; doch schrecklicher ist es, zu bleiben
Und die Rinder für andre mit innigem Kummer zu hüten.
Und ich wäre schon längst zu einem mächtigen König
Außer dem Lande geflohn (denn es ist nicht länger zu dulden!);
Aber ich hoffe noch immer, daß mein unglücklicher König
Wiederkomm' und die Schar der Freier im Hause zerstreue!
Ihm antwortete drauf der erfindungsreiche Odysseus:
Keinem geringen Manne noch törichten gleichst du, o Kuhhirt;
Und ich erkenn es selber, du denkst vernünftig und edel;
Darum verkünd ich dir jetzt und beteur es mit hohem Eidschwur:
Zeus von den Göttern bezeug es und diese gastliche Tafel
Und Odysseus' heiliger Herd, zu welchem ich fliehe:
Du wirst selber zugegen sein, wenn Odysseus zurückkommt,
Und, so du willst, auch selber mit deinen Augen es ansehn,
Wie er die Freier vertilgt, die hier im Hause gebieten.
Ihm antwortete drauf der Oberhirte der Rinder:
Fremdling, erfüllte doch Zeus, was du verkündet! Du solltest
Sehn, was auch meine Kraft und meine Hände vermöchten!
Auch Eumäos flehte zu allen unsterblichen Göttern,
Daß sie dem weisen Odysseus verstatteten wiederzukehren.
Also besprachen diese sich jetzo untereinander.
Und die Freier beschlossen, Telemachos heimlich zu töten.
Aber linksher kam ein unglückdrohender Vogel,
Ein hochfliegender Adler, und hielt die bebende Taube.
Als ihn Amphinomos sahe, da sprach er zu der Versammlung:
Freunde, nimmer gelingt uns dieser heimliche Ratschluß

Über Telemachos' Tod; wohlauf, und gedenket des Mahles!
Also sprach er, und allen gefiel Amphinomos' Rede.
Und sie gingen ins Haus des göttergleichen Odysseus,
Legten die Mäntel nieder auf prächtige Sessel und Throne,
Opferten große Schafe zum Mahl und gemästete Ziegen,
Opferten fette Schwein' und eine Kuh von der Weide;
Brieten und reichten umher die Eingeweide und mischten
Dann des Weines in Kelchen; die Becher verteilte der Sauhirt;
Und der Männerbeherrscher Philötios reichte den Freiern
Brot in zierlichen Körben; Melanthios schenkte den Wein ein.
Und sie erhoben die Hände zum leckerbereiteten Mahle.
Aber Telemachos hieß, auf Listen sinnend, Odysseus
Sitzen im schöngemauerten Saal, an der steinernen Schwelle,
Neben dem kleinen Tisch, auf einem der schlechteren Stühle.
Und er bracht ihm ein Teil der Eingeweide und schenkte
Wein in den goldenen Becher und sprach zu dem edlen Odysseus:
Sitze nur ruhig hier und trinke Wein mit den Männern.
Vor Gewaltsamkeiten und Schmähungen will ich dich selber
Schützen gegen die Freier! Denn hier ist kein öffentlich Gasthaus,
Sondern Odysseus' Haus; und ich bin der Erbe des Königs!
Aber ihr, o Freier, enthaltet euch aller Beschimpfung
Und Gewalt, damit kein Zank noch Hader entstehe!
Also sprach er; da bissen sie ringsumher sich die Lippen,
Über den Jüngling erstaunt, der so entschlossen geredet.
Aber Eupeithes' Sohn Antinoos sprach zur Versammlung:
Freunde, wie hart sie auch ist, wir wollen Telemachos' Rede
Nur annehmen; ihr hört ja des Jünglings schreckliche Drohung!
Zeus Kronion verstattet' es nicht; sonst hätten wir lange
Hier im Hause den Redner mit heller Stimme geschweiget.
Also sprach der Freier; doch jener verachtete solches.
Und die Herolde führten die Hekatombe der Götter
Durch die Stadt; und die Schar der hauptumlockten Achäer

Ging in den Schattenhain des göttlichen Schützen Apollons.
Aber die Freier brieten das Fleisch und zogen's herunter,
Teilten's den Gästen umher und feirten das prächtige Gastmahl.
Und Odysseus brachten die Diener, welche zerlegten,
Ebensoviel des Fleisches, als jedem Gaste das Los gab;
Weil es Telemachos hieß, der Sohn des edlen Odysseus.
Aber den mutigen Freiern verstattete Pallas Athene
Nicht, des erbitternden Spottes sich ganz zu enthalten, damit noch
Heißer entbrennte das Herz des Laërtiaden Odysseus.
Unter den Freiern war ein ungezogener Jüngling:
Dieser hieß Ktesippos und war aus Same gebürtig.
Stolz auf das große Gut des Vaters, warb er anitzo
Um die Gattin Odysseus' des langabwesenden Königs.
Dieser erhub die Stimme und sprach zu den trotzigen Freiern:
Höret, was ich euch sag, ihr edelmütigen Freier!
Zwar empfing der Fremdling schon längst sein gebührendes Anteil,
Eben wie wir; denn es wäre nicht recht und gegen den Wohlstand,
Fremde zu übergehn, die Telemachos' Wohnung besuchen;
Aber ich will ihm doch auch ein wenig verehren, damit er
Etwa die Magd, die ihn badet, beschenke, oder auch jemand
Sonst von den Leuten im Hause des göttergleichen Odysseus.
Also sprach er und warf mit nervichter Rechten den Kuhfuß,
Welcher im Korbe lag, nach Odysseus. Aber Odysseus
Wandte behende sein Haupt und barg mit schrecklichem Lächeln
Seinen Zorn; und das Bein fuhr gegen die zierliche Mauer.
Aber Telemachos schalt den Freier mit drohenden Worten:
Wahrlich, Ktesippos, es ist ein großes Glück für dein Leben,
Daß du den Fremdling nicht trafst; denn dieser beugte dem Wurf aus:

Traun, ich hätte dich gleich mit der spitzen Lanze durchbohret,
Und statt der Hochzeit würde dein Vater ein Leichenbegängnis
Hier begehn! Verübe mir keiner die mindeste Unart
Hier im Palast! Mir fehlt nun weder Verstand noch Erfahrung,
Gutes und Böses zu sehn; denn ehmals war ich ein Knabe!
Dennoch schaun wir es an und leiden alles geduldig,
Wie ihr das Mastvieh schlachtet und schwelgend den Wein und die Speise
Ausleert; denn was vermag ein einziger gegen so viele?
Aber hierbei laßt nun auch eure Beleidigung stillstehn!
Habt ihr indes beschlossen, mich mit dem Schwerte zu töten,
Lieber wollt ich doch das, und wahrlich, es wäre mir besser,
Sterben, als immerfort den Greul der Verwüstungen ansehn:
Wie man die Fremdlinge hier mißhandelt oder die Mägde
Zur abscheulichen Lust in den prächtigen Kammern umherzieht!

Also sprach er; und alle verstummten umher und schwiegen.
Endlich erwiderte drauf Damastors Sohn Agelaos:

Freunde, Telemachos hat mit großem Rechte geredet;
Drum entrüste sich keiner, noch geb ihm trotzige Antwort!
Auch mißhandelt nicht ferner den armen Fremdling, noch jemand
Von den Leuten im Hause des göttergleichen Odysseus!
Aber Telemachos möcht ich anitzt und Telemachos' Mutter
Dies wohlmeinend raten, wenn's ihrem Herzen gefiele.
Als ihr beide noch immer mit sehnlichharrendem Herzen
Hofftet die Wiederkehr des erfindungsreichen Odysseus,
War es nicht tadelhaft, zu warten und die Achäer
Hinzuhalten im Hause (denn besser wär es gewesen,
Hätten die Götter Odysseus verstattet wiederzukehren);
Doch nun ist es ja klar, daß Odysseus nimmer zurückkehrt.
Drum geh hin zu der Mutter und sag ihr, sie möge den besten
Jüngling, welcher das meiste geschenkt, zum Bräutigam wählen:

Daß du alle Güter des Vaters beherrschen und friedlich
Essen und trinken könnest, da sie mit dem Manne hinwegzieht!
Und der verständige Jüngling Telemachos sagte dagegen:
Nein, bei Zeus! Agelaos, und bei den Leiden des Vaters,
Der von Ithaka ferne den Tod fand oder umherirrt!
Ich verhindre sie nicht, ich selber heiße die Mutter
Wählen, welchen sie will und wer sie reichlich beschenket.
Aber ich scheue mich, sie mit harten Worten gewaltsam
Aus dem Hause zu treiben; das wolle Gott nicht gefallen!
Also sprach er. Und siehe, ein großes Gelächter erregte
Pallas Athene im Saal und verwirrte der Freier Gedanken:
Und schon lachten sie alle mit gräßlichverzuckten Gesichtern.
Blutbesudeltes Fleisch verschlangen sie jetzo; die Augen
Waren mit Tränen erfüllt, und Jammer umschwebte die Seele.
Und der göttliche Mann Theoklymenos sprach zur Versammlung:
Ach, unglückliche Männer, welch Elend ist euch begegnet!
Finstere Nacht umhüllt euch Haupt und Antlitz und Glieder!
Und Wehklagen ertönt, und Tränen netzen die Wangen!
Und von Blute triefen die Wänd' und das schöne Getäfel!
Flatternde Geister füllen die Flur und füllen den Vorhof,
Zu des Erebos Schatten hinuntereilend! Die Sonne
Ist am Himmel erloschen, und rings herrscht schreckliches Dunkel!
Also sprach er; und alle begannen herzlich zu lachen.
Aber Polybos' Sohn Eurymachos sprach zu den Freiern:
Hört, wie der Fremdling rast, der neulich von ferne hieherkam!
Hurtig, ihr Jünglinge, eilt und leitet ihn aus dem Palaste
Nach dem Versammlungsplatz! Hier kommt ihm alles wie Nacht vor!
Und der göttliche Mann Theoklymenos gab ihm zur Antwort:

Keineswegs bedarf ich, Eurymachos, deiner Geleiter;
Denn du siehst, ich habe noch Augen und Ohren und Füße,
Und mein guter Verstand ist auch nicht irre geworden.
Hiermit will ich allein hinausgehn; denn ich erkenne
Schon das kommende Graun des Todes, dem keiner entfliehn wird,
Keiner von euch, ihr Freier, im Hause des edlen Odysseus,
Wo ihr die Fremdlinge höhnt und schändliche Greuel verübet!
Also sprach er und ging aus der schöngebaueten Wohnung
Hin zum Hause Peiräos' und wurde freundlich empfangen.
Aber die Freier sahen sich all' einander ins Antlitz,
Höhnten Telemachos aus und lachten über die Gäste.
Unter dem Schwarme begann ein übermütiger Jüngling:
Nein, Telemachos, keiner hat jemals schlechtere Gäste
Aufgenommen als du! Denn dieser verhungerte Bettler
Sitzt da, nach Speise und Wein heißhungrig; aber zur Arbeit
Hat er nicht Lust noch Kraft, die verworfene Last der Erde!
Und der andere dort erhub sich, uns wahrzusagen.
Aber willst du mir folgen (es ist wahrhaftig das beste!):
Laß uns die Fremdlinge beid' im vielgeruderten Schiffe
Zu den Sikelern senden; da kannst du sie teuer verkaufen.
Also sprachen die Freier; doch jener verachtete solches.
Schweigend sah er Odysseus an und harrte beständig,
Wann sein mächtiger Arm die schamlosen Freier bestrafte.
Gegenüber dem Saal auf einem prächtigen Sessel
Saß Ikarios' Tochter, die kluge Penelopeia,
Und behorchte die Reden der übermütigen Männer.
Diese feirten nun zwar mit lautem Lachen das Frühmahl,
Lustig und fröhliches Muts, denn sie hatten die Menge geschlachtet:
Doch unlieblicher ward kein Abendschmaus noch gefeiert,
Als den bald die Göttin, mit ihr der starke Odysseus,
Jenen gab, die bisher so schändliche Greuel verübten.

EINUNDZWANZIGSTER GESANG

Penelopeia veranstaltet den entscheidenden Bogenkampf. Empfindung der treuen Hirten. Telemachos stellt die Kampfeisen und wird, den Boden zu spannen, vom Vater gehindert. Die Freier versuchen nacheinander. Ahndung des Opferpropheten. Der Bogen wird erweicht. Odysseus entdeckt sich draußen dem Sauhirten und Rinderhirten und heißt die Türen verschließen. Die Freier verschieben den Bogenkampf. Odysseus bittet um den Bogen, und die Freier lassen es endlich geschehen. Er spannt und trifft durch die Eisen.

Aber Ikarios' Tochter, der klugen Penelopeia,
Gab Athene, die Göttin mit blauen Augen, den Rat ein,
Daß sie den Freiern den Bogen und blinkende Eisen zum Wettkampf
In dem Palast vorlegte und zum Beginne des Mordens.
Und schon stieg sie empor die hohen Stufen der Wohnung,
Faßte mit zarter Hand den schöngebogenen Schlüssel,
Zierlich von Erz gegossen, mit elfenbeinernem Griffe,
Eilete dann und ging, von ihren Mägden begleitet,
Zu dem innern Gemach, wo die Schätze des Königes lagen,
Erzes und Goldes die Meng' und künstlichgeschmiedetes Eisens.
Unter den Schätzen war der krumme Bogen Odysseus'
Und sein Köcher, gefüllt mit jammerbringenden Pfeilen.
Beide schenkt' ihm vordem in Lakedämon ein Gastfreund,
Iphitos, Eurytos' Sohn, den unsterblichen Göttern vergleichbar.
In Messene trafen die beiden Helden einander,
Im Palaste des tapfern Orsilochos. Dort war Odysseus,
Um die Bezahlung der Schuld vom ganzen Volke zu fordern.
Denn aus Ithaka hatten die Schiffe messenischer Männer
Jüngst dreihundert Schafe mit ihren Hirten geraubet.
Darum kam als Gesandter Odysseus den weiten Weg her,

Jung wie er war, von Laërtes ersehn und den übrigen Greisen.
Aber Iphitos kam, die verlorenen Rosse zu suchen,
Zwölf noch säugende Stuten, mit Füllen lastbarer Mäuler.
Doch sie beschleunigten nur des Suchenden Todesverhängnis!
Denn als Iphitos endlich bei Zeus' hochtrotzendem Sohne
Kam, dem starken Herakles, dem Manne von großen Taten.
Tötete dieser den Gast in seinem Hause, der Wütrich!
Unbesorgt um der Götter Gericht und den heiligen Gasttisch,
Den er ihm vorgesetzt! Ihn selbst erschlug er im Hause,
Und behielt für sich die Rosse mit malmenden Hufen!
Diese suchend traf er den jungen Odysseus und schenkt' ihm
Seinen Bogen, den einst der große Eurytos führte,
Aber sterbend dem Sohn im hohen Palaste zurückließ.
Und Odysseus schenkt' ihm sein Schwert und die mächtige Lanze,
Zu der vertraulichsten Freundschaft Beginn. Doch saßen sie niemals
Einer am Tische des andern; denn bald sank unter Herakles
Iphitos, Eurytos' Sohn, den unsterblichen Göttern vergleichbar.
Iphitos' Bogen führte der edelgesinnte Odysseus
Niemals, wann er zum Krieg in schwarzen Schiffen hinwegfuhr,
Sondern ließ im Palaste des unvergeßlichen Freundes
Angedenken zurück; in Ithaka führt' er ihn immer.
Als das göttliche Weib die gewölbete Kammer erreichte
Und die eichene Schwelle hinanstieg, welche der Meister
Künstlich hatte geglättet und nach dem Maße der Richtschnur,
Drauf die Pfosten gerichtet, mit ihren glänzenden Flügeln,
Löste sie schnell vom Ringe den künstlichen Knoten des Riemens,
Steckte den Schlüssel hinein und drängte die Riegel der Pforte,
Scharf hinblickend, zurück: da krachten laut, wie ein Pflugstier
Brüllt auf blumiger Au, so krachten die prächtigen Flügel,
Von dem Schlüssel geöffnet, und breiteten sich auseinander.
Und sie trat ins Gewölb und stieg auf die bretterne Bühne,

Wo die Laden standen voll lieblichduftender Kleider,
Langte von dort in die Höh' und nahm vom Nagel den Bogen
Samt der glänzenden Scheide, die ihn umhüllte, herunter.
Und sie setzte sich, legt' auf den Schoß den Bogen des Königs,
Hub laut an zu weinen und zog ihn hervor aus der Scheide.
Und nachdem sie ihr Herz mit vielen Tränen erleichtert,
Ging sie hinauf in den Saal zu den übermütigen Freiern,
Haltend in ihrer Hand den krummen Bogen Odysseus'
Und den Köcher, gefüllt mit jammerbringenden Pfeilen.
Hinter ihr trugen die Mägde die zierliche Kiste, mit Eisen
Und mit Erze beschwert, den Kampfgeräten des Königs.
Als das göttliche Weib die Freier jetzo erreichte,
Stand sie still an der Schwelle des schönen gewölbeten Saales;
Ihre Wangen umwallte der feine Schleier des Hauptes,
Und an jeglichem Arm stand eine der stattlichen Jungfraun.
Und sie sprach zur Versammlung der übermütigen Freier:
Hört, ihr mutigen Freier, die ihr in diesem Palaste
Scharenweise euch stets zum Essen und Trinken versammelt,
Da mein Gemahl so lang entfernt ist, und die ihr keinen
Einzigen Grund angebt zu dieser großen Verwüstung,
Außer daß ihr mich liebt und zur Gemahlin begehret:
Auf, ihr Freier, wohlan, denn jetzo erscheinet ein Wettkampf!
Hier ist der große Bogen des göttergleichen Odysseus.
Wessen Hand von euch den Bogen am leichtesten spannet,
Und mit der Sehne den Pfeil durch alle zwölf Äxte hindurchschnellt,
Seht, dem folg' ich als Weib aus diesem werten Palaste
Meines ersten Gemahls, dem prächtigen reichen Palaste,
Dessen mein Herz sich vielleicht noch künftig in Träumen erinnert.
Also sprach sie und winkte dem edlen Hirten Eumäos,
Ihnen den Bogen zum Kampf und die blinkenden Äxte zu bringen.

Weinend empfing sie Eumäos und legte sie nieder. Der Kuhhirt
Weint' auf der andern Seite, da er den Bogen des Herrn sah.
Aber Antinoos schalt und sprach die geflügelten Worte:
Alberne Hirten des Viehs, in den Tag hinträumende Toren,
Unglückselige, sprecht, was vergießt ihr Tränen und reizet
Unserer Königin Herz, noch mehr zu trauren, das so schon
Tiefgebeugt den Verlust des lieben Gemahles bejammert?
Sitzt geruhig am Tisch und schmauset, oder entfernt euch
Hurtig und heult vor der Tür und laßt den Bogen uns Freiern:
Daß wir den Kampf versuchen, den furchtbaren! Denn ich vermute,
Daß es so leicht nicht sei, den geglätteten Bogen zu spannen.
Denn ein solcher Mann ist nicht in der ganzen Versammlung,
Als Odysseus war! Ich hab ihn selber gesehen,
Und entsinne mich wohl: ich war noch ein stammelnder Knabe.
Also sprach er; allein in seinem Herzen gedacht er,
Selbst die Sehne zu spannen und durch die Äxte zu treffen.
Aber er sollte zuerst den Pfeil aus den Händen Odysseus'
Kosten, weil er vordem den Herrlichen, in dem Palaste
Sitzend, hatte geschmäht und die übrigen Freier gereizet.
Unter ihnen begann Telemachos' heilige Stärke:
Wahrlich, Zeus Kronion beraubte mich allen Verstandes!
Meine Mutter verheißet anitzt (wie gut sie auch denket!),
Einem andern zu folgen und dieses Haus zu verlassen;
Und ich freue mich noch und lache, ich törichter Jüngling!
Aber wohlan, ihr Freier! denn jetzo erscheinet der Wettkampf
Um ein Weib, wie keines im ganzen achäischen Lande,
Nicht in der heiligen Pylos, in Argos oder Mykene,
Selbst in Ithaka nicht, und nicht auf der fruchtbaren Feste!
Aber das wißt ihr selber; was brauch ich die Mutter zu loben?
Auf denn, verzögert ihn nicht durch lange Zweifel und spannet
Ohne Geschwätz den Bogen, damit wir den Sieger erkennen!
Und ich hätte wohl Lust, den Bogen selbst zu versuchen.

Denn wär ich's, der ihn spannt und durch die Äxte hindurchschießt,
Dann verließe mich Traurenden nicht die teuerste Mutter,
Einem anderen folgend, noch blieb' ich einsam im Hause,
Da ich schon tüchtig bin zu den edlen Kämpfen des Vaters!
Also sprach er und warf von der Schulter den purpurnen Mantel,
Seinem Sessel entspringend, und warf sein Schwert von der Schulter.
Hierauf stellt' er die Eisen im aufgegrabenen Estrich
Alle zwölf nach der Reih' und nach dem Maße der Richtschnur,
Stampfte die Erde dann fest; und alle staunten dem Jüngling,
Wie gerad er sie stellte, da er's doch nimmer gesehen.
Und er trat an die Schwelle des Saals und versuchte den Bogen.
Dreimal erschüttert' er ihn und strebt' ihn aufzuspannen;
Dreimal verließ ihn die Kraft. Noch immer hoffte der Jüngling,
Selbst die Sehne zu spannen und durch die Äxte zu treffen.
Und er hätt es vollbracht, da der Starke zum viertenmal anzog;
Aber ihm winkt' Odysseus und hielt den strebenden Jüngling.
Und zu den Freiern sprach Telemachos' heilige Stärke:
Götter, ich bleibe vielleicht auf immer weichlich und kraftlos,
Oder ich bin noch zu jung und darf den Händen nicht trauen,
Abzuwehren den Mann, der mich hohnsprechend beleidigt.
Aber wohlan, ihr andern, die ihr viel stärker als ich seid,
Kommt und versucht den Bogen, und endiget hurtig den Wettkampf!
Also sprach er und stellte den Bogen nieder zur Erden,
Hingelehnt an die feste mit Kunst gebildete Pforte,
Lehnte den schnellen Pfeil an des Bogens zierliche Krümmung,
Ging und setzte sich wieder auf seinen verlassenen Sessel.
Aber Eupeithes' Sohn Antinoos sprach zur Versammlung:
Steht nach der Ordnung auf, von der Linken zur Rechten, o Freunde,

An der Stelle beginnend, von wannen der Schenke herumgeht.
Also sprach er; und allen gefiel Antinoos' Rede.
Und es erhub sich zuerst der Oinopide Leiodes,
Welcher, ihr Opferprophet, beständig am schimmernden Kelche
Unten im Winkel saß: der einzige, dem die Verwüstung
Nicht gefiel; er haßte die ganze Rotte der Freier.
Dieser nahm den Bogen und schnellen Pfeil von der Erde,
Stellte sich drauf an die Schwelle des Saals und versuchte den Bogen.
Aber er spannt' ihn nicht; die zarten Hände des Sehers
Wurden im Aufziehn laß. Da sprach er zu der Versammlung:
Freunde, ich spann ihn nicht; ihn nehm ein anderer jetzo!
Viele der Edeln im Volk wird dieser Bogen des Atems
Und der Seele berauben; denn das ist tausendmal besser,
Sterben, als lebend den Zweck zu verfehlen, um den wir uns immer
Hier im Hause versammeln und harren von Tage zu Tage!
Jetzo hofft wohl mancher in seinem Herzen und wünscht sich
Penelopeia zum Weib, Odysseus' edle Gemahlin.
Aber wird er einmal den Bogen prüfen und ansehn,
Oh, dann such er sich nur von Achäas lieblichen Töchtern
Eine andre und werbe mit Brautgeschenken; doch diese
Nehme den Mann, der das meiste geschenkt und dem sie bestimmt ward.
Also sprach Leiodes und stellte den Bogen zur Erden,
Hingelehnt an die feste mit Kunst gebildete Pforte,
Lehnte den schnellen Pfeil an des Bogens zierliche Krümmung,
Ging und setzte sich wieder auf seinen verlassenen Sessel.
Aber Antinoos schalt und sprach die geflügelten Worte:
Welche Rede, Leiodes, ist deinen Lippen entflohen!
Welche schreckliche Drohung! Ich ärgere mich, es zu hören!
Viele der Edeln im Volk soll dieser Bogen des Atems
Und der Seele berauben, weil du nicht vermagst ihn zu spannen?

Dich gebar nun freilich die teure Mutter nicht dazu,
Daß du mit Pfeil und Bogen dir Ruhm bei den Menschen erwürbest;
Aber es sind, ihn zu spannen, noch andere mutige Freier!
Also sprach er und rief dem Ziegenhirten Melantheus;
Hurtig, Melanthios, eil und zünd hier Feuer im Saal an,
Stelle davor den Sessel und breite Felle darüber,
Hol aus der Kammer alsdann eine große Scheibe von Stierfett:
Daß wir Jüngling' am Feuer den Bogen wärmen und salben;
Dann versuchen wir ihn und endigen hurtig den Wettkampf.
Sprach's, und Melanthios zündet' ein helles Feuer im Saal an,
Stellte davor den Sessel und breitete Felle darüber,
Holt' aus der Kammer alsdann eine große Scheibe von Stierfett.
Und die Jünglinge salbten und prüften den Bogen; doch keiner
Konnt ihn spannen, zu sehr gebrach es den Händen an Stärke.
Aber Antinoos selbst und Eurymachos saßen noch ruhig,
Beide Häupter der Freier und ihre tapfersten Helden.
Jetzo gingen zugleich aus der Türe des hohen Palastes
Beide, der Rinderhirt und der männerbeherrschende Sauhirt.
Ihnen folgte sofort der göttergleiche Odysseus.
Als sie jetzt aus der Tür und dem Vorhof waren gekommen,
Redet' Odysseus sie an und sprach die freundlichen Worte:
Hört, ich möcht euch was sagen, du Rinderhirt und du Sauhirt!
Oder verschweig ich's lieber? Mein Herz gebeut mir zu reden.
Wen verteidigtet ihr, wenn jetzo mit einmal Odysseus
Hier aus der Fremde käm, und ihn ein Himmlischer brächte?
Wolltet ihr dann die Freier verteidigen oder Odysseus?
Redet heraus, wie euch das Herz im Busen gebietet!
Ihm antwortete drauf der Oberhirte der Rinder:
Vater Zeus, erfülltest du doch mein heißes Verlangen,
Daß ein Himmlischer jenen zur Heimat führte! Du solltest
Sehn, was auch meine Kraft und meine Hände vermöchten!

Auch Eumäos flehte zu allen unsterblichen Göttern,
Daß sie dem weisen Odysseus verstatteten, wiederzukehren.
Und nachdem Odysseus die Treue der Hirten geprüfet,
Da antwortet' er ihnen und sprach die freundlichen Worte:
Nun, ich selber bin hier! Nach vielen Todesgefahren
Bin ich im zwanzigsten Jahre zur Heimat wiedergekehret!
Und ich erkenne, wie sehr ihr beide meine Zurückkunft
Wünschtet, ihr allein von den Knechten! denn keinen der andern
Hört ich flehn, daß ein Gott mir heimzukehren vergönnte!
Drum vernehmet auch ihr, was euch zum Lohne bestimmt ist:
Wenn mir Gott die Vertilgung der stolzen Freier gewähret,
Dann will ich jedem ein Weib und Güter zum Eigentum geben,
Jedem nahe bei mir ein Haus erbauen, und künftig
Beide wie Freund' und Brüder von meinem Telemachos achten.
Aber daß ihr mir glaubt und mich für Odysseus erkennet:
Kommt und betrachtet hier ein entscheidendes Zeichen, die Narbe,
Die ein Eber mir einst mit weißem Zahne gehauen,
Als ich auf dem Parnaß mit den Söhnen Autolykos' jagte.
Also sprach er und zog von der großen Narbe die Lumpen.
Aber da jene sie sahn und alles deutlich erkannten,
Weinten sie, schlangen die Händ' um den edlen Helden Odysseus,
Hießen ihn froh willkommen und küßten ihm Schulter und Antlitz.
Auch Odysseus küßte den Hirten Antlitz und Hände.
Über der Klage wäre die Sonne niedergesunken,
Hätt Odysseus sie nicht mit diesen Worten geendet:
Hemmt anitzo die Tränen und euren Jammer, daß niemand
Von den Leuten im Haus uns seh und drinnen verrate.
Geht nun einzeln wieder hinein, nicht alle mit einmal:
Ich zuerst, dann ihr! Die Abred aber sei diese:

Nimmer wird es die Schar der übermütigen Freier
Billigen, daß mir der Bogen und Köcher werde gegeben;
Aber gehe nur dreist mit dem Bogen, edler Eumäos,
Durch den Saal und reiche mir ihn. Auch sage den Weibern,
Daß sie die festen Türen des Hinterhauses verriegeln;
Und wenn eine vielleicht ein Röcheln oder Gepolter
Drinnen im Saale der Männer vernimmt, daß keine herausgeh,
Sondern geruhig sitze bei ihrer beschiedenen Arbeit.
Edler Philötios, dir vertrau ich die Pforte des Hofes,
Sie mit dem Riegel zu schließen und fest mit dem Seile zu binden.
Also sprach er und ging in die schöngebauete Wohnung;
Allda setzt' er sich wieder auf seinen verlassenen Sessel.
Einzeln folgten die Knechte des göttergleichen Odysseus.
Und Eurymachos wandte nunmehr in den Händen den Bogen,
Hin und wieder ihn wärmend im Glanze des Feuers; und dennoch
Konnt er die Sehne nicht spannen. Ein tiefaufatmender Seufzer
Schwellte sein stolzes Herz, und zürnend sprach er die Worte:
Götter, wie kränkt mich der Schmerz um mich selber und um die andern!
Wegen der Hochzeit nicht, wiewohl mich auch diese bekümmert;
Denn es sind ja noch andre Achäerinnen die Menge,
Hier in Ithaka selbst, und auch in anderen Städten:
Sondern weil unsere Kraft vor des göttergleichen Odysseus
Stärke so ganz verschwindet, daß seinen Bogen nicht einer
Spannen kann! Hohnlachend wird selbst der Enkel es hören!
Aber Eupeithes' Sohn Antinoos gab ihm zur Antwort:
Nein, Eurymachos, nicht also! Du weißt es auch besser!
Heute feirt ja das Volk des großen Gottes Apollon
Fest; wer wollte denn heute den Bogen spannen? Oh, legt ihn

Ruhig nieder! Allein die Äxte können wir immer
Stehen lassen; denn schwerlich wird jemand, sie zu entwenden,
Kommen in den Palast des Laërtiaden Odysseus.
Auf! Es fülle von neuem der Schenk mit Weine die Becher,
Daß wir opfern und dann hinlegen des Königes Bogen.
Aber morgen befiehlt dem Ziegenhirten Melantheus,
Uns die trefflichsten Ziegen der ganzen Herde zu bringen.
Seht, dann opfern wir erst dem bogenberühmten Apollon,
Und versuchen den Bogen und endigen hurtig den Wettkampf.
Also sprach er, und allen gefiel Antinoos' Rede.
Herolde gossen ihnen das Wasser über die Hände,
Jünglinge füllten die Kelche bis oben mit dem Getränke,
Und verteilten von neuem, sich rechtshin wendend, die Becher.
Als sie des Trankes geopfert und nach Verlangen getrunken,
Sprach zu ihnen mit List der erfindungsreiche Odysseus:
Hört mich an, ihr Freier der weitgepriesenen Fürstin,
Daß ich rede, wie mir das Herz im Busen gebietet!
Doch vor allen fleh ich Eurymachos und den erhabnen
Helden Antinoos an, der jetzt so weise geredet.
Legt den Bogen nun hin, und befehlt die Sache den Göttern;
Morgen wird Gott, wem er will, die Kraft des Sieges verleihen.
Aber wohlan! gebt mir den geglätteten Bogen, damit ich
Meiner Hände Gewalt vor euch versuche, ob jetzt noch
Kraft in den Nerven ist, wie sie ehmals die Glieder belebte,
Oder ob sie das Wandern und langes Elend vertilgt hat!
Also sprach er, und rings entbrannten von Zorne die Freier,
Fürchtend, es möchte ihm gelingen, den glatten Bogen zu spannen.
Aber Antinoos schalt und sprach die geflügelten Worte:
Ha! du elender Fremdling, es fehlt dir ganz an Verstande!
Bist du nicht froh, daß du in unserer stolzen Versammlung
Ruhig schmausest? Daß dir dein Teil von allem gereicht wird?
Und daß du die Gespräch' und Reden der Männer behorchest,

Die kein anderer Fremdling und lumpichter Bettler behorchet?
Wahrlich! der süße Wein betört dich, welcher auch andern
Schadet, wenn man ihn gierig verschlingt, nicht mäßig genießet;
Selbst der berühmte Kentaur Eurytion tobte vor Unsinn,
Von dem Weine berauscht, in des edlen Peirithoos Hause.
Denn er kam auf das Fest der Lapithen; aber vom Weine
Rasend, begann er im Hause Peirithoos' schändliche Greuel.
Zürnend sprangen die Helden empor, und über den Vorsaal
Schleppten sie ihn hinaus, und schnitten mit grausamem Erze
Nas' und Ohren ihm ab; und so in voller Betäubung
Wankte der Trunkenbold heim und trug die Strafe des Unsinns.
Hierauf folgte der blutige Krieg der Kentauren und Männer,
Aber vor allen traf das Verderben den Säufer des Weines.
Also verkünd ich auch dir dein Unglück, wenn du den Bogen
Spannest: Du sollst nicht mehr Almosen in unserem Volke
Sammeln; wir senden dich gleich im schwarzen Schiffe zum König
Echetos in Epeiros, dem Schrecken des Menschengeschlechtes,
Dem du gewiß nicht lebend entrinnst! Drum sitze geruhig,
Trink, und begehre nicht mit jüngeren Männern den Wettkampf!
Ihm antwortete drauf die kluge Penelopeia:
O Antinoos, denke, wie unanständig, wie unrecht,
Fremde zu übergehn, die Telemachos' Wohnung besuchen!
Meinst du, wenn etwa der Fremdling den großen Bogen Odysseus'
Spannt, wo wie er den Händen und seiner Stärke vertrauet,
Daß er mich dann heimführe und zur Gemahlin bekomme?
Schwerlich heget er selbst im Herzen solche Gedanken!
Und auch keinen von euch bekümmere diese Vermutung
Unter den Freuden des Mahls! Unmöglich ist es, unmöglich!
Aber Polybos' Sohn Eurymachos sagte dagegen:
O Ikarios' Tochter, du kluge Penelopeia,

Daß du ihn nehmest, besorgt wohl keiner; es wäre nicht möglich!
Sondern wir fürchten nur das Gerede der Männer und Weiber.
Künftig spräche vielleicht der schlechteste aller Achäer:
Weichliche Männer werben um jenes gewaltigen Mannes
Gattin; denn keiner vermag den glatten Bogen zu spannen:
Aber ein anderer kam, ein armer irrender Fremdling,
Spannte den Bogen leicht und schnellte den Pfeil durch die Äxte!
Also sprächen sie dann, und es wär uns ewige Schande!
Ihm antwortete drauf die kluge Penelopeia:
Ganz unmöglich ist es, Eurymachos, daß man im Volke
Gutes rede von Leuten, die jenes trefflichen Mannes
Haus durch Schwelgen entweihn! Doch was achtet ihr jenes für Schande?
Seht den Fremdling nur an, wie groß und stark er gebaut ist;
Und er stammt, wie er sagt, aus einem edlen Geschlechte.
Aber wohlan! Gebt ihm den schöngeglätteten Bogen!
Denn ich verkündige jetzt, und das wird wahrlich erfüllet:
Spannt der Fremdling den Bogen und schenkt Apollon ihm Ehre,
Will ich mit schönen Gewanden, mit Rock und Mantel, ihn kleiden,
Einen Speer ihm verehren, den Schrecken der Menschen und Hunde,
Ein zweischneidiges Schwert, und Sohlen unter die Füße,
Und ihn senden, wohin es seinem Herzen gelüstet.
Und der verständige Jüngling Telemachos sagte dagegen:
Mutter, über den Bogen hat keiner von allen Achäern
Macht als ich: wem ich will, ihn zu geben oder zu weigern;
Keiner von allen, die hier in der felsichten Ithaka herrschen,
Oder die nahe wohnen der rosseweidenden Elis!
Keiner von allen soll mit Gewalt mich hindern, und wollt' ich
Diesen Bogen dem Fremdling auch ganz zum Eigentum schenken!

Aber gehe nun heim, besorge deine Geschäfte,
Spindel und Webestuhl, und treib an beschiedener Arbeit
Deine Mägde zum Fleiß! Der Bogen gebühret den Männern,
Und vor allen mir; denn mein ist die Herrschaft im Hause!
Staunend kehrte die Mutter zurück in ihre Gemächer,
Und erwog im Herzen die kluge Rede des Sohnes.
Als sie nun oben kam mit den Jungfraun, weinte sie wieder
Ihren trauten Gemahl Odysseus, bis ihr Athene
Sanft mit süßem Schlummer die Augenlider bedeckte.
Jetzo nahm er den Bogen und ging, der treffliche Sauhirt;
Aber die Freier fuhren ihn alle mit lautem Geschrei an.
Unter dem Schwarme begann ein übermütiger Jüngling:
Halt! wohin mit dem Bogen, du niederträchtiger Sauhirt?
Rasender! Ha! bald sollen dein Aas bei den Schweinen die Hunde,
Die du selber ernährt, von den Menschen ferne, zerreißen,
Wenn Apollon uns hilft und die andern unsterblichen Götter!
Also rufte der Schwarm; und der Tragende legte den Bogen
Dort auf der Stelle hin, aus Furcht vor dem Schelten der Freier.
Aber Telemachos rief auf der andern Seite die Drohung:
Du! bring weiter den Bogen! Du sollst mir nicht allen gehorchen!
Oder ich jage dich gleich mit geworfenen Steinen zu Felde,
Ob ich gleich jünger bin; an Kräften bin ich doch stärker!
Überträf ich so sehr wie dich an Stärke des Armes
Alle Freier, so viel' in diesen Wohnungen schalten,
Oh, bald taumelte mancher, von mir sehr übel bewirtet,
Heim aus unserm Palast! Denn alle treiben nur Unfug!
Also sprach er; und alle begannen herzlich zu lachen
Über den drohenden Jüngling, und ließen vom heftigen Zorne
Gegen Telemachos nach. Da nahm den Bogen der Sauhirt,
Trug ihn weiter und reicht' ihn dem streiterfahrnen Odysseus;
Rief die Pflegerin dann aus ihrer Kammer und sagte:
Höre, Telemachos will, verständige Eurykleia,

Daß du die festen Türen des Hinterhauses verriegelst;
Und wenn eine vielleicht ein Röcheln oder Gepolter
Drinnen im Saale der Männer vernimmt, daß keine herausgeh,
Sondern geruhig sitze bei ihrer beschiedenen Arbeit.
Also sprach er zu ihr und redete nicht in die Winde:
Eilend verschloß sie die Türen der schöngebaueten Wohnung.
Aber Philötios sprang stillschweigend aus dem Palaste
Und verschloß die Pforte des wohlbefestigten Vorhofs.
Unter der Halle lag ein Seil aus dem Baste des Byblos
Vom gleichrudrichten Schiffe, mit diesem band er die Flügel;
Ging und setzte sich wieder auf seinen verlassenen Sessel,
Nach Odysseus blickend. Doch dieser bewegte den Bogen
Hin und her in der Hand, auf allen Seiten versuchend,
Ob auch die Würmer das Horn seit zwanzig Jahren zerfressen.
Und es wandte sich einer zu seinem Nachbar und sagte:
Traun, das ist ein schlauer und listiger Kenner des Bogens!
Sicherlich heget er selbst schon einen solchen zu Hause;
Oder er hat auch vor, ihn nachzumachen! Wie dreht er
Ihn in den Händen herum, der landdurchstreichende Gaudieb!
Und von neuem begann ein übermütiger Jüngling:
Daß doch jeglicher Wunsch dem Fremdling also gelinge,
Wie es ihm jetzo gelingt, den krummen Bogen zu spannen!
Also sprachen die Freier. Allein der weise Odysseus,
Als er den großen Bogen geprüft und ringsum betrachtet:
So wie ein Mann, erfahren im Lautenspiel und Gesange,
Leicht mit dem neuen Wirbel die klingende Saite spannet,
Knüpfend an beiden Enden den schöngesponnenen Schafdarm:
So nachlässig spannte den großen Bogen Odysseus.
Und mit der rechten Hand versucht' er die Sehne des Bogens;
Lieblich tönte die Sehne und hell wie die Stimme der Schwalbe.
Schrecken ergriff die Freier, und aller Antlitz erblaßte.
Und Zeus donnerte laut und sandte ein Zeichen vom Himmel:

Freudig vernahm das Wunder der herrliche Dulder Odysseus,
Welches ihm sandte der Sohn des unerforschlichen Kronos.
Und er nahm den gefiederten Pfeil, der bloß auf dem Tische
Vor ihm lag, indes im hohlen Köcher die andern
Ruheten, welche nun bald die Achäer sollten versuchen.
Diesen faßt' er zugleich mit dem Griffe des Bogens; dann zog er,
Sitzend auf seinem Stuhle, die Sehn' und die Kerbe des Pfeils an,
Zielte dann, schnellte den Pfeil, und verfehlete keine der Äxte;
Von dem vordersten Öhre bis durch das letzte von allen
Stürmte das eherne Geschoß. Er sprach zu Telemachos jetzo:
Nun, Telemachos, siehst du, ob dir der Fremdling im Hause
Schande bringt! Ich traf das Ziel und spannte den Bogen
Ohne langes Bemühn! Noch hab ich Stärke der Jugend
Und bin nicht so verächtlich, wie jene Freier mich schimpfen!
Aber es ist nun Zeit, den Abendschmaus zu besorgen,
Noch bei Tage! Nachher erfreue die scherzenden Männer
Saitenspiel und Gesang, die liebliche Zierde des Mahles!
Sprach's und winkte mit Augen. Da warf Telemachos eilend
Um die Schulter sein Schwert, der Sohn des großen Odysseus,
Faßte mit nervichter Hand die scharfe Lanze und stand nun
Neben dem Vater am Stuhle, mit blinkendem Erze gerüstet.

ZWEIUNDZWANZIGSTER GESANG

Odysseus erschießt den Antinoos und entdeckt sich den Freiern. Eurymachos bittet um Schonung. Kampf. Telemachos bringt Waffen von oben und läßt die Tür offen. Der Ziegenhirt schleicht hinauf und wird von den treuen Hirten gebunden. Athene erscheint in Mentors Gestalt, dann als Schwalbe. Entscheidender Sieg. Nur der Sänger und Medon werden verschont. Der gerufenen Eurykleia Frohlocken gehemmt. Reinigung des Saals und

Strafe der Treulosen. Odysseus räuchert das Haus und wird von den treuen Mägden bewillkommt.

Jetzo entblößte sich von den Lumpen der weise Odysseus,
Sprang auf die hohe Schwell' und hielt in den Händen den Bogen
Samt dem gefüllten Köcher; er goß die gefiederten Pfeile
Hin vor sich auf die Erd' und sprach zu der Freier Versammlung:
Diesen furchtbaren Kampf, ihr Freier, hab ich vollendet!
Jetzo wähl ich ein Ziel, das noch kein Schütze getroffen,
Ob ich's treffen kann und Apollon mir Ehre verleihet.
Sprach's, und Antinoos traf er mit bitterm Todesgeschosse.
Dieser wollte vom Tisch das zweigehenkelte schöne
Goldne Geschirr aufheben und faßt' es schon mit den Händen,
Daß er tränke des Weins; allein von seiner Ermordung
Ahndet' ihm nichts: und wer in der schmausenden Männer Gesellschaft
Hätte geglaubt, daß einer, und wenn er der Tapferste wäre,
Unter so vielen es wagte, ihm Mord und Tod zu bereiten!
Aber Odysseus traf mit dem Pfeil ihn grad in die Gurgel,
Daß im zarten Genick die Spitze wieder hervordrang.
Und er sank zur Seite hinab: der Becher voll Weines
Stürzte da hin aus der Hand des Erschossenen, und aus der Nase
Sprang ihm ein Strahl dickströmenden Bluts. Er wälzte sich zuckend,
Stieß mit dem Fuß an den Tisch, und die Speisen fielen zur Erde;
Brot und gebratenes Fleisch ward blutig. Aber die Freier
Schrien laut auf im Saale, da sie den Stürzenden sahen,
Sprangen empor von den Thronen und schwärmten wild durcheinander,
Schaueten ringsumher nach den schöngemauerten Wänden:
Aber da war kein Schild und keine mächtige Lanze!

Und sie schalten Odysseus und schrien die zürnenden Worte:
Übel bekommt dir, Fremdling, das Männerschießen! Du kämpftest
Heute den letzten Kampf! Nun ist dein Verderben entschieden!
Wahrlich, du tötetest hier den Jüngling, welcher der größte
Held in Ithaka war! Drum sollen die Geier dich fressen!
Also rufte der Schwarm; denn sie wähnten, er habe den Jüngling
Wider Willen getötet, die Toren! und wußten das nicht,
Daß nun über sie alle die Stunde des Todes verhängt war.
Zürnend schaute auf sie und sprach der weise Odysseus:
Ha! Ihr Hunde, ihr wähntet, ich kehrete nimmer zur Heimat
Aus dem Lande der Troer! Drum zehrtet ihr Schwelger mein Gut auf,
Und beschlieft mit Gewalt die Weiber in meinem Palaste,
Ja, ihr warbt sogar, da ich lebte, um meine Gemahlin:
Weder die Götter scheuend, des weiten Himmels Bewohner,
Noch ob ewige Schand auf eurem Gedächtnis ruhte!
Nun ist über euch alle die Stunde des Todes verhänget!
Also sprach er. Da faßte sie alle bleiches Entsetzen;
Jeder sahe sich um, wo er dem Verderben entflöhe.
Nur Eurymachos gab aus dem Haufen ihm dieses zur Antwort:
Bist du denn jetzt, Odysseus der Ithaker, wiedergekommen,
Oh, so rügst du mit Recht die Taten dieser Achäer:
Viel' Unarten geschahn im Palast, und viel' auf dem Lande!
Aber er liegt ja schon, der solches alles verschuldet!
Denn Antinoos war der Stifter aller Verwüstung,
Und ihn trieb nicht einmal die heiße Begierde der Hochzeit,
Sondern andre Gedanken, die Zeus Kronion vernichtet:
Selber König zu sein in Ithakas mächtigem Reiche,
Strebt' er, und deinen Sohn mit Hinterlist zu ermorden.
Doch nun hat er sein Teil empfangen! Du aber verschone
Deines Volks! Wir wollen forthin dir willig gehorchen!

Aber was hier im Palast an Speis und Tranke verzehrt ward,
Dafür bringen wir gleich ein jeglicher zwanzig Rinder,
Bringen dir Erz und Gold zur Versöhnung, bis wir dein Herz nun
Haben erfreut! So lang ist freilich dein Zorn nicht zu tadeln!
Zürnend schaute auf ihn und sprach der weise Odysseus:
Nein, Eurymachos, brächtet ihr euer ganzes Vermögen,
Das ihr vom Vater besitzt, und legtet von anderm noch mehr zu,
Dennoch sollte mein Arm von eurem Morde nicht eher
Rasten, bevor ihr Freier mir allen Frevel gebüßt habt!
Jetzo habt ihr die Wahl: entweder tapfer zu streiten
Oder zu fliehn, wer etwa den Schrecken des Todes entfliehn kann.
Aber ich hoffe, nicht einer entrinnt dem Todesverhängnis!
Also sprach er; und allen erzitterten Herz und Kniee,
Aber Eurymachos sprach noch einmal zu der Versammlung:
Nimmer, o Freunde, ruhn die schrecklichen Hände des Mannes;
Sondern nachdem er den Bogen und vollen Köcher gefaßt hat,
Sendet er seine Geschosse herab von der zierlichen Schwelle,
Bis er uns alle vertilgt! Drum auf! Gedenket des Kampfes!
Hurtig, und zieht die Schwerter und schirmt euch alle mit Tischen
Gegen die tötenden Pfeile! Dann dringen wir alle mit einmal
Gegen ihn an! Denn vertrieben wir ihn von der Schwell' und der Pforte
Und durchliefen die Stadt, dann erhübe sich plötzlich ein Aufruhr,
Und bald hätte der Mann die letzten Pfeile versendet!
Als er dieses gesagt, da zog er das eherne scharfe
Und zweischneidige Schwert und sprang mit gräßlichem Schreien
Gegen Odysseus empor. Allein der edle Odysseus

Schnellte zugleich den Pfeil und traf ihm die Mitte des Busens:
Tief in die Leber fuhr der gefiederte Pfeil; aus der Rechten
Fiel ihm das Schwert; und er stürzte, mit strömendem Blute besudelt,
Taumelnd über den Tisch und warf die Speisen zur Erde,
Samt dem doppelten Becher, und schlug mit der Stirne den Boden
In der entsetzlichen Angst; mit beiden zappelnden Füßen
Stürzt' er den Sessel herum, und die brechenden Augen umschloß Nacht.
Aber Amphinomos sprang zu dem hochberühmten Odysseus
Stürmend hinan, und schwang das blinkende Schwert in der Rechten,
Ihn von der Pforte zu treiben. Doch mitten im stürmenden Angriff
Rannte Telemachos ihm von hinten die eherne Lanze
Zwischen die Schultern hinein, daß vorn die Spitze hervordrang.
Tönend stürzt' er dahin und schlug mit der Stirne den Boden.
Aber Telemachos floh und ließ in Amphinomos' Schulter
Seinen gewaltigen Speer; denn er fürchtete, daß ein Achäer,
Wenn er die Lanze herausarbeitete, gegen ihn stürzend,
Ihn mit geschliffenem Schwert durchstäche oder zerhaute.
Eilend lief er und floh zu dem lieben Vater Odysseus,
Stellte sich nahe bei ihm und sprach die geflügelten Worte:
Vater, ich hole geschwinde dir einen Schild und zwo Lanzen
Und den ehernen Helm, der deiner Schläfe gerecht ist;
Rüste mich selber alsdann, und bringe den Hirten Eumäos
Und Philötios Waffen. Man kämpft doch besser in Rüstung.
Ihm antwortete drauf der erfindungsreiche Odysseus:
Lauf und bringe sie, eh ich die tötenden Pfeile verschossen:
Daß sie mich nicht von der Pforte vertreiben, wenn ich allein bin!
Sprach's, und eilend gehorchte Telemachos seinem Gebote,

Stieg in den Söller empor, wo die prächtige Rüstung verwahrt lag,
Wählte sich vier gewölbete Schild', acht blinkende Lanzen
Und vier eherne Helme, geschmückt mit wallendem
Roßschweif;
Trug sie hinab und eilte zum lieben Vater Odysseus.
Jetzo bedeckt' er zuerst den Leib mit der ehernen Rüstung;
Und dann waffneten sich der Rinderhirt und der Sauhirt,
Und sie standen zur Seite des weisen Helden Odysseus.
Dieser, solang es ihm noch an Todesgeschossen nicht fehlte,
Streckte mit jeglichem Schuß hinzielend einen der Freier
In dem Palaste dahin; und Haufen stürzten bei Haufen.
Aber da's an Geschoß dem zürnenden Könige fehlte,
Lehnt' er gegen die Pfosten des schöngemauerten Saales
Seinen Bogen zu stehn, an eine der schimmernden Wände.
Eilend warf er sich jetzo den vierfachen Schild um die Schulter,
Deckte sein mächtiges Haupt mit dem schöngebildeten Helme,
Welchen fürchterlich winkend die Mähne des Rosses umwallte,
Und ergriff zwo starke mit Erz gerüstete Lanzen.
Rechts in der zierlichen Wand war eine Pforte zur Treppe;
Und von der äußern Schwelle der schöngebaueten Wohnung
Führt' ein Weg in den Gang mit festverschlossener Türe.
Diesen befahl Odysseus dem edlen Hirten Eumäos
Nahe stehend zu hüten; denn einen nur faßte die Öffnung.
Und Agelaos begann und sprach zu der Freier Versammlung:
Freunde, könnte nicht einer zur Treppentüre hinaufgehn
Und es dem Volke sagen? Dann würde plötzlich ein Aufruhr,
Und bald hätte der Mann die letzten Pfeile versendet!
Ihm antwortete drauf der Ziegenhirte Melantheus:
Göttlicher Held Agelaos, das geht nicht! Fürchterlich nahe
Ist die Pforte des Hofes und eng der Weg nach dem Vorsaal.
Selbst ein einzelner Mann, wenn er Herz hat, wehret ihn allen.
Aber wohlan! Ich will euch Waffen holen vom Söller,
Daß ihr euch rüsten könnt! Denn dort, sonst nirgends, vermut ich,

Hat sie Odysseus versteckt, nebst seinem glänzenden Sohne.
Also sprach er und stieg, der Ziegenhirte Melantheus,
Durch die Stufen des Hauses empor zu den Kammern des Königs.
Und zwölf Schilde holt' er und zwölf weitschattende Lanzen
Und zwölf eherne Helme, geschmückt mit wallendem Roßschweif;
Stieg dann wieder hinab und brachte sie eilig den Freiern.
Aber dem edlen Odysseus erzitterten Herz und Kniee,
Als sie um Schultern und Haupt sich rüsteten und in den Händen
Lange Speere bewegten; ihm drohte die schrecklichste Arbeit.
Und er wandte sich schnell mit geflügelten Worten zum Sohne:
Sicher, Telemachos, hat uns eine der Weiber im Hause
Jenen furchtbaren Kampf bereitet, oder Melantheus!
Und der verständige Jüngling Telemachos sagte dagegen:
O mein Vater, das hab ich selber versehen, und niemand
Anders ist schuld! Ich ließ die feste Türe des Söllers
Unverschlossen zurück; und das hat ein Lauscher bemerket.
Aber, Eumäos, eil und verschließ die Türe des Söllers,
Und gib acht, ob eine der Mägde dieses getan hat,
Oder Dolios' Sohn Melantheus, wie ich vermute.
Als sie mit diesen Worten sich untereinander besprachen,
Stieg in den Söller von neuem der Ziegenhirte Melantheus,
Schöne Waffen zu holen. Ihn merkte der treffliche Sauhirt,
Eilete wieder zurück und sprach zum nahen Odysseus:
Edler Laërtiad', erfindungsreicher Odysseus,
Siehe, da geht er schon wieder, der Bösewicht, den wir vermutet,
Nach dem Söller hinauf! Nun sage mir eilig, Odysseus:
Soll ich selber ihn töten, wenn ich mich seiner bemeistre?
Oder bring ich ihn dir, damit er büße die Frevel,
Deren der Bube so viel' in deinem Hause verübt hat?
Ihm antwortete drauf der erfindungsreiche Odysseus:

Ich und Telemachos wollen die Schar der trotzigen Freier
Hier im Saale schon halten, wie sehr sie auch gegen uns anstürmt.
Aber ihr beiden dreht ihm Händ' und Füß' auf den Rücken,
Werft ihn hinein in den Söller und schließt von innen die Pforte,
Knüpfet darauf an die Fessel ein starkes Seil und zieht ihn
Hoch an die ragende Säule hinauf, bis dicht an die Balken:
Daß er noch lange lebe, von schrecklichen Schmerzen gefoltert!
Also sprach er; ihm hörten sie beide mit Fleiß und gehorchten;
Eilten zum Söller empor und fanden Melanthios drinnen:
Dieser suchte nach Waffen umher im Winkel des Söllers.
Und sie standen erwartend an beiden Pfosten des Eingangs.
Als nun über die Schwelle der Ziegenhirte Melantheus
Trat, in der einen Hand den prächtigen Helm, in der andern
Einen großen veralteten Schild des Helden Laërtes,
Den er als Jüngling trug; doch jetzo lag er im Winkel,
Ganz von Schimmel entstellt, und es barsten die Nähte der Riemen:
Siehe, da stürzten sie beide hervor und ergriffen und schleppten
Ihn bei den Haaren hinein und warfen den Jammernden nieder,
Banden ihm Händ' und Füße mit schmerzender Fessel, gewaltsam
Hinten am Rücken zusammengedreht, wie ihnen befohlen
Hatte Laërtes' Sohn, der herrliche Dulder Odysseus;
Knüpften darauf an die Fessel ein starkes Seil und zogen
Ihn an die ragende Säule hinauf bis dicht an die Balken.
Höhnend sprachst du zu ihm, Eumäos, Hüter der Schweine:
Jetzo wirst du hier wohl die Nacht durchschlummern, Melantheus,
Wann du im weichen Lager dich ausdehnst, wie dir gebühret;
Und du siehest gewiß die schöne Morgenröte
Aus des Ozeans Fluten hervorgehn, daß du den Freiern
Treffliche Ziegen bringest, im Saale den Schmaus zu bereiten.

Also ließ man ihn hangen, gespannt in der folternden Fessel.
Jene nahmen die Rüstung und schlossen die schimmernde Pforte,
Eilten dann wieder zum tapfern erfindungsreichen Odysseus.
Kriegsmut atmend standen die Streitenden; hier auf der Schwelle
Vier, und dort in dem Saale so viel' und so rüstige Männer!
Siehe, da nahte sich Zeus' blauäugichte Tochter Athene,
Mentorn gleich in allem, sowohl an Gestalt wie an Stimme.
Freudig erblickte die Göttin der Held Odysseus und sagte:
Mentor, stehe mir bei und rette deinen Geliebten,
Der dir Gutes getan und gleiches Alters mit dir ist!
Also sprach er, Athene, die Völkerhalterin, ahndend.
Aber die Freier erhuben ein lautes Geschrei in dem Saale;
Und vor allen droht' ihr Damastors Sohn Agelaos:
Mentor, lasse dich nicht durch Odysseus' Worte verleiten,
Daß du jetzt mit den Freiern zu seiner Verteidigung kämpfest!
Denn wir geloben dir an, und ich meine, wir werden es halten:
Haben wir diese getötet, den Vater und Sohn, dann wollen
Wir mit ihnen auch dich umbringen, der du so mutig
Hier zu schalten gedenkst; mit dem Haupte sollst du es büßen!
Aber nachdem wir euch mit dem Erze des Geistes beraubet,
Wollen wir alle dein Gut, im Haus und außer dem Hause,
Alles, vermischt mit den Gütern Odysseus', unter uns teilen!
Weder die Söhne sollen noch Töchter in dem Palaste
Leben, noch deine Gemahlin im Lande von Ithaka wohnen!
Also sprach er; da zürnte noch heftiger Pallas Athene.
Und sie strafte Odysseus mit diesen zürnenden Worten:
Hast du denn völlig den Mut und die Stärke verloren, Odysseus?
Du, der um Helena einst, die lilienarmige Tochter
Zeus', neun Jahre hindurch mit den Troern so tapfer gekämpft hat,

Und so viele Männer getötet in schrecklicher Feldschlacht?
Siehe, durch deinen Rat sank Priamos' türmende Feste!
Und nun, da du dein Land und Erbteil wieder erreicht hast,
Nun wehklagest du so im Streite gegen die Freier?
Auf! Komm näher, mein Freund, steh hier und schaue mein Tun an:
Daß du erkennest, wie dir, im Kampfe mit feindlichen Männern,
Mentor, Alkimos' Sohn, Wohltaten pflegt zu vergelten!

Also sprach sie. Allein noch schenkte nicht völlig die Göttin
Ihm den wankenden Sieg; sie prüfte noch ferner die Stärke
Und den Mut Odysseus' und seines rühmlichen Sohnes.
Plötzlich entschwand sie den Blicken, und gleich der Schwalbe von Ansehn
Flog sie empor und saß auf dem rußichten Simse des Rauchfangs.

Aber die Freier reizte Damastors Sohn Agelaos,
Demoptolemos und Amphimedon und der entschloßne
Polybos und Eurynomos an und der edle Peisandros:
Diese waren die ersten und tapfersten unter den Freiern,
Aller, welche noch lebten und ihre Seele verfochten;
Jene lagen getötet vom pfeileversendenden Bogen.
Und Agelaos begann und sprach zu der Freier Versammlung:

Freunde, gewiß bald ruhn die schrecklichen Hände des Mannes!
Schon verließ ihn Mentor, nachdem er vergebens geprahlet;
Und sie stehen allein an der großen Pforte des Saales!
Darum sendet nicht alle zugleich die langen Lanzen,
Sondern wohlan, ihr sechs werft erstlich, ob euch Kronion
Gnade verleiht, Odysseus zu treffen und Ruhm zu gewinnen!
Denn mit den andern hat es nicht Not, wenn jener nur daliegt!

Also sprach er. Da warfen sie alle, wie er befohlen,
Wütend; doch aller Würfe vereitelte Pallas Athene.
Einer durchbohrte die Pfoste der schönegebaueten Wohnung,
Jenes Lanze durchdrang die festeinfugende Pforte,

Jener traf an die Wand mit der erzgerüsteten Esche.
Und nachdem sie die Lanzen der Freier hatten vermieden,
Da begann zu ihnen der herrliche Dulder Odysseus:
  Jetzo wär es an mir, ihr Lieben, euch zu befehlen,
Daß ihr die Schar der Freier mit scharfen Lanzen begrüßet,
Die zu dem vorigen Frevel uns noch zu ermorden gedenken.
  Also sprach er; da warfen sie alle zielend die Lanzen.
Demoptolemos traf der göttergleiche Odysseus,
Und Euryades traf Telemachos, aber der Sauhirt
Elatos, und Peisandros der Oberhirte der Rinder:
Diese fielen zugleich und bissen die weite Erde.
Aber die Freier entflohn in den innersten Winkel des Saales;
Jene sprangen hinzu, und zogen die Speer' aus den Toten.
  Und von neuem warfen die Freier schimmernde Lanzen,
Wütend; aber die meisten vereitelte Pallas Athene.
Einer durchbohrte die Pfoste der schöngebaueten Wohnung,
Jenes Lanze durchdrang die festeingefugende Pforte,
Jener traf in die Wand mit der erzgerüsteten Esche.
Nur Amphimedon streifte Telemachos' Hand an dem Knöchel
Sanft; die obere Haut ward kaum von dem Erze verwundet.
Und Ktesippos ritzte Eumäos über dem Schilde
Leicht die Schulter; der Speer flog über und fiel auf die Erde.
Aber die Schar des tapfern erfindungsreichen Odysseus
Zielte von neuem und warf die Lanzen unter die Freier.
Und Eurydamas traf der Städteverwüster Odysseus,
Und Amphimedon traf Telemachos, aber der Sauhirt
Polybos; und Ktesippos durchbohrte der Hirte der Rinder
Mit der Lanze die Brust und sprach die höhnenden Worte:
  O Polytherses' Sohn, du Spötter! rede nicht ferner,
Durch Mutwillen verleitet, so prahlerisch; sondern befiehl es
Alles den Göttern an: denn sie sind stärker als Menschen!
Nimm dies Ehrengeschenk für den Kuhfuß, welchen du neulich
Gabst dem edlen Odysseus, der bettelnd im Saale herumging!

Also sprach der Hirte der Rinder. Aber Odysseus
Sprang auf Damastors Sohn und erstach ihn mit eherner Lanze,
Und Telemachos sprang auf Leiokritos wütend und rannt' ihm
Seinen Speer durch den Bauch, daß hinten die Spitze hervordrang;
Vorwärts fiel er dahin und schlug mit der Stirne den Boden.
Aber Athene erhub an der Decke den leuchtenden dunkeln
Menschenverderbenden Schild und schreckte die Herzen der Freier.
Zitternd liefen sie rings durch den Saal wie die Herde der Rinder,
Welche auf grasichter Weide die rasche Bremse verfolget,
Im anmutigen Lenz, wenn die Tage heiter und lang sind.
Aber gleich scharfklauichten krummgeschnabelten Falken,
Welche von dem Gebirg herstürmend auf fliegende Vögel
Schießen; sie flattern voll Angst aus den Wolken herab auf die Felder;
Doch die verfolgenden Stößer ereilen sie würgend; da gilt nicht
Streiten oder Entfliehn; es freun sich die Menschen des Schauspiels:
Also stürzten sie wütend sich unter die Freier und würgten
Links und rechts durch den Saal; mit dem Krachen zerschlagener Schädel
Tönte das Jammergeschrei, und Blut floß über den Boden.
Und nun eilte Leiodes, umschlang Odysseus die Kniee,
Jammerte laut um Erbarmen und sprach die geflügelten Worte:
Flehend umfaß ich dein Knie; erbarme dich meiner, Odysseus!
Denn ich habe ja keine der Weiber in dem Palaste
Weder mit Worten noch Taten verunehrt, sondern beständig
Andere Freier gewarnt, wenn einer dergleichen verübte.
Aber sie folgten mir nicht, die Hand vom Bösen zu wenden:
Darum traf die Frevler das schreckliche Todesverhängnis!
Aber soll ich, ihr Opferprophet, der nichts getan hat,

Sterben wie sie, so ist ja des Guten keine Vergeltung!
  Zürnend schaute auf ihn und sprach der weise Odysseus:
Bist du Opferprophet bei den Freiern gewesen, so hast du
Ohne Zweifel auch oft in diesem Saale gebetet,
Daß ich ferne verlöre den Tag der fröhlichen Heimkehr,
Und daß meine Gemahlin dir folgt' und Kinder gebäre!
Darum wünsche nur nicht, den schrecklichen Tod zu vermeiden!
  Als er dieses gesagt, da nahm er mit nervichter Rechten
Von der Erde das Schwert, das Agelaos im Tode
Fallen lassen, und schwang es und haut' ihm tief in den Nacken:
Daß des Redenden Haupt hinrollend mit Staube vermischt ward.
  Aber Terpios' Sohn entrann dem schwarzen Verhängnis,
Phemios, der bei den Freiern gezwungen wurde, zu singen.
Dieser stand, in den Händen die hellerklingende Harfe,
Nahe der Seitentür, und sann in zweifelndem Herzen:
Ob er heimlich entflöh und an des großen Kronions
Schönem Altar auf dem Hofe sich setzte, auf welchem Laërtes
Und Odysscus dic Lenden so vieler Stiere geopfert,
Oder um Mitleid flehend Odysseus zu Füßen sich würfe.
Dieser Gedanke schien dem Zweifelnden endlich der beste,
Flehend die Kniee zu rühren des göttergleichen Odysseus.
Und er setzte zur Erden die schöngewölbete Harfe
Zwischen dem großen Kelch und dem silberbeschlagenen Sessel;
Lief dann eilend hinzu, umschlang Odysseus die Kniee,
Jammerte laut um Erbarmen und sprach die geflügelten Worte:
  Flehend umfaß ich dein Knie; erbarme dich meiner, Odysseus!
Töte mich nicht! Du würdest hinfort es selber bereuen,
Wenn du den Sänger erschlügst, der Götter und Menschen gesungen!
Mich hat niemand gelehrt; ein Gott hat die mancherlei Lieder
Mir in die Seele gepflanzt! Ich verdiene, wie einem der Götter,

Dir zu singen! Drum haue mir nicht mit dem Schwerte das Haupt ab!
Siehe, dein lieber Sohn Telemachos kann es bezeugen,
Daß ich nie freiwillig und wegen schnöden Gewinstes
Kam in deinen Palast, den Freiern am Mahle zu singen;
Sondern es führten mich viele und Mächtige hier mit Gewalt her!
Also sprach er. Ihn hörte Telemachos' heilige Stärke,
Eilte hinzu und sprach zu seinem Vater Odysseus:
Halt, verwunde nicht diesen; er ist unschuldig, mein Vater!
Laß uns auch Medon verschonen, den Herold, welcher mich immer
Sorgsam in unserem Hause gepflegt hat, als ich ein Kind war;
Wo ihn Philötios nicht schon tötete oder Eumäos,
Oder du selber ihn trafst, den Saal mit Rache durchstürmend!
Also sprach er. Ihn hörte der gute verständige Medon;
Unter dem Throne sich schmiegend vermied er das schwarze Verhängnis,
Eingehüllt in die Haut des frischgeschlachteten Rindes.
Eilend kroch er hervor und hüllte sich schnell aus der Kuhhaut,
Sprang zu Telemachos hin, umschlang die Kniee des Jünglings,
Jammerte laut um Erbarmen und sprach die geflügelten Worte:
Lieber, da bin ich selbst! O schone und bitte den Vater,
Daß mich der Wütende nicht mit scharfem Erze vertilge,
Zürnend wegen der Freier, die alle Güter im Hause
Ihm verschwelgten und dich mit törichtem Herzen entehrten!
Lächelnd erwiderte drauf der erfindungsreiche Odysseus:
Sei getrost, denn dieser ist dein Beschirmer und Retter:
Daß du im Herzen erkennst und andern Menschen verkündest,
Wie viel besser es sei, gerecht als böse zu handeln.
Aber geht aus dem Saal und setzt euch aus dem Gewürge
Draußen im Hofe, du selbst und der liederkundige Sänger,
Bis ich alles im Hause vollendet, was mir gebühret.

Also sprach er. Da gingen sie schnell aus dem blutigen Saale,
Setzten sich draußen im Hof am Altare des großen Kronions
Nieder und blickten umher, den Tod noch immer erwartend.

Jetzo schaute Odysseus umher im Saale, ob irgend
Noch ein Lebender sich dem schwarzen Tode verbärge.
Aber er sahe sie alle, mit Blut und Staube besudelt,
Weit den Boden bedecken: wie Fische, welche die Fischer
Aus dem bläulichen Meer ans hohle Felsengestade
Im vielmaschichten Netz aufzogen; nun liegen sie, lechzend
Nach den Fluten des Meers, im dürren Sande verbreitet,
Und die sengende Hitze der Sonne raubet ihr Leben:
Also lagen im Saale die Freier Haufen bei Haufen.
Und zu Telemachos sprach der erfindungsreiche Odysseus:

Auf, Telemachos, rufe die Pflegerin Eurykleia;
Denn ich habe noch was auf dem Herzen, das ich ihr sage.

Sprach's; und Telemachos eilte, wie ihm sein Vater befohlen,
Pocht' an die Türe und rief der Pflegerin Eurykleia:

Eile geschwinde hieher, du alte redliche Mutter,
Welche die Aufsicht hat der Weiber in unserem Hause!
Komm! Dich ruft mein Vater, er hat dir etwas zu sagen!

Also sprach er zu ihr und redete nicht in die Winde.
Als die Pforten geöffnet der schöngebaueten Wohnung,
Ging sie hinaus und folgte Telemachos, welcher sie führte.
Und sie fanden Odysseus, umringt von erschlagenen Leichen,
Ganz mit Blut und Staube besudelt, ähnlich dem Löwen,
Der, vom ermordeten Stiere gesättiget, stolz einhergeht;
Seine zottichte Brust und beide Backen des Würgers
Triefen von schwarzem Blut, und fürchterlich glühn ihm die Augen:
Also war auch Odysseus an Händen und Füßen besudelt.
Als sie die Toten nun sah und rings die Ströme des Blutes,
Da frohlockte sie jauchzend; denn schrecklich und groß war der Anblick.

Aber Odysseus hielt sie und zähmt' ihr lautes Entzücken,
Und er redte sie an und sprach die geflügelten Worte:
Freue dich, Mutter, im Herzen; doch halte dich, daß du nicht frohlockst!
Über erschlagene Menschen zu jauchzen, ist grausam und Sünde!
Diese vertilgte der Götter Gericht und ihr böses Beginnen:
Denn sie ehrten ja keinen von allen Erdebewohnern,
Vornehm oder geringe, wer auch um Erbarmen sie ansprach.
Darum traf der Frevler das schreckliche Todesverhängnis.
Aber nenne mir jetzo die Weiber in dem Palaste,
Alle, die mich verachten und die unsträflich geblieben.
Ihm antwortete drauf die Pflegerin Eurykleia:
Gerne will ich dir, Sohn, die lautere Wahrheit verkünden.
Fünfzig sind der Weiber in deinem hohen Palaste,
Welche wir alle die Kunst des Webestuhls und der Nadel
Lehrten und Wolle zu kämmen und treu und fleißig zu dienen.
Aber zwölfe verüben die unverschämtesten Greuel,
Und verachten mich ganz, ja selber Penelopeia.
Zwar seit kurzem erwuchs Telemachos; aber die Mutter
Wollte nimmer gestatten, daß er den Mägden beföhle.
Jetzo geh ich hinauf und bringe deiner Gemahlin
Botschaft; eben erquickt sie ein Gott mit lieblichem Schlummer.
Ihr antwortete drauf der erfindungsreiche Odysseus:
Wecke sie jetzo noch nicht; laß erst die Weiber des Hauses
Kommen, welche bisher so viel' Unarten verübten.
Also sprach er; da ging die Pflegerin aus dem Gemache,
Brachte des Königs Befehl und trieb die Mägde zu eilen.
Aber Telemachos und die beiden trefflichen Hirten
Rief er zu sich heran und sprach die geflügelten Worte:
Traget jetzo die Toten hinaus und befehlt es den Weibern;
Und dann reiniget wieder die zierlichen Sessel und Tische
Von der Erschlagenen Blute mit angefeuchteten Schwämmen.

Aber sobald ihr alles umher im Saale geordnet,
Führt die Weiber hinaus vor die schöngebauete Wohnung
Zwischen das Küchengewölb und die feste Mauer des Hofes,
Und erwürgt sie dort mit der Schärfe des Schwertes, bis aller
Seelen entfliehn und vergessen der ungebändigten Lüste,
Welche sie oft gebüßt in geheimer Umarmung der Freier.
Also sprach er; da kamen die Weiber alle bei Haufen
Lautwehklagend herein und heiße Tränen vergießend.
Und sie trugen hinaus die abgeschiedenen Toten
Unter die tönende Halle des festverschlossenen Hofes,
Legten übereinander sie hin; es trieb sie Odysseus
Hurtig zu eilen; und traurig vollendeten jene die Arbeit.
Hierauf reinigten sie die zierlichen Sessel und Tische
Von der Erschlagenen Blute mit angefeuchteten Schwämmen.
Aber Telemachos, der Rinderhirt und der Sauhirt
Säuberten eilig mit Schaufeln des schönen gewölbeten Saales
Estrich; den Unrat trugen die Mägde hinaus vor die Türe.
Und nachdem sie alles umher im Saale geordnet,
Führten sie jene hinaus vor die schöngebauete Wohnung
Zwischen das Küchengewölb und die feste Mauer des Hofes,
Trieben sie dort in die Enge, wo nirgends ein Weg zum Entfliehn war.
Und der verständige Jüngling Telemachos sprach zu den Hirten:
Wahrlich, den reinen Tod des Schwertes sollen die Weiber
Mir nicht sterben, die mich und meine Mutter so lange
Schmäheten und mit den Freiern so schändliche Greuel verübten!
Sprach's; da band er ein Seil des blaugeschnäbelten Schiffes
An den ragenden Pfeiler und knüpft' es hoch am Gewölbe
Fest, daß die Hangenden nicht mit den Füßen die Erde berührten.
Und wie die fliegenden Vögel, die Drosseln oder die Tauben,
In die Schlingen geraten, die im Gebüsche gestellt sind;

Müde eilten sie heim, und finden ein trauriges Lager:
Also hingen sie dort mit den Häuptern nebeneinander,
Alle die Schling' um den Hals, und starben des kläglichsten Todes,
Zappelten noch mit den Füßen ein wenig, aber nicht lange.
Jetzo holten sie auch den Ziegenhirten Melantheus;
Und sie schnitten ihm Nas' und Ohren mit grausamem Erze
Ab, entrissen und warfen die blutige Scham vor die Hunde,
Hauten dann Händ' und Füße vom Rumpf, mit zürnendem Herzen.
Und nun wuschen sie sich die Händ' und Füße und gingen
Wieder hinein zu Odysseus im Saal; und das Werk war vollendet.
Aber Odysseus sprach zu der Pflegerin Eurykleia:
Alte, bringe mir Feuer und fluchabwendenden Schwefel,
Daß ich den Saal durchräuchre. Dann sage Penelopeien,
Daß sie geschwind herkomme mit ihren begleitenden Jungfraun;
Auch die übrigen Weiber im Hause rufe mir eilig.
Ihm antwortete drauf die Pflegerin Eurykleia:
Gut, mein geliebter Sohn, du hast mit Weisheit geredet.
Aber ich will dir ein Kleid herbringen, Mantel und Leibrock,
Daß du nicht, mit den Lumpen die rüstigen Schultern umhüllet,
Hier in dem Saale stehst. Wie häßlich würde das aussehn!
Ihr antwortete drauf der erfindungsreiche Odysseus:
Ernstlich bringe mir Schwefel und zünde Feuer im Saal an.
Also sprach er. Da eilte die Pflegerin Eurykleia;
Und nun brachte sie Feuer und Schwefel. Aber Odysseus
Räucherte rings im Saal, im Vorhaus und in dem Hofe.
Und die Alte stieg aus Odysseus' prächtiger Wohnung,
Brachte des Königs Befehl und trieb die Mägde zu eilen.
Und sie gingen hervor, in den Händen die leuchtende Fackel.
Jetzo umringten sie alle den wiedergekommenen König,

Hießen ihn froh willkommen und küßten ihm Schultern und Antlitz,
Küßten und drückten die Hände mit Inbrunst. Aber Odysseus
Weint' und schluchzte vor Freude; sein Herz erkannte noch alle.

DREIUNDZWANZIGSTER GESANG

Penelopeia, von der Pflegerin gerufen, geht mißtrauisch in den Saal. Odysseus gebeut den Seinigen Reigentanz, um die Ithaker zu täuschen. Er selbst, von Bade verschönert, rechtfertigt sich der Gemahlin durch ein Geheimnis. Die Neuverbundenen erzählen vor dem Schlafe sich ihre Leiden. Am Morgen befiehlt Odysseus der Gemahlin, sich einzuschließen, und geht mit dem Sohn und den Hirten zu Laërtes hinaus.

Aber das Mütterchen stieg frohlockend in den Söller,
Um der Fürstin zu melden, ihr lieber Gemahl sei zu Hause:
Jugendlich strebten die Knie und hurtiger eilten die Schenkel;
Und sie trat zu dem Haupte der schlafenden Fürstin und sagte:
Wach auf, Penelopeia, geliebte Tochter, und schau es
Selber mit Augen, worauf du so lange geharret: Odysseus
Ist gekommen, Odysseus! und wieder zu Hause, nun endlich!
Und hat alle Freier getötet, die hier im Palaste
Trotzten, sein Gut verschlangen und seinen Telemachos höhnten!
Ihr antwortete drauf die kluge Penelopeia:
Liebe Mutter, dich haben die Götter betöret, die oftmal
Selbst die verständigsten Menschen in Unverständige wandeln
Und Einfältige oft mit hoher Weisheit erleuchten!
Diese verrückten gewiß auch deine richtigen Sinne!
Warum spottest du meiner, die so schon herzlich betrübt ist,

Und verkündest mir Lügen und weckst mich vom lieblichen Schlummer,
Welcher mir, ach so sanft, die lieben Wimpern bedeckte?
Denn ich schlief noch immer so fest, seit Odysseus hinwegfuhr,
Troja zu sehn, die verwünschte, die keiner nennet ohn Abscheu!
Aber nun steige hinab und geh in die untere Wohnung!
Hätte mir eine der andern, so viel' auch Weiber mir dienen,
Solch ein Märchen verkündet und mich vom Schlummer erwecket,
Fürchterlich hätt' ich sie gleich, die unwillkommene Botin,
Heimgesandt in den Saal! Dich rettet diesmal dein Alter!
Ihr antwortete drauf die Pflegerin Eurykleia:
Liebe Tochter, ich spotte ja nicht! Wahrhaftig, Odysseus
Ist gekommen und wieder zu Hause, wie ich dir sage!
Jener Fremdling, den alle so schändlich im Saale verhöhnten!
Und Telemachos wußte schon lange, daß er daheim sei;
Aber mit weisem Bedacht verschwieg er des Vaters Geheimnis,
Bis er den Übermut der stolzen Männer bestrafet.
Also sprach sie, und freudig entsprang die Fürstin dem Lager,
Und umarmte die Alte, und Tränen umströmten ihr Antlitz.
Weinend begann sie jetzo und sprach die geflügelten Worte:
Liebes Mütterchen, sage mir doch die lautere Wahrheit!
Ist er denn wirklich nach Hause gekommen, wie du erzählest,
Oh, wie hat er den Kampf mit den schamlosen Freiern vollendet,
Er allein mit so vielen, die hier sich täglich ergötzten?
Ihr antwortete drauf die Pflegerin Eurykleia:
Weder gesehn hab ichs noch sonst erfahren; ich hörte
Bloß der Erschlagenen Geächz. Denn hinten in unserer Wohnung
Saßen wir alle voll Angst, bei festverriegelten Türen,
Bis mich endlich dein Sohn Telemachos aus dem Gemache
Rief; denn diesen hatte sein Vater gesandt, mich zu rufen.

Und nun fand ich Odysseus, umringt von erschlagenen Leichen,
Stehn, die hochgehäuft das schöngepflasterte Estrich
Weit bedeckten. O hättest du selbst die Freude gesehen,
Als er mit Blut und Staube besudelt stand, wie ein Löwe!
Jetzo liegen sie alle gehäuft an der Pforte des Hofes;
Und er reinigt mit Schwefel bei angezündetem Feuer
Seinen prächtigen Saal und sendet mich her, dich zu rufen.
Folge mir denn, damit ihr die lieben Herzen einander
Wieder mit Freuden erfüllt, nachdem ihr so vieles erduldet.
Nun ist ja endlich geschehn, was ihr so lange gewünscht habt:
Lebend kehret er heim zum Vaterherde und findet
Dich und den Sohn im Palast; und alle, die ihn beleidigt,
Alle Freier vertilgt die schreckliche Rache des Königs.
  Ihr antwortete drauf die kluge Penelopeia:
Liebe Mutter, du mußt nicht so frohlocken und jauchzen!
Ach! du weißt ja, wie herzlich erwünscht er allen im Hause
Käme, vor allem mir und unserem einzigen Sohne!
Aber es ist unmöglich geschehen, wie du erzähltest!
Einer der Himmlischen hat die stolzen Freier getötet,
Durch die Greuel gereizt und die seelenkränkende Bosheit!
Denn sie ehrten ja keinen von allen Erdebewohnern,
Vornehm oder geringe, wer auch um Erbarmen sie ansprach:
Darum strafte sie Gott, die Frevler! Aber Odysseus,
Fern von Achäa verlor die Heimkehr, ach, und sein Leben!
  Ihr antwortete drauf die Pflegerin Eurykleia:
Welche Rede, mein Kind, ist deinen Lippen entflohen!
Dein Gemahl, der schon unten am Herde sitzt, der kehret
Nimmer nach Hause zurück? O wie gar ungläubig dein Herz ist!
Nun, so sag ich dir jetzt ein entscheidendes Merkmal, die Narbe,
Die ein Eber ihm einst mit weißem Zahne gehauen.
Beim Fußwaschen nahm ich sie wahr und wollt es dir selber
Sagen; allein er faßte mir schnell mit der Hand an die Gurgel
Und verhinderte mich mit weisem Bedachte, zu reden.

Komm denn und folge mir jetzt. Denn ich verbürge mich selber,
Hab ich dir Lügen gesagt, des kläglichsten Todes zu sterben.
Ihr antwortete drauf die kluge Penelopeia:
Liebe Mutter, den Rat der ewiglebenden Götter
Strebst du umsonst zu erforschen, obgleich du vieles verstehest.
Aber wir wollen doch zu meinem Sohne hinabgehn,
Daß ich die Leichname sehe der Freier, und wer sie getötet.
Also sprach sie und stieg hinab. Der Gehenden Herz schlug,
Zweifelnd, ob sie den lieben Gemahl von ferne befragte,
Oder entgegen ihm flög und Händ' und Antlitz ihm küßte.
Als sie nun über die Schwelle von glattem Marmor hineintrat,
Setzte sie fern an der Wand, im Glanze des Feuers, Odysseus
Gegenüber, sich hin. An einer ragenden Säule
Saß er, die Augen gesenkt, und wartete, was sie ihm sagen
Würde, die edle Gemahlin, da sie ihn selber erblickte.
Lange saß sie schweigend: ihr Herz war voller Erstaunens.
Jetzo glaubte sie schon sein Angesicht zu erkennen,
Jetzo verkannte sie ihn in seiner häßlichen Kleidung.
Aber Telemachos sprach unwillig zu Penelopeia:
Mutter, du böse Mutter, von unempfindlicher Seele!
Warum sonderst du dich von meinem Vater, und setzest
Dich nicht neben ihn hin und fragst und forschest nach allem?
Keine andere Frau wird sich von ihrem Gemahle
So halsstarrig entfernen, der nach unendlicher Trübsal
Endlich im zwanzigsten Jahre zum Vaterlande zurückkehrt!
Aber du trägst im Busen ein Herz, das härter als Stein ist!
Ihm antwortete drauf die kluge Penelopeia:
Lieber Sohn, mein Geist ist ganz in Erstaunen verloren,
Und ich vermag kein Wort zu reden oder zu fragen,
Noch ihm gerad ins Antlitz zu schaun! Doch ist er es wirklich,
Mein Odysseus, der wiederkam, so werden wir beide
Uns einander gewiß noch besser erkennen; wir haben
Unsre geheimen Zeichen, die keinem andern bekannt sind.

Sprach's; da lächelte sanft der herrliche Dulder Odysseus,
Wandte sich drauf zum Sohn und sprach die geflügelten Worte:
O Telemachos, laß die Mutter, solange sie Lust hat,
Mich im Hause versuchen; sie wird bald freundlicher werden.
Weil ich so häßlich bin und mit schlechten Lumpen bekleidet,
Darum verachtet sie mich und glaubt, ich sei es nicht selber.
Aber wir müssen bedenken, was nun der sicherste Rat sei.
Denn hat jemand im Volk nur einen Menschen getötet,
Welcher, arm und geringe, nicht viele Rächer zurückläßt,
Flüchtet er doch und verläßt die Heimat und seine Verwandten:
Und wir erschlugen die Stütze der Stadt, der edelsten Männer
Söhne in Ithakas Reich. Dies überlege nun selber.
Und der verständige Jüngling Telemachos sagte dagegen:
Lieber Vater, da mußt du allein zusehen; du bist ja
Unter den Menschen berühmt durch deine Weisheit, und niemand
Wagt es, sich dir zu vergleichen von allen Erdebewohnern!
Aber wir sind zu folgen bereit, und ich hoffe, du werdest
Mut in keinem vermissen, so viel die Kräfte gewähren.
Ihm antwortete drauf der erfindungsreiche Odysseus:
Nun so will ich denn sagen, was mir das beste zu sein dünkt.
Geht nun erstlich ins Bad und schmückt euch mit festlichem Leibrock;
Laßt dann die Weiber im Hause mit schönen Gewändern sich schmücken;
Aber der göttliche Sänger entlocke der klingenden Harfe
Melodien und beflügle den fröhlichhüpfenden Reigen:
Daß die Nachbarn umher und auf der Gasse vorbeigehn,
Sagen, wann sie es hören, man feire der Königin Hochzeit;
Und damit nicht eher der Ruf von dem Morde der Freier
Durch die Stadt sich verbreite, bevor wir das schattige Lustgut
Fern auf dem Land erreicht. Dort wollen wir ferner bedenken,

Welchen nützlichen Rat uns Zeus, der Olympier, eingibt.
Also sprach er. Sie hörten ihm alle mit Fleiß und gehorchten,
Gingen ins Bad und schmückten sich dann mit festlichem Leibrock.
Auch die Weiber kamen geschmückt. Der göttliche Sänger
Nahm die gewölbete Harf' und reizte mit lieblichen Tönen
Alle zum süßen Gesang und schönnachahmenden Tanze:
Daß der hohe Palast ringsum von dem stampfenden Fußtritt
Fröhlicher Männer erscholl und schöngegürteter Weiber.
Und wer vorüberging, blieb horchend stehen und sagte:
Wahrlich, ein Freier macht mit der schönen Königin Hochzeit!
Konnte die böse Frau nicht ihres ersten Gemahles
Hohen Palast bewahren, bis er aus der Fremde zurückkehrt?
Also sprachen die Leute und wußten nicht, was geschehn war.
Aber den edelgesinnten Odysseus in seinem Palaste
Badet' Eurynome jetzt, die Schaffnerin, salbte mit Öl ihn,
Und umhüllt' ihm darauf den prächtigen Mantel und Leibrock.
Siehe, sein Haupt umstrahlt' Athene mit göttlicher Anmut,
Schuf ihn höher und stärker an Wuchs und goß von dem Scheitel
Ringelnde Locken herab, wie der Purpurlilien Blüte.
Also umgießt ein Mann mit feinem Golde das Silber,
Welchen Hephästos selbst und Pallas Athene die Weisheit
Vieler Künste gelehrt, und bildet reizende Werke:
Also umgoß die Göttin ihm Haupt und Schultern mit Anmut.
Und er stieg aus dem Bad, an Gestalt den Unsterblichen ähnlich;
Kam und setzte sich wieder auf seinen verlassenen Sessel,
Gegenüber dem Sitz der edlen Gemahlin, und sagte:
Wunderliche, gewiß vor allen Weibern der Erde
Schufen die Himmlischen dir ein Herz so starr und gefühllos!
Keine andere Frau wird sich von ihrem Gemahle
So halsstarrig entfernen, der nach unendlicher Trübsal

Endlich im zwanzigsten Jahre zum Vaterlande zurückkehrt!
Aber bereite mein Bett, o Mütterchen, daß ich allein mich
Niederlege; denn diese hat wahrlich ein Herz von Eisen!
Ihm antwortete drauf die kluge Penelopeia:
Wunderlicher, mich hält so wenig Stolz wie Verachtung
Oder Befremden zurück; ich weiß recht gut, wie du aussahst,
Als du von Ithaka fuhrst im langberuderten Schiffe.
Aber wohlan! bereite sein Lager ihm. Eurykleia,
Außerhalb des schönen Gemachs, das er selber gebauet.
Setzt das zierliche Bette hinaus und leget zum Ruhen
Wollichte Felle hinein und prächtige Decken und Mäntel.
Also sprach sie zum Schein, den Gemahl zu versuchen. Doch zürnend
Wandte sich jetzt Odysseus zu seiner edlen Gemahlin:
Wahrlich, o Frau, dies Wort hat meine Seele verwundet!
Wer hat mein Bette denn anders gesetzt? Das könnte ja schwerlich
Selbst der erfahrenste Mann, wo nicht der Unsterblichen einer
Durch sein allmächtiges Wort es leicht von der Stelle versetzte:
Doch kein sterblicher Mann, und trotzt' er in Kräften der Jugend,
Könnt es hinwegarbeiten! Ein wunderbares Geheimnis
War an dem künstlichen Bett; und ich selber baut es, kein andrer!
Innerhalb des Gehegs war ein weitumschattender Ölbaum,
Stark und blühenden Wuchses; der Stamm glich Säulen an Dicke.
Rings um diesen erbaut ich von dichtgeordneten Steinen
Unser Ehegemach und wölbte die obere Decke,
Und verschloß die Pforte mit festeinfugenden Flügeln.
Hierauf kappt' ich die Äste des weitumschattenden Ölbaums
Und behaute den Stamm an der Wurzel, glättet' ihn ringsum
Künstlich und schön mit dem Erz und nach dem Maße der Richtschnur;

Schnitzt ihn zum Fuße des Bettes und bohrt ihn rings mit dem Bohrer,
Fügete Bohlen daran und baute das zierliche Bette,
Welches mit Gold und Silber und Elfenbeine geschmückt war;
Und durchzog es mit Riemen von purpurfarbener Stierhaut.
Dies Wahrzeichen sag ich dir also. Aber ich weiß nicht,
Frau, ob es noch so ist wie vormals, oder ob jemand
Schon den Fuß von der Wurzel gehaun und das Bette versetzt hat.

Also sprach er. Der Fürstin erzitterten Herz und Kniee,
Als sie die Zeichen erkannte, die ihr Odysseus verkündet.
Weinend lief sie hinzu, und fiel mit offenen Armen
Ihrem Gemahl um den Hals, und küßte sein Antlitz und sagte:

Sei mir nicht bös, Odysseus! Du warst ja immer ein guter
Und verständiger Mann! Die Götter gaben uns Elend;
Denn zu groß war das Glück, daß wir beisammen in Eintracht
Unserer Jugend genössen und sanft dem Alter uns nahten!
Aber du mußt mir jetzo nicht darum zürnen noch gram sein,
Daß ich, Geliebter, dich nicht beim ersten Blicke bewillkommt!
Siehe, mein armes Herz war immer in Sorgen, es möchte
Irgendein Sterblicher kommen und mich mit täuschenden Worten
Hintergehn; es gibt ja so viele schlaue Betrüger!
Nimmer hätte der Fremdling die schöne argeiische Früstin
Helena, Tochter von Zeus, zur heimlichen Liebe verleitet,
Hätte sie vorbedacht, daß die kriegrischen Söhne Achäas
Würden mit Feuer und Schwert sie zurück aus Ilion fordern.
Aber gereizt von der Göttin, erlag sie der schnöden Verführung,
Und erwog nicht vorher in ihrem Herzen das nahe
Schreckengericht, das auch uns so vielen Jammer gebracht hat!
Jetzo, da du, Geliebter, mir so umständlich die Zeichen
Unserer Kammer nennst, die doch kein Sterblicher sahe,
Sondern nur du und ich und die einzige Kammerbediente

Aktoris, welche mein Vater mir mitgab, als ich hieher zog:
Jetzo besiegst du mein Herz, und alle Zweifel verschwinden.
Also sprach sie. Da schwoll ihm sein Herz von inniger Wehmut:
Weinend hielt er sein treues geliebtes Weib in den Armen.
So erfreulich das Land den schwimmenden Männern erscheinet,
Deren rüstiges Schiff der Erdumgürter Poseidon
Mitten im Meere durch Sturm und geschwollene Fluten zerschmettert;
Wenige nur entflohn dem dunkelwogenden Abgrund,
Schwimmen ans Land, ringsum vom Schlamme des Meeres besudelt,
Und nun steigen sie freudig, dem Tod entronnen, ans Ufer:
So erfreulich war ihr der Anblick ihres Gemahles;
Und fest hielt sie den Hals mit weißen Armen umschlungen.
Und sie hätten vielleicht bis zur Morgenröte gejammert;
Aber ein andres beschloß die heilige Pallas Athene.
Denn sie hemmte die Nacht am Ende des Laufes und weilte
An des Ozeans Fluten die goldenthronende Eos;
Und noch spannte sie nicht die schnellen leuchtenden Rosse
Lampos und Phaëton an, das Licht den Menschen zu bringen.
Aber zu seiner Gemahlin begann der weise Odysseus:
Liebes Weib, noch haben wir nicht der furchtbaren Kämpfe
Ziel erreicht; es droht noch unermeßliche Arbeit,
Viel und gefahrenvoll, und alle muß ich vollenden!
Also verkündigte mir des großen Teiresias Seele,
Jenes Tages, da ich in Aïs' Wohnung hinabstieg,
Forschend nach der Gefährten und meiner eigenen Heimkehr.
Aber nun laß uns, Frau, zu Bette gehen, damit uns
Beide jetzo die Ruhe des süßen Schlafes erquicke.
Ihm antwortete drauf die kluge Penelopeia:
Jetzo wird dein Lager bereit sein, wann du es wünschest,
Da dir endlich die Götter verstatteten, wiederzukehren

In dein prächtiges Haus und deiner Vater Gefilde.
Aber weil dich ein Gott daran erinnert, mein Lieber,
Sage mir auch den Kampf! Ich muß ihn, denk ich, doch einmal
Hören; so ist es ja wohl nicht schlimmer, ihn gleich zu erfahren.
Ihr antwortete drauf der erfindungsreiche Odysseus:
Armes Weib, warum verlangst du, daß ich dir dieses
Sage? Ich will es dir denn verkünden und nichts dir verhehlen.
Freilich wird sich darob dein Herz nicht freuen; ich selber
Freue mich nicht. Denn mir gebeut der erleuchtete Seher,
Fort durch die Welt zu gehen, in der Hand ein geglättetes Ruder,
Immerfort, bis ich komme zu Menschen, welche das Meer nicht
Kennen und keine Speise gewürzt mit Salze genießen,
Welchen auch Kenntnis fehlt von rotgeschnäbelten Schiffen
Und von geglätteten Rudern, den Fittichen eilender Schiffe.
Deutlich hat er sie mir bezeichnet, daß ich nicht irre.
Wenn ein Wanderer einst, der mir in der Fremde begegnet,
Sagt, ich trag' eine Schaufel auf meiner rüstigen Schulter,
Dann soll ich dort in die Erde das schöngeglättete Ruder
Stecken und Opfer bringen dem Meerbeherrscher Poseidon,
Einen Widder und Stier und einen mutigen Eber;
Drauf zur Heimat kehren und opfern heilige Gaben
Allen unsterblichen Göttern, des weiten Himmels Bewohnern,
Nach der Reihe herum. Zuletzt wird außer dem Meere
Kommen der Tod, und mich, von hohem behaglichen Alter
Aufgelöseten, sanft hinnehmen, wann ringsum die Völker
Froh und glücklich sind. Dies hat mir der Seher verkündet.
Ihm antwortete drauf die kluge Penelopeia:
Nun, wenn dir von den Göttern ein frohes Alter bestimmt ist,
Können wir hoffen, du wirst dein Leiden glücklich vollenden.
Also besprachen diese sich jetzo untereinander.
Eurykleia indes und Eurynome breiteten emsig
Weiche Gewänder zum Lager, beim Scheine leuchtender Fackeln.

Und nachdem sie in Eile das warme Lager gebettet,
Ging die Alte zurück in ihre Kammer, zu ruhen.
Aber Eurynome führte den König und seine Gemahlin
Zu dem bereiteten Lager, und trug die leuchtende Fackel;
Als sie die Kammer erreicht, enteilte sie. Jene bestiegen
Freudig ihr altes Lager, der keuschen Liebe geheiligt.
Aber Telemachos, der Rinderhirt und der Sauhirt
Ruhten jetzo vom fröhlichen Tanz, es ruhten die Weiber;
Und sie legten sich schlafen umher im dunkeln Palaste.
Jene, nachdem sie die Fülle der seligen Liebe gekostet,
Wachten noch lang, ihr Herz mit vielen Gesprächen erfreuend.
Erst erzählte das göttliche Weib, wie viel sie im Hause
Von dem verwüstenden Schwarme der bösen Freier erduldet,
Wie sie um ihretwillen die fetten Rinder und Schafe
Scharenweise geschlachtet, und frech im Weine geschwelget.
Dann erzählte der Held, wie vielen Jammer er andern
Menschen gebracht und wie viel er selber vom Schicksal erduldet.
Und die Königin horchte mit inniger Wonne; kein Schlummer
Sank auf die Augenlider, bevor er alles erzählet.
Und er begann, wie er erst die Kikonen bezwungen, und hierauf
An der fruchtbaren Küste der Lotophagen gelandet.
Was der Kyklope getan, und wie er der edlen Gefährten
Tod bestraft, die er fraß, der unbarmherzige Wütrich.
Und wie Äolos ihn, nach milder Bewirtung, zur Heimfahrt
Ausgerüstet; allein die Stunde der fröhlichen Heimkehr
War noch nicht; denn er trieb, von dem wilden Orkane geschleudert,
Lautwehklagend zurück ins fischdurchwimmelte Weltmeer.
Wie er Telepylos dann und die Lästrygonen gesehen,
Wo er die rüstigen Schiffe und schöngeharnischten Freunde
Alle verlor; nur er selber entrann mit dem schwärzlichen Schiffe.

Auch von Kirkes Betrug und Zauberkünsten erzählt' er,
Und wie er hingefahren in Aïdes dumpfe Behausung,
Um des thebäischen Greises Teiresias Seele zu fragen,
Im vielrudrigen Schiff, und alle Freunde gesehen,
Auch die Mutter, die ihn gebar und als Knaben ernährte.
Wie er dann den Gesang der holden Sirenen gehöret,
Dann die irrenden Klippen gesehn, und die wilde Charybdis
Und die Skylla, die keiner noch unbeschädigt vorbeifuhr.
Dann, wie seine Gefährten die Sonnenrinder geschlachtet;
Und wie sein rüstiges Schiff der Gott hochrollender Donner
Zeus mit dem Blitze zerschmettert; es sanken die tapfern Genossen
Allzumal, nur er selber entfloh dem Schreckenverhängnis.
Wie er drauf gen Ogygia kam, zur Nymphe Kalypso,
Die ihn so lang aufhielt in ihrer gewölbeten Grotte
Und zum Gemahl ihn begehrte: sie reicht' ihm Nahrung und sagte
Ihm Unsterblichkeit zu und nimmer verblühende Jugend;
Dennoch vermochte sie nicht, sein standhaftes Herz zu bewegen.
Wie er endlich, nach großer Gefahr, die Phäaken erreichet,
Welche von Herzen ihn hoch, wie einen Unsterblichen, ehrten
Und ihn sandten im Schiffe zur lieben heimischen Insel,
Reichlich mit Erz und Golde beschenkt und prächtigen Kleidern.
Und kaum hatt' er das letzte gesagt, da beschlich ihn der süße,
Sanftauflösende Schlummer, den Gram der Seele vertilgend.
Aber ein Neues ersann die heilige Pallas Athene:
Als sie glaubte, der Held Odysseus habe nun endlich
Seine Seele in Lieb' und süßem Schlafe gesättigt,
Rief sie vom Ozean schnell die goldenthronende Frühe,
Daß sie die finstere Welt erleuchtete. Aber Odysseus
Sprang vom schwellenden Lager und sprach zu seiner Gemahlin:

Frau, wir haben bisher der Leiden volle Genüge
Beide geschmeckt: da du so herzlich um meine Zurückkunft
Weintest und mich der Kronid' und die andern Götter durch Unglück
Stets, wie sehr ich auch strebte, von meiner Heimat entfernten.
Jetzo, nachdem wir die Nacht der seligen Liebe gefeiert,
Sorge du für die Güter, die mir im Palast geblieben;
Aber die Rinder und Schafe, die mir die Freier verschwelget,
Werden mir teils die Achäer ersetzen und andere werde ich
Beuten von fremden Völkern, bis alle Höfe gefüllt sind.
Jetzo geh ich hinaus, den guten Vater Laërtes
Auf dem Lande zu sehn, der mich so herzlich bejammert.
Dir befehl ich, o Frau; zwar bist du selber verständig:
Gleich wenn die Sonn' aufgeht, wird sicher der Ruf von den Freiern
Durch die Stadt sich verbreiten, die ich im Hause getötet;
Darum steig in den Söller und sitze dort unter den Weibern
Ruhig, siehe nach keinem dich um und rede mit keinem.

Also sprach er und panzerte sich mit schimmernder Rüstung,
Weckte Telemachos dann und beide Hirten vom Schlummer,
Und gebot, in die Hand die Waffen des Krieges zu nehmen.
Diese gehorchten ihm schnell und standen in eherner Rüstung,
Schlossen die Pforte dann auf, und gingen, geführt von Odysseus.
Schon umschimmerte Licht die Erde. Doch Pallas Athene
Führte sie schnell aus der Stadt, mit dichtem Nebel umhüllet.

VIERUNDZWANZIGSTER GESANG

Die Seelen der Freier finden in der Unterwelt den Achilleus mit Agamemnon sich unterredend: jener, der ruhmvoll vor Troja starb, sei glücklich vor diesem, der heimkehrend ermordet ward. Agamemnon, dem Amphimedon das Geschehene nach seiner Vorstellung erzählt, preiset die Glückseligkeit des siegreich heimkehrenden Odysseus. Dieser indes entdeckt sich dem Vater Laërtes mit schonender Vorsicht und wird beim Mahle von Dolios und dessen Söhnen erkannt, Eupeithes, des Antinoos Vater, erregt einen Aufruhr, der nach kurzem Kampfe durch Athene gestillt wird.

Aber Hermes, der Gott von Kyllene, nahte sich jetzo,
Rief den Seelen der Freier und hielt in der Rechten den schönen
Goldenen Herrscherstab, womit er die Augen der Menschen
Zuschließt, welcher er will, und wieder vom Schlummer erwecket:
Hiemit scheucht' er sie fort, und schwirrend folgten die Seelen.
So wie die Fledermäus' im Winkel der graulichen Höhle
Schwirrend flattern, wenn eine des angeklammerten Schwarmes
Nieder vom Felsen sinkt, und drauf aneinander sich hangen:
Also schwirrten die Seelen und folgten in drängendem Zuge
Hermes, dem Retter in Not, durch dumpfe schimmlichte Pfade.
Und sie gingen des Ozeans Flut, den leukadischen Felsen,
Gingen das Sonnentor und das Land der Träume vorüber,
Und erreichten nun bald die graue Asphodeloswiese,
Wo die Seelen wohnen, die Luftgebilde der Toten.
Und sie fanden die Seele des Peleïden Achilleus
Und die Seele Patroklos', des tapfern Antilochos Seele,
Und des gewaltigen Aias, des Ersten an Wuchs und Bildung
In dem achäischen Heer, nach dem tadellosen Achilleus:
Diese waren stets um den Peleionen versammelt.

Eben kam auch die Seele von Atreus' Sohn Agamemnon
Traurend daher, umringt von anderen Seelen, die mit ihm
In Ägisthos' Palaste das Ziel des Todes erreichten.
Zu den Kommenden sprach die Seele des Peleionen:
Atreus' Sohn, wir dachten, der donnerfrohe Kronion
Hätte dich unter den Helden auf immer zum Liebling erkoren,
Weil du das große Heer der tapfersten Sieger beherrschtest
In dem troischen Lande, wo Not uns Achäer umdrängte.
Aber es mußte auch dich so bald des Todes Verhängnis
Treffen, welchen kein Mensch, vom Weibe geboren, entflieht.
Hättest du doch, umringt von den glänzenden Ehren der Herrschaft,
Dort im Lande der Troer das Ziel des Todes erreichet!
Denn ein Denkmal hätte der Griechen Volk dir errichtet,
Und so wäre zugleich dein Sohn bei den Enkeln verherrlicht.
Aber es war dein Los, des traurigsten Todes zu sterben!
Ihm antwortete drauf die Seele des großen Atreiden:
Glücklicher Peleïde, du göttergleicher Achilleus,
Der du vor Ilion starbst, von Argos ferne! Denn ringsum
Sanken die tapfersten Söhne der Troer und der Achäer,
Kämpfend um deine Leiche: du lagst in der Wolke des Staubes,
Groß, weithingestreckt, ausruhend vom Wagengetümmel!
Aber wir kämpften den ganzen Tag und kämpften noch immer,
Brennend vor Wut, bis Zeus durch Sturm und Wetter uns trennte.
Jetzo trugen wir dich aus der Schlacht zu unseren Schiffen,
Wuschen den schönen Leib mit lauem Wasser und legten
Ihn mit Balsam gesalbt auf prächtige Betten; und ringsum
Weinten und jammerten laut die Achäer und schoren ihr Haupthaar.
Auch die Mutter entstieg mit den heiligen Nymphen dem Meere,
Als sie die Botschaft vernahm; von lautwehklagenden Stimmen

Hallte die Flut, und Entsetzen ergriff das Heer der Achäer.
Zitternd wären sie schnell zu den hohlen Schiffen geflohen;
Aber es hielt sie der Mann von alter und großer Erfahrung,
Nestor, dessen Rat wir auch ehmals immer bewundert;
Dieser erhub im Heere die Stimme der Weisheit und sagte:
Haltet ein, Argeier, und flieht nicht, Söhne Achäas!
Dies ist seine Mutter mit ihren unsterblichen Nymphen,
Welche dem Meer entsteigt, den toten Sohn zu bejammern!
Also sprach er und hemmte die Flucht der edlen Achäer.
Lautwehklagend standen um dich des alternden Meergotts
Töchter und kleideten dich mit ambrosiaduftenden Kleidern.
Gegeneinander sangen mit schöner Stimme die Musen
Alle neun und weinten: da sahe man keinen Argeier
Tränenlos; so rührten der Göttinnen helle Gesänge!
Siebzehn Tag' und Nächte beweinten wir unaufhörlich
Deinen Tod, der Unsterblichen Chor und die sterblichen Menschen.
Am achtzehnten verbrannten wir dich und schlachteten ringsum
Viele gemästete Schaf' und krummgehörnete Rinder.
Aber du lagst umhüllt mit Göttergewändern, und um dich
Standen Gefäße mit Öl und süßem Honig; und viele
Helden Achäas rannten gerüstet, zu Fuß und zu Wagen,
Rings um das lodernde Freuer; es stieg ein lautes Getös auf.
Als dich Hephästos' Flammer verzehrt, da gossen wir morgens
Lauteren Wein in die Asche und sammelten, edler Achilleus,
Deine weißen Gebeine, mit zwiefachem Fette bedeckend.
Aber die Mutter brachte die goldne gehenkelte Urne,
Dionysos' Geschenk und ein Werk des berühmten Hephästos.
Hierin ruht dein weißes Gebein, ruhmvoller Achilleus,
Mit dem Gebeine vermischt des Menötiaden Patroklos,
Und gesondert die Asche Antilochos', den du vor allen
Anderen Freunden ehrtest, nach deinem geliebten Patroklos.

Und das heilige Heer der sieggewohnten Achäer
Häufte darüber ein großes und weitbewundertes Denkmal
Auf der Spitze des Landes am breiten Hellespontos,
Daß es fern im Meere vorüberschiffende Männer
Sähen, die jetzo leben und spät in kommenden Jahren.
Aber die Mutter bracht auf den Kampfplatz köstliche Preise,
Von den Göttern erfleht, für die tapfersten aller Achäer.
Schon bei vieler Helden Begräbnis warst du zugegen,
Sahst die Jünglinge oft am Ehrenhügel des Königs
Zum Wettkampfe sich gürten um manches schimmernde Kleinod;
Dennoch hättest du dort mit tiefem Erstaunen betrachtet,
Welche köstlichen Preise die silberfüßige Thetis
Dir zu Ehren gesetzt; denn du warst ein Liebling der Götter!
Also erlosch auch im Tode nicht dein Gedächtnis, und ewig
Glänzet bei allen Menschen dein großer Namen, Achilleus.
Aber was frommte mir des rühmlichen Krieges Vollendung?
Selbst bei der Heimkehr weihte mich Zeus dem schrecklichsten Tode
Unter Ägisthos' Hand und der Hand des heillosen Weibes.
Also besprachen diese sich jetzo untereinander.
Jetzo nahte sich ihnen der rüstige Argosbesieger,
Und ihm folgte zur Tiefe die Schar der erschlagenen Freier.
Voll Verwunderung gingen die Könige ihnen entgegen.
Und der hohe Schatten von Atreus' Sohn Agamemnon
Kannte des Melaniden, des tapfern Amphimedons, Seele,
Welcher sein Gastfreund war in Ithakas felsichtem Eiland.
Zu dem Kommenden sprach die Seele des großen Atreiden:
Was, Amphimedon, führt euch ins unterirdische Dunkel?
Lauter erlesene Männer von gleichem Alter! Man würde
Schwerlich in einer Stadt so treffliche Männer erlesen!
Tötet' euch etwa in Schiffen der Erderschüttrer Poseidon,
Da er den wilden Orkan und die steigenden Wogen empörte?

Oder ermordeten euch auf dem Lande feindliche Männer,
Als ihr die schönen Herden der Rinder und Schafe hinwegtriebt,
Oder indem sie die Stadt und ihre Weiber verfochten?
Lieber, sage mir dies; ich war ja im Leben dein Gastfreund.
Weißt du nicht mehr, wie ihr mich in eurem Hause bewirtet,
Als ich Odysseus ermahnte, dem göttlichen Menelaos
Mit gen Troja zu folgen in schöngebordeten Schiffen?
Erst nach einem Monat entschifften wir eurem Gestade,
Und beredeten kaum den Städteverwüster Odysseus.
Also sprach er; ihm gab Amphimedons Seele zur Antwort:
Atreus' rühmlicher Sohn, weitherrschender Held Agamemnon,
Dieses weiß ich noch alles und will umständlich erzählen,
Wie uns so plötzlich die Stunde des schrecklichen Todes ereilt hat.
Siehe, wir liebten die Gattin des langentfernten Odysseus.
Nimmer versagte sie uns und vollendete nimmer die Hochzeit,
Heimlich uns allen den Tod und das schwarze Verhängnis bereitend.
Unter andere Listen ersann sie endlich auch diese:
Trüglich zettelte sie in ihrer Kammer ein feines
Übergroßes Geweb' und sprach zu unsrer Versammlung:
Jünglinge, die ihr mich liebt, nach dem Tode des edlen Odysseus!
Dringt auf meine Vermählung nicht eher, bis ich den Mantel
Fertig gewirkt (damit nicht umsonst das Garn mir verderbe!),
Welcher dem Helden Laërtes zum Leichengewande bestimmt ist,
Wenn ihn die finstre Stunde mit Todesschlummer umschattet:
Daß nicht irgend im Lande mich eine Achäerin tadle,
Läg er uneingekleidet, der einst so vieles beherrschte.
Also sprach sie mit List und bewegte die Herzen der Edlen.
Und nun webete sie des Tages am großen Gewebe;
Aber des Nachts, dann trennte sie's auf beim Scheine der Fackeln.
Also täuschte sie uns drei Jahr' und betrog die Achäer.

Als nun das vierte Jahr im Geleite der Horen herankam,
Und mit dem wechselnden Mond viel' Tage waren verschwunden,
Da verkündet' uns eine der Weiber das schlaue Geheimnis;
Und wir fanden sie selbst bei der Trennung des schönen Gewebes.
Also mußte sie's nun, auch wider Willen, vollenden.
Als sie den großen Mantel gewirkt und sauber gewaschen,
Und er hell, wie die Sonn' und der Mond, entgegen uns glänzte,
Siehe, da führte mit einmal ein böser Dämon Odysseus
Draußen zum Meierhof, den der Schweine Hüter bewohnte.
Dorthin kam auch der Sohn des göttergleichen Odysseus,
Der von der sandigen Pylos im schwarzen Schiffe zurückfuhr.
Diese bereiteten sich zum schrecklichen Morde der Freier,
Gingen dann in die prächtige Stadt; der edle Odysseus
War der letzte, sein Sohn Telemachos kam zuerst an.
Aber der Sauhirt führte den schlechtgekleideten König,
Der, wie ein alter Mann und mühebeladener Bettler,
Wankend am Stabe schlich, mit häßlichen Lumpen bekleidet.
Keiner konnte von uns den plötzlich erscheinenden Fremdling
Für Odysseus erkennen, auch selbst von den Ältesten keiner;
Sondern alle verspotteten wir und warfen den Fremdling.
Und Odysseus ertrug zuerst in seinem Palaste
Unsre kränkenden Reden und Würfe mit duldender Seele.
Aber als ihn der Geist des Donnergottes erweckte,
Nahm er mit seinem Sohn aus dem Saale die zierliche Rüstung,
Trug sie hinauf in den Söller und schloß die Pforte mit Riegeln;
Ging dann hin und befahl arglistig seiner Gemahlin,
Uns den Bogen zu bringen und blinkende Eisen, zum Wettkampf
Uns unglücklichen Freiern und zum Beginne des Mordens.
Aber es konnte von uns nicht einer des mächtigen Bogens
Sehne spannen; zu sehr gebrach es allen an Stärke.

Doch wie der Sauhirt jetzo den großen Bogen Odysseus
Brachte, da zürnten wir alle und schalten mit drohenden Worten,
Daß er den Bogen ihm nicht darreichte, was er auch sagte;
Aber Telemachos rief und befahl ihm, weiter zu gehen.
Und nun nahm er den Bogen, der herrliche Dulder Odysseus,
Spannt' ihn ohne Bemühn und schnellte den Pfeil durch die Äxte;
Sprang auf die Schwelle, die Pfeile dem Köcher entschüttend, und blickte
Drohend umher und schoß; und Antinoos stürzte zu Boden.
Und nun flog auf die andern des scharfhinzielenden Königs
Schreckliches Todesgeschoß; und Haufen sanken bei Haufen.
Und man erkannte leicht, daß ihnen ein Himmlischer beistand.
Denn bald stürzten sie wütend sich unter den Haufen und würgten
Links und rechts durch den Saal; mit dem Krachen zerschlagener Schädel
Tönte das Jammergeschrei, und Blut floß über den Boden.
Also kamen wir um, Agamemnon, und unsere Leiber
Liegen noch unbestattet im Hause des edlen Odysseus.
Denn noch wissen es nicht die Freund' in unseren Häusern,
Daß sie das schwarze Blut aus den Wunden waschen und klagend
Unsere Bahr' umringen: die letzte Ehre der Toten!
  Ihm antwortete drauf die Seele des großen Atreiden:
Glücklicher Sohn Laërtes', erfindungsreicher Odysseus,
Wahrlich, dir ward ein Weib von großer Tugend beschieden!
Welche treffliche Seele hat doch Ikarios' Tochter
Penelopeia! Wie treu die Edle dem Manne der Jugend,
Ihrem Odysseus, blieb! Oh, nimmer verschwindet der Nachruhm
Ihrer Tugend; die Götter verewigen unter den Menschen
Durch den schönsten Gesang die keusche Penelopeia!

Nicht wie Tyndareos' Tochter verübte sie schändliche Taten,
Welche den Mann der Jugend erschlug, und ein ewiges
Schandlied
Unter den Sterblichen ist; denn sie hat auf immer der Weiber
Namen entehrt, wenn eine sich auch des Guten befleißigt!
Also besprachen sich jetzo die Luftgebilde der Toten,
Unter der Erde stehend, in Aïdes dunkler Behausung.
Jene gingen den Weg von der Stadt hinunter, und kamen
Bald zu dem wohlbestellten und schönen Hofe Laërtes',
Welchen er selber vordem durch Heldentaten erworben.
Allda hatt er sein Haus; und wirtschaftliche Gebäude
Liefen rings um den Hof; es speiseten, saßen und schliefen
Hier die nötigen Knechte, die seine Geschäfte bestellten.
Auch war dort eine alte Sikelerin, welche des Greises
Fern von der Stadt auf dem Lande mit treuer Sorge sich annahm.
Aber Odysseus sprach zu Telemachos und zu den Hirten:
Geht ihr jetzo hinein in die schöngebauete Wohnung
Und bereitet uns schnell zum Mahle das trefflichste
Mastschwein.
Ich will indes hingehen, um unsern Vater zu prüfen:
Ob er mich wohl noch kennt, wenn seine Augen mich sehen,
Oder ob ich ihm fremd bin nach meiner langen Entfernung.
Also sprach er und gab den Hirten die kriegerische Rüstung.
Diese gingen sogleich in die Wohnung. Aber Odysseus
Eilte zu seinem Vater im obstbeladenen Fruchthain.
Und er fand, da er eilig den langen Garten hinabging.
Weder Dolios dort, noch Dolios' Knechte und Söhne.
Diese waren aufs Feld gegangen und sammelten Dornen
Zu des Gartens Geheg' und der alte Mann war ihr Führer.
Nur Laërtes fand er im schöngeordneten Fruchthain
Um ein Bäumchen die Erd' auflockern. Ein schmutziger
Leibrock
Deckt' ihn, geflickt und grob; und seine Schenkel umhüllten

Gegen die ritzenden Dornen geflickte Stiefel von Stierhaut,
Und Handschuhe die Hände der Disteln wegen, den Scheitel
Eine Kappe von Ziegenfell: so traurte sein Vater.
Als er ihn jetzo erblickte, der herrliche Dulder Odysseus,
Wie er vom Alter entkräftet und tief in der Seele betrübt war,
Sah er ihm weinend zu im Schatten des ragenden Birnbaums.
Dann bedacht er sich hin und her, mit wankendem Vorsatz:
Ob er ihn küssend umarmte, den lieben Vater, und alles
Sagte, wie er nun endlich zur Heimat wiedergekehrt sei,
Oder ihn erst ausfragte, um seine Seele zu prüfen.
Dieser Gedanke schien dem Zweifelnden endlich der beste:
Erst mit sanftem Tadel des Vaters Seele zu prüfen.
Dieses beschloß Odysseus und eilte hin zu Laërtes,
Der, mit gesenktem Haupte, des Baumes Wurzel umhackte;
Und der treffliche Sohn trat nahe zum Vater und sagte:
Alter, es fehlet dir nicht an Kunst, den Garten zu bauen!
Schön ist alles bestellt; kein einziges dieser Gewächse,
Keine Rebe vermißt, kein Ölbaum, Feigen- und Birnbaum,
Keines der Beet' im Garten vermißt die gehörige Pflege!
Eins erinnre ich nur; nimm mir's nicht übel, o Vater!
Du wirst selber nicht gut gepflegt! Wie kümmerlich gehst du,
Schwach vor Alter, und schmutzig dabei und häßlich bekleidet!
Wegen der Faulheit gewiß kann dich dein Herr nicht versäumen!
Selbst der Gedank' an Knechtschaft verschwindet einem Betrachter
Deiner Gestalt und Größe; du hast ein königlich Ansehn,
Gleich als ob dir gebührte, dich nach dem Bad und der Mahlzeit
Sanft zur Ruhe zu legen; denn das ist die Pflege der Alten.
Aber verkündige mir und sage die lautere Wahrheit:
Welcher Mann ist dein Herr, und wessen Garten besorgst du?
Auch verkündige mir aufrichtig, damit ich es wisse:
Sind wir denn wirklich hier in Ithaka, wie mir ein Mann dort

Sagte, welchem ich eben begegnete, als ich hieher ging?
Aber der Mann war nicht so artig, mir alles zu sagen
Oder auf meine Frage zu achten, wegen des Gastfreunds,
Den ich in Ithaka habe: ob dieser noch lebt und gesund ist,
Oder ob er schon starb und zu den Schatten hinabfuhr.
Denn ich sage dir an, merk auf und höre die Worte!
Einen Mann hab ich einst im Vaterlande bewirtet,
Welcher mein Haus besuchte; so viel' ich auch Fremde beherbergt,
Ist kein werterer Gast in meine Wohnung gekommen!
Dieser sagte, er stammt' aus Ithakas felsichtem Eiland
Und Arkeisios' Sohn Laërtes wäre sein Vater.
Und ich führte den werten Gast in unsere Wohnung.
Freundlich bewirtet ich ihn von des Hauses reichlichem Vorrat,
Und verehrt ihm Geschenke zum Denkmal unserer Freundschaft:
Schenkt ihm sieben Talente des künstlichgebildeten Goldes,
Einen silbernen Kelch mit schönerhobenen Blumen,
Feiner Teppiche zwölf, und zwölf der einfachen Mäntel.
Zwölf Leibröcke dazu, mit prächtigen Purpurgewanden;
Über dieses schenkt ich ihm vier untadlige Jungfraun,
Kunstverständig und schön, die er sich selber gewählet.
Ihm antwortete drauf sein Vater, Tränen vergießend:
Fremdling, du bist gewiß in dem Lande, nach welchem du fragest!
Aber hier wohnen freche und übermütige Männer!
Und vergeblich hast du die vielen Geschenke verschwendet!
Hättest du ihn lebendig in Ithakas Volke gefunden,
Dann entließ' er gewiß dich reichlich wiederbeschenket
Und anständig bewirtet; denn Pflicht ist des Guten Vergeltung.
Aber verkündige mir und sage die lautere Wahrheit.
Wie viel' Jahre sind es, seitdem dich jener besuchte?
Dein unglücklicher Freund, mein Sohn, solange ich ihn hatte!

Armer Sohn, den fern von der Heimat und seinen Geliebten
Schon die Fische des Meers verzehreten oder zu Lande
Vögel und Tiere zerrissen! Ihn hat die liebende Mutter
Nicht einkleidend beweint, noch der Vater, die wir ihn zeugten;
Noch sein edles Weib, die keusche Penelopeia,
Schluchzend am Sterbebette des lieben Gemahles gejammert
Und ihm die Augen geschlossen: die letzte Ehre der Toten!
Auch verkündige mir aufrichtig, damit ich es wisse:
Wer, wes Volkes bist du? Und wo ist deine Geburtsstadt?
Und wo liegt das Schiff, das dich und die tapfern Genossen
Brachte? Kamst du vielleicht in einem gedungenen Schiffe,
Und die Schiffer setzten dich aus und fuhren dann weiter?
Ihm antwortete drauf der erfindungsreiche Odysseus:
Gerne will ich dir dieses und nach der Wahrheit erzählen.
Ich bin aus Alybas her und wohn im berühmten Palaste
Meines Vaters Apheidas, des mächtigen Sohns Polypemons.
Und mein Name ist Eperitos. Aber ein Dämon
Trieb mich durch Stürme hieher, als ich gen Sikania steurte.
Und mein Schiff liegt außer der Stadt am freien Gestade.
Jetzo sind's fünf Jahre, seitdem der edle Odysseus
Wieder von dannen fuhr und Alybas' Ufer zurückließ.
Armer Freund! Und ihm flogen doch heilweissagende Vögel,
Als er zu Schiffe ging: drum sah ich freudig ihn scheiden,
Und er freute sich auch; denn wir hofften, einer den andern
Künftig noch oft zu bewirten und schöne Geschenke zu wechseln.
Sprach's; und den Vater umhüllte die schwarze Wolke des Kummers.
Siehe, er nahm mit den Händen des dürren Staubes und streut' ihn
Über sein graues Haupt und weint' und jammerte herzlich.
Aber Odysseus ergrimmte im Geist, und es schnob in der Nase
Ihm der erschütternde Schmerz beim Anblick des liebenden Vaters.

Küssend sprang er hinzu mit umschlingenden Armen und sagte:
Vater, ich bin es selbst, mein Vater, nach welchem du fragest,
Bin im zwanzigsten Jahre zur Heimat wiedergekehret!
Darum trockne die Tränen und hemme den weinenden Jammer!
Denn ich sage dir kurz (uns dringt die äußerste Eile!):
Alle Freier hab ich in unserem Hause getötet,
Und ihr Trotzen bestraft und die seelenkränkenden Greuel!
Ihm antwortete drauf sein alter Vater Laërtes:
Bist du denn wirklich, mein Sohn Odysseus, wiedergekommen,
Lieber, so sage mir doch ein Merkmal, daß ich es glaube!
Ihm antwortete drauf der erfindungsreiche Odysseus:
Erstlich betrachte hier mit deinen Augen die Narbe,
Die ein Eber mir einst mit weißen Zähnen gehauen,
Ferne von hier am Parnassos; denn du und die treffliche Mutter
Sandtet mich dort zu Autolykos hin, die Geschenke zu holen,
Die mir bei der Geburt ihr besuchender Vater verheißen.
Jetzo will ich dir auch die Bäume des lieblichen Fruchthains
Nennen, die du mir einst auf meine Bitte geschenkt hast;
Denn ich begleitete dich als Knab im Garten; wir gingen
Unter den Bäumen umher, und du nanntest und zeigtest mir jeden.
Dreizehn Bäume mit Birnen und zehn voll rötlicher Äpfel
Schenktest du mir und vierzig der Feigenbäume; und nanntest
Fünfzig Rebengeländer mit lauter fruchtbaren Stöcken,
Die du mir schenken wolltest; sie hangen voll mancherlei Trauben,
Wenn sie der Segen Gottes mit mildem Gewitter erfreuet.
Also sprach er; und jenem erzitterten Herz und Kniee,
Als er die Zeichen erkannte, die ihm Odysseus verkündet.
Seinen geliebtesten Sohn umarmend, sank er in Ohnmacht
An sein Herz; ihn hielt der herrliche Dulder Odysseus.
Als er zu atmen begann und sein Geist dem Herzen zurückkam,

Da erhub er die Stimme und rief mit lautem Entzücken:
Vater Zeus! ja, noch lebt ihr Götter im hohen Olympos,
Wenn doch endlich die Greuel der üppigen Freier bestraft sind!
Aber nun fürcht ich sehr in meinem Herzen, daß plötzlich
Alle Ithaker hier uns überfallen und Botschaft
Ringsumher in die Städte der Kephallenier senden!
Ihm antwortete drauf der erfindungsreiche Odysseus:
Sei getrost und laß dich diese Gedanken nicht kümmern!
Folge mir jetzt in das Haus, hier nahe am Ende des Gartens:
Dort ist Telemachos auch und der Rinderhirt und der Sauhirt;
Denn ich sandte sie hin, uns eilend das Mahl zu bereiten.
Also besprachen sie sich und gingen zur prächtigen Wohnung.
Und sie traten jetzt in die schönen Zimmer des Hauses,
Wo Telemachos schon und der Rinderhirt und der Sauhirt
Teilten die Menge des Fleisches und Wein mit Wasser vermischten.
Aber den edelgesinnten Laërtes in seinem Palaste
Badete jetzo die treue Sikelerin, salbte mit Öl ihn,
Und umhüllt' ihn dann mit dem prächtigen Mantel; Athene
Schmückt' unsichtbar mit Kraft und Größe den Hirten der Völker,
Schuf ihn höher an Wuchs und jugendlicher an Bildung.
Und er stieg aus dem Bade. Mit Staunen erblickte der Sohn ihn,
Wie er gleich an Gestalt den unsterblichen Göttern einherging.
Und er redet' ihn an und sprach die geflügelten Worte:
Wahrlich, o Vater, es hat ein unsterblicher Gott des Olympos
Deine Gestalt erhöht und deine Bildung verschönert!
Und der verständige Greis Laërtes sagte dagegen:
Wollte doch Vater Zeus, Athene und Phöbos Apollon,
Daß ich so, wie ich einst, am Vorgebirge der Feste,
Nerikos' Mauren erstieg, die Kephallenier führend,
Daß ich in jener Gestalt dir gestern in unserm Palaste,
Um die Schultern gepanzert, zur Seite hätte gestritten

Gegen die Freier Schar! Dann hätt ich ihrer wohl manchen
Hingestreckt in den Saal und dein Herz im Busen erfreuet!
  Also besprachen diese sich jetzo untereinander.
Aber da jene das Mahl in Eile hatten bereitet,
Setzten sie sich nach der Reih' auf prächtige Sessel und Throne,
Und erhoben die Hände zum Essen. Siehe, da nahte
Dolios sich, der Greis, und Dolios' Söhne; sie kamen
Müde vom Felde zurück; denn die Mutter hatte sie selber
Heimgeholt, die alte Sikelerin, die sie erzogen,
Und sorgfältig des Greises in seinem Alter sich annahm.
Diese, sobald sie Odysseus sahn und im Herzen erkannten,
Standen still an der Schwell' und stauneten. Aber Odysseus
Wandte sich gegen den Greis mit diesen freundlichen Worten:
  Setze dich, Alter, zu Tisch und sehet mich nicht so erstaunt an;
Denn wir haben schon lange, begierig, der Speise zu kosten,
Hier im Saale geharrt und euch beständig erwartet.
  Also sprach er. Da lief mit ausgebreiteten Armen
Dolios grad auf ihn zu und küßte die Hände des Königs,
Redete freundlich ihn an und sprach die geflügelten Worte:
  Lieber, kommst du nun endlich, nach unserem herzlichen Wunsche,
Aber ohn' alles Vermuten, und führten dich Götter zur Heimat:
Nun so wünsch ich dir Freude, Gesundheit und Segen der Götter!
Aber sage mir doch aufrichtig, damit ich es wisse:
Weiß es deine Gemahlin, die kluge Penelopeia,
Daß du zu Hause bist? Oder sollen wir's eilig verkünden?
  Ihm antwortete drauf der erfindungsreiche Odysseus:
Alter, sie weiß es schon; du brauchst dich nicht zu bemühen.
  Also sprach er und setzte sich hin auf den zierlichen Sessel.
Dolios' Söhne traten nun auch zum berühmten Odysseus,
Hießen ihn froh willkommen und drückten ihm alle die Hände,
Setzten sich dann nach der Reihe bei Dolios, ihrem Vater.

Also waren sie hier mit dem fröhlichen Schmause beschäftigt.
Aber Ossa, die schnelle Verkünderin, eilete ringsum
Durch die Stadt mit der Botschaft vom traurigen Tode der Freier.
Und nun erhuben sich alle und sammelten hieher und dorther,
Lautwehklagend und lärmend, sich vor dem Palaste des Königs,
Trugen die Toten hinaus und bestatteten jeder den Seinen;
Aber die andern, die rings von den Inseln waren gekommen,
Legten sie, heimzufahren, in schnelle Kähne der Fischer.
Und nun eilten sie alle zum Markte, mit großer Betrübnis.
Als die Versammelten jetzt in geschlossener Reihe sich drängten,
Da erhub sich der Held Eupeithes vor den Achäern,
Der mit unendlichem Schmerz um den toten Antinoos traurte,
Seinen Sohn, den zuerst der edle Odysseus getötet;
Weinend erhub sich dieser und redete vor der Versammlung:
Freunde, wahrlich ein Großes bereitete jener den Griechen!
Erst entführt' er in Schiffen so viel' und tapfere Männer
Und verlor die gerüsteten Schiff' und verlor die Gefährten;
Und nun kommt er und tötet die Edelsten unseres Reiches.
Aber wohlan! Bevor der flüchtende Pylos erreichet,
Oder die heilige Elis, die von den Epeiern beherrscht wird,
Eilet ihm nach! Sonst werden wir nimmer das Antlitz erheben!
Schande brächt es ja uns, und noch bei den spätesten Enkeln,
Wenn wir die Mörder nicht straften, die unsere Kinder und Brüder
Töteten! Ha! ich könnte nicht länger mit fröhlichem Herzen
Leben; mich förderte bald der Tod in die Schattenbehausung!
Auf denn, und eilt, damit sie uns nicht zu Wasser entfliehen!
Weinend sprach er's, und rührte die ganze Versammlung zum Mitleid.
Jetzo kam zu ihnen der göttliche Sänger und Medon
Aus Odysseus' Palaste, nachdem sie der Schlummer verlassen;
Und sie traten beid' in die Mitte des staunenden Volkes.

Und nun sprach zur Versammlung der gute verständige Medon:
Höret mich an, ihr Männer von Ithaka! Wahrlich, Odysseus
Hat nicht ohne den Rat der Unsterblichen dieses vollendet!
Denn ich sah ihn selbst, den unendlichen Gott, der Odysseus
Immer zur Seite stand, in Mentors Bildung gehüllet.
Dieser unsterbliche Gott beseelete jetzo den König,
Vor ihm stehend, mit Mut, und jetzo stürmt' er vertilgend
Unter die Freier im Saal; und Haufen sanken bei Haufen.
Als er es sprach, da ergriff sie alle bleiches Entsetzen.
Unter ihnen begann der graue Held Halitherses,
Mastors Sohn, der allein Zukunft und Vergangenes wahrnahm;
Dieser erhub im Volk die Stimme der Weisheit und sagte:
Höret mich an, ihr Männer von Ithaka, was ich euch sage!
Eurer Trägheit halber, ihr Freund', ist dieses geschehen!
Denn ihr gehorchtet mir nicht, noch Mentor, dem Hirten der Völker,
Daß ihr eurer Söhn' unbändige Herzen bezähmtet,
Welche mit Unverstand die entsetzlichen Greuel verübten,
Daß sie die Güter verschwelgten und selbst die Gemahlin entehrten
Jenes trefflichen Manns und wähnten, er kehre nicht wieder.
Nun ist dieses mein Rat; gehorcht mir, wie ich euch sage:
Eilt ihm nicht nach, daß keiner sich selbst das Verderben bereite!
Also sprach er. Da standen die Griechen mit lauter Geschrei auf,
Mehr als die Hälfte der Schar; allein die übrigen blieben,
Welche den Rat Halitherses' nicht achteten, sondern Eupeithes
Folgten. Sie eilten darauf zu ihrer ehernen Rüstung.
Und nachdem sie sich alle mit blinkendem Erze gepanzert,
Kamen sie vor der Stadt im weiten Gefilde zusammen.
Und sie führte Eupeithes, der Törichte, denn er gedachte,
Seines Antinoos Tod zu rächen; aber ihm war nicht
Heimzukehren bestimmt, sein harrte des Todes Verhängnis.

Aber Athene sprach zum Donnerer Zeus Kronion:
Unser Vater Kronion, der herrschenden Könige Herrscher,
Sage mir, welchen Rat du jetzo im Herzen verbirgest.
Wirst du hinfort verderbenden Krieg und schreckliche Zwietracht
Senden? Oder beschließest du Freundschaft unter dem Volke?
Ihr antwortete drauf der Wolkenversammler Kronion:
Warum fragst du mich, Tochter, und forschest meine Gedanken?
Hast du nicht selber den Rat in deinem Herzen ersonnen,
Daß heimkehrend jenen Odysseus Rache vergölte?
Tue, wie dir's gefällt; doch will ich das Beste dir sagen.
Da der edle Odysseus die Freier jetzo bestraft hat,
Werde das Bündnis erneut: er bleib' in Ithaka König;
Und wir wollen dem Volke der Söhn' und Brüder Ermordung
Aus dem Gedächtnis vertilgen; und beide lieben einander
Künftig wie vor, und Fried' und Reichtum blühen im Lande!
Also sprach er und reizte die schon verlangende Göttin.
Eilend fuhr sie hinab von den Gipfeln des hohen Olympos.
Jene hatten sich nun mit lieblicher Speise gesättigt.
Unter ihnen begann der herrliche Dulder Odysseus:
Gehe doch einer und seh, ob unsere Feinde schon annahn.
Also sprach er; und schnell ging einer von Dolios' Söhnen,
Stand auf der Schwelle des Hauses und sahe sie alle herannahn.
Eilend rief er Odysseus und sprach die geflügelten Worte:
Nahe sind sie uns schon; wir müssen uns eilig bewaffnen!
Also rief er; da sprangen sie auf und ergriffen die Rüstung:
Vier war Odysseus' Zahl und sechs von Dolios' Söhnen.
Auch der alte Laërtes und Dolios legten die Rüstung
An, so grau sie auch waren, durch Not gezwungene Krieger!
Und nachdem sie sich alle mit blinkendem Erze gerüstet,
Öffneten sie die Pforte und gingen, geführt von Odysseus.
Jetzo nahte sich Zeus' blauäugichte Tochter Athene,

Mentorn gleich in allem, sowohl an Gestalt wie an Stimme.
Freudig erblickte die Göttin der herrliche Dulder Odysseus.
Und zu dem lieben Sohne Telemachos wandt er sich also:
Jetzo wirst du doch sorgen, Telemachos, wenn du dahin kommst,
Daß du im Streite der Männer, wo sich die Tapfern hervortun,
Deiner Väter Geschlecht nicht schändest, die wir von Anfang
Immer durch Kraft und Mut der Menschen Bewundrung erwarben!
Und der verständige Jüngling Telemachos sagte dagegen:
Sehen wirst du es selbst, mein Vater, wenn du es wünschest,
Daß dies Herz dein Geschlecht nicht schändet! Wie kannst du das sagen?
Also sprach er; da rief mit herzlicher Freude Laërtes:
Welch ein Tag ist mir dieser! Ihr Götter, wie bin ich so glücklich!
Sohn und Enkel streiten den edlen Streit um die Tugend!
Siehe, da nahte sich Zeus' blauäugichte Tochter und sagte:
O Arkeisios' Sohn, geliebtester meiner Geliebten,
Flehe zu Vater Zeus und Zeus' blauäugichter Tochter,
Schwinge dann mutig und wirf die weithinschattende Lanze!
Also sprach die Göttin und haucht' ihm unsterblichen Mut ein.
Eilend flehte der Greis zur Tochter des großen Kronion,
Schwang dann mutig und warf die weithinschattende Lanze.
Und er traf Eupeithes am ehernwangichten Helme;
Und den weichenden Helm durchdrang die stürmende Lanze:
Tönend sank er dahin, von der ehernen Rüstung umrasselt.
Aber Odysseus fiel und Telemachos unter die Feinde,
Hauten und stachen mit Schwertern und langgeschafteten Spießen.
Und nun hätten sie alle vertilgt und zu Boden gestürzet,
Aber die Tochter des Gottes mit wetterleuchtendem Schilde,
Pallas Athene, rief und hemmte die streitenden Scharen:

Ruht, ihr Ithaker, ruht vom unglückseligen Kriege!
Schonet des Menschenblutes und trennet euch schnell voneinander!
Also rief die Göttin; da faßte sie bleiches Entsetzen:
Ihren zitternden Händen entflogen die Waffen, und alle
Fielen zur Erd', als laut die Stimme der Göttin ertönte.
Und sie wandten sich fliehend zur Stadt, ihr Leben zu retten.
Aber fürchterlich schrie der herrliche Dulder Odysseus,
Und verfolgte sie rasch, wie ein hochherfliegender Adler.
Und nun sandte Kronion den flammenden Strahl vom Olympos;
Dieser fiel vor Athene, der Tochter des schrecklichen Vaters.
Und zu Odysseus sprach die heilige Göttin Athene:
Edler Laërtiad', erfindungsreicher Odysseus,
Halte nun ein und ruhe vom allverderbenden Kriege,
Daß dir Kronion nicht zürne, der Gott weithallender Donner!
Also sprach sie; und freudig gehorcht' Odysseus der Göttin.
Zwischen ihm und dem Volk erneuete jetzo das Bündnis
Pallas Athene, die Tochter des wetterleuchtenden Gottes,
Mentorn gleich in allem, sowohl an Gestalt wie an Stimme.

NACHWORT

Das homerische Epos

Die homerischen Epen Ilias und Odyssee behandeln Ausschnitte aus der griechischen Heldensage. Sie wollen die Geschehnisse des Mythos jedoch nicht wiedergeben, indem sie einen Sagenkreis von Anfang bis Ende nacherzählen, ihr Ziel ist es vielmehr, in dichterischer Gestaltung große Handlungslinien vorzuführen, die unter einer Leitidee stehen und so verknüpft sind, daß an ihnen ein menschliches Schicksal sichtbar wird. Der Kunstgriff des Dichters – nennen wir ihn zunächst Homer – besteht in der Ilias sowohl wie in der Odyssee darin, das gesamte Geschehen eines Sagenkreises auf wenige Tage zu konzentrieren und in der Verbindung der Motive sowie in Rück- und Ausblicken alle Vorgänge von Anfang bis Ende wie in einem Brennspiegel zusammenzufassen und aufleuchten zu lassen. Die Ilias ist das Epos vom Krieg um Troja, aber sie beginnt nicht mit dem Raub der Helena, und sie endet auch nicht mit der Eroberung Trojas. Der Dichter greift nur eine Episode heraus, den Zorn des Achilleus, und er kann anhand dieses Motivs den Gang der Handlung auf wenige Tage des zehnten Kriegsjahres beschränken und dabei Anfang und Ende des Krieges einbeziehen. Auch die Odyssee wählt aus einem Geschehen, das sich über zehn Jahre erstreckt, nur etwa vierzig Tage aus. Sie beginnt nicht mit der Abfahrt von Troja und den Irrfahrten des Helden, sondern läßt vor dem Hörer zunächst die Lage auf Ithaka erstehen, sodann den Trojahelden in den Erinnerungen seiner Kriegskameraden lebendig werden, bevor sie ihn selbst auf den letzten Stationen seiner Heimkehr zeigt. Die Irrfahrten finden in der Mitte des Werkes ihren Platz, in der gerafften Form der Icherzählung. Beide Werke stehen unter einer Leitidee: der Zorn des Achilleus als Teil des Götterwillens beziehungsweise die Rache an den Freiern, die göttliches und menschliches Recht mißachten.

Stoffgeschichtlich sind beide Epen unterschiedlich. Während sich die Ilias auf die Heldensage beschränkt, sind für die Odyssee außerdem noch märchenhafte Züge bestimmend, wie die Geschichte vom Seefahrer und Abenteurer, der freiwillig-unfreiwillig die Meere durchsegelt und Gefahren zu Wasser und zu Lande besteht. Dazu kommt die vielerorts verbreitete Geschichte des Heimkehrers, der im letzten Augenblick zurückkehrt, als seine Frau gerade einen anderen heiraten will. Diese Motive vom Seefahrer und vom Heimkehrer wurden schon vor Homer auf die Gestalt des Trojahelden Odysseus übertragen, der sich als ebenso kluger wie mutiger Kämpfer bewährte und sich durch die List des hölzernen Pferdes schließlich den Ehrentitel des Städtezerstörers erwarb. Von seiner Heimkehr kündete zunächst ein Sagenzyklus, der sich um die Schicksale der Trojaheimkehrer bildete. Von der Heimkehrersage bis zur homerischen Odyssee war ein weiter Weg zurückzulegen. Allgemein lassen sich innerhalb der epischen Dichtung mehrere Entwicklungsstufen verfolgen. Zunächst entstanden einzelne Heldenlieder, die Ereignisse aus einem der großen Sagenkreise um Troja oder Theben oder aus dem Argonautenzug zum Thema hatten. Diese Lieder wurden schon in mykenischer Zeit von einem Sänger vorgetragen, und man wird sie sich nach Art der Lieder des Demodokos bei den Phäaken vorzustellen haben. Es war sogenannter Oral Poetry, mündlich geformter und überlieferter Heldensang, wie er bis in die Neuzeit hinein noch in der südslawischen Volksepik lebendig war. Von der Zeit an, als die Schrift in Griechenland verbreitet war, etwa seit 750 v. Chr., kann man mit schriftlich fixierter Epik rechnen. Am Anfang standen Kurzepen, die einzelne Abenteuer eines Helden schilderten. Die Schöpfung des Großepos, das mit schriftlicher Konzeption verbunden ist und in fester Form überliefert wird, kann man auf 750–720 datieren und Homer zuschreiben. Er gilt damit als Protagonist einer Dichtergeneration auf der Schwelle zwischen Mündlichkeit und Schriftlichkeit.

Was die Odyssee angeht, so gab es vor ihr mündliche Fassungen der Heimkehr des Odysseus, man muß aber auch mit schriftlich überlieferter Epik rechnen, denn unsre Odyssee ist auf weite Strecken eine »Konkurrenzfassung«, deren Feinheiten und gegenläufige Motive gar nicht hätten verstanden und gewürdigt werden können, wenn das Publikum allerorten nicht bereits eine feste – also schriftlich überlieferte – Textfassung der Odysseusheimkehr gekannt hätte. Eine solche Fassung mag so ausgesehen haben, wie die Geschichte von Odysseus heutzutage in Abenteuerfilmen zu sehen ist und wie sich manche Philologen früher und auch heute noch die »eigentliche Odyssee« vorstellen. Odysseus tritt von der Insel der Kalypso aus nach dem Ratschluß der Götter seine Heimkehr an, strandet bei den Phäaken, erzählt dort an einem Tage seine Abenteuer und wird heimgeleitet. In Ithaka kehrt er als Bettler in sein Haus zurück, verabredet mit seiner Gattin Penelope den Bogenwettkampf und tötet die Freier. Eine überzeugende, gradlinige Heimkehr des Odysseus, jedoch nicht unsere Odyssee. Diese ist – ebenso wie die Ilias – ein kompliziertes dichterisches Gebilde, dessen Geschehensablauf mit Hilfe von Doppelhandlungen, Überleitungen und Motivverschränkungen in Gang gesetzt und fortgeführt wird. Vor- und Rückverweise mit Parallel- und Kontrastsituationen verklammern die einzelnen Handlungsstränge. Das Mittel der epischen Retardation, der Verzögerung, und das der Klimax, der Steigerung, sorgen für Spannung.

Ein solch artifizieller dichterischer Kosmos steht am Anfang der uns überlieferten abendländischen Literatur, ein Werk, das so gar nicht den Vorstellungen entsprach, die man mit dem Heldensang aus der dämmernden Morgenfrühe des Abendlandes verband. Statt eines mit so ungeheurer Ökonomie arbeitenden und planenden Dichters stellte man sich lieber einen gottbegeisterten Barden vor, der ohne Kenntnis der Schrift seine Heldenlieder vortrug, wie der Sänger im Hause des Odysseus. Oder man nahm einen dichtenden Volksgeist an und verstand dann unter Homer nur noch einen Redaktor, der das vorgeformte Gut des Heldensangs sammelte und ordnete. Je nachdem, welchem Homertyp man den Vorzug gab, mußte man dann das Epos zerlegen, um der Urform auf die Spur zu kommen. Die sogenannte Homerische Frage, die im 18. Jahrhundert entstand, hat bis heute zu einer Fülle von Theorien über die homerischen Epen geführt. Die damit verbundene sorgsame Detailbetrachtung hat viele wichtige Erkenntnisse zutage gefördert; wenn man jedoch so weit ging, die Epen Vers für Vers zu zerteilen und dem dichter A, B oder dem Redaktor T zuzuweisen, so schoß man damit übers Ziel hinaus. Eine solche Art der Zergliederung, die nicht mehr die Dichtung, sondern die eigene Vorstellung von der Dichtung zum Ausgangspunkt nimmt, sah sich bald der Kritik ausgesetzt. »Die Idee mag gut sein, und die Bemühung ist respektabel, wenn nur nicht diese Herren, um ihre schwachen Flanken zu decken, gelegentlich die fruchtbarsten Gärten des ästhetischen Reichs verwüsten und in leidige Verschanzungen verwandeln müßten. Am Ende ist mehr Subjektives, als man denkt, in diesem ganzen Krame.« So urteilte Goethe im Jahre 1795.

In neuester Zeit haben die vertieften historischen und kulturgeschichtlichen Kenntnisse über die griechische Frühzeit, ausgehend vom Nachweis der Verbreitung der Schrift, zu einer besonneneren Betrachtungsweise geführt. Wo man Anstöße und Unklarheiten innerhalb des Epos konstatiert und meint, daß dahinter eine andere, ursprünglichere Fassung der betreffenden Stelle mit Händen zu greifen sei, wird man heute nicht mehr ohne weiteres auf den störenden Zusatz eines späteren Bearbeiters schließen, den es wieder aus der »Urodyssee« zu tilgen gilt. Die Fülle der mythischen und epischen Tradition, die der homerische Dichter verarbeitet, bildet den Hintergrund seines Werkes, und der Dichter läßt uns manchen Blick auf diesen Hintergrund tun, bisweilen ganz bewußt mit der Absicht, seinem Publikum zu erklären: Mag euch diese Geschichte auch anders bekannt sein, ich erzähle sie so!

Was die Person Homers betrifft, so neigt man heute dazu, wie teilweise schon in der Antike, einen Ilias- und einen Odysseedichter anzunehmen. Den Iliasdichter setzt man um 750 v. Chr. an und weist ihm den Namen Homers zu. Auf ihn beziehen sich dann auch die spärlichen, unsicheren Lebensdaten, die uns überliefert sind: die Geburt in Smyrna, die Tätigkeit als Lehrer und Rezitator auf Chios und der Tod auf Ios. Den Odysseedichter hält man für etwas jünger als den Iliasdichter, zu dem er in einem Verhältnis der »schöpferischen Imitation« (Heubeck) gedacht werden kann. Es hat freilich weder im Altertum noch in der Neuzeit an Stimmen gefehlt, die zumindest die Möglichkeit nicht ausschlossen, daß Ilias und Odyssee von einem Dichter, eben von Homer, stammen könnten. Hierbei werden die unbestreitbaren Unterschiede beider Epen, etwa in Hinsicht auf ihre Weltanschauung, keineswegs übersehen. Man mag eine solche Möglichkeit durchaus bestehen lassen: Zum Vergleich denke man sich eine Zeit, der die Lebensdaten Goethes fehlten. Es wäre ein leichtes, auf Grund der Unterschiede in Faust I und II diese Werke zwei verschiedenen Verfassern zuzuweisen.

Wie es sich mit der Person des oder der Dichter auch verhalten mag, im Bereich der Dichtung wird man weiterhin von Homer sprechen und in ihm Höhepunkt und Vollendung des griechischen Epos sehen. Die homerische Dichtung hat infolge ihres hohen Ranges alle Vorstufen verdrängt und alles, was nach ihr kam, in die Bedeutungslosigkeit verwiesen. Der meisterhafte Kunstgriff, die chronologische Abfolge des Geschehens zu durch-

brechen und den Hörer, wie Horaz rühmend sagt, sogleich »in medias res« zu reißen, blieb unnachahmlich.
Homer entführt sein Publikum in die heroische Welt der Frühzeit, als die Vorfahren der jetzigen Adelsgeschlechter ruhmvolle Taten vollbrachten, sogar mit Göttern kämpften. Es ist nicht die Alltagswelt, und so dichtet er auch nicht in der Umgangssprache seiner Zeit, sondern in poetischer Überhöhung und Stilisierung. Hierin folgt ihm Johann Heinrich Voß, der sich für seine Übertragung Homers Ende des 18. Jahrhunderts eine ihm adäquat erscheinende Kunstsprache geschaffen hat. Sie besitzt den langen Atem für die Wiedergabe der großen Epen und verleugnet auch nicht die Distanz zwischen dem Damals und dem Heute. Dieser Charakter mit der Versform als tragendem Element hat die Voß-Übersetzungen der Ilias und Odyssee die Zeiten überdauern lassen, während Übertragungen im Alltagston in ihrer Zeitgebundenheit oft nur eine begrenzte Gültigkeit besitzen.

Der Gang der Handlung

Die Telemachie

Wie sieht nun die Odyssee aus, die unser Odysseedichter gestaltet hat? Er hat im Anfang eine Doppelhandlung konzipiert. Sie entsteht aus dem Plan der Göttin Athene, die Odysseus wohlgesinnt ist und ihm zur Heimkehr verhelfen will. In der ersten Götterversammlung wird beschlossen, daß der Götterbote Hermes der Nymphe Kalypso, die Odysseus auf ihrer Insel festhält, verkünden soll, daß die Götter Odysseus die Heimkehr bewilligt haben. Zum anderen will Athene ihrem eigenen Vorschlag gemäß nach Ithaka zu Telemachos, dem Sohne des Odysseus, gehen. Er soll den Freiern aufsagen, die Hab und Gut des Odysseus in dessen Haus verprassen. Bei Menelaos und Nestor soll Telemachos dann nach

Kunde vom Vater forschen. Die ersten vier Bücher der Odyssee, die sogenannte Telemachie, dienen der Durchführung dieses Handlungsstranges. Die Telemachoshandlung bietet eine wertvolle Exposition des Epos. Sie stellt uns die bedrängte Lage in Ithaka dar und zeigt die Notwendigkeit einer baldigen Heimkehr des Odysseus sowie die Schwierigkeiten, die mit der Rückkehr verbunden sind. Nur wenn man den jungen Telemachos und die trost- und hoffnungslos ausharrende Penelope sowie das wüste Treiben der Freier in epischer Schilderung vor Augen geführt bekam, kann man ermessen, was Odysseus bevorsteht, daß er es mit der lang ersehnten Heimkehr allein nicht getan ist. Wer auf die Telemachie als Bestandteil einer Odyssee verzichten will, sieht sich gezwungen, Athene bei ihrem Zusammentreffen mit Odysseus in Ithaka als Berichterstatterin zu bemühen. Sie muß dann nicht nur Odysseus, sondern auch den Leser bzw. Hörer aufklären. Doch was leistet solch ein dürrer Bericht im Vergleich zu der anschaulichen Schilderung der Zustände, wie sie in den ersten beiden Büchern der Odyssee gegeben werden?

Die Telemachie bietet jedoch weitaus mehr als eine Expedition der Lage. Wie es in der Götterversammlung heißt, will die Göttin Athene Telemachos antreiben und ihm Mut ins Herz geben, daß er den Freiern aufsage. Und sie will, daß er sich auf der Erkundungsreise edlen Ruhm unter den Menschen erwerbe (I 88ff.). Das Antreiben und Muteinflößen gehört zu Athenes Aufgaben in der Ilias, wo sie den Helden, einem Diomedes oder Achilleus, als Kampfeshelferin zur Seite steht. Sie handelt nicht für den Helden, denn dies würde dessen Tüchtigkeit schmälern. Ihre Hilfe ist vielmehr im allgemeinen darauf beschränkt, Anstöße zu geben oder Situationen zu schaffen, in denen der Held seine Arete, seine Vorzüglichkeit, bewähren kann. Denn der göttliche Beistand ist eine ehrende Auszeichnung: Weil der Held so tapfer ist, stehen die Götter auf seiner Seite oder bedienen sich seiner zur Durchführung ihrer göttlichen Pläne. So wendet sich Athene im zweiten Gesang der Ilias an Odysseus, als es gilt, die Flucht der Griechen zu den Schiffen zu verhindern. Er ist der kluge, energische Redner, der ein kopflos fliehendes Heer allein durch die Kraft seiner Worte zur Umkehr bewegen kann. Odysseus vollbringt die aufgetragene Bewährungsprobe; die Göttin unterstützt ihn lediglich, indem sie in Gestalt eines Herolds Schweigen gebietet. Dieses aus der Ilias bekannte Verhältnis des Helden zu einer helfenden Gottheit (bei den Troern ist es Apollon) sehen wir auf die Odyssee übertragen und bereits in der Telemachie wirksam.

Athene, die hilfreiche Schirmerin des Odysseus, läßt ihren Schutz auch dem Sohne des Helden angedeihen. Dessen Bewährungsproben sind der Situation gemäß unkriegerischer Natur. Der zaghafte Jüngling Telemachos bedarf der Götterhilfe in weit stärkerem Maße als ein Iliasheld, doch zeigt auch er sich des göttlichen Beistandes würdig. Im Gespräch mit Athene, die in der Gestalt eines Gastfreundes zu Telemachos kommt, erscheint dieser zuerst völlig mut- und antriebslos, seinem eigenen Selbst entfremdet: Wenn ich denn wirklich der Sohn des Odysseus bin – lieber hätte ich einen glücklicheren Mann zum Vater! (I 215ff.). Athene verleiht ihm nun Ménos, Kampfesmut. In der Ilias setzt sich dies augenblicks in kriegerische Aktion um: Achilleus oder Diomedes stürmen gegen die Feinde an. Im Sinne gesteigerter Aktivität wirkt Athenes Gabe auch bei Telemachos. Sofort, so heißt es, geht Telemachos nach der Verabschiedung seines Gastes zu den Freiern zurück (I 324). Der Dichter läßt ihn zuerst auf die Mutter treffen, die er in ihren häuslichen Bereich verweist, da es ihm, Telemachos, allein obliege, mit den Freiern zu verhandeln. Staunend hört es die Mutter, und staunend hören die Freier, wie Telemachos sie mit scharfen Worten tadelt und sie für den nächsten Tag zur Versammlung entbietet. Von der Göttin erweckt und ermutigt, beginnt Telemachos in seine Rolle als Sohn des Odysseus hineinzuwachsen. Zu dieser Rolle gehört die Funktion des stellvertretenden Fürsten von Ithaka, und als solcher leitet Telemachos am nächsten Tag die Volksversammlung. Mit Entschiedenheit prangert er das Treiben der Freier an, die seinen Besitz aufzehren und wider Recht und Gesetz sein Haus zugrunde richten. Er fordert sie auf, ihr Unrecht einzusehen und seinen Palast zu verlassen, andernfalls werde er Zeus anflehen, ihm Vergeltung zu schaffen und den Freiern das Verderben zu bereiten (II 139 ff.). Gewichtige Worte, die durch ein Vogelzeichen von Zeus bekräftigt werden. Die Freier verachten die göttliche Warnung, sie setzen ihr Treiben fort, aber die Situation ist dennoch verändert. Telemachos hat den Freiern aufgesagt, er hat in feierlicher Form vor allem Volk die Götter zu Zeugen angerufen, daß er Unrecht leidet und Vergeltung fordert. Das Prassen der Freier geht über junkerlichen Übermut weit hinaus: Indem sie das Hab und Gut des Odysseus aufzehren, berauben sie sein Geschlecht der Vormachtstellung in Ithaka, denn Herrschaft beruht auf Besitz, und dieser dokumentiert sich vor allem im Eigentum von Vieh, das als Währung dient. Eine goldene Rüstung ist hundert Rinder wert, eine eherne neun, so berichtet die Ilias. Ein Herr, dem die materiellen Voraussetzungen fehlen, um im Kriegs- und Verteidigungsfall sich selbst und seine Leute auszurüsten, kann billigerweise nicht mehr auf deren Gefolgschaft rechnen, er büßt damit seine soziale Stellung ein. Unter diesem Aspekt – Besitz als Vorbedingung für das Ansehen des Hauses – erhält der häufige Hinweis auf die zahlreichen, von den Freiern geschlachteten Rinder, Schafe und Schweine seine Bedeutung. Der Ruin des Odysseus-Hauses steht bevor, zumal sich die Freier auch schon die Gewalt im Hause angemaßt haben und Telemachos und Penelope in ihrem eigenen Heim nur noch geduldet sind. Als Gäste sind die Männer ursprünglich gekommen, von den Adelssitzen Ithakas und der umliegenden Inseln, doch nun mißbrauchen sie gröblich das Gastrecht. Frevler sind sie, darauf weist der Dichter immer wieder hin, indem er ihnen tadelnde Beiwörter zuordnet. Auch die Troer in der Ilias sind Gastrechtsfrevler, da sie die von Paris geraubte Helena nicht zurückgaben, und nach dem Ratschluß des Zeus ist Troja aus diesem Grunde dem Untergang geweiht. Die große Bedeutung, die in beiden Epen dem Gastrecht zugemessen wird, erklärt sich aus der Schutzfunktion, die es in einer Zeit ohne geschriebenes Recht einnimmt. Es schützt jeweils den Schwächeren vor dem Stärkeren, sowohl den Fremden, der ohne Schutz seines Sippenverbandes auftritt, wie auch den Bewohner eines Hauses, dem zahlenden- oder kräftemäßig Überlegene einen Besuch abstatten. Es lag nahe, diese Grundvoraussetzung eines ungestörten und freizügigen Lebens schon früh zur sittlichen Norm zu erheben.

Zeus, dem obersten Gott, kommt es zu, über die Einhaltung der Grundregeln zu wachen, die das Leben der Menschen untereinander absichern sollen. Als Zeus Horkios wahrt er die Eide, und als Zeus Xenios schützt er das Gastrecht. Daß beide homerischen Epen das Thema des Gastrechtsbruches mit solchem Nachdruck herausstellen, mag auch im Zusammenhang mit der großen Aufbruchsbewegung des archaischen Zeitalters gesehen werden, mit der um 800 v. Chr. einsetzenden Kolonisation. Diese führte die Griechen in fremde Länder, wo sich die Einhaltung ungeschriebener Gesetze und ihre Verankerung im Religiösen für das Überleben als notwendig erwiesen. Jeder, der eine fremde Küste betrat, mußte die bange Frage des Odysseus stellen: Zu welchem Volk bin ich gekommen? Sind es Frevler und Wilde ohne Recht und Gesetz, oder sind sie gastlich zu den Fremden und ehren die Götter? (XIII 200ff.) Das Wort Xénos bedeutete schließlich – wie noch heute in Griechenland – Fremder und Gast zugleich und erhielt damit Normcharakter.

Gegen die Freier als Gastrechtsfrevler kann Telemachos also mit gutem Recht Zeus feierlich anrufen und Vergeltung fordern. Indem Zeus seine Adler sendet, zeigt er an, daß Telemachos' Forderungen berechtigt sind und daß er ihn erhören wird. Wenn die

Freier den Seher schmähen, der das Vogelzeichen deutet, und so ihre Mißachtung des göttlichen Willens ausdrücken, beweisen sie damit ihre Verstocktheit und Verblendung, die ihnen gerechtermaßen die Strafe zuziehen wird.
Das Ménos, der Kampfgeist, den Athene dem Telemachos eingab, war also auf ein bedeutsames Ziel gerichtet. Nicht um einen handgreiflichen Erfolg geht es im Plan der Göttin – und in dem des Dichters, müssen wir hinzufügen –, es geht darum, eine Rechtssache anhängig zu machen und damit das Geschehen rechtlich-theologisch zu fundieren. Die Heimkehr des Odysseus tritt unter den Aspekt der Rache.

Die Reise des Telemachos nach Pylos und Sparta, die den zweiten Teil der Telemachie ausfüllt, hat nach Athenes Willen nicht den Zweck, eine entscheidende Nachricht vom Schicksal des Odysseus zu bringen. Wer sie deswegen als nutzlos ansieht, muß sich mit Odysseus von der Göttin sagen lassen: Das braucht dich nicht zu kümmern, ich selbst geleitete Telemachos, damit er sich Ruhm unter den Menschen erwerbe (XIII 420 ff.). Ruhm gewinnen sich die Iliashelden, denen die Göttin zur Seite steht, durch die kämpferische Bewährung ihrer Tapferkeit. Für die Person des Telemachos kann dieser Ruhm nur bedeuten: Ansehen seiner Person, als des Sohnes des Odysseus, der sich mit würdigem Anstand in der Welt der Trojahelden bewegt. Nestor und Menelaos sind die Kriegskameraden, mit denen Odysseus vor Troja besonders verbunden war, und sie sind berufen, das Bild des Vaters vor Telemachos' Augen erstehen zu lassen. Nestor, dem eine alsbaldige glückliche Heimkehr beschieden war, bietet das Gegenbild zu Odysseus, während Menelaos, jahrelang umhergetrieben auf den Meeren, nun aber doch wieder im Besitz seiner fürstlichen Existenz, mit seinem Schicksal das des Odysseus vorwegnimmt.

Als sich Telemachos auf die Heimfahrt begibt, weiß er, wer sein Vater war, dessen Ruhm sich noch nach so langer Zeit in der Achtung und Wertschätzung dokumentiert, die man ihm als dem Sohne entgegenbringt. Daraus resultiert ein gesteigertes Selbstbewußtsein, mit dem Telemachos der Mutter und den Freiern gegenübertritt. Dieses Selbstbewußtsein führt schließlich dazu, daß Penelope erkennt: Mein Sohn ist erwachsen, ich muß ihm seinen Platz einräumen und das Haus verlassen, ehe die Freier es gänzlich zugrunde richten. Aus diesen Überlegungen heraus faßt sie den Gedanken des Bogenwettkampfs. So wirkt die Telemachie in die weitere Handlung hinein, und man muß zugeben, daß die Absichten Athenes voll erfüllt wurden. Bemerkenswert bleibt freilich, wie differenziert im Vergleich zur Ilias hier die Begriffe geworden sind: Der »Ruhm«, den sich Telemachos erwirbt, entspricht einem komplizierten psychologischen Vorgang der Ichfindung und ist sehr verschieden von der »handgreiflichen« Art, in der die Iliashelden auf dem Schlachtfeld Ruhm gewinnen. Wieweit hier der andersartige Stoff der Odyssee modifizierend wirkt oder die Denkart des Dichters bestimmend ist, bleibt der Überlegung wert.

Der Weg nach Ithaka

Mit der Götterversammlung des fünften Gesanges wird der zweite Strang der Doppelhandlung aufgenommen, die zu Anfang konzipiert wurde. Zeus bekräftigt, daß Odysseus nach göttlichem Ratschluß heimkehren soll. Er bekräftigt ebenso, daß die Heimkehr unter dem Zeichen der Rache steht. Zwar muß die Ehre des Poseidon gewahrt bleiben, der Odysseus wegen der Blendung seines Sohnes Polyphemos zürnt, doch zeigt sich Zeus dem Appell Athenes gegenüber nicht unzugänglich. War Odysseus doch als Herrscher stets milde und gottesfürchtig. So ist es nur billig, daß Zeus als Schützer der Königswürde auch die Ehre des Odysseus bedenkt, die von den Freiern geschmälert wurde. So soll Odysseus bei den Phäaken reiche Geschenke erhalten, die es ihm ermöglichen werden, trotz seiner Verluste seine soziale Stellung in Ithaka zu behaupten.

Auf seinem Weg in die Heimat wird Odysseus von Athene geleitet. Das aus der Ilias überkommene Verhältnis des Helden zu seiner Schutzgottheit dient als Grundmuster der Handlung. Wie in der Telemachie ist es äußerst differenziert gebraucht und dem Stoff angepaßt. Athenes Hilfe ruft keine sofortigen kriegerischen Taten hervor, sie muß darauf beschränkt sein, fortlaufende Anstöße zu geben, um Odysseus Schritt für Schritt aus seiner Handlungsunfähigkeit zu befreien. Durch die göttliche Hilfe muß er erst einmal in Situationen versetzt werden, in denen er seine Tüchtigkeit beweisen und zeigen kann, daß er Odysseus, der Listenreiche, ist, dem Zeus vergleichbar an Einsicht, wie ihn die Ilias rühmt.

Während der Zeit, in der Poseidon seine beleidigte Ehre an Odysseus rächen darf, hält sich Athene aus Respekt vor dem Bruder ihres Vaters zurück. Sobald Odysseus aber auf der Phäakeninsel Scheria angekommen ist, trifft sie Vorkehrungen für ihren Schutzling. Allzu geringfügig erscheint diese Hilfe oft, so wenn die Göttin am Strand den Ball ablenkt, so daß er ins Wasser fällt und Odysseus vom Geschrei der Mädchen erwacht. Oder wenn sie bei den Wettspielen der Phäaken nach dem Diskuswurf das Mal setzt und Odysseus für seinen Wurf lobt. Die Hörer erkannten dahinter jedoch die Situationen der Ilias: die schützende Gottheit, die ein feindliches Geschoß von ihrem Helden abwehrt oder ihm in der Gestalt eines Kampfgefährten Mut zuspricht. In diesem Spiel mit den Motiven wird zugleich sichtbar, daß wie in der Ilias so auch hier – trotz des andersartigen Stoffes – Heldendichtung gestaltet werden soll. Die Hilfe soll nur als Anstoß dazu dienen, daß Odysseus selbst handeln und sich bewähren kann; sie soll ihm nichts abnehmen. Es ist Odysseus' Aufgabe, die Phäaken für sich zu gewinnen, damit sie ihn heimgeleiten, und diese Aufgabe löst er meisterhaft. Wie er in der Ilias ein weichendes Heer zum Stehen bringt, so bannt er hier, als nackter, furchteinflößender Mann, die Königstochter durch seine klug berechnete, gewinnende Rede. Gebadet und mit Kleidern versehen, könnte er nun im Schlepptau Nausikaas im Palast erscheinen und sich ihre Fürsprache bei dem Königspaar zunutze machen. Der Dichter wählt einen Umweg: Odysseus kommt allein, er betet zuvor zu Athene, und sein Gebet ist eine deutliche Reminiszenz an das Gebet des Diomedes, der in der Ilias vor einem neuen Waffengang Athene um ihre Hilfe bittet (V 115ff.). Als eigene Leistung des Odysseus soll die Gewinnung des Geleits erscheinen, und so betritt er ganz auf sich gestellt als Schutzflehender den Palast und erwirbt sich die Anerkennung des Königs und der Königin sowie der Häupter der Phäaken. Mit der Zusicherung des Geleits ist der entscheidende Schritt getan; es stünde nun nichts mehr im Wege, daß Odysseus sich sogleich zu erkennen gibt, seine Abenteuer erzählt und am folgenden Tage abreist. Die Telemachie hat jedoch bereits gezeigt, daß die Intentionen des Odysseedichters über den faktischen Ablauf des Geschehens hinausgehen. Der Mann, der auf der Insel der Kalypso trauernd am Ufer saß und sich sehnte, nur den Rauch von Ithakas Hügeln aufsteigen zu sehen, ist er noch der Städtezerstörer Odysseus? Er ist nun ein Mann, der, in geborgten Gewändern, nach Jahren in der Fremde unter Feen und Unholden, sich zum ersten Mal wieder in Gesellschaft adliger Standesgenossen befindet und sich gleichsam in seine angestammte Existenz zurücktastet. Was man »Heimkehrermentalität« genannt hat, die innere Fremdheit, das schrittweise Zurückgewinnen des Selbsts, hier ist es zum ersten Male gestaltet. Daher die drei Tage Aufenthalt bei den Phäaken und die verzögerte, immer wieder abgebogene Namensstellung. Odysseus weint beim Lied des Sängers, das von ihm und Achilleus vor Troja kündet, er wird dann bei den Wettspielen aus seiner Versunkenheit gerissen und an der Ehre gepackt, so daß er sich als adliger Kämpfer bewähren muß. Anerkennung wird ihm zuteil, man merkt, daß dieser Mann aus einer anderen, heroischen Welt stammt. Und Odysseus gewinnt Selbstbewußtsein, das wie im Falle des Telemachos die Handlung weitertreibt. Er fordert den Sänger auf, seine größte Heldentat vorzutragen, die Geschichte vom hölzernen Pferd. Er konfrontiert sich dadurch mit seinem eigenen, früheren Selbst und nimmt seine Existenz als Trojakämpfer wieder an. Der homerische Dichter kann und will nicht reflektieren über seelische Vorgänge, er faßt sie in symbolhafte Bilder. Odysseus weint, als er die Gesänge von Troja vernimmt. So weinte auch Telemachos, als er in Sparta bei Menelaos von seinem Vater hörte. An diesen Tränen erkannte ihn sein Gastgeber als den Sohn des Odysseus. Beim Lied vom hölzernen Pferd schmilzt Odysseus in Tränen dahin, er taucht hinab in die Tiefen des Leids, wie das Gleichnis von der weinenden Frau besagt, die von der Leiche ihres im Kampfe gefallenen Mannes hinweggeschleppt wird. Im Dahinschmelzen löst sich sein Schmerz, er erfährt eine heilsame Erschütterung, aus der er neue Kräfte schöpft und endgültig zu sich selbst findet. Mit der anteilnehmenden Frage des Alkinoos, ob Odysseus einen Verwandten oder Freund vor Troja verloren habe, ist der Weg frei für die Selbstvorstellung des Helden. Diese schließt folgerichtig auch die Erzählung der Irrfahrten ein. Denn Odysseus ist sowohl der Trojakämpfer wie der Irrfahrer und Schiffbrüchige; er zieht bei den Phäaken die Summe seiner Existenz, bevor er in Ithaka zum heimkehrenden Rächer wird.

Die Irrfahrten

Eine fremde, märchenhafte Welt tut sich im Bereich der Irrfahrten auf. Man hat zu Recht darauf hingewiesen, wie die Einheit des Heldenepos dadurch gewahrt bleibt, daß die Abenteuer mit ihrem a priori unheroischen Stoff nicht in epischer Darstellung, sondern als Icherzählungen ihren Platz finden. Die Reihenfolge der Abenteuer wird zunächst von einer formalen Rücksicht bestimmt. Einige von ihnen sind nur mit einem einzelnen Schiff denkbar, so Skylla und Charybdis, andere wiederum, wie das Lästrygonen- und Kikonen-Abenteuer, erfordern mehrere Schiffe und eine bewaffnete Mannschaft. Odysseus besitzt eine Flotte von zwölf Schiffen, wie im Schiffskatalog der Ilias angegeben ist. Mit diesen verläßt er Troja, um am Ende seiner Irrfahrten, der Flotte beraubt, ohne Gefährten, allein zu Kalypso nach Ogygia zu gelangen. Unter diesem bereits vorgegebenen Gesichtspunkt hatte die Gruppierung der Abenteuer zu erfolgen. Wie aber zugleich eine innere Linie des Geschehens sichtbar wird, wie eine religiöse Thematik die Abenteuer durchwaltet, das zeigt die formende Hand des Odysseedichters, der die märchenhaften Stoffe so ordnete, »daß daraus ein Schicksal wird« (Karl Reinhard). Der Iliasheld, der wagemutig und abenteuerlustig alle Welt versucht und seinen Witz und seine Tapferkeit auf die Probe stellen will, ist zum Schluß nur noch der große Dulder, dessen heroische Welt wie die Küste Trojas weit hinter ihm versunken ist. Gewaffnet wie auf dem Schlachtfeld stellte er sich der Skylla und mußte erleben, daß das Iliasheldentum in dieser Schreckenswelt zum Scheitern verurteilt war. Der Ruhm der Trojahelden zerrann in nichts, als Odysseus mit den Gefährten zum Kyklopen kam, und zwielichtig war das Gastverhältnis, in das er zu dem Riesen trat und auf das er sich hernach berief. Nicht aus Not, sondern aus Neugier wollte Odysseus bleiben und den Riesen erwarten, ob er ihm vielleicht ein Gastgeschenk gäbe (IX 228f.). Fragwürdig war der Anspruch des Abenteurers, mit seiner List und Gewalttat im Namen des Zeus den Gastrechtsfrevel des Polyphemos rächen zu wollen. Wie ein Zerrbild erscheint dieses Gastverhältnis im Vergleich zu der späteren Lage des Odysseus in seinem Hause, wo er in eindeutiger Weise der hilfs- und schutzbedürftige Fremde ist. Zeus nimmt das von Odysseus dargebrachte Opfer nicht an; er gibt ihn der Rache des Poseidon anheim.

Der Zorn des Poseidon dient als verbindendes Motiv, ohne daß damit freilich im Verlauf der Abenteuer in ein Schema gepreßt würde. In der Unterwelt wird in den Weissagungen des Teiresias der Groll des Poseidon mit dem Zorn des Gottes Helios verbunden, der die Schlachtung seiner Rinder auf Thrinakia rächen will. Der Zorn der Götter weist auf Schuld und Sühne, er dient der Verknüpfung wie zugleich auch der religiösen Thematik. Das Thrinakia-Abenteuer erscheint dem Dichter besonders wichtig; es ist das einzige, das er im Proömium der Odyssee erwähnt. Töricht und verblendet sind für ihn diejenigen, die schuldig wurden, obwohl sie vorher eine Warnung der Götter erhielten, die sie nicht beachteten. So handelte Aigisthos, der Mörder Agamemnons, und sein Geschick und das der Atriden taucht leitmotivisch immer wieder in der Odyssee auf. Odysseus dagegen ist den Weisungen treu, die er in der Unterwelt erhielt. Er sorgt sich um seine Gefährten, bewährt seine Treue in Elpenor, zu dessen Bestattung er noch einmal den Weg zu Kirke zurücklegt, das Vorbild für Vergils pflichtbewußten Helden, den pius Aeneas. Auf der Insel des Sonnengottes tut Odysseus alles, um das Schicksal abzuwenden. Er bindet die Gefährten mit einem Eid und geht, die Götter um günstige Winde anzuflehen. Die Götter, die so schrecklich zürnen können, sind dennoch gerecht: Sie versenken Odysseus in Schlaf, so daß er deutlich geschieden ist von denen, die freveln, und zu Recht von der Strafe verschont werden kann. Für die Hervorhebung dieses Abenteuers sind neben der religiösen Thematik die Normen der Adelsethik bestimmend. Wenn ein Heerführer alle seine Gefolgsleute verliert, so entsteht ein schlimmer Makel auf seiner Ehre, wenn nicht nachgewiesen werden kann, daß ihn keinerlei Schuld traf. Das Publikum an den Adelshöfen der homerischen Zeit legte Wert auf die Einhaltung dieser Normen. Der Blick auf das Publikum, die adligen Herren der frühgriechischen

Zeit, mag auch einen Hinweis liefern zur Frage der Geographie der Irrfahrten. Die Fachwelt besteht größtenteils darauf, daß sie sich in märchenhafter Ferne, im Hier und Nirgendwo, abspielen, und steht dem Versuch einer Lokalisierung ablehnend gegenüber. In neuerer Zeit haben Segler im Mittelmeer, auf den Spuren des Odysseus fahrend, erstaunliche Übereinstimmungen zwischen den homerischen Beschreibungen und bestimmten Orten feststellen können. Auf ihren Fahrten ließen sie sich von der meist exakt angegebenen Fahrtdauer und Himmelsrichtung leiten. Es bleibt zu fragen, ob man den Hörern eine Zeit, die daran ging, die Länder um das Mittelmeer vom Osten bis in den fernsten Westen zu kolonialisieren, eine Schilderung zumuten konnte, die im märchenhaften Nirgendwo angesiedelt war. Oder ob es nicht eher den Reiz der Schilderung ausmachte, daß die seefahrenden Hörer hinter der dichterischen Verhüllung bestimmte geographische Punkte erahnen konnten, die dem Dichter aus Erzählungen von Seefahrern bekannt geworden waren. Von der Rücksicht auf ein sachverständiges Publikum läßt sich ja auch die Ilias leiten, die selbst dort, wo Götter in die Schlacht eingreifen, um exakte kampftechnische Schilderung bemüht ist. Treffer und Verwundungen werden dabei mit höchster Genauigkeit registriert.

Odysseus hat seine Seefahrt als kühner Trojaheld begonnen, als einsamer Dulder scheint er sie bei Kalypso beschließen zu müssen, bis ihn der Ratschluß der Götter wieder Schritt für Schritt in seine Welt adligen Herrentums zurückführt. Die Tugend des Duldens bleibt ihm, Kämpfer und Dulder zugleich wird er in Ithaka sein müssen.

Odysseus als Bettler in seinem Hause

Als Odysseus den Boden Ithakas betritt, hat er das erste, das äußere Stadium seiner Heimkehr erreicht. Das zweite Stadium, die »innere Heimkehr« (Schadewaldt), wird in der Wiedergewinnung seines Hauses und seiner Königswürde bestehen. Diesem Ziel dient das Zusammentreffen des Odysseus mit Athene, die Beratung, in der beide gemeinsam die Rache an den Freiern planen. Das Schutzverhältnis zwischen Gottheit und Held gewinnt hier eine Bedeutungstiefe, die ihm in der Ilias noch fehlt. Dort unterstützt Athene als Helferin der Griechen jeweils den stärksten Kämpfer oder den geeignetsten Helden: Diomedes, Achilleus, Odysseus, Menelaos. Die Kämpfergemeinschaft entwickelt sich ad hoc aus dem gemeinsamen Ziel, der Zerstörung Trojas. In der Odyssee ist die Wesensverbundenheit des Odysseus und der Göttin die Grundlage ihres Bundes. Weil er so ist wie sie, klug und besonnen, kann Athene ihn nicht verlassen, und deshalb hilft sie ihm gegen die Freier. Die Beratung von Göttin und Held setzt – wie die Götterversammlung des ersten Gesanges – eine Doppelhandlung in Gang. Athene will Telemachos aus Sparta herbeiführen. Odysseus soll zum treuen Schweinehirten Eumaios gehen. Dort werden Vater und Sohn sich treffen. In der Maske eines Bettlers soll Odysseus dann in sein Haus kommen. Die Verwandlung in einen Bettler und der Hinweis auf Eumaios ist die einzige Hilfe, die Athene ihrem Schützling angedeihen läßt. Eine dürftige Hilfe, nach dem großartigen Bekenntnis einer Wesensverwandtschaft, hat man gemeint und glauben wollen, daß Athene hier eigentlich noch den Plan zur Bogenprobe entwickelt habe. Aber solche Götterhilfe würde die Areté des Helden schmälern – ist Odysseus doch seit seinen Kriegslisten vor Troja bekannt für kluges, gewinnbringendes Planen – und Athenes Rolle im bisherigen Verlauf der Odyssee widersprechen. Sie gibt nur den Anstoß, damit Odysseus selber handeln kann. Die Bettlermaske ermöglicht es ihm, unerkannt sein Haus zu betreten. Dort muß er, der Listenreiche, sich selbst weiterhelfen. Die Heimkehr wird so als seine eigene Leistung erscheinen. Athene versichert ihn ihres Beistandes und gibt ihm dadurch Zuversicht, wie sie es auch Telemachos gegenüber tat.

Vater und Sohn beraten das Rachewerk, und auch zwischen ihnen ist nicht von der Bogenprobe die Rede, die doch zur Geschichte von Odysseus' Heimkehr gehörte. Wieder wird man daran erinnert, daß dieser Dichter den gradlinigen Fortgang der Handlung vermeidet und seine eigene Odyssee erzählen will. Die Waffen soll Telemachos aus dem Saal entfernen, nur zwei Rüstungen für sie beide zurücklassen, rät Odysseus. Vielleicht gelingt ein Überfall, wenn die Sinne der Freier mit Hilfe der Götter umnebelt sind. Noch hat Odysseus keinen genauen Plan. Das entspricht einerseits der Wahrscheinlichkeit, zum anderen erhöht es die Spannung.

Als Odysseus in Gestalt eines Bettlers unter den Freiern in seinem Hause weilt, tritt das Thema des Gastrechtsfrevels wieder beherrschend hervor. Das Gastrecht läßt sich wie eine Münze von zwei Seiten betrachten, jedesmal ist es zugunsten des Schwächeren wirksam. Nun erblicken wir die Kehrseite: Waren zuerst die Freier als Gäste die Frevelnden, so setzen sie sich nun als – freilich angemaßte – Gastgeber dem Gast gegenüber ins Unrecht. Die Maske des Bettlers dient faktisch zur Tarnung des Odysseus, die Bettlergestalt wird jedoch immer mehr zum Zeichen für das verhöhnte, mit Füßen getretene Gastrecht. Ist der fremde Bettler Odysseus, oder ist er einer der Himmlischen, die nach dem Volksglauben unerkannt unter den Menschen umhergehen und prüfen, ob sie Rechtschaffene oder Frevler sind (XVII 485 ff.)? So gelangt ja auch Penelope zu der festen Überzeugung, einer der Götter habe die Freier getötet, da ihr frevelhaftes Treiben jedes Maß überschritten habe (XXIII 63 ff.). An der Gestalt des Bettlers scheiden sich die Guten und die Bösen, unabhängig von ihrem sozialen Stand. Der adlige, wohlhabende Freier Ktesippos steht auf einer Stufe mit dem wilden, gesetzlosen Kyklopen. Er kündigt an, er wolle Odysseus ein Gastgeschenk verehren – und wirft mit einem Kuhfuß nach ihm. Der Rinderhirt Philoitios aber erkundigt sich beim Anblick des Bettlers in spontaner Anteilnahme nach seinem Geschick und reicht ihm freundlich die Hand. Der treue Knecht wird von Odysseus zum Mitkämpfer erhoben, den Adligen trifft das Verderben. Selbst die dienenden Frauen werden in Situationen vorgeführt, die sie in Gute und Böse scheiden. Die Magd Melantho, die es mit den Freiern treibt, schmäht Odysseus, die alte Amme Eurykleia sorgt sich mitleidig um ihn. Dazu tritt die von den Freiern ausgebeutete Magd, die Schwache, die bis zum Morgen mahlen muß. Ihr werden die glückverheißenden Worte am Morgen des Rachetages in den Mund gelegt (XX 105 ff.). Wenn es darum geht, wesensmäßige Unterschiede zur Ilias zu konstatieren, so sind sie zweifellos hier zu finden, in dieser strengen Schwarzweißmalerei wie im damit verbundenen unbedingten Glauben an Recht und Gerechtigkeit, an Lohn und Strafe durch die Götter. Von hier ist der Weg näher zu Hesiod als zur Ilias.

Nun zielt alles auf die Rachetat hin, und diese bedarf einer Mittelsperson: Penelope. Die Szene des nächtlichen Gesprächs der beiden Gatten mit der Fußwaschung scheint zwingend auf eine Wiedererkennung hinauszulaufen, wird aber im letzten Augenblick abgebogen und bleibt auf die Amme beschränkt. Man wird hierin die typische Kompositionsweise des Odysseedichters erkennen können. Mit dem Mittel der Verzögerung schafft er Situationen des »Beinahe«, hinter denen der altbekannte Verlauf der Odysseusgeschichte sichtbar wird, deren Bahnen der Dichter zugunsten seiner eigenen Version verläßt. So war es in der Schilderung des Phäakenaufenthalts, wo die Namensnennung des Odysseus hinausgeschoben wurde, bis sie mit seiner Selbstfindung zusammenfiel. Statt des gradlinigen Verlaufs – Vorstellung, Erzählung der Irrfahrten, Abfahrt – ein differenzierter psychologischer Vorgang der schrittweisen Enthüllung und der Ichfindung. Ähnlich ist es auch hier bei der Szene des nächtlichen Gesprächs. Der allgemeinen Erwartung entspricht es, daß die Gatten einander erkennen und gemeinsam die Bogenprobe verabreden. So erzählt es aus seiner Sicht auch einer der Freier in der Unterwelt (XXIV 167ff.). Der Odysseedichter setzt die Akzente anders. Der Unbekannte, Verhüllte bewirkt mit seiner lebendigen Schilderung des Trojafahrers Odysseus bei seiner Gattin das Gleiche, was der Gesang vom hölzernen Pferd bei ihm selber auslöste. Die jahrelange Erstarrung des Odysseus hatte sich in Tränen gelöst, auch Penelope schmilzt nun in Tränen dahin, ein Vorgang, der mit der Schneeschmelze im Frühjahr verglichen wird. Aus der erlösenden Flut des Weinens kommt Odysseus wie Penelope die Kraft, den entscheidenden Schritt vorwärts zu tun. Er nennt seinen Namen, sie entschließt sich, die Hochzeit festzusetzen, und entwickelt den Gedanken des Bogenwettkampfs. Wenn sie schon dem Sohn zuliebe das Haus verlassen muß, dann will sie dem Würdigsten folgen, einem Mann, der Odysseus' Bogen zu spannen vermag. Und der unerkannt neben ihr Sitzende weiß, daß nur er diese Kraftprobe bestehen wird. Das Spiel mit der Verhüllung schafft eine hintergründige Spannung, die so in der schlichten Fabel nicht denkbar wäre. Es sei außerdem nicht übersehen, daß es Athene ist, die die Handlung im entscheidenden Punkt beeinflußt, die Göttin, die stets Situationen zur Bewährung der Areté schafft. Indem der Gedanke der Bogenprobe als Penelopes alleinige Idee erscheint, wird zugleich die Gattin des Odysseus aufgewertet, wie der Sohn in der Telemachie. Die kluge Penelope, um deretwillen Odysseus die göttliche Nymphe Kalypso verlassen und die Unsterblichkeit ausgeschlagen hatte, erhält hier Gelegenheit, ihre Areté zugunsten ihres Gatten zu beweisen.

Der Freiermord

Der Tag, der die Rache bringt, wird durch ein bedeutungsvolles Vorzeichen eingeleitet. Zeus bekräftigt durch seinen Donner, daß die Freier als Frevler ihre Strafe finden werden. Nicht von ungefähr klingt hier eine Stelle der Ilias an, in der Menelaos sich Paris gegenüber sieht, der das Gastrecht gebrochen hat, als er ihm die Frau raubte. Menelaos freut sich über den Anblick des Verhaßten wie Odysseus beim Hören des Donnerzeichens; denn er hoffte, den bzw. die Frevler zu strafen (Ilias III 28; Odyssee XX 121). Die Mißachtung des Gastrechts wird noch einmal vor aller Augen demonstriert. Einer der Freier wirft mit einem Knochen nach Odysseus, die anderen verspotten den Seher Theoklymenos, einen Flüchtling, den Telemachos beschützt und den er als Gast ins Haus gebracht hat. Als Sklaven solle man das Bettelpack verkaufen, das Telemachos da ins Haus schleppt, den verhungerten Alten und den nutzlosen Schwätzer. So höhnen die Freier und beginnen lachend ihr letztes Mahl.

Bei der Bogenprobe kommt es darauf an, daß Odysseus gegen den Willen der Freier in den Besitz des Bogens kommt. Penelope wie Telemachos pochen auf das Gastrecht, um Odysseus' Wunsch durchzusetzen, und Telemachos prangert nochmals das frevelhafte Treiben der Freier an. Deren Reaktion ist Gelächter, das Zeichen für ihre Verblendung und Überheblichkeit. Lachend lassen sie es zu, daß Odysseus den Bogen in seine Hand bekommt. Die Schilderung des Freiermordes enthüllt abermals die Spannung zwischen dem Verlauf der Sagengeschichte und der Intention des Odysseedichters. Mochte die Sage auch von einem Odysseus erzählen, der heimkehrend die Freier mit den Pfeilen seines Bogens tötete, dem Odysseedichter erschien diese Art der Rache für sein Heldenepos offensichtlich unpassend. Der Trojakämpfer Odysseus kann in einem Kampf gegen Waffen- und Wehrlose keine gültige Probe seiner Heldenhaftigkeit ablegen. So dient die Bogenprobe nur dazu, die Entscheidung einzuleiten; die eigentliche Rachetat vollzieht sich in einer echten kriegerischen Auseinandersetzung. Buchstäblich durch ein Hintertürchen bringt der Dichter seine Version der Geschichte herein. Eine von Telemachos in seiner Aufregung offengelassene Tür der Rüstkammer bietet den Freiern die Möglichkeit, sich Waffen zu holen. Nun erweitert sich der Saal des Herrenhauses von Ithaka zum iliadischen Schlachtfeld. Die Freier, sonst nur groß im Tafeln und Zechen, werden zu tapferen Kämpfern und würdigen Gegnern des Trojahelden aufgewertet, ein Waffengang folgt dem anderen, wobei sich die Odysseuspartei der Überzahl gewachsen und schließlich überlegen zeigt. Die zahlreich verwendeten epischen Motive aus dem kriegerischen Bereich machen die Absicht des Dichters, seinen Helden auf wahrhaft heldische Weise wieder zum Herren von Ithaka zu machen, hinlänglich deutlich. Die Eingliederung der Motive in den engen Rahmen geht inhaltlich nicht immer ohne Schwierigkeiten ab, so wenn Athene wie ein Vogel im Dachgebälk sitzt und nachher von dort die schreckenerregende Ägis schwingt, wie Zeus auf dem Berge Ida, als er die Schlacht der Griechen und Trojaner wendet.

Mit der Vernichtung der fliehenden Feinde ist das Ziel der Schlacht im Saal erreicht. Odysseus hat sich in einem Kampf auf Leben und Tod als der zurückgekehrte Herrscher von Ithaka legitimiert. Er hat seine Ehre wiederhergestellt und im Namen der Götter den Gastrechtsfrevel geahndet.

Nachdem Odysseus die Herrschaft zurückerobert hat, bleibt ihm noch übrig, seine Gattin wiederzugewinnen. In der Wiedererkennungsszene wird der Listenreiche schließlich von seiner eigenen Frau überlistet. Welch ein dichterischer Gewinn gegenüber einer Fassung der Odysseusgeschichte, bei der sich die Gatten schon vor dem Freierkampf erkennen.

Der Schluß

Mit dem langersehnten Ausruhen an der Seite der treuen Gemahlin ist Odysseus endgültig daheim. Die antiken Homererklärer haben zu dieser Stelle (XXIII 296) notiert, daß hier das Télos der Odyssee sei. Télos bedeutet sowohl Ziel wie auch Ende, und man hat nicht ohne gute Gründe hier den Schluß der Odysseedichtung sehen wollen. Odysseus ist heimgekehrt, er ist wieder im Besitz seines Hauses und seiner Herrschaft und hat den Gastrechtsfrevel der Freier gerächt. Wozu also noch der vierundzwanzigste Gesang, der das recht unvermittelt auftauchende Thema der Blutrache und die Beilegung des Streites zwischen Odysseus und den Angehörigen der toten Freier behandelt? Es widerspricht zweifellos der Erwartung, daß nach der Wiedervereinigung der Gatten auf dem ehelichen Lager der Vorhang über der Odysseusgeschichte nicht endgültig fällt. Ein zweites Mal wird die Unterwelt beschworen – nach Meinung vieler ein späterer Einschub –, dann tritt der greise Vater Laërtes auf. Er erhält Gelegenheit, trotz seines Alters seine Tüchtigkeit zu beweisen, wie Priamos im letzten Gesang der Ilias. In einer Volksversammlung ruft der Vater des Anführers der Freier zur Rache an Odysseus und den Seinen auf. Der Herold und der Sänger, die von Odysseus verschont worden waren, treten auf und bezeugen, daß Odysseus seine Tat mit Hilfe der Götter vollbrachte. Der Seher, der bereits in der ersten Volksversammlung seine warnende Stimme erhoben hatte, weist darauf hin, daß hier Frevel bestraft wurde. Damit gibt sich die Mehrzahl der Ithakesier zufrieden, nur ein Häuflein Unbelehrbarer zieht bewaffnet hinaus zum Kampf mit Odysseus und den Seinen. Der Odysseedichter nimmt hier die Vorstellung seiner Zeit ernst, daß jeder, der einen Menschen tötete, die Verfolgung durch dessen Sippenangehörige zu erwarten hatte, denen die Pflicht der Blutrache oblag. Darauf verweist die Gestalt des wegen Totschlags flüchtigen Sehers Theoklymenos, der im Verhältnis zu seiner dramatischen Funktion im Epos recht breit eingeführt wird. In der Volksversammlung des vierundzwanzigsten Gesanges, die eine deutliche Entsprechung zu der des zweiten Gesanges darstellt, wird offiziell in Gegenwart aller bekräftigt, daß die Tat des Odysseus eine gerechte Strafe war, die dieser mit der Hilfe der Götter vollzog. Eine Pflicht zur Blutrache besteht also nicht. Damit scheint für den Odysseedichter jedoch nicht das letzte Wort gesprochen zu sein. Das kriegerische Intermezzo dient dem Zweck, die wichtige abschließende Situation herbeizuführen, in der feierlich ein neuer Bund zwischen Odysseus und den Ithakesiern gestiftet wird. Demzufolge werden wir das Wort Télos, das die antiken Homererklärer im dreiundzwanzigsten Gesang anmerkten, auf das Ziel der Heimkehr, nicht auf das Ende der Odyssee beziehen. Das Ende des Epos ist erst erreicht, als das Zusammenleben des Odysseus und der Ithakesier auf eine neue, von den Göttern gestiftete Basis gestellt worden ist. Hiermit wird die Antwort auf eine Frage gegeben, die sich zwar nicht im Zeitalter eines Odysseus, aber in der Zeit des Dichters zwangsläufig stellte. Entstand nicht durch den Mord, wie gerecht er auch war, eine neue Störung der Ordnung? Die Tötung so vieler Häupter adliger Familien mußte ihre Spuren im Leben der Gesellschaft hinterlassen. Der König war zu Zeiten des Dichters kein unumschränkter Herrscher mehr, sondern nur noch der Primus inter pares, also auf die Anerkennung durch seine adligen Stammesgenossen angewiesen. Dieser gesellschaftlich-politischen Situation trägt der Schluß der Odyssee Rechnung. Statt des blutigen Sieges über die Unterlegenen steht am Ende ein glücklich-friedvolles Bild. Nach dem Willen des Zeus soll eine Amnestie stattfinden, kein juristischer Akt, sondern, wörtlich genommen, Vergessen des Früheren, was freilich in dieser Form nur die Götter verleihen können. Reiches Gedeihen und Friede werden dann künftighin in Ithaka herrschen. Das Bestreben des Ausgleichs aller Spannungen im moralischen wie im sozialen Bereich entspricht der theologischen Leitidee des Odysseedichters und seiner Vorstellung eines gerechten Regiments der Götter. Deutlicher als in der Ilias fassen wir damit in der Odyssee die Grundideen der frühen archaischen Zeit. Als Dike und Themis, Verkörperungen einer allgemeinen Rechtssatzung und eines Rechtsanspruches, beherrschen sie dann das Werk des Hesiod, der in der Nachfolge Homers neue Wege beschreitet. Die Frage von Schuld und Sühne und die Setzung einer neuen Ordnung wird das künftige Thema der Tragödie. Beispielhaft ist hierfür die Orestie des Aischylos.

Marion Giebel

ZEITTAFEL

v. Chr.	
1600–1150	Mykenische Zeit. Mit der Eroberung Kretas durch die Mykener wird die kretische Silbenschrift (Linear B) auf das griechische Festland übertragen.
1400–1150	Spätmykenische Zeit. Bau von Kuppelgräbern und befestigten Palästen, u. a. in Mykene (Löwentor, Schatzhaus des Atreus), Tiryns, Pylos.
um 1180	Zerstörung von Troja VIIa.
1183/1188	Nach antiker Chronologie (Eratosthenes von Kyrene u. a.) Zerstörung des homerischen Troja.
1200–1100	Ägäische oder dorische Wanderung. Um 1150 Zerstörung der mykenischen Burgen.
ab 900/800	Übernahme der phönizischen Buchstabenschrift, Entwicklung der griechischen Alphabets, Verbreitung der griechischen Heldensage.
seit ca. 780	Griechische Kolonisation.
um 750–720	Homer: Ilias- und Odysseedichter.
um 740	Dipylonkanne: Vase mit eingeritzter griechischer Schrift.
um 700	Der Dichter Hesiod (Hexametrische Dichtungen Theogonie und Erga: Werke und Tage).
670/60	Attische Amphore mit Darstellung der Blendung des Polyphem nach Homer.
um 650	Homerische Götterhymnen (homerisch: im homerischen, epischen Stil). Apollonhymnus, vorgetragen vom »blinden Mann von Chios«, vermeintlich Homer.
um 600	Homeriden auf Chios, eine Sängergilde mit erb-

licher Tradition, die an Adelshöfen und bei Göttefesten die homerischen Gedichte vortrug.

566 Stiftung des großen Panathenäenfestes in Athen, zu dem der vollständige Vortrag der homerischen Epen gehörte.

um 550 Vorliegen eines festen schriftlichen Homertextes, zuerst in Athen, spätestens um 500 Homerlektüre mit Bücherbesitz nachweisbar.

seit dem 5. Jahrh. Allgemeines Schulwesen: Lesenlernen anhand von Homerversen.

seit dem 4. Jahrh. Höhere Schulen: Literarischer Unterricht mit der Lektüre Homers, auch als Autorität für Religions- und Sachfragen.

um 280 Gründung der Bibliothek von Alexanadria durch König Ptolemaios II. Hauptstätte der Homerphilologie. Gelehrte wie Zenodotos von Ephesos, Aristophanes von Byzanz, Aristarchos von Samothrake geben Homertexte heraus mit Bucheinteilung, dazu Kommentare, Lexika, Glossare und Monographien. Als unecht verdächtigte Verse und Lesarten werden am Rand mit kritischen Zeichen versehen.

nach 240 Livius Andronicus, in Rom lebender Grieche, überträgt die Odyssee ins Latienische (Odusia) und verwendet sie als Schullektüre.

ca. 65 v. Chr. – 10. n. Chr. Didymos aus Alexandria, Grammatiker und Lexikograph, stellt die textkritischen Bemerkungen des Aristarchos, verbunden mit seinen eigenen Erläuterungen, zu einer Schrift zusammen, die in einen byzantinischen Kommentar und in die Homer-Scholien einging.

29–19 Vergil verfaßt die Aeneis.

ANMERKUNGEN

Erster Gesang

Vers

10 *Tochter Kronions:* die Muse, die als Tochter des Kronossohnes Zeus und der Mnemosyne, der Erinnerung, alles weiß.

22 *Äthiopen:* wörtlich »Brandgesichter«; die Völker, die am westlichen und östlichen Rand der Erdscheibe wohnen und denen die Sonne beim Auf-und Untergang nahe kommt. Nach dem Vorbild der Ilias (I 423 ff. geht Zeus zu den Äthiopen) wird hier Raum für den Einschub einer neuen Handlung geschaffen.

29 *tadellosen Ägisthos:* Das Beiwort bezeichnet den Adelsrang des Aigisthos, etwa: »adlig«, »erlaucht«, und ist nicht wertend gemeint. Das Aigisthos- und Atridenmotiv wird im Verlauf des Epos immer weiter entfaltet. Aigisthos, der, ohne die Warnung der Götter zu beachten, sich der Gattin und des Hauses des Agamemnon bemächtigte und den heimkehrenden Hausherrn beim Mahle erschlug, wird in Beziehung gesetzt zu den Freiern. Wie Aigisthos von Orestes, so werden auch sie von einem heimkehrenden Rächer getötet.

34 *dem Schicksal entgegen:* wörtlich »über den vom Schicksal zugemessenen Anteil hinaus«. Die Verse stellen den ältesten griechischen Versuch einer Theodizee dar. Der Mensch untersteht nicht ausschließlich einer Schicksalsmacht, er besitzt Handlungs- und Willensfreiheit und untersteht mit seinem Tun einer göttlichen Gerechtigkeit.

38 *Argosbesieger:* Der hundertäugige Riese Argos (»Argusaugen«) war von Hera zum Wächter der von Zeus geliebten Io

eingesetzt worden. Im Auftrag des Zeus tötete Hermes den Riesen.

52 *Atlas:* einer der Titanen, wegen seines Kampfes gegen Zeus zum Tragen des Himmelsgewölbes verurteilt.

72 *Phorkys:* alter Meeresgott; ihm ist der Hafen in Ithaka geweiht (XIII 96 f., 345).

90 *Achäer:* die Griechen, die auch Danaer und Argeier genannt werden.

93 *Sparta, Pylos:* Städte auf der Peloponnes, die Residenzen des Menelaos, des Gemahls der Helena, und des weisen Nestor, der Kriegskameraden des Odysseus.

105 *Mentes:* Die Taphier waren ein Volk an der Westküste Griechenlands, die Handel und Seeraub betrieben. Athene erscheint hier nicht wie sonst als der Ithakesier Mentor, da Telemachos nur einem Fremden so ausführlich seine Lage schildern konnte, wie es für die Exposition des Epos nötig ist.

185 *Temesa:* wegen ihrer Kupferbergwerke berühmte Stadt auf Zypern. Rheitrische Bucht: einer der Häfen von Ithaka am Berge Neion.

189 *Laertes:* der Vater des Odysseus.

203 *Flüge:* die Deutung des Vogelflugs.

241 *Harpyien:* in der Odyssee Windgeister, Vögel mit Frauenköpfen, die die Menschen dahinraffen; vgl. XX 66 ff.

246 *Dulichion, Same (= Kephallenia), Zakynthos:* die Ionischen Inseln um Ithaka.

258 *Ephyra:* Stadt in der Landschaft Elis (Westpeloponnes), wo viele Giftkräuter wuchsen (vgl. II 329 f., Ilias XI 738 ff.), möglicherweise auch die gleichnamige Stadt in Thesprotien, auf dem Festland gegenüber von Ithaka.

282 *Ossa:* das Gerücht, personifiziert wie bei den Römern Fama; vgl. Ilias II 93 f.

326 *traurige Heimfahrt:* Vgl. auch III 132 ff. Pallas Athene erregte einen Seesturm, da sie dem lokrischen Aias zürnte, der in

Troja die schutzflehende Seherin Kassandra von der Bildsäule der Göttin hinweggerissen hatte (vgl. IV 491 ff.). Zugleich wollte sie die übrigen Achäer strafen, da sie den Frevel ungesühnt gelassen hatten.

Zweiter Gesang

12 *mit himmlischer Anmut:* Diese Verschönerungsszene ist eine Umformung der in der Ilias üblichen Glanzsymbolik: Der Kampfgeist des Helden schafft eine Aura des Glanzes um ihn (vgl. Ilias V 4 ff.: Diomedes, XXII 26 ff.: Achilleus). In der Odysseus umgibt Athene Telemachos und Odysseus mit Châris, Anmut, die die bezwingende Macht ihrer Persönlichkeit ausdrücken soll (vgl. VI 235; VIII 18 ff.; XXIII 156 ff.).

68 *Themis:* die göttliche Hüterin des Rechts und der Ordnung, auch Schützerin der Bedrängten.

106 *drei Jahr':* Noch heut werden in Indonesien Tücher zu religiösen Zwecken gewebt, deren Entwurf und Herstellung mehrere Jahre in Anspruch nimmt.

121 *Tyro:* Wurde von Poseidon die Mutter des Pelias (Onkel des Jason) und des Neleus (Vater des Nestor). Sie rettete die Kinder vor dem Zorn ihres Gatten, indem sie sie in einem Binsenkörbchen auf dem Fluß aussetzte, wo sie von Hirten aufgenommen wurden.

Alkmene: Gattin des Inachos, gab der Sage nach der Stadt Mykene ihren Namen.

137 *Erinnyen:* Als urtümliche Rachegeister verfolgen sie vor allem diejenigen, die ihre Pflichten gegen die Blutsverwandten verletzt haben, wie den Muttermörder Orestes in Aischylos' Orstie.

157 *das vorbedeutete Schicksal:* Das Vogelzeichen von Zeus entspricht der Warnung an Aigisthos; vgl. I 37 ff.

Dritter Gesang

4 *Pylos:* Stadt an der Westküste der Peloponnes, in der Landschaft Messene, Ort bedeutender archäologischer Funde aus mykenischer Zeit (Palast des Nestor, Tontäfelchen von Pylos in Linear-B-Schrift).

Neleus: der Vater des Nestor, Sohn des Poseidon, Gründer von Pylos.

63 *doppelten Becher:* Trinkgefäß mit zwei Henkeln.

68 *gerenische Greis:* nach der Stadt Gerenia in Lakonien am messenischen Meerbusen, wo Nestor entweder geboren war oder Zuflucht gefunden hatte, während Herakles Pylos zerstörte.

91 *Amphitritens:* Meeresgöttin, Gattin des Poseidon, Herrin der Meerestiere; vgl. V 421 f.

136 *Zürnender Rache voll:* Vgl. zu I 326.

159 *Tenedos:* Insel nahe Troja vor der kleinasiatischen Küste.

167 *Tydeus' kriegerischer Sohn:* Diomedes.

171 *Psyria:* Insel westlich von Chios.

Mimas: Vorgebirge an der Küste von Kleinasien, gegenüber von Chios.

174 *Euböa:* die Mittelgriechenland vorgelagerte große Insel.

Geraistos: Vorgebirge an der südöstlichen Spitze Euböas, mit dem einzigen sicheren Hafen an der Südküste und einem Poseidontempel. Die Griechen sollten also nicht von Chios aus über die südlichen Kykladen zur Peloponnes, sondern übers offene Meer direkt nach Griechenland segeln.

180 *Argos:* nicht nur die Stadt, sondern das Stammland der Achäer, die gesamte Landschaft Argolis, an der Ostküste der Peloponnes, mit Mykene bis hinunter nach Sparta.

188 *Myrmidonen:* die Gefolgsleute des Achilleus, von dessen Sohn Neoptolemos geführt, die in Phthiotis, der Landschaft südlich von Thessalien, beheimatet waren.

190 *Philoktetes:* einer der großen Helden nach Achilleus' Tod. Er tötete Paris mit seinem Bogen, der ein Geschenk des Herakles war.

191 *Idomeneus:* Herrscher von Kreta, der seine Tapferkeit vor allem während Achilleus' Fernbleiben vom Kampf bewährt.

231 *Leicht bringt Gott…* Nestor will Telemachos dazu ermuntern, die Rolle des Orestes zu übernehmen, aber Athene lenkt ab: Odysseus wird der Rächer sein.

257 *Ilion:* anderer Name für Troja.

Atreides: der Atride, Sohn des Atreus.

278 *Sunions heiliger Spitze:* Kap Sunion bei Athen.

280 *den sanften Geschossen Apollons:* Nach dem Volksglauben kam der unerwartete Tod der Männer von Apollon, der der Frauen von seiner Schwester Artemis; vgl. XI 172 f., XV 409 f.

287 *Maleia*: Kap Malea an der Südspitze der Peleponnes, noch heute wegen seiner Fallwinde und häufigen Stürme gefürchtet.

292 *Kydonen:* an der Nordwestküste Kretas.

293 *gortynischen Grenz':* Land um Gortyn, Stadt im Süden Kretas.

Phästos: Phaistos, Stadt in der Nähe von Gortyn.

307 *von Athenä zurück:* Seine Schwester Elektra hatte ihn als Kind dorthin (oder auch in das benachbarte Phokis) in Sicherheit gebracht.

366 *Kaukonen:* Volk an der Westküste der Peloponnes.

451 *Schnür':* Schwiegertöchter

460 *Fünfzack:* fünfzinkige Gabel, mit der das Opferfeuer geschürt wurde.

488 *Pherä:* Pherai, Ort zwischen Pylos und Sparta.

489 *Orsiiochos:* Vgl. XXI 16.

Vierter Gesang

1 *Lakedämon:* Sparta.
5 *dem Sohne des … Achilleus:* Neoptolemos.
73 *Ambras:* Ambra, griechisch elektron, das sowohl Bernstein als auch – hier wahrscheinlicher – eine Gold- und Silbermischung bedeutet.
83 *Kypros:* Zypern.
Phönike: Phönizien, das syrische Küstengebiet.
Ägyptos: die Nilgegend.
84 *Sidonier:* Bewohner von Sidon, der Hauptstadt der Phönizier.
Erember: vielleicht die Hebräer
85 *Libya:* Nordafrika.
188 *Sohn der Morgenröte:* Memnon, der Sohn der Eos, Fürst der Äthiopen, der den Troern nach Hektors Tod zu Hilfe kam.
232 *Päeons:* Paian, der Arzt der Götter; vgl. Ilias V 401.
276 *Deiphobos:* Bruder des Hektor, nach Paris' Tod Gatte der Helena.
343 *Philomeleides:* König auf Lesbos, der alle Vorüberfahrenden zum Ringkampf herausforderte.
349 *Greis des Meeres:* der Meergott Proteus.
355 *Pharos:* Insel vor dem späteren Alexandria, auf der dann der berühmte Leuchtturm stand, eines der sieben Weltwunder. – Von den Versen 354/55 ließ sich Alexander der Große anregen, als er einen Platz für die Stadt suchte, die er in Ägypten zu bauen gedachte.
365 *Eidothea:* Die hilfreiche Meeresgöttin ist ein Pendant zu Leukothea, die Odysseus nach dem Seesturm auf dem Weg zu den Phäaken beisteht (V 333 ff.).
404 *Halosydne:* Meeresgöttin.
477 *Aigyptos' Wassern:* hier der Nil. Menelaos befindet sich am westlichsten Punkt des Deltas, er soll noch einmal zurück

zum am weitesten östlich gelegenen Mündungsarm des Nils.

499 *Aias:* Vgl. zu I 326.

Gyräische Felsen: an der Ostspitze von Euböa, gegenüber von Aias' Heimat Lokris.

517 *Thyestes:* Sohn des Pelops, eines Stammvaters der Atriden. Thyestes, der Vater des Aigisthos, und Atreus, der Vater des Agamemnon, waren Brüder. Das Land, wo sie früher gewohnt hatten: die Landschaft Elis, an der Nordwestküste der Peloponnes.

564 *elysische Flur:* Elysium, Gefilde der Seligen.

Rhadamanthys: Sohn des Zeus und der Europa, König auf Kreta, seiner Gerechtigkeit wegen zum Totenrichter eingesetzt.

603 *Galgan:* Zypergras, eine Weidepflanze.

617 *Hephästos:* Gott des Kunst- und Schmiedehandwerks, Gemahl der Aphrodite.

671 *Samos:* nach der Stadt Same auf Kephallenia, der Nachbarinsel von Ithaka.

727 *die Orkane:* die Windsbräute; vgl. zu I 241.

755 *Arkeisiaden:* Arkeisias, der Vater des Laertes, Stammvater des Odysseusgeschlechts.

Pherä: Pherai in Thessalien.

Fünfter Gesang

1 *rosige Frühe:* Eos, die Gemahlin des Tithonos.

8 *Künftig befleiße sich keiner:* 8–42 sind identisch mit II 231–235. Daß Odysseus als Herrscher milde und rechtschaffen war, dient sowohl als Vorwurf an seine Untertanen, die sich nicht um seine Rechte kümmern, als auch als Appell an Zeus, den Schützer der Königswürde.

34 *Scherias:* Scheria, das Phäakenland, glaubt man auf Korfu zu finden, obwohl der Name eher Festland bedeutet.

50 *Pieria:* Pierien, Landschaft in der Nähe des Berges Olymp, Sitz der Musen.

55 *Ogygia:* Wird vielfach mit Malta oder der Nachbarinsel Gozo gleichgesetzt, da der Name Kalypso »die Verbergerin« bedeutet und Malta, ein phönizisches Wort, »verbergender Hafen«. Malta ist auch bekannt wegen seiner Idole weiblicher Gottheiten aus vorgriechischer Zeit, die man dort in Höhlen gefunden hat.

121 *Orion:* der wilde Jäger, den die eifersüchtige Artemis tötete und der zum Sternbild wurde, vgl. V 121 ff., 274, XI 572 ff.
Ortygia: Wird außer Delos auch als Geburtsort der Artemis erwähnt. Orion soll sie dort zum Diskuswurf herausgefordert haben.

125 *Iasions:* Iasion, kretischer Jüngling, mit dem sich Demeter, die Göttin der Erde und der Feldfrucht, in einer »heiligen Hochzeit« vereinigte (darauf deutet das dreimal geackerte Saatfeld). Sie gebar den Plutos, den Gott des Reichtums.

129 *verargt ihr auch mir:* Die mythischen Beispiele runden sich zur üblichen Dreizahl, indem in den Gedanken Kalypsos Odysseus als ein weiteres Opfer göttlichen Verargens erscheint. Um sein Leben zu retten, gibt sie nach.

185 *stygischen Wasser:* Styx, der Fluß der Unterwelt, als ein Teil des Okeanos gedacht, auch gleichnamige Göttin, Tochter des Okeanos.

196 *Hermes hatte gesessen:* Der Dichter macht darauf aufmerksam, daß Kalypso Odysseus den Besuch des Gottes verschwiegen hat, um die Erlaubnis zur Heimkehr als ihre eigene großzügige Entscheidung erscheinen zu lassen.

216 *der klugen Penelopeia:* Das übliche homerische Beiwort der Penelope erhält hier eine besondere Bedeutung: Weil die Gattin die Kluge, Verständige ist, gehört sie zu Odysseus,

dem Erfindungsreichen, nicht die ehrwürdige Göttin, die Herrin, wie Odysseus sie anredet (V 215). Bei seinem ersten Auftritt im Epos vollzieht Odysseus eine Lebenswahl, er wählt die mühevolle menschliche Existenz statt eines schicksalslosen göttlichen Seins.

272 *Pleiaden:* das Siebengestirn, gedacht als wilde Tauben, die sich aus Furcht vor dem wilden Jäger Orion ducken.
Bootes: Arkturos, der Bärenhüter.

273 *Bären:* Zwischen Pleiaden und Bootes befindet sich die Bärin, der Große Bär oder Wagen, das Sternbild, das ständig um den Pol kreist und nie in den Ozean eintaucht. Der Polarstern, nach dem sich heute die Schiffahrt richtet, befand sich zu Homers Zeiten noch mehr als 12' vom Pol entfernt. Mit dem Großen Bären zur Linken ergibt sich ein Nordostkurs, der von Malta zu den Ionischen Inseln und nach Ithaka führen würde.

283 *Solymer:* Volk in Lykien (Kleinasien), Nachbarvolk der östlichen Äthiopen.

333 f. *Leukothea-Ino:* Tochter des Königs Kadmos von Theben, Schwester der Semele, Amme des von Semele dem Zeus geborenen Gottes Dionysos. Auf der Flucht vor dem Zorn der Hera stürzte sich Ino ins Meer und wurde in eine Meergöttin verwandelt (Leukothea = die weiße Göttin). Der Schleier wurde später mit der Purpurbinde gleichgesetzt, die die in Mysterienkulte Eingeweihten zum Schutz vor den Gefahren des Meeres trugen.

381 *Ägä:* Aigai, Stadt in der Landschaft Achaia (nördliche Peloponnes) mit bedeutendem Poseidonheiligtum; vgl. Ilias VIII 203.

Sechster Gesang

4 *Hypereiens Gefilde:* nach einigen Erklärern Kamarina auf Sizilien, nach anderen auf einer Insel bei Sizilien oder in Epirus.

7 *Nausithoos:* Stammvater der Phäaken; vgl. VII 56 ff. Der Name bedeutet: der mit den schnellen Schiffen.

18 *Grazien:* Grazien oder Chariten, Göttinnen, die Anmut, Schönheit und Festesfreude verkörpern (vgl. VIII 364: die Grazien als Begleiterinnen der Aphrodite).

102 *Göttin der Jagd:* Artemis.
Erymanthos und Taygetos: Waldgebirge auf der Peloponnes.

106 *Leto:* die Mutter der Artemis.

162 *Delos:* der Geburtsort der Artemis und des Apollon. Die heilige Palme von Delos war der Sage nach der Baum, an den sich Leto während der Geburt gelehnt hatte. Odysseus will mit dem höchst rühmlichen Vergleich einfließen lassen, daß er ein weitgereister und frommer, also kultivierter Mann sei.

235 *mit Anmut:* Vgl. zu II 12.

Siebenter Gesang

9 *Epeiros:* Epirus, Landschaft an der Westküste Griechenlands, nördlich von den Ionischen Inseln.

25 *apischen Lande:* apios = entlegen.

58 *Eurymedon:* Er näherte sich der Göttin Hera und wurde für diesen Frevel bestraft.

59 *Giganten:* wie die Kyklopen und Titanen Riesen mit übermenschlichen Kräften, die gegen die olympischen Götter kämpften und von diesen besiegt wurden.

81 *Erechtheus:* Vgl. Ilias II 547 ff.; urzeitlicher König von Athen, oft mit Erichthonios gleichgesetzt: Sohn der Erde, von Athene beschützt und aufgezogen. Sein Tempel ist das

Erechtheion auf der Akropolis. Er spielte eine Rolle im Streit Poseidons und Athenes um Attika und Athen. An diese Gegnerschaft in grauer Vorzeit soll hier erinnert werden, wo beide Götter, die Freundin und der Feind des Odysseus, einander ablösen. Überall wird auf die Gegenwart beider verwiesen: Am Markt ist ein Tempel des Poseidon, am Weg ein Hain der Athene (VI 266, 291). Die Männer des Phäakenvolkes sind dem Bereich Poseidons, dem Seewesen, ergeben, ihre Frauen aber sind kundige Weberinnen, von Athene selbst belehrt, die auch die Schirmherrin weiblicher Kunstfertigkeit ist (VII 108 ff.).

125 *Herling'*: unreife Trauben.

181 *über die Hilfeflehenden waltet:* Odysseus wird damit feierlich ins Gastverhältnis aufgenommen. Die Szene erinnert an den letzten Gesang der Ilias, an Priamos' nächtliche Aufnahme bei Achilleus.

197 *Die unerbittlichen Schwestern:* die Parzen, die Schicksalsgöttinnen.

202 *Hekatomben:* eigentlich »Hundertopfer«, ein großes, feierliches Opfer der Gemeinde, wie es am Anfang des dritten Gesanges in Pylos dargebracht wird.

225 *meines hohen Palastes:* Odysseus lenkt zwar ab, da er seinen Namen noch nicht nennen will, er beruhigt seine Gastgeber jedoch, indem er durchblicken läßt, daß er von hohem Adel, also ihrer Gastfreundschaft wert ist.

241 *Schwer, o Königin, ist es…:* von Vergil in der Aeneis bei der Begegnung des Aeneas mit Dido aufgenommen: »Infandum, regina, iubes renovare dolorem« (»Unaussprechliches Leid, o Königin, heißt du erneuern«, Aeneis II 3).

294 *jüngere Leute verständig:* Während Odysseus Nausikaa selbst als junge Fürstin angesprochen hatte (VI 149 ff.), stellt er sie hier als ein halbes Kind und sich als altersgereiften Mann hin, um jeden Argwohn der Königin zu beschwichtigen.

321 *als selbst Euböa:* Die Insel liegt wie ein Schild vor Mittelgriechenland; dahinter beginnt die offene Ägäis.

323 *Rhadamanthys:* der Totenrichter; vgl. IV 564.

324 *Tityos:* einer der Giganten; vgl. XI 576 ff.

Achter Gesang

75 *Odysseus' Zank:* Die Szene ist nicht näher bekannt. Es ging darum, ob man Troja mit List (Odysseus) oder mit Gewalt (Achilleus) einnehmen sollte. Vgl. auch Ilias XIX 215 ff.

115 *gleich dem … Kriegsgott:* Euryalos, der spätere Gegner des Odysseus, wird durch einen rühmenden Vergleich hervorgehoben.

200 *einen gewogenen Mann:* wörtlich »einen Genossen im Kampf«. Odysseus legt eine Probe seiner Areté ab, wie die Helden in der Ilias, denen die Göttin in der Gestalt eines Kampfgefährten Mut zuspricht. So geringfügig die Hilfe auch erscheint, so stärkt sie doch das Selbstbewußtsein des Odysseus, der sich nun als Trojakämpfer zu erkennen gibt (220 ff.).

219 *Philoktetes:* Vgl. zu III 190.

224 *Eurytos:* König von Oichalia in Thessalien, der mit seinen Söhnen in einem Bogenwettkampf gegen Herakles unterlag.

271 *Helios:* der Sonnengott.

283 *Lemnos:* Insel im Nordosten der Ägäis, vom nichtgriechischen Volk der Sintier bewohnt, die Hephaistos einst gepflegt hatten, als er in einem Streit zwischen Zeus und Hera für seine Mutter eingetreten und von Zeus zur Strafe vom Olymp geworfen worden war (vgl. Ilias I 590 ff.).

361 *Thrake:* Ares war ursprünglich ein nichtgriechischer Gott aus Thrakien. In der griechischen Mythologie wird er von Hera in Thrakien geboren und hat dort seine Heiligtümer.

362 *Kypros:* Über Zypern kam der Kult der Aphrodite nach Griechenland. Deshalb spielt die Insel in der Mythologie eine große Rolle: Vor Zypern wurde Aphrodite aus dem Meerschaum geboren, und in der zyprischen Stadt Paphos hatte sie einen berühmten Tempel.

364 *Charitinnen:* Vgl. zu VI 18.

448 *Kirke:* die Zauberin; vgl. den zehnten Gesang.

517 *Deïphobos' Wohnung:* Dort befand sich Helena.

Neunter Gesang

39 *Kikonen:* Volk an der Südküste Thrakiens, nordwestlich von Troja. Die Kikonen waren Bundesgenossen der Troer gewesen. Ihre Stadt Ismaros war stets wegen ihres guten Weins berühmt (vgl. IX 204ff.).

65 *dreimal gerufen:* rituelle Handlung anstelle der Bestattung.

81 *Kythera:* Insel südlich des Vorgebirges von Malea, der Aphrodite heilig. Zwischen dem Kap Malea und Kythera wollte Odysseus hindurchsegeln, um an der Westküste der Peloponnes entlang nach Ithaka zu kommen.

84 *Lotophagen:* wörtlich »Lotosesser«, als deren Heimat bereits im Altertum die Insel Dscherba vor der libyschen Küste angesehen wurde. Unter dem Lotos Homers versteht man eine Traubenbeere, die mit Getreide vermischt zu einer Art Brot verbacken wird.

106 *Kyklopen:* Der Name wird gewöhnlich als »Rundauge« erklärt, da sie nur ein Auge in der Mitte der Stirn hatten. Sie waren im Mythos Abkömmlinge der Gaia, der Erde, und hatten Zeus bei seinem Kampf gegen die Titanen beigestanden. Die homerischen Kyklopen sind ein Riesenvolk, unabhängig von Göttern und Menschen.

130 *die Wildnis bald zu blühenden Auen:* Die Landschaftsschilde-

rung gleicht einem Bericht über fruchtbares Siedlungsland, wie er in der Zeit des Dichters, der beginnenden Kolonisation, von Interesse war. – Die Ziegeninsel hat die Funktion, die Zahl der Gefährten zu reduzieren, da das Abenteuer des Götterzornes wegen an den Anfang gehört, wo Odysseus noch im Besitze seiner Flotte ist, andererseits am Kyklopenabenteuer nur wenige Gefährten beteiligt sein können.

370 *die verheißne Bewirtung:* wörtlich »das Gastgeschenk«. Durch diese Verhöhnung des Gastrechts macht sich auch der Kyklop schuldig, wie nachher Odysseus durch die Blendung. Da auch Polyphemos sein Teil Schuld trägt, ist Odysseus' Tat zwar strafbar, aber nicht todeswürdig.

504 *Sag ihm: Odysseus ...:* Nach einem Sieg steht dem Helden das Eúchos, der Siegestriumph, zu (vgl. Ilias XXII 330 ff.: Achilleus beim Sieg über Hektor). Damit Odysseus den vollen Ruhm seiner Tat gewinnt, muß er seinen Namen nennen. Diese in der Ilias selbstverständliche heldische Äußerung führt hier zu einer Gefahr und zum Fluch des Polyphemos, der erst durch die Namensnennung wirksam werden kann.

Zehnter Gesang

1 *Äolia:* Während das Kyklopenabenteuer an der Westspitze von Sizilien lokalisiert wird, glaubt man die Insel des Windgottes mit Ustica gleichsetzen zu können, einer einsam gelegenen Felseninsel nordwestlich von Sizilien.

7 *die Töchter den Söhnen zu Weibern gegeben:* eine Reminiszenz an die im ägyptischen Königshaus übliche Geschwisterehe.

36 *hippotadischen Königs:* des Sohnes des Hippotas.

81 *Lästrygonen:* Nach der Schilderung des Hafens nimmt man Bonifacio an der Südspitze von Korsika als Schauplatz dieses Abenteuers an.

Lamos: König der Lästrygonen, Gründer ihrer Stadt Telepylos.

86 *Triften der Nacht und des Tages:* eine Gegend, in der Tag und Nacht rasch ineinander übergehen. Die Rinder werden des Nachts ausgetrieben, weil sie in der Nachtkühle weniger von schädlichen Fliegen belästigt werden, während die dickwolligen Schafe am Tage weiden können.

107 *Artakia:* Reminiszenz an den Argonautenzug: Bei einer Quelle gleichen Namens waren die Argonauten von Riesen angegriffen worden.

137 *Äetes:* aus der Argonautensage bekannt, Herr des goldenen Vlieses, Vater der Medea.

175 *Aïdes:* Hades, der Gott der Unterwelt.

235 *pramnischen Wein:* Pramne, ein Berg auf der Insel Ikaria (bei Samos), die wegen ihres starken Rotweins bekannt war; vgl. Ilias XI 639.

305 *Moly:* eine Lattichart, als Gegengift gebraucht.

401 *Laërtiad':* Sohn des Laërtes.

469 *Horen:* Göttinnen der Jahreszeiten, Töchter des Zeus, sinnbildlich für den Kreislauf des Jahres.

491 *Persephoneia:* Persephone, lateinisch Proserpina, Gemahlin des Hades, Herrscherin des Totenreiches.

492 *Teiresias:* Seher aus Theben, bekannt aus der Ödipussage.

502 *Aïs:* auch Aïdes, wörtlich »der Unsichtbare«, der Unterweltsgott Hades.

513 *Acheron:* Strom oder See in der Unterwelt.

Pyriphlegethon: der Flammenstrom.

514 *Kokytos:* der Strom der Wehklagen.

stygisch: des Flusses Styx, bei dem die Götter schwören; vgl. V 185 f.

515 *An dem Fels:* Vgl. XXIV 11.

528 *Erebos:* das finstere Tal in der Tiefe der Unterwelt, wo die Toten hausen.

Elfter Gesang

14 *der kimmerischen Männer:* Die Kimmerer sind ein Reitervolk aus den Steppen nördlich des Schwarzen Meeres, bei Homer ein sagenhaftes Nordvolk, dessen Beschreibung auf Seefahrerberichte vom Verschwinden der Sonne im hohen Norden zurückgehen mag.

37 *viele Seelen herauf:* Die Hadesfahrt des Odysseus ist eine Nekyia oder Nekyomantie, eine Totenbeschwörung, kein eigentliches Hinabsteigen in die Unterwelt wie bei Vergil und Dante. Das Beschwörungsopfer wird am Rande der Unterwelt abgehalten, so daß Odysseus auch ins Totenreich selbst hineinblicken kann. Durch den Genuß des Blutes erhalten die Toten für kurze Zeit ihr Bewußtsein zurück.

52 *ruhte noch nicht:* Da sein Körper noch unbestattet war, durfte er nicht ins Totenreich eingehen. Vgl. Ilias XXIII 71 ff.: die Erscheinugn des Patroklos, der Achilleus um seine sofortige Bestattung bittet.

107 *Thrinakia:* Wird mit Sizilien gleichgesetzt. Vgl. XII 127 ff., 261 ff.

115 *Elend finden im Hause:* Der Fluch des Polyphemos (IX 534 f.) wird hier näher bestimmt. Die Freierplage erscheint als Folge des Götterzornes.

134 *außer dem Meere:* fern vom Meer, d. h. kein Seemannstod, da der Meergott nun endgültig versöhnt ist.

137 *dein Schicksal verkündet:* Wie Proteus in der Heimkehrergeschichte des Menelaos (IV 471 ff.), so gibt auch Teiresias zwar eine Richtung für die Heimkehr an (Thrinakia), hauptsächlich enthüllt er jedoch die Zusammenhänge von Schuld und Götterzorn und gibt einen Ausblick auf das Lebensende. Den Fahrtweg beschreibt dann Kirke.

226 *viele Seelen:* zu ergänzen: von Frauen. Der folgende Frauen- oder Heroinenkatalog leitet zu einem Intermezzo über (333–

385) und wurde oft als Einschub betrachtet. In der Ilias finden sich ähnliche Kataloge, wie der Schiffskatalog im zweiten Gesang oder der Katalog der Myrmidonen (XVI 168 ff.). Unter dem Namen Hesiods ist ein Frauenkatalog als selbständige Dichtung überliefert. Die Kataloge mit ihren Abstammungsreihen waren von großem Interesse für die adligen Hörer der Gedichte, die ihr Geschlecht von den großen Heroen oder von Göttern ableiten. – Die Funktion des Frauenkatalogs und des Intermezzos hier: Odysseus lenkt von seinem persönlichen Schicksal ab, er wendet sich seinen Hörern zu und will sich vergewissern, ob sein Publikum noch aufnahmefähig ist. Zugleich wird er sich bewußt, daß eigentlich der Zeitpunkt seiner Heimreise gekommen ist.

238 *Enipeus:* Fluß in Thessalien. Die Kinder der Tyro: Pelias, König von Iolkos, Onkel des Jason, aus der Argonautensage bekannt, Neleus, der Gründer von Pylos und Vater des Nestor.

259 *Äson:* der Vater des Jason
Pheres: Vater des Admetos, Erbauer von Pherai.
Amythaon: Vater des Melampus; vgl. XI 291.

260 *Antiope:* Stammutter böotischer und thebanischer Helden. Im folgenden werden drei berühmte Brüderpaare vorgestellt: Amphion, auf dessen Leierspiel hin sich die Mauern von Theben von selbst zusammenfügten, und Zethos für Böotien (Theben), die Dioskuren Kastor und Polydeukes für Lakonien (Sparta), Otis und Ephialtes für Thessalien.

269 *Megäre:* Megara, die erste Gemahlin des Herakles, der nach Amphitryon, dem Gemahl seiner Mutter Alkmene, Amphitryonide genannt wird.

271 *Epikaste:* sonst als Jokaste bekannt.

276 *Kadmos:* der Gründer von Theben.

284 *Orchomenos:* Stadt in Böotien, schon in mykenischer Zeit berühmt. Ein Kuppelgrab gleich jenem in Mykene hieß Grab des Minyas, des sagenhaften Gründers von Orchomenos.

287 *Periklymenos:* Er kämpfte mit Herakles.
Pero: Ihr Erbteil waren die Rinder, die sich in der thessalischen Stadt Phylake befanden.

291 *Melampus:* Die bei den Zuhörern als bekannt vorausgesetzte Geschichte des Melampus und seines Nachfahrens Theoklymenos ist auf zwei Stellen verteilt: XI 287ff. und XV 225ff. Melampus wollte für seinen Bruder Bias die Neleustochter Pero freien und unternahm es deshalb, die Rinder zurückzubringen. Phylakos und sein Sohn Iphikles, in deren Besitz die Rinder waren, ließen Melampus in Fesseln legen und hielten ihn ein Jahr gefangen, während Neleus derweilen in Pylos das Vermögen des Melampus an sich riß. Nach einem Jahr wurde der Seher freigelassen, nachdem sich seine Sehergabe bewiesen hatte. Er brachte die Rinder nach Pylos, rächte sich an Neleus und führte seinem Bruder die Frau zu. Dann wanderte er nach Argos aus und wurde zum Stammvater eines berühmten Seher- und Priestergeschlechtes.

298 *Leda:* auch Mutter der Helena und Klytaimnestra, in Sparta lebend. Polydeukes war unsterblich, Kastor sterblich. Als dieser sterben mußte und sich sein Bruder nicht von ihm trennen wollte, erlaubte Zeus, daß beide immer einen Tag zusammen in der Unterwelt und einen im Olymp verbringen durften.

305 *Iphimedeia:* aus Thessalien, aus derselben Familie wie Tyro (235ff.).

315f. *Ossa, Pelion:* Gebirge in Thessalien. Den Ossa auf den Olymp türmen zu wollen wurde sprichwörtlich für eine Tat frevelhaften Übermutes.

318 *Zeus' Sohn:* Apollon.

321 *Phädra:* Vom frevlerischen Brüderpaar geht es zu schuldbeladenen *Heroinen:* Aus verschmähter Liebe verleumdete Phaidra ihren Stiefsohn Hippolytos und brachte ihm den Tod, worauf sie sich erhängte.

Prokris: Wurde ihrem Gatten Kephalos untreu und war dann Rivalin der Göttin Eos.

Ariadne: Gehört nach der Zusammenstellung auch unter die Schuldigen: Sie hatte sich dem athenischen Helden Theseus zugewandt, obwohl der Gott Dionysos sie bereits zu seiner Braut erkoren hatte.

322 *Minos:* Vgl. zu 568.

324 *Dia:* Insel vor Knossos auf Kreta.

326 *Mara, Klymene:* Töchter des Königs Proitos von Tiryns, wurden von Raserei befallen, da sie Dionysos und seinen Kult ablehnten.

Eriphyle: Gemahlin des thebanischen Sehers Amphiaraos, der sich versteckt hielt, um nicht am todbringenden Krieg gegen Theben teilnehmen zu müssen. Seine Gattin verriet ihn um ein goldenes Halsgeschmeide (vgl. auch XV 243 ff.). Die verbrecherische Gattin, die zur Strafe von ihrem Sohn Alkmaion getötet wurde, leitet nach dem Intermezzo über zu Agamemnon (387), der durch das heillose Weib (384), seine Gattin Klytaimnestra, umkommt und von seinem Sohn Orestes gerächt wird.

410 *lud mich zu Gast:* Hier erhält das Atridenmotiv seine volle Ausführung, es wird unter das Thema Gastrechtsfrevel gestellt. Daher wird die Version der Sage, Agamemnon sei im Bade von seiner Gattin erschlagen worden, hier unterdrückt und zugleich ein Ausblick auf die Odysseusgeschichte gegeben: Auch Odysseus droht ein ähnliches Schicksal in seinem Hause; vgl. XIII 381 ff.

437 *Samen Atreus':* Atreus, der Vater des Agamemnon und des Menelaos, die beide durch ihre Frauen ins Unglück kamen.

456 *ist Weibern zu trauen:* Wegen des Widerspruchs zu 444 ff. hat man diese Stelle als unecht tilgen wollen. Der Dichter zeigt jedoch, psychologisch durchaus richtig, Agamemnon in

einer tiefen Verstörung, gegen die Verstandesgründe letztlich machtlos sind.

471 *äakischen Helden:* Achilleus, der Enkel des Aiakos.

496 *Phthia:* Stadt und Gegend in Thessalien, Heimat des Achilleus.

509 *Skyros:* ägäische Insel, auf der Achilleus in Mädchenkleidern versteckt gelebt hatte, da seine göttliche Mutter Thetis seinen Tod vor Troja verhindern wollte. Durch eine List des Odysseus wurde er entdeckt und schloß sich dem Zug nach Troja an. Von der Tochter des Königs von Skyros, Deïdamia, hatte Achilleus einen Sohn, Neoptolemos (vgl. Ilias XIX 326ff.), den Odysseus nach Achilleus' Tod nach Troja holte.

519 *Eurypylos:* Sohn des Telephos, der von Achilleus verwundet und auf ein Orakel hin wieder geheilt worden war.

520 *Keteier:* die Untertanen des Eurypylos, der König von Mysien (Kleinasien) und ein Neffe des Priamos war.

521 *durch Weibergeschenke verleitet:* Die Mutter des Eurypylos hielt ihren Sohn zurück, als dieser auf Bitten des Priamos den Troern zu Hilfe kommen wollte. Da sandte ihr Priamos goldene Schätze, und sie ließ den Sohn ziehen.

522 *Memnon:* Sohn der Eos, König der Äthiopen, vgl. IV 188f.

539 *Asphodeloswiese:* Asphodelos, eine lilienartige Blume, die auf Gräber gepflanzt wurde. – Odysseus blickt nun tief in das Innere des Hades hinein.

543 *telamonischen Aias:* Aias, Sohn des Telamon, so genannt im Unterschied zu Aias dem Lokrer, dem sohne des Oïleus; vgl. IV 499. Er hatte sich das Leben genommen, als nach Achilleus' Tod dessen Waffen nicht ihm, sondern Odysseus zugesprochen worden waren.

547 *Söhne der Troer entschieden:* Da die Griechen nicht entscheiden konnten, wem die Waffen gehören sollten, hatten sie Gespräche der Feinde belauscht. Aus diesen ging hervor, daß

sie Odysseus, den klügsten Mann der Griechen, für den brauchbarsten Kämpfer hielten.

568 *Minos:* Sohn des Zeus und der Europa, König von Kreta (vgl. XIX 178 f.), seiner Gerechtigkeit wegen als Richter über die Toten gesetzt. Sein Bruder Rhadamanthys ist Richter im Elysium (IV 564 f.).

572 *Orion:* Vgl. zu V 121. Wie Herakles (vgl. 601 ff.) ist er sowohl in der Unterwelt als auch im Besitze einer himmlischen Existenz gedacht.

576 *Tityos:* einer der Giganten. Er hatte Leto, die Mutter Apollons und der Artemis, rauben wollen und war von den beiden Göttern getötet worden.

581 *Pytho:* Delphi, wo Apollon den Drachen Python tötete und einen Tempel mit einer Orakelstätte errichtete.

Panopeus: Stadt in Phokis. Leto befand sich mit den göttlichen Kindern auf dem Wege nach dem späteren Delphi, als ihr Tityos entgegentrat.

582 *Tantalos:* der Stammvater des Atridenhauses, der am Mahl der Götter teilnehmen durfte. Um ihre Allwissenheit auf die Probe zu stellen, schlachtete er seinen Sohn Pelops und setzte ihn den Göttern als Speise vor. Diese bestraften ihn mit den bekannten »Tantalusqualen«.

593 *Sisyphos:* der Schlaueste aller Menschen, der den Tod überlisten und so das Los der Sterblichen von sich abwenden wollte. Wie die Speise, die dem Tantalos versagt wird, so deutet auch der Stein auf den Frevel des Sisyphos: Er verkörpert das Todesgeschick, das Sisyphos trotz aller Mühen nicht von sich abwälzen konnte.

601 *Herakles:* Nach seinem Tode auf dem Berg Öta wurde der Heros in den Himmel erhoben. Seine Feindin Hera versöhnte sich mit ihm und gab ihm ihre Tochter Hebe, die Göttin der ewigen Jugend, zur Frau.

602 *Seine Gestalt:* sein irdisches Abbild.

621 *dem weit geringeren Manne:* Durch eine Intrige der Hera (vgl. Ilias XIX 95 ff.) war Herakles dem König Eurystheus Untertan geworden, der ihn zwang, die zwölf berühmten Arbeiten auszuführen. Die letzte Aufgabe bestand darin, den Höllenhund Kerberos aus dem Haus des Hades heraufzuholen. Herakles, der als Göttersohn so viele Mühen und Leiden erduldete, dient als Vorbild und Beispiel für den Dulder Odysseus, wie auch in der Ilias für Achilleus, der die Mühen des Kampfes zu tragen hat (Ilias XVIII 117 ff.).

631 *Theseus und Peirithoos:* Heroen aus Attika, die in die Unterwelt eingedrungen waren, um Persephone zu rauben.

635 *des gorgonischen Unholds:* das Haupt der Gorgone Medusa, eines mythischen Schreckenswesens, das jeden versteinerte, der es anblickte. Herakles allein hielt ihm stand.

Zwölfter Gesang

3 *der dämmernden Frühe:* der Eos. Die Wohnstätte der Kirke als der Sonnentochter war ursprünglich im Osten gedacht, wurde später im Westen lokalisiert (Monte Circeo südlich von Rom).

4 *Tänze:* Reigentanzplätze.

39 *Sirenen:* Man dachte sie sich im Altertum auf Inseln im Golf von Salerno wohnend (Sirenusae-, heute Galli-Inseln) und stellte sie als Vögel mit Frauenköpfen dar, als Dienerinnen der Unterweltsgöttin Persephone. Ihr Name soll »die Tönenden« bedeuten, d.h. sie sind die Verkörperung der Klänge, die das Rauschen des Windes und des Meeres an den Klippen erzeugt und die zur Zeit der mittäglichen Wind- und Meeresstille eine Stimmung trügerischer Ruhe schaffen. Vgl. das Märchen von der Loreley.

61 *Irrende Klippen:* die »Klappfelsen«, zwei Klippen, die zusammenstießen, sobald sich etwas zwischen ihnen befand.

70 *Argo:* das Schiff der Argonauten, die in Kolchis von König Aietes das Goldene Vlies holten.
die allbesungene: ein Hinweis, daß dem Dichter Epen über den Argonautenzug bekannt waren.

73 *Dorthin:* auf dem Weg zur Linken.

85 *Skylla:* Skylla und Charybdis befanden sich, so glaubte man, in der Meerenge von Messina, nach manchen auch bei Gibraltar.

130 *Fünfzig in jeglicher Herd:* je 350 Tiere, deren Zahl den Tagen und Nächten eines Jahres mit zwölf Mondmonaten entspricht. Die Rinder stehen für die Nächte, die Schafe für die Tage; vgl. zu X 86. Indem die Gefährten die Rinder schlachten, verkürzen sie also ihr eigenes Leben.

132 *Lampetia, Phaëthusa:* die Leuchtende und die Strahlende.

133 *Neaira:* der neue Mond, die Mondgöttin, die sich zur Neumondzeit mit dem Sonnengott verbindet.

Dreizehnter Gesang

51 *Vater Kronion:* Zeus, der Schützer und Geleiter der Gäste und Fremdlinge.

89 *Heimwärts tragend den Mann:* Der zweite Teil der Odyssee wird durch ein kurzes Proömium eingeleitet, das auf den Anfang des Epos verweist. Der Schlaf im Augenblick der langersehnten Heimkehr ist ein Motiv von großer dichterischer Wirkung und erinnert zugleich daran, daß die Phäaken ursprünglich Geisterwesen und Totenschiffer waren (vgl. ihre Verbindung zu Rhadamanthys, VII 323 f.).

104 *Najaden:* Quellnymphen.

130 *von meinem Blute gezeugt:* Der Stammvater der Phäaken war ein Sohn des Poseidon.

142 *den ältesten mächtigsten Gott:* d. h. nach Zeus, der in home-

rischer Religion der ältere der Götterbrüder ist (Ilias XIII 354f.). Zugleich klingt an, daß in früherer Zeit Poseidon der oberste Gott war (sein Name bedeutet: Herr, Gemahl der Erde), der dann von dem Olympier Zeus verdrängt und auf die Herrschaft über das Meer beschränkt wurde.

286 *Sidonia:* Sidon, die Hauptstadt der Phönizier, die vor und noch zu Zeiten Homers als See- und Kauffahrer die führende Rolle im Mittelmeer innehatten.

406 *Korax' Felsen, am arethusischen Borne:* der »Rabenfelsen« und die Quelle der Nymphe Arethusa, die später in Sizilien besonders verehrt wurde und von Münzbildern bekannt ist.

Vierzehnter Gesang

60 *Welche sich immer scheun:* D. h. Eumaios und die Seinen getrauen sich nur kleine Gaben zu geben, weil sie solche Herren wie diese jüngeren Leute, die Freier, haben.

89 *diesen:* den Freiern. Die religiöse Färbung der Partie zeigt den Aspekt, unter dem die Heimkehr des Odysseus zu sehen ist: Rache als Strafe für frevelhaftes Tun, das den Göttern mißfällt. Die Bewirtung, die Odysseus hier bei dem frommen Eumaios zuteil wird, steht im schärfsten Kontrast zu dem Empfang, der ihn in seinem Hause erwartet.

181 *Arkeisios:* Vater des Laërtes, Großvater des Odysseus.

300 *Zeus beschloß ihr Verderben:* da der Phönizier seinen Gastfreund in die Sklaverei verkaufen wollte. Selbst in die Lügengeschichte spielt das Thema des Gastrechtsfrevels hinein.

315 *Thesproten:* Thesprotien, zu Epirus gehörige Landschaft nördlich von Ithaka. Im Hinterland der Thesproter lag Dodona (327), eine uralte Orakelstätte, wo aus dem Rauschen der heiligen Zeuseiche geweissagt wurde.

335 *Dulichion:* Insel südöstlich von Ithaka.

379 *ätolischer Mann:* aus der Landschaft Ätolien, im Südwesten des Festlandes.

Fünfzehnter Gesang

224 *Melampus*: Vgl. zu XI 291.
243 *Amphiaraos:* Vgl. zu XI 326.
254 *Hyperesia:* Stadt in der Landschaft Achaia (Nordpeloponnes).
294 *Krunö, Chalkis' Mündung:* an der Westküste der Peloponnes, die von den Landschaften Messene und Elis gebildet wird.
402 *Syria:* Der erfundene Name der Insel erinnert an die Feindschaft der Phöniker und Syrer, die oft als Sklaven verkauft wurden.
409 *die Freundin der Pfeil':* Artemis; vgl. zu III 280.
415 *Spielzeug:* Tand, Luxusartikel.
538 *rief dem treuen Gefährten:* Durch das Vogelzeichen ermutigt, behält Telemachos den Fremdling weiterhin in seiner Obhut. Es ist möglich, daß Theoklymenos in anderen Fassungen der Odysseusheimkehr eine größere Rolle spielte. Hier dient er hauptsächlich dazu, die fromme Gesinnung des Telemachos zu zeigen sowie das Nahen des göttlichen Strafgerichts zu verkünden.

Sechzehnter Gesang

120 *noch ungenossen:* d. h. ohne etwas von mir gehabt zu haben.
327 *Klytios' Haus:* Klytios, der Vater des Peiraios, dem Telemachos seinen Gastfreund anvertraut hatte.
395 *des aretiadischen Königs:* Nisos, der Sohn des Aretos.
471 *hermeischen Hügels:* dem Hermes geweiht.

Siebzehnter Gesang

381 *Edel, Antinoos, bist du:* Für die Adligen der homerischen Zeit war es selbstverständlich, daß adlige Herkunft und adlige Gesinnung eins waren. Der Odysseedichter zeigt, wie beides auseinandertritt, wie die Knechte von edler Art, die Herren aber gemein sein können.

397 *wie ein Vater des Sohns:* D. h. du machst dir wohl Sorgen, daß mein Eigentum verschwendet wird, wenn man einem Bettler ein paar Brocken gibt. In den Freierszenen wird zunehmend das Mittel der Ironie verwendet, das auf die Verblendung der Freier hindeutet (vgl. XVIII 111 ff.) und sich bis zur tragischen Ironie vor der Katastrophe steigert (XX 347 ff.).

Achtzehnter Gesang

6 *Iros:* nach der Götterbotin Iris.

84 *Echetos:* »Zwingherr«, ein wegen seiner Grausamkeit berüchtigter König.

190 *unsterbliche Gaben:* eine Variante der Verschönerungsszenen. Die Schönheit Penelopes gehört nur ihrem Gatten, deshalb muß Athene sie in Schlaf versenken, um sie zu schmükken. Nach dem Willen Athenes stellt Penelopes Auftritt vor den Freiern eine Bewährungsprobe ihrer Areté, ihrer Klugheit und Standhaftigkeit, dar.

245 *im jasischen Argos:* d. h. auf der ganzen Peloponnes. Iasos: König von Argos, Sohn des argivischen Landesheroen Argos.

282 *doch anders im Herzen gedachte:* Er weiß, daß er diese Worte nicht gesprochen hat (wie hätte er bei der Abfahrt an eine zwanzigjährige Abwesenheit denken können!), und freut sich, daß seine Gattin die Freier hinhält und ihnen noch Ge-

schenke entlockt, um die Verluste des Hauses ein wenig auszugleichen.

298 *polyktoridischen:* Sohn des Polyktor, vielleicht identisch mit dem in XVII 207 genannten Erbauer des Brunnens von Ithaka.

393 *griff nach dem Schemel:* Vgl. XVII 462, wo Antinoos mit einer Fußbank wirft. Beide Anführer der Freier machen sich der Mißhandlung des Gastes schuldig und verdienen so ihre Strafe. Man beachte auch die fortschreitende Enthüllung des Odysseus vom unglücklichen Bettler zu einem Manne, der gleiche, ja größere Tüchtigkeit als die Freier für sich in Anspruch nimmt (365ff).

Neunzehnter Gesang

34 *Mit der goldenen Lamp':* als Reminiszenz an einen Kultgegenstand der Athene aus der mykenischen Zeit gedeutet. Die Lampe wird im Sinne der Glanzsymbolik gebraucht: wie die Göttin in der Ilias aus Helm und Schild der Helden Flammenglanz hervorsprühen läßt (vgl. V 4ff., XIX 365f., XXII 134f.) und der Heldenmut der Krieger mit dem Glanz des leuchtenden Feuers verglichen wird, so deutet der Glanz im Hause des Odysseus auf den Kampf voraus, der mit den Waffen und mit der Hilfe Athenes ausgefochten werden wird.

86f. *Apollons Gnade:* Apollon als Schützer der heranwachsenden Jugend. Er tritt im folgenden auch hervor als Gott der Bogenschützen, dessen Fest am nächsten Tag in Ithaka gefeiert wird.

163 *vom Felsen und von der gefabelten Eiche:* Nach einer alten Sage stammten die ersten Menschen von Baum und Fels ab.

178 *Minos:* Vgl. zu XI 568. Man glaubte, Minos habe in der Grotte, in der Zeus geboren war, von diesem die Gesetze erhalten, nach denen er regierte.

188 *Amnisos:* Hafenplatz von Knossos auf Kreta.

189 *Eileithyia:* Geburtsgöttin, Tochter der Hera.

307 *der jetzige Mond abnimmt:* also am folgenden Tag, an dem das Neumonds- und Apollonfest gefeiert wurde; vgl. XX 156, 276 ff.

392 f. *die Narbe... die ein Eber ihm einst...:* Die ausführliche Geschichte von der Narbe, die Odysseus' Tapferkeit auch auf dem Gebiet der Jagd zeigen soll, steht im Zusammenhang mit 478 f. (s. dazu) und 571 ff.

396 *Hermeias selber:* Hermes als der Gott der listigen Verstellung und des Gewinns, der Vater des Autolykos.

409 *der Zürnende:* Odyssámenos: Wird auch passivisch gedeutet als der Gehaßte, d. h. der vom Zorn der Götter Verfolgte. Die Ableitung stammt vermutlich vom Dichter selbst; vgl. die außerhomerischen Namensformen Olysseus, Ulixes.

411 *Parnassos:* Gebirge in Mittelgriechenland, wo Autolykos geboren war.

478 *die Königin konnte so wenig hören...:* Obwohl Penelope den Worten des Fremden über die bevorstehende Heimkehr ihres Gatten keinen Glauben zu schenken vermag, bleibt seine Gegenwart doch nicht ohne Wirkung. Penelope schöpft Kraft, um endlich ihren Entschluß zu fassen. In diese Gedanken ist sie so versunken, daß sie nichts um sich herum bemerkt. Die lange Geschichte von der Narbe überbrückt diesen Zeitraum des Überlegens.

518 *Pandareos' liebliche Tochter:* die thebanische Königin Aëdon, sonst als Tochter des attischen Königs Pandion bekannt, die aus Versehen ihren Sohn tötete und in eine Nachtigall verwandelt wurde. Verglichen wird hier die nächtliche Klage, aber auch der dauernde Wechsel der Töne, der den ständig wechselnden Gedanken der Penelope entspricht.

573 *Durch zwölf Äxte:* Es waren große Äxte ohne Stiele, die mit der Schneide nach unten in die Erde gesteckt wurden. Sie

standen mit dem Öhr nach oben in einer Linie wie die hölzernen Rippen eines Schiffsrumpfes. Der Schütze mußte der geringen Höhe wegen ein Stück zurücktreten und schoß dann den Pfeil durch die Öhre der Äxte. Zuvor mußte eine neue Sehne auf den Bogen aufgezogen werden, was bei einem solch riesigen Gerät eine noch größere Kraftanstrengung bedeutete als das Schießen selbst.

Zwanzigster Gesang

19 *Damals, als der Kyklop …:* Die Menschen des Epos finden gewöhnlich Trost oder Klarheit über ihre Lage, indem sie sich ein Beispiel aus der Götter- und Heldenwelt vor Augen stellen (mythisches Exempel). Der Dichter zeichnet Odysseus aus, indem er ihn statt dessen mit einem Ereignis aus seinem eigenen Leben konfrontiert.

66 *Pandareos' Töchter:* Pandareos war mit seiner Gattin wegen eines Diebstahls von Zeus getötet worden. Die beiden Töchter wurden von den Göttinnen des Olymps aufgezogen, aber dann, wohl wegen der Schuld ihrer Eltern, von den Harpyien, den Sturmgeistern, in die Unterwelt gebracht. Penelope wünscht sich hier lieber ein solch hartes Los, als ihren guten Ruf und ihre Ehre preisgeben zu müssen.

156 *der heilige Neumond:* der mit einem Apollofset gefeiert wurde. Dieses Fest spielte vermutlich in anderen Fassungen der Odysseusgeschichte eine größere Rolle, während es hier nur andeutungsweise genannt wird.

210 *Kephallenier:* nicht nur die Bewohner der großen Nachbarinsel, sondern nach Ilias II 631 ff. alle Untertanen des Odysseus auf den Inseln und dem gegenüberliegenden Küstenstreifen des Festlandes.

383 *zu den Sikelern senden:* wo der Sklavenhandel blühte. – Vor

dem Rachekampf werden die Freier noch einmal in ihrem Frevelmut gezeigt: Sie wollen Telemachos töten (241), Ktesippos wirft mit dem Kuhfuß nach Odysseus (299), Eurymachos verhöhnt den Seher (359 ff.), ein junger Mann schmäht Telemachos wegen seiner Gäste (375 ff.).

Einundzwanzigster Gesang

14 *Iphitos, Eurytos' Sohn:* Vgl. zu VIII 224. Eurytos hatte Herakles seine Tochter Iole verweigert und sich dadurch mit seinem Hause die Feindschaft des Heros zugezogen. Der Bogen des Odysseus wird durch die Erzählung dieser Ursprungsgeschichte ausgezeichnet. Er ist mit einem Gastrechtsfrevel verbunden und wird nun den Frevlern am Gastrecht zum Verhängnis.

15 *Messene:* Landschaft auf der Peloponnes zwischen Pylos und Sparta.

144 *Oinopide:* Sohnd es Oinopos.

295 *Kentaur Eurytion:* Die Kentauren waren zweigestaltige Wesen mit Pferdeleib und menschlichem Oberkörper. Ihre Wohnsitze waren denen der Lapithen benachbart, eines titanischen Volkes in Thessalien. Auf der Hochzeit des Lapithenkönigs Peirithoos, eines Freundes des Theseus, und der Hippodameia vergriffen sich die Kentauren, vom ungewohnten Weingenuß von Sinnen, an den Frauen; vgl. die berühmte Darstellung vom Westgiebel des Zeustempels in Olympia. Mit Hilfe des Theseus überwältigten die Lapithen die Kentauren. Das mythische Exempel paßt auf die Freier selbst, die damit ihr eigenes Ende prophezeien.

Zweiundzwanzigster Gesang

298 *menschenverderbenden Schild:* die Ägis, der Schild des Zeus (des »Ägishalters«) mit dem schreckenerregenden Haupt der Gorgo als Schildzeichen. Mit der Ägis erregt Zeus in der Ilias die Flucht der Griechen (XVII 593 ff.), Athene trägt die Ägis, als sie die Scharen der Griechen zum Kampf ermuntert (Ilias II 446 ff.).

300 *Bremse verfolget:* Vergleichspunkt ist die von etwas nicht Sichtbarem ausgelöste Panik.

412 *ist grausam:* Die Tat des Odysseus ist kriegerische Heldentat und Vollstreckung göttlicher Rache zugleich. Das Löwengleichnis zeigt Odysseus als siegreichen Helden, während sein Verbot des Siegesjubels (vgl. dagegen IX 503 ff.) ihn als Werkzeug der göttlichen Rache ausweist.

481 *fluchabweisenden Schwefel:* das Mittel der religiösen Reinigung. Odysseus entsühnt das ganze Haus; erst nach diesem Ritus soll seine Frau die gereinigten Räume betreten.

Dreiundzwanzigster Gesang

63 *Einer der Himmlischen:* Vgl. XVII 484 ff.

117 *Aber wir müssen bedenken…:* 117–153 werden oft als späterer Einschub angesehen. Das »Abblenden« gehört jedoch zur epischen Technik; vgl. 296 ff. und XIX 392 ff. Odysseus gibt Penelope Zeit, ihn wiederzuerkennen. Gleichzeitig wird der Schluß der Odyssee vorbereitet.

156 *mit göttlicher Anmut:* eine Verschönerung, die hier paradoxerweise nicht ihre Wirkung tut wie etwa bei Nausikaa (vgl. VI 229 ff.). Daher rührt die Verstimmung des Odysseus 166 ff. Penelope wird jedoch durch die glänzende Erscheinung gerade in ihrem Glauben bestärkt, einer der Götter habe die Freier getötet.

Vierundzwanzigster Gesang

1 *Kyllene:* In einer Höhe des Berges Kyllene in Arkadien ist Hermes geboren, der hier als Hermes Psychopompos, der Seelengeleiter, auftritt. Da die Freier noch nicht bestattet sind, können sie nur mit seinem Geleit in die Unterwelt kommen.

11 *den leukadischen Felsen:* wörtlich »weißer Fels«; vgl. X 509: der Fels, wo sich die Ströme der Unterwelt mischen. Der mythische Ort wurde später mit Kap Leukas, dem Kreidefelsen auf dem Vorgebirge der Insel Leukas (vor der Westküste von Griechenland), gleichgesetzt. Dort sollte sich auch die Dichterin Sappho ins Meer gestürzt haben.

23 *sprach die Seele des Peleionen:* des Peleussohnes Achilleus. – Die Vorstellungen vom Leben der Seelen in der Unterwelt unterscheiden sich von denen des elften Gesanges, wo die Seelen nur durch den Bluttrank Bewußtsein und Sprache zurückerhalten. Aus diesen und anderen Gründen wird die zweite Nekyia (Unterweltsfahrt) vielfach für unecht gehalten.

77 *Menötiaden:* des Sohnes des Menoitios, der sich diese gemeinsame Bestattung gewünscht hatte; vgl. Ilias XXIII 82 ff.

103 *Melaniden:* Melaneus, Vater des vom Telemachos getöteten Amphimedon.

119 *und beredeten kaum...:* Die Sage berichtete, daß Odysseus sich wahnsinnig gestellt habe, um nicht am Kriegszug teilnehmen zu müssen. Durch eine List wurde er entlarvt. Diese Sagenversion ist in den homerischen Epen sonst als »unheroisch« unterdrückt (nur in der Lügengeschichte des Odysseus scheint sie anzuklingen; vgl. XIV 238 f.). Dies wird als eines der Indizien für die Unechtheit der Unterweltsszene gewertet.

303 *Alybas:* ein Phantasiename.

306 *Sikania:* erdichteter Ort, später mit Sizilien gleichgesetzt.

317 *ergrimmte im Geiste:* wörtlich »Erregung ergriff ihn«.

377 *Nerikos:* Stadt und Halbinsel gegenüber der Insel Leukas, nördlich von Ithaka.

484 *aus dem Gedächtnis vertilgen:* die erste politische Amnestie.

545 *erneuete jetzo das Bündnis:* durch feierliche Eide und Opfer. Vergleichbar ist das durch Opfer und Gebete bekräftigte Eidesbündnis der Griechen und Troer (Ilias III 264ff.), das den Trojanischen Krieg beenden sollte und durch den Pfeilschuß des Pandaros auf Menelaos gebrochen und ungültig gemacht wurde.

BIBLIOGRAPHISCHE HINWEISE

Textausgaben und Übersetzungen der Odyssee

Homeri Opera: Tomus III/IV: Odyssee. Hg. von Th. W. Allen. Oxford 1917/1919 u. ö.

Homerus: Odyssea. Hg. P. Von der Mühll. München/Leipzig (Teubner-Ausgabe) 1962/1993

Homer: Odyssee. Griech.-dt. hg. von A. Weiher. Düsseldorf [12]2003 (Tusculum-Ausgabe)

Homer: Die Odyssee. Übertragen in deutsche Prosa von W. Schadewaldt. Reinbek 1958, [30]2001

Homer: Odyssee. Übers. von R. Hampe. Stuttgart 1979 u. ö.

Homer: Odyssee. Übersetzung von K. Steinmann. München 2007

Literatur zu Homer und zur Odyssee

H. Bannert: Homer. Reinbek 1979 u. ö. (Rowohlts Monographien)

W. Burkert: Die Griechen und der Orient. Von Homer bis zu den Magiern. München 2003

W. Burkert: Kleine Schriften I. Homerica. Hg. von Ch. Riedweg. Göttingen 2001

P. Demont: Ilias und Odyssee: Homers Welt in Bildern. München 2005

H. Fränkel: Dichtung und Philosophie des frühen Griechentums. München 1962, [4]1993

W. Geisthövel: Unterwegs mit Odysseus durch das Mittelmeer. Literarische Streifzüge. Düsseldorf 2007

H. Görgemanns (Hg.): Die griechische Literatur in Text und Darstellung. Bd. 1: Archaische Periode. Hg. von J. Latacz. Stuttgart 1991

M. Hose: Kleine griechische Literaturgeschichte. Von Homer bis zum Ende der Antike. München 1999

U. Hölscher: Die Odyssee. Epos zwischen Märchen und Roman. München ³1990

M. Horkheimer/Th. W. Adorno: Dialektik der Aufklärung: Exkurs 1: Odysseus oder Mythos und Aufklärung. Sonderausgabe Frankfurt am Main 2003, S. 50–87

J. Latacz: Zweihundert Jahre Homer-Forschung. Rückblick und Ausblick. Stuttgart/Leipzig 1991

J. Latacz: Homer. Der erste Dichter des Abendlandes. München/Zürich ²1989. Neuaufl. Düsseldorf 2003

J. Latacz: Troia und Homer. Der Weg zur Lösung eines alten Rätsels. München/Berlin 2001. Taschenbuchausg. München 2003

M. Lausberg/H. V. Geppert: Homer »Odyssee« – James Joyce »Ulysses«. In: Große Werke der Literatur VII. Hg. von H. V. Geppert. Tübingen/Basel 2001, S. 119–151

A. Lesky: Göttliche und menschliche Motivation im homerischen Epos. Heidelberg 1961

M. Müller [Giebel]: Athene als göttliche Helferin in der Odyssee. Untersuchungen zur Form der epischen Aristie. Heidelberg 1966

R. Oswald: Das Ende der Odyssee. Studien zu Strukturen epischen Gestaltens. Graz 1993

H. Patzer: Die Formgesetze des homerischen Epos. Stuttgart 1996

B. Patzek: Homer und seine Zeit. München 2003 Reclams Lexikon der antiken Mythologie. Hg. von E. Tripp. Stuttgart ⁶1999

K. Reinhardt: Homer und die Telemachie. Die Abenteuer der Odyssee. In: K. R.: Tradition und Geist. Hg. von C. Becker. Göttingen 1960, S. 37–46; 47–124

U. Schmitzer: Die Bändigung der schönen Helena in Homers

Odyssee. In: Gymnasium 110, 2003, S. 23–39 [hier S. 23 Anm. 2 Angabe der Internet-Homerbibliographie: http://www.oeaw.ac.at/kal/fbhomer]
R. Schrott: Homers Heimat. München 2008
E.-R. Schwinge: Die Odyssee – nach den Odysseen. Göttingen 1993
B. Seidensticker: »Ich bin Odysseus«. Zur Entstehung der Individualität bei den Griechen. In: Gymnasium 108, 2001, S. 389–406
M. Siebler: Troia. Mythos und Wirklichkeit. Stuttgart 2001